本书是国家社会科学基金教育学类
一般课题（BGA120039）的研究成果

应对我国人口变动的教育政策研究

和学新 等著

中国社会科学出版社

图书在版编目（CIP）数据

应对我国人口变动的教育政策研究 / 和学新等著. —北京：中国社会科学出版社，2019.12
ISBN 978-7-5203-1280-6

Ⅰ.①应… Ⅱ.①和… Ⅲ.①教育政策—研究—中国 Ⅳ.①G520

中国版本图书馆 CIP 数据核字（2017）第 260464 号

出 版 人	赵剑英
责任编辑	车文娇
责任校对	王纪慧
责任印制	王　超
出　　版	中国社会科学出版社
社　　址	北京鼓楼西大街甲 158 号
邮　　编	100720
网　　址	http://www.csspw.cn
发 行 部	010-84083685
门 市 部	010-84029450
经　　销	新华书店及其他书店
印　　刷	北京明恒达印务有限公司
装　　订	廊坊市广阳区广增装订厂
版　　次	2019 年 12 月第 1 版
印　　次	2019 年 12 月第 1 次印刷
开　　本	710×1000　1/16
印　　张	28.25
插　　页	2
字　　数	421 千字
定　　价	159.00 元

凡购买中国社会科学出版社图书，如有质量问题请与本社营销中心联系调换
电话：010-84083683
版权所有　侵权必究

前 言

人口是在一定时间和地域内，具有一定数量和质量的人所构成的社会群体。人口是社会实践的主体，是社会存在和发展的基础，也是一国发展教育事业、制定教育政策的基本依据。

人口与教育的密切关联决定了教育政策的制定、调整与执行必须系统考虑人口变动问题。20世纪70年代初我国开始实施计划生育政策，由此引起的人口变动在20世纪90年代中后期的教育领域开始显现。随着出生人口的逐渐减少，一些大中城市陆续制定并出台了小班化教育的政策。进入21世纪以来，随着我国现代化、工业化、信息化、城市化进程的加快，城乡发展、规划调整、人口流动等一系列的社会发展与变动使得人口变动与教育的关联度越来越紧密。可以说，我国人口变动带来了不少新的教育问题，甚至成为当前我国教育发展的热点和难点问题，如城乡一体化进程中学校现代化建设标准调整问题、义务教育择校问题、农村学校布局调整问题、农民工进城带来的随迁子女就学和升学问题、幼儿园入学难问题、流动人口子女就学问题、中小学校车问题、高教大众化问题、普通教育与职业教育结构问题，等等。我国人口变动的现实情况给教育提出了新要求，教育资源配置标准、教育结构、教育投入、教育规划等方面的政策都需要进行调整。通过理性、严谨、系统、全面的深入研究，找到恰当的解决对策，才能为政策的调整提供科学依据，才能适应我国经济社会变革的要求。因此，探讨人口变动背景下的教育政策及其调整是教育主动应对人口变动的社会发展的需要，具有重大的现实意义。

把人口与教育联系起来作为一个重要问题进行研究，涉及人口数量、人口质量、人口结构、人口流动等对教育规模、结构、质量、学校布局、教育资源配置等的影响，以及教育对人口质量、人口增长、人口结构、人口流动等的影响。

关于"人口变动对教育影响"的研究在我国是近20年的事情。学者们主要从两个类别五个方面进行了研究。两个类别分别是人口与教育关系的一般原理研究和现实中的人口变动引起的教育对策研究。五个方面具体指：一是关于人口数量及其变动对教育的作用，具体涉及出生人数增加对教育的影响、生育率下降对教育的影响、出生人数波动对教育的影响；二是关于人口迁移变动和分布对教育的作用，具体涉及人口流动对儿童教育的影响、流动儿童的教育及其公平问题、流动劳动人口与教育的关系、人口分布与教育的关系等；三是关于人口结构及其变动对教育的作用，涉及人口年龄结构与教育结构、高等教育专业结构等的关系；四是区域人口变动与教育协调发展研究；五是关于部分国家应对人口变动的教育策略评析。

从已有研究来看，一方面，教育政策调整方面的研究还比较缺乏。随着我国经济社会发展和社会结构、社会流动的变革，人口结构、人口流动、人口数量和质量等都在发生变化，教育必须采取相应对策，对已有政策和标准进行调整，才能及时反映和应对这种变化的要求。另一方面，综合性研究还比较少。大多研究仅局限于人口变动的某一方面对教育的影响及其应对措施的研究，缺乏人口要素整体变动对教育影响及其应对措施的研究，如要么关注流动儿童教育，要么关注人口年龄结构对教育的影响，要么关注人口流动与教育资源配置，系统整体全面研究人口变动对教育提出的挑战方面的研究很少。这可能会造成头痛医头脚痛医脚的弊端，无法为教育政策的整体制定或调整提供依据。

近几十年来，我国年出生人数在波动中减少，与此同时，人口的迁移变动以及由此带来的人口分布的变化，城乡结构变化加快，经济结构调整，产业结构升级会带来职业结构的大变化等现实情况，说明人口变动对教育的影响是广泛而深刻的。各学段教育规模情况、教育的层次结构、布局结构等如何适应人口的变化，既需要深入进行理论研究和阐述，也需要扎实的数据统计和预测。

本书吸收人口学、教育学、政策学、社会学等多学科的研究成果和研究手段，综合运用文献法、调查法、预测法、统计分析法等多种方法，总体把握人口变动与教育发展之间的互联关系，在考察我国当前人口变动总体特征和发展趋势的状况下，深入系统地分析了我国近些年来应对人口变动的教育政策及其遇到或存在的问题，提出当前我国教育政策调整的价值取向和具体策略，进而为我国教育政策调整提供有价值的研究建议。

本书是集体智慧的成果。由和学新教授策划和拟定研究与写作提纲，然后根据课题组分工各自承担相关专题的研究与撰写任务。具体分工如下：前言，和学新；第一章，和学新、田尊道；第二章，胡振京；第三章，杨春芳；第四章，和学新、乌焕焕、鹿星南、郭文良、武博；第五章，李楠、和学新；第六章，和学新、张婧、郭文良、张家军、董树梅；第七章，和学新、杨春芳。全书由和学新负责统稿、定稿。

因课题组水平有限，错误与疏漏在所难免，敬请提出宝贵意见。在研究过程中，我们参考了大量相关研究成果，已在书中作了注明。中国社会科学出版社的工作人员在出版过程中付出了大量辛劳。在此，一并表示深深的谢意。

和学新

目 录

第一章 人口变动是影响我国当前教育政策制定的突出因素 …… 1
 一 人口变动与教育发展的相互关系 ………………………… 1
 二 人口变动成为影响我国当前教育政策制定的突出
  要素 ……………………………………………………… 20

第二章 2020 年以前我国人口变动趋势分析 ………………… 51
 一 当前我国人口变动的时代背景 ……………………… 51
 二 2020 年以前我国人口变动的主要趋势和特征 ……… 70

第三章 2020 年以前我国学龄人口、教育规模及教育结构
  预测 …………………………………………………… 79
 一 各学段受教育人口变动预测 ………………………… 79
 二 各学段受教育人口变动与教育规模的变化 ………… 88
 三 各学段学校布局与教育体系结构的变革 …………… 108
 四 人口变化带给教育的影响 …………………………… 123

第四章 基于人口变动产生的各级各类教育政策问题 ……… 133
 一 人口变动产生的学前教育政策问题 ………………… 133
 二 人口变动产生的义务教育政策问题 ………………… 157
 三 人口变动产生的高中教育政策问题 ………………… 186
 四 人口变动产生的高等教育政策问题 ………………… 199
 五 人口变动产生的职业教育政策问题 ………………… 219

第五章 人口流动产生的教育政策问题 ………………… 238

一 流动人口子女教育政策的背景 ………………… 238
二 随迁子女教育及其政策分析 ………………… 249
三 农村留守儿童教育及其政策分析 ………………… 277

第六章 主要城市应对人口变动的教育政策分析 ………………… 300

一 北京应对人口变动的教育政策分析 ………………… 300
二 上海应对人口变动的教育政策分析 ………………… 320
三 重庆应对人口变动的教育政策分析 ………………… 331
四 广州应对人口流动的教育政策分析 ………………… 348
五 兰州新区应对人口流动的教育政策分析 ………………… 364

第七章 应对我国人口变动的教育政策取向与对策 ………………… 374

一 应对人口变动的教育政策产生的问题剖析 ………………… 374
二 应对人口变动的教育政策取向探讨 ………………… 383
三 应对人口变动的教育政策调整建议 ………………… 393

主要参考文献 ………………… 425

第一章 人口变动是影响我国当前教育政策制定的突出因素

人口是生活在一定的社会生产方式下，一定时间和地域内，具有一定数量和质量的人所构成的社会群体。① 人口是社会实践的主体，是社会存在和发展的基础，也是一国发展教育事业、制定教育政策的基本依据。

一 人口变动与教育发展的相互关系

人口变动，主要指人口数量、人口迁移、人口结构、人口质量等方面的变化。人口数量主要指人口的出生率、死亡率、自然增长率、总量等。人口迁移主要指人口流动的方向、规模、速度、构成等。人口结构主要指人口的年龄、性别、职业、产业、城乡等方面的构成。人口质量主要指人口的身体、道德、科学等方面的素质。人口变动是影响社会发展的重要变量，对经济、环境、文化等社会各方面发展具有不容忽视的重要影响。人口变动给予教育发展以动力和压力，反过来，教育则是促进人口良性发展的重要因素。

（一）人口变动：一个影响社会发展的重要变量

社会发展是指社会的递进和成长，是社会各个方面作为一个整体的不断前进。社会发展受多种因素的影响，经济、文化、环境以及人口都是影响社会发展的重要因素。例如，经济是社会发展的基础。经

---

① 刘铮：《人口学辞典》，人民出版社1986年版，第21页。

济发展为社会发展提供物质条件,其水平决定社会发展的水平。对一个国家或地区来说,实现经济发展往往是解决社会基本矛盾、不断推动社会向前发展的关键。[①]

人口是社会存在和发展的基础,在社会发展中起着十分重要的作用。虽然人口不能像经济那样决定社会发展的水平,但人口变动会促进或延缓社会各个方面的发展。人口变动对社会发展的影响主要表现为人口数量、人口迁移、人口结构、人口质量等的变化对社会发展的作用。

1. 人口数量变动对社会发展的影响

人口数量变动不仅表现为一个国家人口总数的变化,还表现为出生率和死亡率的变化导致的人口增长类型的转变。人口数量变动对社会经济、教育等各方面发展都会产生不同程度的影响。

(1) 人口增长和转变。人口总数,是指在一定时间和地域范围内构成整个社会群体的个人总和。人口总数是一个国家或地区人口数量的最基本特征,它反映一个国家或地区的人口规模。人口数量的变动主要表现为人口增长。人口增长有人口正增长和人口负增长之别,人口正增长是指人口数量的增加,人口负增长是指人口数量的减少。人口自然增长率决定于人口的出生率和死亡率的高低。

随着出生率、死亡率和自然增长率的变化,一个国家或地区的人口状况将发生转变。历史表明,一个国家或地区的人口大致要经历如下转变过程:由高出生率、高死亡率、低人口自然增长率模式,经过高出生率、低死亡率、高人口自然增长率模式,转变到低出生率、低死亡率、低人口自然增长率模式。发达国家在19世纪开始实现了人口由"高—高—低"模式到"低—低—低"模式的转变,而很多发展中国家则在20世纪后半叶经历了这一人口转变过程。人口转变理论认为,人口转变过程和社会生产发展过程是相统一的。人口由"高—高—低"模式到"低—低—低"模式的转变过程见图1-1。[②]

[①] 袁准:《科学发展观简明教程》,中共中央党校出版社2006年版,第153—154页。
[②] 尹豪:《人口学导论》,中国人口出版社2006年版,第253页。

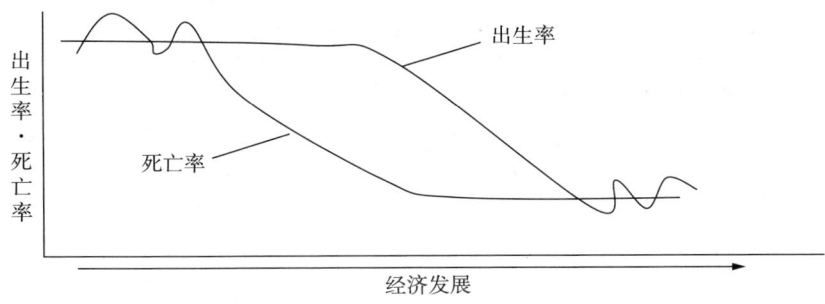

图 1-1 人口转变

我国古代人口的出生率和死亡率都很高,人口数量有限,直至秦朝全国才有一千余万人,此后一千多年的时间里,人口规模缓慢扩大,保持在六千万人左右。在清代,人口迅速增长至四亿多人。新中国成立后,人口出生率居高不下,长期处于35‰以上的高水平,人口死亡率下降至10‰以下,致使人口自然增长率长期保持在20‰甚至25‰以上,人口规模持续扩大。虽然其后自然灾害的出现暂停了这种人口激增现象,但到20世纪80时代,即计划生育政策见到成效时,我国人口已增至10亿有余。[1] 2000年以来,我国人口的出生率转变为低水平,人口增长速度放慢。我国人口在较短的时间里实现了由"高—高—低"模式到"低—低—低"模式的转变。如表1-1所示,2000—2009年,我国人口总量虽然还在继续增长,但人口自然增长率逐步下降,人口增长量也在不断减少。[2]

(2)人口数量变动对社会发展的影响。一定数量的人口是一个国家或地区开展活动、实现社会分工协作的基础。人口数量是决定一个国家劳动力充足与否的直接因素,也是征集劳役和兵役以及制定各种政策的依据。在一定时期内,一个国家或地区的人口数量在理论上存在着最低人口和最高人口。最低人口,是指为实现和维持社会生产和生活所需要的最低人口数;最高人口,是指由社会生产、资源、环境

---

[1] 田家盛:《教育人口学》,人民教育出版社2000年版,第57—62页。
[2] 顾宝昌:《中国人口:从现在走向未来》,《国际经济评论》2010年第6期。

表1-1　　　　　　全国人口变动（2000—2009年）

年份	年末总人口（万人）	出生率（‰）	出生数（万人）	死亡率（‰）	死亡数（万人）	人口自然增长率（%）	人口增长量（万人）
2000	126743	14.03	1771	6.45	814	0.758	957
2001	127627	13.38	1702	6.43	818	0.695	884
2002	128453	12.86	1647	6.41	821	0.645	826
2003	129227	12.41	1599	6.40	825	0.601	774
2004	129988	12.29	1593	6.42	832	0.587	761
2005	130756	12.40	1618	6.51	849	0.589	769
2006	131448	12.09	1585	6.81	893	0.528	692
2007	132129	12.10	1595	6.93	913	0.517	681
2008	132802	12.14	1608	7.06	935	0.508	673
2009	133474	12.13	1615	7.08	943	0.505	672

资料来源：顾宝昌：《中国人口：从现在走向未来》，《国际教育评论》2010年第6期。

的负载能力所限定的人口数。如此而言，超出最低人口和最高人口数所限定的范围，都会破坏人口和经济、资源、环境之间的平衡，影响社会的协调发展。

首先，人口数量变动影响经济的发展。人口是社会经济活动的主体，没有一定数量的人口，任何形式的经济活动也难以进行下去。数量充足的劳动力是经济持续发展的保证。相反，若人口数量过少，将无法提供充足的劳动力，难以满足经济发展的需要。同时，人还是消费者，当人口规模扩展过快时，所消耗的物质资源必然过多，将影响到积累和扩大再生产的规模和速度，延缓经济的发展。其次，人口数量变动影响社会系统的良性运转。人口增长速度适宜，人口规模与社会系统各方面相协调，能促进社会系统的良性发展；人口增长速度过快或过慢，以致人口状况与社会系统不相适应，则会导致一系列社会问题的出现。最后，人口数量变动影响生态环境的平衡和协调。人类的存在和发展是以消耗自然资源为前提的，人口暴增将对自然生态环境产生严重影响。人口增长过快,人口规模过大,造成生态环境的负荷过大,超出自然界自身的承受能力,便会破坏生态平衡,产生生态环境的种种综合征。世界范围内的人口剧增,以及人类对自然环境和自然资源的过度开发和不合理利用,已酿成了水土流失、环境污染、生态失衡等严重后果,这将最终抑制人口的增长,危及人类生存。

2. 人口迁移变动对社会发展的影响

人口迁移主要指人口常住地的变动。人口迁移理论认为,人口迁移是迁出地推力和迁入地拉力综合作用的结果。一般而言,人口迁移以经济动机为主,人们为了改善物质生活而迁移的情形占绝大多数。另外,随着运输、交通工具的发展,人口迁移规模扩大,频率增高。[①]目前反映人口迁移状况的指标有人口迁移率、迁入率、迁出率以及净迁移率等。

由于受守护祖上宗庙和安土重迁等思想的影响,历史上中国老百姓并不愿意远离故土,但由于战乱、灾难以及政府举措等,还是发生了多次大规模的人口迁徙。例如,西晋时,大量中原居民为躲避战乱从黄河流域迁移到了长江以南。清末以后,由于生活逼迫,我国人口迁移频繁,沿海地区人民大量迁至国外,而山东、河南等地人口纷纷向人口稀少的关东迁移。新中国成立后,人口迁移减少,20世纪80年代以后,人口迁移逐渐成为我国人口的主要问题。随着我国城市化进程的推进,农村劳动力大量流入城镇,社会劳动力从农业部门转向工业部门,并且呈现出人口迁移规模大、频次高及男性青壮年为主要构成等特点。有统计显示,目前中国的流动人口已在两亿以上。中国的人口流动已经达到人类历史和平时期前所未有的最大规模,正在超越生育和死亡,成为主导中国人口态势的最主要的人口因素。[②]

人口迁移对相关地区的社会生活、文化和经济等具有重要影响,这种影响表现在积极和消极两个方面。

---

① 尹豪:《人口学导论》,中国人口出版社2006年版,第158—161页。
② 顾宝昌:《中国人口:从现在走向未来》,《国际经济评论》2010年第6期。

一方面，人口迁移对社会发展的积极影响表现在经济、城市化、生活水平及人口素质等方面。首先，人口迁移促进了迁入地的经济发展。人口迁移为迁入地经济发展提供了劳动力资源。我国大量的农村人口到广东、江苏等地"打工"，为这些地区的经济增长提供了充足的劳动力资源，缓解了这些地区的劳动力供求矛盾，促进了迁入地社会经济的发展。人口迁移对迁出地社会经济发展也会产生积极的影响。迁移人口在新环境中培育新观念、学习新技术、增加经济收入、掌握市场信息，他们的回流促进了迁出地社会经济的发展。其次，人口迁移加快了城市化的步伐。从一定意义上讲，城市化就是农民进城运动，它本身就是一种人口迁移。近年来，我国城镇化进程加快和我国乡村人口向城市的大规模迁移、流动有着密切关系。有学者认为，大规模的劳动力从乡到城的转移已经成为改革开放以来中国经济发展的重要驱动力，是实现我国城镇化、工业化的必由之路。[①] 最后，人口迁移可以提高迁移者的生活水平，提升人口素质。我国农民进城务工，在增加个人及家庭收入的同时，还通过参与城市生活开阔了眼界，增长了见识。并且，我国农民进城务工还出现举家进城的现象，一些户籍在农村的孩子出生、成长在城市，其思想水平和认识能力都大大超过了前代人。

　　另一方面，人口迁移也带来了一系列社会问题。一方面，大规模人口迁移给迁入地带来诸多挑战。近年来，我国人口集中流向北京、上海、广州等大城市，导致这些城市人口急剧膨胀，以致城市基础设施负担过重，淡水资源紧张，结果这些城市不得不限制外来人口的流入。另一方面，人口迁移也给迁出地社会经济带来不利影响。人口迁移对迁出地来说是一种人才和劳动力的流失，不免要影响当地的生产和生活。尤其是我国以农民进城务工为主的人口迁移，迁移人员主要是男性青壮年劳动力，留在原地的大多是老幼妇残，导致迁出地土地荒芜、生产滑坡，使社会经济发展受到严重阻碍。另外，人口迁移后

---

① 孙鹃娟：《成年子女外出状况及对农村家庭代际关系的影响》，《人口学刊》2010年第1期。

若迁移者在迁入地的生活面临困境，容易激化社会矛盾。对于当地人来说，迁移者是外来人，他们需要有一个融入当地生活的过程。然而，对于像进城农民这样的迁移者来说，这个过程并不容易。由于经济和政策等因素的影响，我国农民工受着社会和政策的双重歧视。不公平的社会待遇引起他们与迁入地之间的摩擦，很容易激化阶层矛盾，影响社会安定。①

3. 人口结构变动对社会发展的影响

人口结构包括很多方面，较为重要的有人口的年龄机构、产业结构、教育文化结构等。人口的年龄结构，是指一定地区、一定时点各个年龄组人口在总人口中所占的比重。人口通常分为三大年龄组，即0—14岁为少年儿童人口，15—64岁为劳动年龄人口，65岁以上为老年人口。人口年龄变动主要指人口年龄结构类型的转变，三大年龄组人口比重的上升或下降，能够导致一个国家或地区人口向年轻化或老龄化方向转变。②

人口年龄结构变动对社会经济发展有重要影响。人口年龄结构年轻化，会使国家或地区面对大量的少年儿童人口，需要为其提供足够的生活资料以及教育；人口年龄结构成年化会使社会面临较大的就业压力；人口年龄结构老年化，意味着老年人口比重相对较高，会使社会面临支出增多、负担加重以及劳动力资源紧张等诸多挑战。目前，我国已初步进入老龄社会。人口老龄化已经成为关系我国社会经济发展的全局性问题。人口老龄化不仅导致我国劳动力供给总量下降，劳动力中年轻人的比重降低，引起我国人口劳动力参与率下降，③还使我国养老负担加重，社会开支增加，导致储蓄率下降，投资规模受到制约。④

---

① 冯晓英：《城市人口规模调控政策的回顾与反思——以北京市为例》，《人口研究》2005年第5期。
② 尹豪：《人口学导论》，中国人口出版社2006年版，第71—73页。
③ 叶宁、尹文耀：《我国人口发展趋势及对社会经济的影响》，《武汉大学学报》（哲学社会科学版）2006年第6期。
④ 杨雪、侯力：《我国人口老龄化对经济社会的宏观和微观影响研究》，《人口学刊》2011年第4期。

人口的产业结构，是指各产业在业人口的比例关系。人口产业结构变动即是各产业人口比例关系的变化。人口产业结构随着科技进步和劳动生产率提高而变动。一般说来，当社会经济发展水平较低时，第一产业人口比重占绝对多数。随着社会经济发展，第一产业人口比重逐渐下降，第二产业和第三产业人口比重上升，并远远超过第一产业人口比重。人口产业结构变动与社会工业化和城市化发展是同步的，是工业化和城市化进程得以完成的保障。如果人口产业结构变动不能适应工业化和城市化的发展需要，将会对其形成严重制约。

人口的文化教育结构，是指各种教育程度人口在总人口中所占的比重。反映一个国家或地区人口文化教育结构的指标，包括文盲率、识字率、具有小学（初中、高中、大学）文化程度的人数或百分比、各级教育的就学率及高等教育的普及率等。人口文化教育结构的变动过程可以从一定程度上反映一个国家或地区人口的素质。随着社会经济的发展，教育的普及水平不断提高，人口文化水平和人口素质也在不断提高。并且，随着我国社会经济的发展，人口的文化教育结构发生了巨大的变化，人口的平均受教育程度得到了不断提高。我们人口文盲率从1964年的33.6%已降到2010年的4.08%，具有高中（含中专）文化程度的人口从1964年的911万人增至2010年的18798万人，具有大学（指大专以上）文化程度的人口从1964年的287万人增至2010年的11963万人。[①] 人口文化教育结构向高层次变动是社会发展的需要，人口教育水平的提高是社会经济发展的重要动力。现代科学技术和社会生产力的发展，需要越来越多的高技能人才，文化教育在社会经济发展中发挥着越来越重要的作用。所以，只有不断加大发展文化教育的力度，不断增加在文化教育方面的投入，提高人口的文化教育水平，才能适应社会经济发展和现代化建设的需要。

4. 人口质量变动对社会发展的影响

人口质量，也称人口素质，是人认识自然、改造自然的条件和能

---

① 国家统计局：《2010年第六次全国人口普查主要数据公报（第1号）》，http://www.stats.gov.cn/tjsj/tjgb/rkpcgb/qgrkpcgb/201104/t20110428_30327.html，2011年4月28日。

力。人口质量主要指人口的身体、道德、科学等方面的素质。人口的身体素质是指人口群体的身体器官和生理系统的发育、成长状况。衡量身体素质的标准有身高体重、运动能力、残疾和病患人口比重、婴儿死亡率、人口平均预期寿命等。人口的道德素质包括思想观念、社会公德、个人私德、思想品行、修养操守等。人口的道德素质的高低是明显存在的，如遵守公共秩序、爱护公物、尊老爱幼以及青少年犯罪率和刑事犯罪率等都直接或间接地反映人口群体的道德素质水平。人口的文化素质指人们在生产、生活和培训中所积累的经验和文化知识。衡量一个国家或地区的人口文化素质的指标主要有：受各种教育的人口在总人口中的比重，科技研究人员的比重，劳动者的文化构成等。

首先，人口身体素质直接影响着社会经济的发展。人口是劳动力的源泉，人口身体素质的好坏关系到劳动力质量的好坏，从而直接影响物质资料生产质量的好坏。一个国家人口身体素质很好，就为这个国家经济的繁荣、科学技术的发展，提供了优越的人力条件；否则，就会起着种种的阻碍作用，而且还会产生许多人口社会问题。随着人民生活水平的提高、医疗技术的进步，我国人口的身体素质有了很大提高，为我国的社会经济发展提供了保障。

其次，人口道德素质对社会经济发展也有着重大的反作用。人是有思想的，人的思想支配着行动，人们的思想状况直接影响着社会经济发展的实际进程。当某个社会形式下的人口思想素质的主流与社会经济发展要求相适应时，就会促进这个社会的发展，否则，就会阻碍这个社会的发展。

最后，人口的文化科学素质在社会经济发展中起着巨大的推动作用。产业革命后，社会生产由主要依靠劳动者数量的增加转变到质量的提高，对劳动者技术、文化要求逐渐提高。第二次世界大战以后，科学技术对现代经济发展的作用愈加凸显，高素质人口在经济中的作用更加重要。我国人口的文化素质提高很快，国民受教育年限不断延长，文盲率显著下降，高学历人口比重大幅度提升。但是，当前我国人口素质的现状仍不能适应社会生产力和科学技术不断发展的需要，人口总体文化水平不高，城乡人口文化素质差异突出，职业人口的文化程度相差悬殊。

（二）人口变动与教育发展的相互关系

人口是教育事业发展的基础，人口变动对教育发展有着重大影响。人口数量变动影响教育的发展规模和速度，人口迁移变动影响教育的合理分布，人口结构变动影响教育结构的调整，人口质量变动影响教育质量的提高。同时，教育也是影响人口变动的重要因素，教育不仅能够影响人口增长、促进人口合理流动，还是优化人口结构、提高人口素质的主要途径。

1. 人口数量变动与教育发展的相互关系

人口数量变动对于一国教育发展有着最为直接和最为基本的影响。现代教育面向的是一个国家或地区所有的学龄人口乃至所有人口，所以，一国或地区人口数量的增加或减少、增长速度的快或慢都会对教育产生影响。反过来说，教育越是能覆盖全体人口，它对人口数量变动的影响也就越大。

（1）人口数量变动对教育发展的影响。在现代社会中人口数量增长是推动教育事业发展的基本动力之一。人口的数量决定了教育事业的可能规模，人口的增长速度决定了教育事业发展应有的速度。根据社会人口中的学龄人口数量，国家确定各级各类学校的数量。与教育密切相关的人口数量指标是人口出生率。人口出生率越高，增长数量越大，教育规模就越大。反之，人口出生率越低，学龄人口数量越小，教育规模也就相应变小。新中国成立后，教育事业在规模上发展得很快。1949年与1989年相比，小学在校学生由2439.1万人增至12373.1万人；普通中学在校学生数由103.9万人增至4554.02万人，其他中专、技校也均有大幅增长；高等学校在校学生数由11.7万人增至218.3万人。但是，学龄人口由1949年占人口总数的22.4%增至1980年的30.1%，每年平均增加590万人。但这一时期的教育事业发展速度依然跟不上人口增长速度。[①] 1980年和2010年相比，小

---

① 叶澜：《教育概论》，人民教育出版社1999年版，第106—107页。

学在校学生数由11478.2万人降至9473.3万人，小学教育规模缩小，然而，由于同期小学学龄儿童数由12219.6万人降至9501.5万人，入学率反而由93.0%升至99.7%。①

同时，人口数量增长制约着教育投资、教育水平的提高。在一定时期，一个国家或地区的社会经济发展水平是确定的，所以，人口数量增长的快慢，直接影响人口接受教育的状况。人口增长速度与教育总投资、人均教育投资负相关。人口自然增长率越低，人口数量增长越慢，所用人口投资越少，经济投资比例就越大，用于开发智力资源的教育投资就越多，人均教育投资也会越高。反之，社会为了养育更多的新增人口不仅用于教育的总投资会较少，并且由于学龄人口较多，人均教育投资也会下降。从微观上来说，一个家庭对子女教育的投资也具有类似的情况，多子女家庭里每个孩子所接受到的教育投资一般比孩子少的家庭要低。另外，人口增长速度还会影响人口的教育水平。一个社会要保持自己的存在和发展，需要有一定比例的人口从事能够生产物质价值的劳动。而在教育系统的人口中，除了15岁以下的儿童少年外，其他人口则是能够参加生产劳动的劳力。那么，教育系统其实是在占有社会的有效劳力。人口增长较快，就需要更多的劳力去生产更多的产品，来满足众多人口的生活需要。这样劳动者的劳动年龄起点会降低，进而制约人口所能接受教育的年限。反之，人口接受的教育则比较系统。同时，由于人口增长过快，国家不得不把教育的重点放在普及教育的发展上，制约了高等教育的发展，也会对教育水平造成影响。

人口数量激增还会影响教育质量的提高。人口增长过快不仅使教育经费和师资质量的平均水平降低，还会使一个学校负担的学生人数增加、班级人数过多。一般来说，每个班级学生数以30人左右为宜。这样的班级规模能够使教师了解、顾及所有学生，同时也利于班级活动的开展。否则，课堂教学质量、师生之间的互动、学生之间的互动

---

① 教育部：《小学学龄儿童入学率》，http://www.moe.gov.cn/publicfiles/business/htmlfiles/moe/s7382/201305/152556.html，2015年8月17日。

都会受影响。同时，入学人数的增加又会加剧升学的竞争，这种竞争显然不利于人的全面发展。①

人口数量变动也会给教育制造困难。对于教育事业发展来说，人口数量是自变量，人口数量变动会引起教育相应的变化。但教育是一个复杂的系统，教育组成部分的变更、教育资源的安排，都需要相当数量的人力、物力、财力、时间和精力。尤其是校园、教师、桌椅等固定资产的变更更不能轻易而就。所以，人口增长率的高低起伏会使教育尤其是基础教育面临资源紧张和资源浪费的挑战。

（2）教育对人口数量变动的影响。教育通过影响人口的出生率和死亡率来影响人口数量变动。大量关于生育率的研究表明，在影响育龄妇女生育率的诸多因素中，教育是最直接的影响因素。

教育能够改变人们的婚育观念。人们尤其是妇女受教育水平提高后，能够改变传统的生育观念和家庭婚姻观念，自觉推迟婚育年龄。我国国家计划生育委员会于1992年进行的万人抽样调查数据分析表明，文化教育程度越高，初婚年龄也越大。在城市，高中文化程度的妇女比小学文化程度的妇女平均初婚年龄晚2.0岁，大专以上文化程度比中专文化程度的妇女晚1.2岁；在农村，高中文化程度的妇女比小学文化程度的妇女平均初婚年龄晚1.8岁，高中和大专以上文化程度的妇女初婚年龄均为23.5岁。这可能与具有大专以上文化程度的农村妇女较少有关，所以她们的初婚年龄基本相同。② 2000年第五次全国人口普查数据也表明，妇女受教育程度与生育水平明显呈现负相关关系。小学以下文化程度（包括未上学和上扫盲班的情况）的妇女平均生育子女约2.4个，总和生育率约为1.9，小学文化程度妇女平均生育率是2.05，初中是1.72，高中是1.30，而大专以上文化程度的妇女平均生育子女约1.0个，总和生育率不到1.0。两者相比，大专以上文化程度的妇女比小学以下文化程度的妇女少生了一半多子女。除两端对比显著之外，随着文化程度的提高，妇女生育子女的数

---

① 叶澜：《教育概论》，人民教育出版社1999年版，第108—109页。
② 战捷：《文化与生育相关性研究》，《中国人口科学》1994年第5期。

量与总和生育率也在明显下降,初中比小学少生子女0.3个,总和生育率下降约0.3,高中比初中少生0.4个,总和生育率下降0.2。

教育水平提高还能够影响人们尤其是妇女的人生观和价值观。受过现代教育,特别是受过高等教育的妇女,更容易摆脱传统婚姻生育观念的影响,渴望参与社会活动,发展个人才能。① 她们往往倾向于节育少育,以解决个人发展、参与社会活动和生育子女消耗过多个人时间、精力、财力的矛盾。并且,受教育水平比较高的妇女更为注重子女的培养质量和发展前途,增加对子女的教育投资,这无疑会增加抚养儿童的费用,也能促使其少生优生。

教育对人口死亡率的影响也是比较明显的。人口受教育水平的提高,使人们懂得了优生优育和卫生保健的知识,可以大大降低孕产妇和婴儿的死亡率,从而有力地促进了总人口死亡率由高到低的转变。同时,由于人口的教育水平的提高,普遍养成良好的卫生习惯,具备了科学的保健医疗知识、增强安全意识,可以降低人口的死亡率。②

2. 人口迁移变动与教育发展的相互关系

人口迁移对教育有着重要影响,教师迁移会造成教师流失,学生迁移会形成流动人口学生教育问题,家长迁移会使学生变为留守儿童,并且人口迁移还会给迁移者带来经济、家庭生活境况的变化,进而影响人口的教育需要。同时,教育也会对人口迁移形成影响,一般而言,受教育程度越高的人,迁移的可能性也越大,并且由于就学而形成的迁移人口在我国流动人口中的比重正在不断增大。

(1) 人口迁移对教育发展的影响。人口迁移对教育的影响可以分为直接影响和间接影响。直接影响是指人口迁移给教育造成的需要其直接应对的影响;间接影响是指人口迁移所产生的经济、文化效应给教育带来的影响。

人口迁移对教育的直接影响可以分为三种情况,一种是学龄人口

---

① 荆建华:《试论教育对人口的影响》,《河南教育学院学报》(哲学社会科学版) 1994年第3期。

② 查瑞川等:《中国第四次全国人口普查资料分析(上)》,高等教育出版社1996年版,第359页。

迁移，另一种是学龄人口的家长迁移（暗含学龄人口不迁），再一种是教师迁移。首先，在我国，学龄人口的迁移产生了教育问题。由于受户籍等限制，流动儿童不能取得流入地学校的正式学籍，往往受到不公平的对待。流动儿童要交纳额外的借读费，这几乎超出了进城务工农民工的承受能力，造成随迁子女只能进入水平较差的民工子弟学校或者失学。随着随迁子女人口规模的扩大，如何解决他们的义务教育问题以及义务教育之后的升学问题，成为我国教育面临的重要任务。其次，学龄人口的家长迁移在我国产生了留守儿童问题。由于家长进城务工，儿童留给父母一方、祖父母或亲戚照看，成为留守儿童。随着民工潮的出现，留守儿童的人口规模迅速扩大。据统计，2010年，全国义务教育阶段在校生中农村留守儿童共2271.51万人，比上年增加47.27万人。其中，在小学就读的农村留守儿童1461.79万人，比上年增加28.82万人，增长2.01%；在初中就读的农村留守儿童809.72万人，比上年增加18.45万人，增长2.33%。[①] 目前，留守儿童面临着德育品质偏差、学习成绩差、辍学失学现象严重等问题，需要通过教育做出积极的应对。最后，教师迁移造成了教师流失尤其是民办教师的流失。农村民办教师工资水平一般较低，使得教师职业的吸引力不大。在人口大量流出的地区，一些村民外出打工的收入远高于教师的工作收入，一部分民办教师便弃教外出打工或经商，对农村教育带来了十分不利的影响。

人口迁移也给教育带来了间接影响。首先，人口迁移改变了人们的教育观念。人口迁移尤其是农民进城，增进了他们对外部世界的了解，增强了他们的教育需求。在城市谋职过程中，有无技术、文化水平高低，其经济回报大不一样，这种亲身体验促使人们重新审视教育的价值。人们教育观念的改变，既包括流动者自身对教育需求的变化，也包括其对子女教育观念的改变。有研究表明，我国留在农村的

---

① 教育部：《2010年全国教育事业发展统计公报》，http：//www.moe.gov.cn/publicfiles/business/htmlfiles/moe/moe_633/201203/132634.html，2012年3月21日。

农民接受教育的兴趣很低,而农村外流人口接受教育的兴趣则较高。①其次,人口迁移能为迁移者带来更好的受教育条件。人口迁移不仅能使部分流动适龄儿童得以在条件更好的学校就读,还为流动外出务工人员自身文化科学素质的增强提供了条件。农村进入大城市的劳务型流动人口,为了适应流入地的生产、生活方式,在都市文化氛围的熏陶影响下,利用业余时间自学和参加当地成年专(职)业教育。特别是他们中的许多人进城打工的目的就是为了争取到自己受教育的机会,而把城市当作提供自己学文化、学技术、增长技能的好课堂,以弥补自己在农村受教育的不足。最后,人口迁移使迁移者个人及家庭收入增加,从而提高了投资教育的能力。经济收入的增加不仅会增强家庭承担子女教育费用的能力,还会提高迁移者及其子女接受更加系统教育的欲望。

(2)教育对人口迁移的影响。教育对人口迁移的影响主要表现在以下两个方面。

一方面,教育本身引起的人口迁移。这种现象在基础教育和高等教育均有出现,但主要是后者。基础教育阶段的人口迁移主要为短距离迁移,如从农村到县城或从一个城区到另一个城区。迁移人员主要为基础教育阶段就学的学生,也有"陪读"的家长。高等教育阶段的迁移大多是跨地区或跨省乃至跨国的远距离迁移。随着我国高等教育普及化,这部分迁移人口的规模在逐渐扩大。一个地区教育水平越高,教育资源越丰富,越易吸引人口迁入,通过大学升学途径实现迁移的人口也就越多。

另一方面,受教育程度越高,人口流动的可能性越大。受教育程度直接影响就业的期望值与收益、信息搜寻与处理的能力、迁移成本的承受能力,因此受教育程度越高,迁移的频次越高,迁移的距离也越远。受教育程度较高的劳动者能够选择的职业范围较大,在迁移过程中的灵活性和主动性也就越强。无论是城乡迁移,还是区域间迁移,我国目前迁移人口的平均受教育水平较留守人口高。以农村劳动

---

① 石人炳:《人口变动对教育的影响》,中国经济出版社2005年版,第145页。

力迁移为例，外出务工的劳动力初中以上文化程度占了81.6%，比全国农村劳动力平均文化程度高18.3%。可以看出，教育水平的提高可能对人口迁入与迁出都会产生影响，而受教育水平较高人口的迁移对迁入地和迁出地的教育发展水平也会产生影响。一般来说，受教育程度高的人口迁出与迁出地的教育水平呈负相关，受教育程度高的人口迁入与迁入地的教育水平呈正相关。[1]

3. 人口结构变动与教育发展的相互关系

人口结构变动影响教育发展，人口年龄结构变动影响教育的整体结构，人口文化教育结构变动影响教育的需求和质量，人口的产业结构变动对教育形成全面影响。同时，教育发展也对人口结构变动产生影响，教育通过影响出生率和死亡率作用于人口年龄结构变动，通过教育普及水平的不断提高来优化人口文化教育结构，通过转变劳动者素质制约人口产业结构变动。

（1）人口结构变动对教育发展的影响。人口年龄结构变动直接影响教育的结构。人口年龄结构属年轻型的国家，教育重点在基础教育方面；人口年龄属于成年型的国家，就比较注重成人教育；人口年龄出现老化趋势时，老年教育问题就会引起社会的重视。[2] 应该说，人口年龄结构变动对教育的冲击往往很大。在生育高峰期出生的人口到了学龄期以后，各级教育随之相应出现资金告急，师资不足，教育问题频频产生。高峰过后，教师超编，办学效益下降，教育资源又需重新调整。而人口高峰再次到来时，又旧戏重演。

人口文化教育结构变动对教育的影响主要表现为对教育需求和质量的影响。当人口文化教育结构水平较低时，一个国家或地区会在国际或区域比较中获取动力，产生发展教育、提高教育水平的需要，提高就学率和高学历人口的比重。人口文化教育结构水平的提高，则能唤起个体进一步的教育需求。人口文化教育结构的提高其实就是人口

---

[1] 谢童伟、张锦华、吴方卫：《教育与人口迁移相互影响的实证分析——基于2004—2008年31个省的面板数据》，《上海财经大学学报》2011年第4期。

[2] 田家盛：《教育人口学》，人民教育出版社2000年版，第89—90页。

质量的提高，所以，它对教育质量的影响与人口质量对教育质量的影响具有同样的道理。

人口产业结构变动对教育也有着直接影响。人口产业结构变动是产业结构调整的结果。教育是培养人才的场所，负责向各产业合理输送人才。按照社会经济发展规律，社会三大产业之间的调整是逐渐增加第二、第三产业的比重，相应地，人口产业结构变动也会随之变化。教育在这时无疑也要做出相应的变动，在教育结构、高等教育专业设置、职业教育办学方向、各级各类办学宗旨等各个方面都需要做出相应调整。20世纪80年代，我国从事第一产业的人口占在业人口的70%以上，从事智力职业的人口不足10%。随着经济发展，第一产业人口逐步向第二、第三产业转移，必然要求大力提高人口文化素质。所以，我国教育在提高普及率和普及程度的同时，还要加快发展成人职业技术教育，有针对性地调整教育类别，不断提高在业人口尤其是待转业人口的教育水平。

（2）教育对人口结构变动的影响。教育对人口年龄结构变动的影响，主要是通过影响出生率、死亡率来实现的。如前所述，教育可以影响人口的出生率和死亡率。出生率的降低，使儿童少年人口在整个人口中的比重降低；通过教育，可以降低死亡率，延长人口平均寿命。这二者都可以影响人口的年龄构成，增大老年人口的比重，加速人口老龄化的进程。教育对人口生育率的影响作用是通过提高人口的知识水平，改变人们的生育观念、生育心理和生育行为来实现的，而且在这些方面可以起到其他因素无法起到的作用。

教育对人口文化结构变动具有直接的、关键性的作用。教育对人口结构的影响，集中表现在对人口文化结构的影响上。人口文化结构本身就是由人口的受教育程度来表征的，所以一个国家或地区的教育水平是衡量其人口文化结构的主要指标。

教育对人口产业结构变动具有重要的制约作用。随着生产力的发展，社会经济由农业向工业、服务业转移是历史发展的必然，教育的重要作用就是使在业人口在三大产业间合理配置，为各个产业提供合格的人力资源，如此教育才能成为一个国家或地区经济发展的重要动力。否则，教育若不能及时满足社会发展和产业结构调整的需要，将会阻碍社会经济的发展。我国改革开放之后，经济发展加快，农业、工业和服务业之间的比例关系不断向后两者倾斜，推动产业人口结构变动加速。但我国近三分之二的人口居住在农村，文化水平和技术能力都未能满足社会经济发展的需要，致使我国的人才结构与经济发展需求结构存在较大偏差。如何迅速提高人口的文化水平和技术能力，配合经济发展的结构需要，就成为我国教育面临的重要挑战，也在一定意义上决定了教育在多大程度上成为经济发展的助力。

4. 人口质量变动与教育发展的相互关系

人口质量是教育发展的基础，人口质量提高，不仅能够给予教育较高的发展起点，还会对教育提出较高的质量要求，所以一个国家人口质量的变动是影响各级各类教育发展的重要因素。而教育则是影响人口质量变动的主要因素，一个国家国民素质的提高主要靠教育发展来实现。

（1）人口质量变动对教育发展的影响。教育者（教师和家长）素质提升对教育质量有着直接的重要影响。教师，包括任课教师、各级教育行政部门和学校的管理人员以及教学辅助人员等，是决定教育质量高低的主要因素。高质量的教师队伍是一个国家或地区教育质量的保证。有些国家或地区的教育事业发展困难，主要不是缺乏资金和设施，而是缺乏合格的教师和管理人员。从这个意义上说，教师质量的提高是一个国家或地区提高教育质量的前提，是首先要予以关注的。新中国成立后，随着教育事业的发展，我国人口的教育科学素质逐步提高，为教育事业的发展提供了日益增多的教育工作者，但是教师素质和发达国家比较还有相当大的距离，成为制约我国教育质量提高的重要因素。世界上许多发达国家多年以前就规定大学以上学历的人才能担任小学教师甚至幼儿教师，而我国在最近几年才达到这样的要求。

家长素质对教育质量的影响是多方面的。从身体素质的角度看，家长的身体素质好能够实现优生优育，减少各种先天性缺陷和遗传疾病的出现概率。从思想素质来看，家长是儿童的第一任老师，若他们的思想水平高，便能够通过言传身教给予子女较好的家教，使其形成良好的修养。从文化素质来看，家长的文化水平越高，越重视子女的教育问题，也越重视育儿的科学性。1949年以后很长一段时间，我国没有实行强制性的义务教育，学龄儿童入学与否，全由家长决定，致使农村存在着入学率低、流生率高的现象，许多儿童少年得不到应有的教育。这同我国农村家长文化素质低，不重视子女的教育有很大关系。

受教育者素质也直接影响教育的质量。受教育者在就学前以及就学中，在多种因素的作用下所形成的素质，影响着教育所能取得的成效。学校招生实行"择优录取"，选择素质较高的受教育者，就说明人口素质对教育有重要影响是人所共见的。只是总的来说，受教育者的素质具有更多的被决定意义。

人口素质对教育的间接影响是通过一个国家或地区所形成的社会文化环境来实现的。受教育者是生活在具体环境中的人，其周围人口素质所表现出的思想观念、价值取向、行为方式等会以耳濡目染的方式渗透到他们的心灵之中。更重要的是，不同人口有不同的教育期望和教育态度，影响着他们所能取得的教育成效。例如，我国不断出现的"知识无用论"往往影响着基础教育的就学率。

(2) 教育对人口质量变动的影响。教育对人口质量变动的影响表现在未成年人社会化过程中良好素质的形成。教育是人社会化的主要方式，青年一代的培养状况决定了一个国家或地区今后各代的人口质量水平。可以说，哪个年代我国的教育不但普及而且质量普遍提高，哪个年代就是我国人口质量向高水平转化的关键性年代。学校教育的课程是按全面发展的理念进行设计的，关注青少年思想道德培养、身体锻炼和知识学习及能力的养成。首先，我国教育始终坚持德育为先，把社会主义核心价值体系融入国民教育全过程，引导学生形成正确的世界观、人生观、价值观，培养学生团结互助、诚实守信、遵纪守法、艰苦奋斗的良好品质。其次，我国教育注重加强体育，树立健康第一的思想，确保学生的体育课程和课余活动时间，提高体育教学质量，加强心理健康教育，促进学生身心健康、体魄强健、意志坚强。最后，我国教育坚持能力为重，优化知识结构，丰富社会实践，强化能力培养，着力提高学生的学习能力、实践能力、创新能力，教育学生学会知识技能，学会动手动脑，学会生存生活，学会做人做事，促进学生主动适应社会，开创美好未来。

教育对人口质量变动的影响还表现在对成年人的教育上。对成年人教育的目的不仅在于使他们自身获得提高，掌握新的知识与技能，以适应社会发展的需求，而且还在于使他们提高对优生、优育的认识，获得相关的知识和能力，以便为自己的后代创造更好的发展条件。教育使人们懂得优生、优育的重要性，它与社会经济的进步，医疗卫生水平的提高，避孕知识和技术的普及，妇幼保健的开展相结合，改善了人口生理遗传因素和身体自然基础，降低了孕产妇和婴儿的死亡率，从而有力地促进了总人口死亡率由高到低的转变。教育使人们对待生育持科学态度，真正地热爱儿童、关心儿童，努力为儿童各方面健康成长创造有利的社会条件。

二 人口变动成为影响我国当前教育政策制定的突出要素

教育政策在制定过程中受到多种因素的影响，其中起决定作用的是政治和经济因素。近年来，我国人口变化显著，人口增长变缓，新出生人口明显减少，人口流动空前活跃，人口文化水平迅速提高，这使得人口变动对我国教育发展的影响增强，成为我国当前教育政策制定中需要突出考虑的因素。

（一）教育政策是多种因素作用的结果

教育政策是国家规范、管理教育的重要方式，教育政策制定是一个复杂的过程，要经过问题诊断、确定目标、选择方案、政策赋权等一系列过程。问题诊断是发现教育问题，并以一定的理论和政策资料，对教育政策问题的存在形式、范围和性质进行系统分析。问题确定以后，怎么解决，解决到什么程度，达到一个什么标准，都应提出一个明确的要求,这就是确定目标的过程。在此基础上,找到解决问题、达到目标的途径和措施,提出多种可供选择的可能性方案,对若干最有希望的备选方案进行试验验证,综合评估、择优选择出一个最佳方案,这就是选择方案的过程。在方案选定之后,还须经过权威部门的批准公布,即依照一定的权限和程序将方案付诸审查、通过、批准、签署和颁发,以使政策方案具有法律效力和权威,这就是政策赋权的过程。

教育政策在制定过程中会受到诸多因素的影响,可以说,一项教育政策就是在多种因素综合作用下的产物。除了政治、经济等决定性因素外,还有教育传统与现状、人口状况、社会舆论、国际环境等重要因素,以及政策制定的程序安排、政策制定者的业务素质等直接因素。另外,文化传统、自然环境、民族、宗教、团体利益、非执政党和政治团体、已有的法律和政策、信息资料的传递输送和收集整理、专家的咨询、专门机构的调查研究成果等,都会对政策制定产生各种各样、或大或小的影响。美国学者戴维·伊斯顿认为,影响政策制定的主要因素来自两方面:一是工作环境中,二是黑箱中。[1] 根据戴维·伊斯顿的这一观点,教育政策制定的影响因素可以分为内部因素和外部因素。[2] 内部因素指的是制定教育政策的机构和个人因素,其中的组织、结构、运行机制、人际关系和文化氛围等都可对教育政策产生影响。外部因素包括政治、经济、人口、文化传统、自然环境、民族、宗教等宏观因素,也包括社会团体、研究机构和媒体等能够影响教育政策制定过程和教育政策内容的社会力量。

教育政策既然是政府管理、规范教育的基本手段,那么,影响政府政策决策的力量和影响教育发展的因素都可能影响教育政策的制定。然而,影响教育政策制定的诸因素并不是单独发挥作用,而是形成一个整体,共同综合地发挥着影响,其中政治、经济起着决定性作用,人口、教育现状等发挥着基础作用,自然环境、文化传统、民族

---

[1] 参见袁振国《中国教育政策评论》,教育科学出版社 2000 年版,第 79 页。
[2] 参见马凤岐《教育政治学》,人民教育出版社 2002 年版,第 147 页。

和宗教等作为背景因素产生间接和直接作用,而决策机构和决策人员则直接决定着教育政策的制定过程及其质量。

1. 教育现状是教育政策制定的基础

教育现状指一个国家或地区教育的基本情况。教育现状是教育政策提出的依据,任何一国制定教育政策通常是为解决一定的教育问题,一国或地区的教育现状是教育政策的最终归宿。一方面,教育现有的问题、矛盾和要求常常就是教育政策问题的来源。另一方面,各国的教育现有水平还从客观上制约着教育政策目标的确定和方案的选择。改革开放以来,我国的教育状况发生了显著变化,教育普及水平大幅度提高,教育体制从计划经济体制下的集权模式转为与市场经济体制相适应的集中、分散结合的新模式,人才培养模式从片面强调应试、知识本位转向素质教育。在这种教育现状的基础上,教育政策的关注重点也向素质教育、教育公平及教育质量提高等方面转移。

2. 国际经验和发展趋势是教育政策制定的参考因素

一国或地区的教育政策的产生与发展不只是从国内现状和需要出发,也要考虑国际发展的经验和趋势。国际经验和趋势对教育政策的影响表现在两个方面:一方面,随着全球化的发展,越来越多的全球性问题是教育政策制定时必须要加以考虑的。全球一体化、市场化、信息化趋势的发展,使人才的跨国流动以及国际合作办学增多。一个国家或地区在制定教育政策时,无法再像过去那样仅仅把教育看作是完全封闭的国内事务。国家之间或地区之间的相互考察成为当今制定教育政策的必要步骤,一个国家的教育措施、经验和政策,会随着国家间交往的增多影响别国教育政策的制定。我国近几年颁布的一些高等教育政策,如国家助学贷款政策、学分制政策、弹性学制政策、高校学生缴费政策、国家奖学金政策、大学生不包分配政策等,都多多少少受到了其他国家较先进的教育经验、政策和措施的影响。[①] 另一方面,国家之间形成的紧张或缓和、战争或和平、竞争或合作的国际

[①] 吴志宏等:《教育政策与教育法规》,华东师范大学出版社 2003 年版,第 32—33 页。

关系状况，也是一个国家制定政策的重要依据。第二次世界大战结束后，美苏之间的争霸把世界带入了异常紧张的冷战时期。1957年苏联发射了第一颗人造卫星，美国教育受到了美国人猛烈的抨击，许多人认为，教育的失败造成了科学技术进步缓慢。1958年美国的颁布《国防教育法》便是在这一背景下颁布实施的。当时的美国总统艾森豪威尔在颁布《国防教育法》时说，要"通过这个法律，大大地加强我们美国的教育制度，使之能满足国家基本安全所提出的要求"。[①]由此可见，国际趋势的变化影响了教育政策的制定。

3. 社会舆论是教育政策制定的重要影响因素

社会舆论是群体整体知觉和共同意志的外化，具有强烈实践意向的表层集合意识。社会舆论实际上是反映和表达人民群众愿望、要求的一种形式。其特点是通过报刊、广播、电视等媒体，把广大群众对教育领域发生或存在的重大问题所持有的观点、意见以及解决这些问题的建议或意见反映出来、传播开来，使某一教育问题成为人们普遍关心的热点话题，成为全社会关注的焦点。社会舆论一旦形成，对教育政策制定的影响是十分巨大的，在某种特定情况和条件下甚至会产生决定性影响。党和国家之所以要制定教育政策，是为了指引教育发展的需要，是为了解决人民群众所关心的重大教育问题。然而，在现实社会中，人民关心的教育问题很多，并不是每个教育问题都能引起党和政府的注意和重视。由于种种主客观原因，党和政府有时没有发现或没有及时发现问题，有时虽然发现问题，但没有重视，没有提上政策议程，有时虽然也认为问题重要，应该解决，但因不具备解决的条件，或是解决的难度很大而没有下决心去解决，这时，舆论就可能发挥意想不到的积极作用。广大人民群众是社会实践的主体，在他们当中蕴藏着无穷的智慧和巨大的力量，他们往往能够及时、敏锐地觉察和发现问题，甚至是重大问题，通过最迅速、最及时、最有效的现代化渠道——新闻媒体反映和传播开来。对于党和政府来说，这是一种巨大的舆论力量，是一种压力，也是一种动力，促进和推动政府采

---

① 参见吴式颖等《外国教育史简编》，教育科学出版社1995年版，第495页。

取各种步骤、措施,把社会舆论所反映和关注的热点问题列入政策制定的议事日程,作为优先问题来加以解决,从而促成了某项重大教育政策的出台。

4. 利益团体是影响教育政策制定的重要力量

利益团体是指除阶级、政党、政治团体之外的各种利益攸关主体所形成的团体和群体。利益团体有的有一定的组织形式,有的则没有什么组织形式,只是基于某种共同价值、共同利益、共同态度或者是某种职业和行业而形成的非正式的联合体,其目的在于建立、维持、增进共同利益和共同态度所蕴含的行为模式。具有共同利益的个人,正式或非正式地结合成某一团体,主要是便于向政府反映和提出他们的要求,这是当今世界多数国家政策生活的主要特征之一。

利益团体广泛存在,数量众多,种类繁杂,形式各异,在众多的利益团体中,各自的教育要求也不尽相同,有的要求对教育资源重新分配,有的要求维持现状和既得利益。前者趋向革新,后者趋向保守。一般来说它们不具有典型的浓厚政治色彩,却往往是政府和人民群众之间联系的重要桥梁,对教育政策制定的影响是十分重大的。各种利益团体参与和影响教育政策制定的过程,是现代国家教育政策形成的一个显著特征。国家在制定教育政策时,会考虑到各种利益团体的价值和利益。在调整和重新分配教育资源的过程中,往往使原有的利益团体之间的利益平衡遭到破坏,从而直接引发它们之间的利益冲突。当某项政策对某团体有利,对另一团体可能不利甚至损害时,会引起不同反应,受益者会采取某种行动去维护、支持对自己有利的政策,受损害者则会以某种方式去反对或改变对自己不利的政策。

5. 相关组织对教育政策制定具有重要作用

教育政策往往不是某一个人的作品,而是组织的产物。一般来说,对教育政策制定有直接而重要影响的组织有两种,一种是负责制定教育政策的教育决策组织,另一种是为决策组织提供咨询服务及专业性参考意见的智囊团与政策研究组织。

决策组织的结构、程序、组织文化等对科学、民主的制定教育政策有着重要影响。首先,决策组织的结构是指构成组织各要素的排列组合方式，组织要素是职能、权力等。组织结构通常可归为科层组织结构、横线组织结构、矩阵组织结构三种类型。科层组织结构按照层次规范，自上而下地建立起严密的命令与服从体系。横线组织结构是一种平行结构的组织形式，它由若干地位平等部门及成员组成，没有上下严密的命令与服从关系。矩阵组织结构是由科层结构和横线结构混合而成的组织结构。组织结构与教育政策制定有着密切关系，它直接影响着决策权力的分配、决策人员构成以及决策活动本身。科层组织结构有利于政策问题的及时发现与确认，但决策权集中，也可能造成决策者独断专行。横线组织结构有利于发挥大家的积极性，能集思广益，但往往行动迟缓，对一些亟待处理的问题不能采取果断的政策措施。矩阵组织结构有利于集中各部门的人才、技术优势创造性地解决复杂的政策问题，但责权关系不易划分清楚。其次，一个国家的教育政策制定要经过某种组织程序或过程。决策机构的工作程序，既关系到政策制定本身的科学性，也关系到政策的合理性。我国制定教育政策通常是由国家决策机构或领导人提出大致的政策目标、基本原则和指导思想，而后成立方案领导小组，小组授权政策研究机构或综合部门进行具体的调查研究，收集和分析有关信息，起草政策方案，再征求有关专家学者的意见，反复磋商、修改、审定政策方案，最后由决策机构批准执行。最后，教育决策组织的组织文化也会影响教育政策的制定。组织文化是组织成员所具有的共同价值观、精神、行为准则。组织文化对决策组织整体的价值取向和行为起着导向作用，能减少内耗，增强内聚力，提高教育政策制定的效率，使全体决策人员看到自己组织的特点和优点，认识自己工作的意义，产生热爱本组织的荣誉感、自豪感，激发出巨大的工作热情。

智囊团和政策研究机构在教育政策制定过程中发挥着有效的辅助作用。任何决策者，受其认知范围和能力的局限，不可能对所有问题都做出恰当的反应。在这种情况下，借助智囊团和政策研究机构以扩大决策过程中的知识、经验输入量，就变得非常的必要。把具有不同知识结构、不同经验的专家学者集中在一起，让他们参与教育政策的制定，听取他们的意见，借助众人的头脑以弥补决策者个人才智、经验和精力的不足，这是制定教育政策的有效手段。政策智囊系统主要划分为官方政策研究机构和非官方政策研究机构两个部分。官方政策研究机构一方面按照决策者的要求，在教育政策研究的基础上进行政策方案的具体规划工作；另一方面围绕着决策者关心的教育问题，收集信息，分析情况，预测可能并提出建议。非官方政策研究机构主要有三类：由政府资助和管理的专门研究机构、民间的独立研究机构和大学。非官方政策研究机构有很强的独立性和自主性，研究领域广泛，通过各种方式影响教育政策的决策。

（二）政治、经济等是教育政策制定的决定因素

1. 政治是教育政策制定的主导因素

政策，顾名思义，是行政的策略，它属于政治范畴。如果说政治的实质是阶级统治，那么，任何政策都是阶级意志、利益的集中体现与表达。政策的制定是一种政治行为，教育政策也不例外，在教育政策制定的整个过程中，政治的影响无时不在，无处不在。[①]

（1）政治决定教育政策的基本属性。政策是政治进行社会统治和管理的工具，它的最终目的和根本追求是由政治决定的。不同性质的国家政权和代表不同阶级、阶层利益的政党及其他政治组织，总是从各自的利益出发，对社会上出现的各种各样复杂多变的具体问题提出应对策略。处于统治地位的阶级和集团在代表国家制定各种政策、解决社会生活中出现的各种问题时，首先考虑的是如何通过这些问题的解决，巩固自己的统治，达到对被统治阶级的有效控制与管理，实现整个社会的稳定。政策的这种本质属性，必然要求政策具有相应的功能，在社会政治文明、物质文明、精神文明的建设等各方面体现政党或国家的意志。尽管不同的教育政策往往对应于具体的教育问题，其政策目标是不断变化的，但教育政策的基本诉求则是稳定的，都是为了实现政治上占据统治地位的社会阶级和集团的利益和愿望。

教育政策具体安排教育资源在社会不同群体中的分布情况，但它

[①] 袁振国：《教育政策学》，江苏教育出版社2001年版，第41页。

并不给予社会所有不同的群体以相同的教育机会和权利，而是给予相关利益群体以更多优势。教育资源的分配方式则由政治决定，政治规定了不同阶级、社会集团及其成员在占有教育资源中的机会、权利的差异。选择教育政策时，必然要与此相适应。《中国人民政治协商会议共同纲领》指出，中国人民民主专政是以工人阶级为领导、以工农联盟为基础的政权。与该政权相适应，我国提出"教育是阶级统治的工具"，教育政策的制定用于保障工农兵及其子女受教育的权利。1949年年底，教育部在北京召开了第一次全国教育工作会议，会议确定教育必须为国家建设服务，学校必须为工农开门的总方针。改革开放以后，虽然我国教育政策的话语表达方式发生了一些变化，但是教育政策的根本目的仍然是满足政治的需要。随着国家工作重心的转移，发展经济成为最大的政治问题，相应地，教育也树立起为经济建设培养人才的总目标。

（2）政治决定教育政策制定的方式。教育决策是政治公共决策的一个重要组成部分，教育决策体制与一个国家总的政治体制相统一，政治体制的特点直接决定着教育政策制定的方式。按照权责在上级与下级政府之间分配的情况，大致可分为集权制和分权制两种决策体制。集权制把决策权集中于中央和上级机关，下级机关很少有自主权，主要负责根据上级指令行事；分权制除给予中央和上级机关一定的统筹权力之外，把其余权力归于负责单位，上级机关无权干涉下级机关所拥有权力范围内的行为。

世界上不同国家形成了不同的决策体制，属于集权制的国家如法国、中国、日本等，属于分权制的国家如美国、英国、澳大利亚等。美国的教育决策权力在联邦、州与地方三个层面上展开。在历史上，美国联邦政府在教育中的作用微乎其微，因为美国建国之初的宪法并没有赋予联邦政府管理教育的权力，教育是属于各州和地方的事务。其主要职责是收集有关教育方面的信息，提供服务，确保州与地方学校不做违反美国宪法的事情。第二次世界大战后，联邦政府干预教育的趋势逐渐增强，但州在教育方面仍负有主要责任，只要不违反美国的宪法，州可以按照自己的意愿实施教育改革。

我国的教育决策体制和政治决策体制相一致，是集权型的。在我国教育决策主体的相互关系中，上级占主导地位。这样的决策方式有利于统一全国教育发展步调，迅速出台政策，大范围推行教育举措，但也容易造成一系列问题。它往往使地方性决策照着上级说，很少独立思考，甚至在话语方式上也呈"八股"态。除此以外，拥有地方决策权的主体还往往表现出对本地区的社会、政治与教育的关系状态，教育的传统与现实状态，发展的潜力与主要问题等，缺乏系统深入的研究，没有相对透彻的分析和具体的有根据的把握。因此，除了"照着上面说"以外，还可见的是"跟着别人说""随着热点走"。在地方的决策性文本上，我们常常会看到差不多的主题、问题、方针与目标，缺乏的却是最重要的东西——地方的特殊性和针对性。此类性质的问题一直影响到基层的决策，最终导致失去多层主体分层决策的实效。[①] 所以，我国的教育决策在保证集权的大背景下，还应该尽量吸收分权制的优点，实现决策主体多元化和决策模式多样化。

（3）政治民主化程度决定教育政策的民主化程度。政治民主化是社会现代化的一个重要方面，世界上任何国家和地区在从传统社会向现代社会转变的过程中都要经历这一政治变革过程，只是由于历史和国情不同，不同国家或地区的民主化程度也不同。一个国家或地区的政治民主化进程，主要表现在以下几方面。首先，民众的社会参与情况。专制政治的一个基本特征，就是公众与政治决策的分离，使公众远离政治生活，使人们屈从于专制统治。现代民主政治与传统专制的最大区别，就在于人民在大规模的政治单元中参与政治决策。一般来说，民众借助于政党、利益集团、社会运动以及大众传媒等类型的组织来参政，表达自己的政治愿望和要求。其次，政治职能的分化以及专门机构和行政组织的创立。传统社会的政治职能是单一的，专制者执行着所有的政治职能，而现代社会科层制的出现和立法、行政与司法的相互分立，使政治职能发生了明显的分化。最后，政治制度化与

[①] 叶澜：《"新基础教育"论——关于当代中国学校变革的探究与认识》，教育科学出版社2006年版，第152页。

法制化。根据亨廷顿的说法，政治制度化指的是政治组织和施政程序获得公认价值内容和稳定性质的过程。而当这种"获得"是以法规的形式表现出来的时候，就是政治的法制化。政治制度化与法制化在相当大的程度上决定了现代民主政治的政治绩效，决定着政治民主化过程中其他方面的稳定性、价值和意义。

教育政策属于公共政策的一个重要组成部分，教育政策涉及每个人的切身利益以及基本的公民权利，因此，政治民主化程度不同，其教育政策的民主化程度也不同。在民主化程度高的政治环境里，公民为了更加有效地维护其自身权利与利益，必然会积极主动参与教育政策制定过程，这样也就意味着教育政策的民主化程度较高。反之，在一个政治体制高度集权、政治民主化程度低的政治环境中，决策权力高度集中，决策的主体仅是少部分掌权者，参与公共决策制定的过程仅是少数"社会精英"，而广大公民难以参与公共决策过程，这样必然会导致在公共政策制定过程中，沟通机制出现信息闭塞、梗阻问题，使得政策制定者无法获取大量的决策信息与依据，政策制定也就缺乏民主性，其政策的民主化也就比较低。

（4）政治文化影响教育政策制定的内在取向。政治文化是思考政治的思想方式和行为方式的总和，包括对政治的态度、信念、价值观和意识形态等。不同国家的政治文化会有不同的价值取向，不同时代的政治文化也会有不同的价值取向重点，如注重平等还是效率、追求自由还是民主、强调个体还是社会等，都会存在诸多差异。这些差异不仅影响到对教育政策问题的认定、政策方案的选择，还制约着解决政策问题的途径和方法。一般来说，在国家的某一发展阶段，总会出现主导的价值，这种主导价值有可能与其他价值产生冲突，出现一种"鱼和熊掌不能兼得"的局面。教育政策作为一种价值负载的活动，与意识形态有着非常密切的关系。意识形态不仅影响人们界定教育政策问题的方式，而且也制约着人们理解有效的解决教育政策问题的能力。从某种程度上说，政治文化是政治的灵魂，决定着人们行为的内在动机与价值取向。

美国学者马歇尔等人曾专门探讨过政治文化对政策制定的影响，

得出两点结论：一点是在州一级政策制定过程中，全国性的教育政策倾向或运动（如废除种族隔离政策、补偿教育政策、双语教育政策、特殊教育政策等）的力量大于政治文化的影响；另一点是如果没有全国性的教育政策倾向或运动，那么与政治文化相关的教育政策差异就变得明显起来。例如，传统主义政治文化占据主导的州更加倾向于增加学生测验和强化学生纪律；伦理主义政治文化占据主导的州更加突出对公共福利的道德关怀，增加对特殊需要儿童的教育经费；个人主义政治文化占据主导地位的州希望以逐步增长的方式改进学校设施与节约成本。[1]

我国的政治文化传统较为强调国家和集体的重要性，而对社会自主空间以及个人自由等方面关注的相对较少。这就导致我国的教育政策比较强调集体主义，注重国家、民族意志的实现，并服从于社会的需要。

2. 经济决定教育政策制定的物质基础

经济环境是指一定社会中影响教育政策运行的物质资料生产、分配、交换和消费的情况，以及资源、人口、生产力发展水平、生活水平等内容。教育政策在运行过程中所需要的资源不仅和一定的经济状况有关联，而且还与经济结构、经济运行状况直接相关。因此，在实施教育政策时，必须考虑其所处的经济环境。经济不仅能为教育政策提供必要的物质条件，还能影响教育政策制定的起点，决定教育政策的类型。国家或政府在制定和实施教育政策时，不可能仅凭自己的主观愿望，而是要依据本国、本地的经济情况、资源状况来制定和实施适当的教育政策。

（1）经济决定教育政策制定的起点。教育政策说到底是由经济发展状况决定的，一个国家的生产力发展水平和经济利益关系决定其教育的基本构架、规模、程度和方向，决定某种教育政策的必要性、可能性和实施效果。美国学者格恩里和考贝克通过分析对美国影响较大

---

[1] ［美］弗朗西斯·C. 福勒：《教育政策学导论》，许庆豫译，江苏教育出版社2007年版，第89—90页。

的全国性教育改革①,对经济与教育政策之间的关系进行了考察,结论是:经济繁荣是教育改革政策制定的前提条件。②这一结论表明,经济繁荣不一定都会引起教育改革政策的制定,但教育改革政策尤其是成功的教育改革政策总是在经济高速增长的背景下出台的。

经济状况是教育政策制定的出发点。国家的经济状况如何,决定了它最终能够制定什么样的教育政策。一个富国和一个穷国对待教育的态度是不同的,两者所面临的教育问题也是不一样的,这就决定了两者教育政策的差异。国家的经济状况决定了它是否能够把主要的人力和物力投入为改善经济条件而进行的储备活动,是否以及花多大的精力用于政治和文化建设,这又决定了它会用什么样的教育政策来引导其教育发展。因此,合理的教育政策必须符合社会经济发展的实际。经济及由经济发展决定的社会发展,决定着教育的需要和供给,从而决定着教育的发展规模、质量、结构和增长速度,决定着教育制度与教育体制。③教育是一种培养人的活动,发展经济所需要的一代又一代新人必须借助教育活动来培养。同时,教育活动对经济的依赖性决定了教育必须以培养适应现有生产力、适应现有生产关系的人为己任。正因为如此,任何经济条件下的教育政策都必须与其所处的社会经济的要求相符合。我国20世纪50年代末的教育大革命就是一个实在的教训。在"多快好省"经济发展路线的指引下,教育也实行"多快好省"的发展战略。1957年全国有普通高等学校227所,在校生44.1万人,而到1960年猛增至1298所,在校生96.2万人。④这种教育的"大跃进"无视当时经济水平的薄弱,虽然表面上看教育似乎大发展了,但其实质却是在盲目地进行低水平的规模建设,造成资源的严重浪费,对经济和教育发展都造成了不利影响。

---

① 这些改革主要有:1958年,艾森豪威尔任职期间颁布《国防教育法》;1965年,约翰逊任职期间颁布《初等和中等教育法》;1975年,通过《全国残疾儿童教育法》;1983年,高质量教育委员会发布报告《国家处在危险之中》;等等。
② 参见[美]安德森《公共决策》,唐亮译,华夏出版社1990年版,第44页。
③ 杨会良:《当代中国教育时政发展史论纲》,人民教育出版社2006年版,第6页。
④ 吴遵民:《教育政策学入门》,上海教育出版社2010年版,第157页。

（2）经济是制定教育政策的基本依据。自改革开放以来，我国教育政策的发展都是在经济改革和发展的背景下进行的。从1985年的《中共中央关于改革教育体制的决定》到1993年的《中国教育改革与发展纲要》，从1986年的《义务教育法》到2006年重新修订的《义务教育法》，每一次教育政策的制定和颁布无不与我国经济的阶段性发展相适应。

1984年《中共中央关于经济体制改革的决定》颁布，全面启动经济体制改革，掀起我国经济在新阶段的发展浪潮。为与经济改革相适应，教育体制变革势在必行。1985年，《中共中央关于教育体制改革的决定》颁布，提出了"社会主义建设必须依靠教育，教育必须为社会主义建设服务"的指导思想，明确了教育体制改革的目标在于使各级教育能够主动适应经济和社会发展的多方面需要。党的十四大提出："实践的发展和认识的深化，要求我们明确提出，我国经济体制改革的目标是建立社会主义市场经济体制，以利于进一步解放和发展生产力。"这一目标对教育政策的发展影响深远，为《中国教育改革和发展纲要》和此后一系列教育政策提供了依据。我国经济实现了从计划经济向社会主义市场经济体制转变，从粗放型向集约型转变，我国教育政策同样也应与经济发展的趋势相适应，改革管理体制和教育发展方式，坚持规模、结构、质量、效益的内在统一，把重点放到调整结构、优化资源配置、提高质量和效益上来。

（3）经济决定教育政策制定的物质条件。经济发展是教育发展的先决条件，一定的人力、物力和财力投入，是教育发展的前提，也是教育政策得以执行的基础。在实践中，经济主要是通过教育经费实现对教育及教育政策的影响，教育经费是现代教育事业的血液，是教育事业得以生存和发展的重要条件。美国教育行政学家罗森庭格提出的"学校经费如同教育的脊椎"，形象地说明了教育发展有赖于教育经费的解决，有效构筑教育的物质基础是教育现代化过程中的关键问题之一。[①]

[①] 参见褚宏启《教育政策学》，北京师范大学出版社2011年版，第111—112页。

教育政策必须与国家或地区的经济整体发展状况相一致，才能获得贯彻实施所需要的财力、物力等各种经济资源的充分支持。一方面，经济实力影响教育政策问题的提出。在教育发展过程中会不断产生各种各样的教育问题，有些甚至较为严重，但不能都认定为教育政策的问题，教育政策问题的确认受经济因素的影响。例如，许多发展中国家存在大量学龄儿童失学、辍学、沦为文盲的问题，有关国家政府部门与社会各界也认识到问题的严重性，但限于经济实力不足，问题始终得不到确认和解决。更为明显的是教育直接服务于经济发展，例如我国现行的高校扩招政策，这一政策问题的提出并非直接来自教育领域内部，而主要是由经济学家从扩大内需、拉动经济增长的角度提出来的，是在特殊的社会经济背景下，为了解决经济问题而出台的一项政策。另一方面，经济实力影响政策方案的选择。由于经济实力的差距，各国在制定本国的经济政策方案时，对政策方案的选择自然不一样，超越本国经济实力的教育政策方案必然丧失其经济上的可行性。以发展义务教育为例，由于发达国家的教育开支远远高于发展中国家，在教育政策方案的选择上，一些发达国家如欧美国家选择了10—12年的义务教育发展方案；而在不发达国家如印度只能选择5—8年。①

（三）人口变动是我国当前教育政策制定的突出要素

近年来，我国人口变动引发了一系列亟待解决的教育问题，如人口变动下的教育公平问题、农村学校布局调整问题及流动人口随迁子女教育问题等。这些已成为我国当前制定教育政策必须优先考虑的问题。可以说，人口变动已成为当前影响我国教育政策制定的突出因素。

1. 人口变动引起一系列亟待解决的教育热点问题

我国人口在经历了20世纪五六十年代的快速增长，在70年代实施计划生育政策后生育水平迅速下降，到90年代后期大部分地区已经进入到低出生、低死亡、低增长的阶段。人口转变在短时间内的迅

---

① 袁振国：《教育政策学》，江苏教育出版社2001年版，第43—45页。

速实现为我国赢得有利的可持续发展条件的同时,也带来了我国人口结构的巨大变化。[①] 并且,随着城镇化进程的加快以及产业结构的调整,我国流动人口迅速增长。2010 年,我国流动人口总数为 26093.8 万人(含市辖区内人户分离人口 3990.7 万人),流动人口占全国人口总数的 19.6%,这意味着我国目前每五个人中就有一个人为流动人口,我国已经进入"移民时期"。从增长速度看,十年间我国流动人口增加了 80.7%,远高于这期间我国总人口 7.3% 的增长速度,其中,陕西、上海、浙江、宁夏、天津、北京、青海、重庆、江苏 9 个省、直辖市、自治区流动人口增速均大于 100%。[②]

人口变动对我国教育发展的影响十分显著。长时间持续稳定的低生育水平使得我国新出生人数逐步减少,造成随后几年儿童少年人口总数和比重的下降,学龄人群逐步萎缩,导致在校生规模缩小、班级数量逐年减少、班级规模缩小的现象。这减轻了在校学生对中小学的压力,有利于办学条件的改善和教学质量的提高;家庭规模的缩小使父母有能力在子女教育方面增加投入,从而使这一代人得到更好的教育。这是我国当前的人口形势有利于教育事业发展的一面。然而,学龄人口大幅度减少导致农村学校布局调整问题的出现,并由此带来学生低龄寄宿、上学交通安全等一系列问题,还在全国范围内引起教育资源闲置的现象,影响了教育效率的提高。同时,我国人口在政策干预作用下于短时间内实现迅速转变,形成了人口年龄结构上的较大波动。由于大部分人口的婚育年龄比较集中,人口年龄结构的波动较为显著地形成新生人口数的波动,从而导致学龄人口的波动。这种波动对及时合理地配置教育资源提出了挑战。在 1982—2000 年,5—14 岁的人口数量有明显的起落,如 1990 年 10—14 岁人口总量为 9723 万

[①] 蔡昉:《中国人口与劳动问题报告 No.5(2004)——人口转变与教育发展》,社会科学文献出版社 2004 年版,第 134 页。
[②] 陈丙欣、叶裕民:《中国流动人口的主要特征及对中国城市化的影响》,《城市问题》2013 年第 3 期。

人，2000年增加到12540万人。① 同时期，我国加快了普及九年义务教育的进程，几乎同时发生的学龄人口的增长和教育普及骤然给中小学增加了压力。然而之后不久，在校学生不断减少，造成众多教育设施闲置。加之我国不同地区社会经济发展速度不同、各地人口政策具有差异性，人口转变模式和完成人口转变的时间也不相同。例如，上海已经完成了人口转变；东部地区的转变时间比都市模式相对要长，但也已经基本完成了转变；中部地区的高生育率持续了更长的时间；而西部地区当前的生育水平仍然比较高；西藏则是另一个特殊的地区，其人口转变是一个无政策干预的自发过程。人口转变的差异决定了人口年龄结构的不同和人口变动速度的差异，也不同程度地影响着各地的教育问题。另外，随着家庭子女数量的减少和我国教育事业的迅速发展，我国人口尤其是青少年人口的受教育水平大幅度提高，这不仅刺激了国民进一步接受系统教育的需求，而且还会在有学上的问题基本解决之后，上好学的问题得到重视，教育公平、教育质量等问题被提上议事日程。

近年来，人口变动引起的教育问题已成为教育的热点，如城市规划调整中的中小学布局调整问题，义务教育择校问题，农村学校布局调整问题，农民工进城带来的随迁子女就学、升学问题，学前教育、幼儿园入学难问题，中小学校车问题，高教大众化问题，普通教育与职业教育结构问题，等等。部分教育问题，如教育公平、农村学校布局调整政策及流动人口随迁子女的教育问题已持续多年成为全国人民和"两会"关注的焦点。教育公平是近年来最受关注的教育热点之一。2004年"两会"期间，与会代表认为，深化农村教育改革是我国教育改革进一步发展的重要课题，关注教育在地区间、学校间的均衡发展，要解决农村教育投入不足、管理体制不健全以及教育教学落后等问题。② 2005年"两会"期间，在中央提出建设和谐社会的宏观

---

① 蔡昉：《中国人口与劳动问题报告 No.5（2004）——人口转变与教育发展》，社会科学文献出版社2004年版，第122—123页。
② 金东贤：《"两会"代表委员与中央教科所科研人员座谈教育热点问题》，《教育研究》2004年第4期。

背景下，许多代表、委员又呼吁，统筹城乡教育、区域教育，使农村和贫困地区的孩子也能享受优质教育资源，促进教育均衡发展。① 在此之后，人们对教育公平的关注几乎没有中断过。在 2007 年"两会"期间，时任教育部长周济在回答记者提问时指出，教育公平是最重要的社会公平，是社会主义和谐社会应该做到的每个人的起点公平。② 2008 年"两会"期间，针对义务教育在区域、城乡、校际存在较大差距的现状，有人大代表建议，国家应建立并实施义务教育阶段办学的国家标准，避免教育资源分配不公。代表们指出，虽然目前义务教育普及率很高，但只是低水平的普及和就学阶段不完整的普及，应该建立以均衡为目标的义务教育评估体系。有政协委员具体指出，城乡教育差距最大的领域是学前教育，义务教育应该适当延伸，以保证农村孩子获得一定的学前教育机会。③ 2010 年"两会"上，人们对教育公平的关注达到了一个新的高度，众多与会代表从各个方面对教育均衡问题提出了意见和建议。这种情况和两会前《国家中长期教育改革和发展规划纲要（征求意见稿）》的发布有密切关系。该政策文件首次把教育公平提升至教育基本政策的高度。之后的 2011 年、2012 年、2013 年、2014 年"两会"进一步在具体方面对教育不公平问题进行了探讨。

由于农村学生数量迅速减少，2001 年起，国家加快了农村学校布局调整的进程，但也由此引发了校车安全、学生寄宿等一系列问题，受到人们的广泛关注。2006 年，人大代表庞丽娟指出，学校布局不当造成义务教育倒退，不合理的布局调整使得农村学生求学困难，与广大农民对子女教育的强烈愿望产生了矛盾，加重了他们经济和生活负担，一系列的问题就此产生。④ 频繁发生的校车安全事故，使撤点并

---

① 《全国人大、政协"两会"关注的教育热点》，《学校党建与思想教育》（普教版）2005 年第 4 期。
② 《教育公平是最重要的社会公平——教育部部长周济解读两会基础教育热点问题》，《校长阅刊》2007 年第 4 期。
③ 王哲先：《2008 年"两会"中的教育热点》，《中国教师》2008 年第 7 期。
④ 参见斯盛、关华《2006，基础教育新起点——聚焦全国两会基础教育热点话题》，《校长阅刊》2006 年第 4 期。

校成为媒体及社会舆论关注的焦点。2012年8月,上海交通大学发布《中国社会舆情与危机管理报告2012》,指出2011年教育舆情事件中校园安全事件成为年度教育舆情重灾区,而在全部49起影响较大的校园安全类教育舆情事件中,由校车事故引发的舆情事件就有26起,占整体校车安全类舆情事件的53.1%。① 针对此类问题,时任总理温家宝在2012年的《政府工作报告》中提出,农村中小学布局要因地制宜,处理好提高教育质量和方便孩子们就近上学的关系。②

随着流动人口数量的迅速增长,随迁子女的生存状况引起了社会的广泛关注,特别是其教育问题成为当前的热点问题。2008年"两会",流动人口随迁子女的义务教育问题得到与会代表的关注和讨论。人们指出,在现行的义务教育经费管理体制和户籍制度下,流动儿童的教育经费不能因学生的流动问题成为流动儿童就学的一个重要障碍。为此,有代表提建议,国家用于义务教育的经费,应能随着学生实际流动而转移,即实行早有人提出的教育卡(券)制度,给每位学龄儿童发一张"教育卡(券)",使其不论迁移到哪里,都可以凭卡就学。并建议在户籍制度尚未取消城乡、城镇、地区间迁移限制之前,应该允许进城务工人员子女和其他非本地户籍人员的子女进入其实际生活所在地的高中学习。③ 2012年"两会"最热的教育议题,非"异地高考"莫属。在"两会"期间,与会的教育官员表示要将"异地高考"的实现提上议事日程。教育部部长袁贵仁在列席全国政协十一届五次会议开幕式接受媒体采访时透露,教育部正鼓励各地尽快推进解决"异地高考"的问题,高考改革方案将在10个月内出台。并且,与会其他代表还就"异地高考"所可能引起的问题进行了讨论,如"异地高考"改革,是不是动了"北上广"考生的"奶酪",是否

---

① 参见朱永新《2012年中国教育热点问题述评(下)》,《河南教育》(基教版)2013年第2期。

② 参见朱永新《2012年中国教育热点问题述评(上)》,《河南教育》(基教版)2013年第1期。

③ 王哲先:《2008年"两会"中的教育热点》,《中国教师》2008年第7期。

会进一步加剧城市的承载压力。①

2. 人口变动对我国当前教育政策制定产生显著影响

教育政策是国家引导和管理教育的有力手段，人口变动对教育的影响必然要体现为它对教育政策制定的影响。当前，人口变动超过政治、经济等其他要素，成为对我国教育政策制定影响最显著的变量，突出影响表现在教育公平政策问题、农村教育政策问题及流动人口随迁子女教育政策问题等几个方面。

（1）人口变动对我国当前教育政策制定的影响超过其他要素。教育政策是国家规范和指导教育发展的主要手段，也是把教育理想和教育目的转变为教育现实的桥梁。所以，教育政策要面对现实，要始终关注教育现实中最突出的问题。如上所述，人口变动引起了一系列亟待解决的教育热点问题，这些问题无疑都需要相应的教育政策来予以解决。可以说，在新的时代背景下，人口变动因素逐渐超过其他因素，成为我国规划教育发展时最受人关注的因素。

我国政治和经济对教育影响最为显著的时期分别出现在新中国成立初期和20世纪八九十年代，这两个时期分别是我国政治和经济变动最为剧烈的时期。当前，我国政治相对稳定，经济平稳快速发展，两者更多的是为教育持续发展提供了有利环境。影响教育政策制定的其他因素的变化也相对平缓。一些因素，如文化、国际环境等虽有变化，但对现实教育的影响不是很突出。相比之下，人口因素近年来的变动十分显著。人口低出生—低死亡—低增长模式的出现、人口流动的加剧、人口文化素质的迅速提高等这些我国人口在短时间内所发生的变动，引起了很多教育问题，需要出台相关教育政策进行应对。例如，随着幼儿适龄人口的增多，入园难度异常突出。对此，2003年《国务院办公厅转发教育部等部门（单位）关于幼儿教育改革与发展指导意见的通知》，要求改革幼儿教育，完善幼儿教育管理体制和机制，加强各类幼儿园的建设和管理，全面实施素质教育，提高幼儿教

---

① 曾国华：《2012年全国"两会"基础教育热点透视》，《中小学管理》2012年第4期。

育质量,加强师资队伍建设,努力提高幼儿教师素质,形成以公办幼儿园为示范,以社会力量兴办幼儿园为主体,公办与民办、正规与非正规教育相结合的发展格局,为 0—6 岁儿童和家长提供早期保育和教育服务。[1] 再如义务教育择校问题,鉴于白热化的择校现象导致严峻的教育不公平,政府先在新《义务教育法》等各项法律政策中,实施学校标准化建设、教师与校长轮岗、不分重点与非重点学校等一系列治理择校问题的、教育均衡发展的举措,后又在 2010 年《国家中长期教育改革和发展规划纲要(2010—2020 年)》颁布以后,提出资源均衡配置、规范招生秩序、建设薄弱学校、扩充优质资源、加大督导问责及引导社会舆论等综合治理办法。党的十八届三中全会后,又将"破解择校难题"作为教育领域综合改革的任务之一,并提出"统筹城乡义务教育资源均衡配置,实行公办学校标准化建设和校长教师交流轮岗以及不设重点学校重点班""义务教育免试就近入学,试行学区制和九年一贯对口招生"等系列举措。[2]

人口变动引起的教育问题不断成为教育热点,中共中央、国务院及教育部推出的教育政策也多是倾向于解决与人口变动相关的教育问题。从 2010 年颁布的《国家中长期教育改革和发展规划纲要(2010—2020 年)》来看,我国当前进入国家教育政策视域的重大教育问题有:就各个教育阶段而言,学前教育的举办幼儿园问题和幼儿入园问题;义务教育的巩固提高问题、均衡发展问题和减负问题;高中阶段教育的普及问题和课程与教学改革问题;高等教育的质量提高问题、科研和服务社会能力提升问题和结构优化问题;职业教育的扩展和农村转向问题;等等。其中,学前教育和入园难问题、义务教育巩固提高和均衡发展问题、高中阶段教育普及问题、高等教育问题和职业教育问题,虽不能说都是由人口变动引起的,但都与人口变动有

---

[1] 国务院办公厅:《国务院办公厅转发教育部等部门(单位)关于幼儿教育改革与发展指导意见的通知》,http://www.gov.cn/zhengce/content/2008 - 03/28/content_5812.htm,2003 年 3 月 4 日。

[2] 参见董辉《给择校热"降温":从"内部治理"到"社会治理"》,《全球教育展望》2014 年第 2 期。

着密切的关联。这也就意味着，我国当前教育政策视域内的重大教育问题大多与人口变动有着不同程度的联系。因而，可以毫不夸张地说，人口变动对我国当前教育政策的影响日益增强，要比政治、经济、文化等其他影响教育政策制定的要素显得更为显著。

（2）人口变动影响教育政策制定的若干典型表现。人口变动对教育政策制定的突出影响集中体现在如下几个方面：教育公平政策问题、农村教育政策问题及流动人口随迁子女教育政策问题。毫无疑问，这些问题是近年来人们广为关注的焦点问题，也是当前我国教育政策所面对的主要问题。

首先，人口教育文化结构变动导致教育公平问题。教育公平问题受到广泛关注的原因很多，有我国政治、经济发展的推动，也有我国社会公平问题发展的整体需要，但最直接、最突出的原因是我国人口教育文化水平的快速提高。否则城乡、区域、校际的差距便不会拉得像今天这样大，即使存在教育失衡问题，也不会成为受到普遍关注的基本教育问题，更不会成为教育政策制定的主要考虑对象，那时，国家面临提高国民教育水平这一更为紧迫的任务。也只有在人口教育水平有了普遍提高的情况下，人口的教育需求得到普遍满足，人们在能够接受教育的基础上向往更加公平、优质教育的要求逐渐强烈，这时教育公平问题才能走入教育政策制定的视域中心。

近年来，我国人口教育文化水平的提高是十分显著的。第六次人口普查数据显示，大陆31个省、自治区、直辖市和现役军人的人口中，具有大学（指大专以上）文化程度的人口为119636790人；具有高中（含中专）文化程度的人口为187985979人；具有初中文化程度的人口为519656445人；具有小学文化程度的人口为358764003人。同2000年第五次全国人口普查相比，每10万人中具有大学文化程度的人口由3611人上升为8930人；具有高中文化程度的人口由11146人上升为14032人；具有初中文化程度的人口由33961人上升为38788人；具有小学文化程度的人口由35701人下降为26779人。文盲人口（15岁及以上不识字的人）为54656573人，同2000年第五次全国人口普查相比，减少了30413094人，文盲率由6.72%下降为

4.08%，下降了 2.64 个百分点。① 1982 年第三次人口普查每 10 万人中具有大学文化程度的仅为 599 人，具有高中文化程度的为 6622 人，具有初中文化程度的人口为 17758 人，具有小学文化程度的人口为 35377 人，文盲和半文盲人口占总人口的比例为 23.5%。② 由此可以看出，20 世纪 80 年代以来，我国人口的文化素质提高幅度很大。1982 年尚有 23.5% 的人口是文盲和半文盲，2010 年这一人群已降至总人口的 4.08%。这与我国义务教育的普及是相一致的，2000 年以后，我国小学净入学率长期维持在 99% 左右，义务教育人口覆盖率和巩固率均在 90% 以上。除了中小学教育的普及以外，高等教育的发展是最能反映一国人口文化水平状况的。我国高学历人口的比重，1982 年为 0.6%，1990 年为 1.4%，2000 年为 3.6%，2010 年为 8.9%。2010 年高学历人口比 1982 年翻了数番。这充分说明，我国教育事业的发展，极大地提高了全民族的科学文化水平。

随着社会发展和教育文化水平的提高，教育公平问题受到人们的持续关注，国家制定了一系列相关教育政策。2003 年全国农村教育工作会议召开，国家决定加大对农村和西部地区教育的扶持力度，将"新增教育经费主要用于农村"，实施西部地区"两基"（基本普及九年义务教育，基本扫除青壮年文盲）攻坚计划，同时还计划免除农村义务教育学杂费。2005 年，国务院决定将农村义务教育全面纳入国家公共财政保障范围，建立了中央和地方分项目、按比例分担的农村义务教育经费保障新机制，提高了农村义务教育阶段学校公用经费的保障水平，建立了农村中小学校舍维修改造长效机制，加强了农村中小学教师工资保障制度。2006 年，西部农村义务教育率先实行了免收学杂费的政策，2007 年，这一政策进一步扩展到全国农村的义务教育学校，惠及 1.5 亿农村学生。农民的教育负担得到切实减轻，平均每年

---

① 国家统计局：《2010 年第六次全国人口普查主要数据公报（第 1 号）》，http://www.stats.gov.cn/tjsj/tjgb/rkpcgb/qgrkpcgb/201104/t20110428_30327.html，2011 年 4 月 28 日。
② 国务院人口普查办公室、国家统计局人口统计司：《中国第三次人口普查的主要数字》，中国统计出版社 1982 年版，第 2 页。

每个小学生家庭减负 140 元、初中生家庭减负 180 元。① 同时，政府还分别于 2001 年和 2002 年出台了《关于进一步做好治理教育乱收费工作的意见》、《关于加强基础教育办学管理若干问题的通知》等政策文件，对择校问题进行了规范和整顿。2006 年以后，教育公平受到了党和政府的高度重视。2006 年《中共中央关于构建社会主义和谐社会若干重大问题的决定》明确提出了"坚持教育优先发展，促进教育公平"的要求。2007 年党的十七大报告再次指出，教育是民族振兴的基石，教育公平是社会公平的重要基础。2010 年《国家中长期教育改革和发展规划纲要（2010—2020 年）》鲜明提出，"把促进公平作为国家基本教育政策"，这在我国历史上还是第一次。

一系列相关教育政策的颁布确实在一定程度上促进了教育公平问题的解决，但是任重而道远，教育公平问题依然很严峻。如何进一步推进教育公平在更高层次上实现，则是教育政策接下来要面对的，也正是教育政策研究所要关注的。

其次，农村学龄人口缩减引出农村学校布局调整政策问题。我国农村学龄人口严重缩减，呈现出减少速度快、减少规模大的特点。我国农村普通小学在校学生人数，1990 年为 9596 万人，1993 年减为 8970 万人，之后几年有所回升，1997 年达到与 1990 年基本相当的水平后又开始下降，并且减幅和减速迅速提升。2000 年的学生人数比 1997 年减少了 1056 万人，减幅达 11%；2005 年的学生人数比 2000 年减少了 1556 万人，减幅达 18%；而 2012 年的学生人数比 2005 年减少了 3296 万人，减幅升至 47%。1997—2012 年，我国农村普通小学在校学生平均每年减少近 400 万人，1997 年的学生人数是 2012 年的 2.5 倍还要多。② 而 1990 年我国小学的入学率已接近 98%，2000 年以后则长期维持在 99% 以上。③ 农村普通小学在校学生的变化状况

---

① 涂艳国：《促进教育公平 建设和谐社会——新世纪中国教育政策的重要转向》，《教育研究与实验》2008 年第 4 期。
② 国家统计局网站（http://data.stats.gov.cn/workspace/index?m=hgnd）。
③ 教育部：《小学学龄儿童入学率》，http://www.moe.gov.cn/publicfiles/business/htmlfiles/moe/s7382/201305/152556.html，2015 年 8 月 17 日。

基本能够反映农村小学学龄人口状况,只是由于存在着随务工父母进城和在附近城市或县城就读的情况,若以户籍而论减速和减幅应该没这么大。我国小学升初中的升学率,1990年为75%,2000年以后则长期维持在95%以上[1],所以,农村普通小学在校学生的变化状况也基本可以反映农村初中学生的变化情况。

农村学龄人口迅速减少的直接原因是我国人口出生率的下降,间接原因是我国城镇化水平的提高、计划生育政策的实施及人们生育观念的转变。随着教育公平呼声的不断增强,农村学龄人口的急剧减少导致了农村学校布局调整政策的制定,加快了农村学校布局调整的进程。1999年发布的《中共中央、国务院关于深化教育改革,全面推进素质教育的决定》指出,为加速农村地区教育的改革与发展,农村地区要优化自己的学校结构,合理地调整学校的布局结构,在注意适度的情况下,要采取集中办学的策略。2001年发布《国务院关于进一步做好农村税费改革试点工作的通知》,在将农村教育财政与管理体制改为"以县为主"的同时,提出合理调整农村中小学校布局,在原来的基础上优化农村教育资源。2001年颁布的《国务院关于基础教育改革与发展的决定》规定,因地制宜调整农村义务教育学校布局,针对我国农村地区规模较小的小学和一些零星的教学点,要求各地方在方便学生就近入学条件下对其进行合并。2002年发布《关于完善农村义务教育管理体制的通知》,要求地方政府制定出适合本辖区的农村义务教育发展规划,从实际出发,循序渐进地调整农村学校的布局结构。2005年《关于进一步推进义务教育均衡发展的若干意见》要求各地积极采取措施,逐步缩小学校发展中的差距,把推进义务教育均衡发展摆在重要位置。这客观上刺激了农村学校布局调整运动的发展,推动、促使其走向了高潮,导致农村小学、教学点和初中大量减少,且引发了诸多问题。

2006年起,国家多次出台文件对其进行政策纠偏,2006年《关

---

[1] 教育部:《各级学校毕业生升学率》,http://www.moe.gov.cn/publicfiles/business/htmlfiles/moe/s7382/201305/152555.html,2013年5月29日。

于切实解决农村边远山区交通不便地区中小学生上学远问题有关事项的通知》和《关于实事求是地做好农村中小学布局调整工作的通知》，要求各地避免造成新生上学远的问题，严禁出现因学校布局调整导致学生辍学现象。2010 年发布《关于贯彻落实科学发展观进一步推进义务教育均衡发展的意见》，要求地方教育行政部门对条件尚不成熟的地区，暂缓实施布局调整。2012 年接连出台规范政策，9月，国务院颁布的《关于规范农村义务教育学校布局调整的意见》要求"暂停学校撤并"，农村学校布局调整政策中止。

盲目地撤点并校，导致很多地方学生不得不远距离就学。由于学生年龄偏小，许多家长无法保证每天按时接送，校车就成为学生重要的代步工具。然而，很多地方学校和政府并没能及时为远距离上学的学生提供标准的校车服务，一些地方则直接把学生的交通责任转移给了家长，致使很多家长雇用非法运营的车辆，"拼车"接送孩子。很多三轮车、农用车甚至拼装车被当作校车，且营运时严重超载，安全隐患无处不在。结果，一起又一起的校车事故造成动辄十多名甚至数十名的儿童伤亡，把校车安全连带农村学生布局调整一下子推到了舆论的风口浪尖。在这种情况下，政府迅速出台《校车安全管理条例》对全国的校车进行制度规范。

最后，人口流动引发随迁子女教育政策问题。近年来，在我国城市化和产业结构调整不断推进的背景下，大量的农村人口流向城市，我国人口迁移的频次和规模迅速提高，且出现了不少举家迁移的现象，流动人口随迁子女的群体规模迅速扩大。据国家有关统计资料显示，2008 年义务教育阶段进城务工人员随迁子女总数已超过 766 万人，而当年我国城市义务教育阶段学生总数为 2821 万人，农民工子女约占了 1/4。[①] 2010 年，全国义务教育阶段进城务工人员随迁子女达 1167.2 万人，比上年增加 170 万人，增长 17.1%，其中，864.3 万人在小学就读，比上年增加 113.5 万人，增长 15.1%，302.9 万人

[①] 刘善槐：《进城务工人员随迁子女公办学校入学机会问题探讨》，《教育发展研究》2009 年第 2 期。

在初中就读，比上年增加56.5万人，增长23%。义务教育阶段的进城务工人员随迁子女主要集中在东部地区，比例达58%。① 2011年，全国义务教育阶段在校生中进城务工人员随迁子女共1260.97万人，其中，在小学就读932.74万人，在初中就读328.23万人。② 2012年，全国义务教育阶段在校生中进城务工人员随迁子女共1393.87万人，其中，在小学就读1035.54万人，在初中就读358.33万人。③

随迁子女人口持续增多，其教育问题日益凸显，引起社会广泛关注，促使一系列相关教育政策出现。相关部门不仅在一些重要政策文件中把随迁子女教育问题作为主要问题进行论述，还为其制定了一系列专门的教育政策。1992年《中华人民共和国义务教育法实施细则》指出，到非户籍所在地接受义务教育的适龄儿童、少年，可以按照居住地人民政府的有关规定申请借读。④ 这一规定在为随迁子女提供法律政策依据的同时，也为其就学设置了诸多限制，这是和我国户籍制度、随迁子女数量相对有限等状况相一致的。然而，20世纪90年代后期，随着农村进城务工人口增多，我国流动人口迅速增加，举家迁徙者也随之增多，这使得迁往他地或随父母进城的学龄人口数量猛增。随迁子女作为一个迅速膨胀的群体，其数量呈急剧增加的态势，就学问题更加突出，相关教育政策的缺失导致流动儿童失学现象大量出现，成为义务教育普及工作的一个新的难点。1996年《城镇流动人口中适龄儿童就学办法（试行）》，对随迁子女就学的条件适当放宽，规定适龄儿童、少年入学由其父母或者其他监护人持流入地暂住证，向流入地住所附近中小学提出申请，经学校同意后即可入学。1998年《流动儿童少年就学暂行办法》发布，虽然仍然把随迁子女在住地的就学界定为"借读"，但明确了流入地相关机关的责任，流

---

① 教育部：《中国教育概况——2012年全国教育事业发展情况》，http://www.moe.gov.cn/publicfiles/business/htmlfiles/moe/s5990/201111/126550.html，2013年10月23日。

② 教育部：《2011年全国教育事业发展统计公报》，http://www.moe.edu.cn/publicfiles/business/htmlfiles/moe/moe_633/201208/141305.html，2012年8月30日。

③ 教育部：《2012年全国教育事业发展统计公报》，http://www.moe.gov.cn/publicfiles/business/htmlfiles/moe/moe_633/201308/155798.html，2013年8月16日。

④ 国家教委：《中华人民共和国义务教育法实施细则》，《新华月报》1992年第4期。

动儿童和少年就学实行"两为主"原则，流入地政府应为流动儿童少年创造条件，为其提供接受义务教育的机会，流动儿童青少年就学以在流入地全日制公办中小学借读为主。[①]

进入21世纪，随着国家对农民工进城务工由适度限制转为大力鼓励，随迁子女人口数量也猛增至一个新的高峰期，教育政策的调整也随之加快。2001年《国务院关于基础教育改革与发展的决定》进一步明确了接收地政府的相关责任的同时，开始淡化由户籍制度所造成的对随迁子女的就学歧视，强调"以流入地政府管理为主，以全日制公办中小学为主，采取多种形式，依法保障流动儿童少年接受义务教育的权利"，去掉了"借读"之类的字样。2003年《关于进一步做好进城务工就业农民子女义务教育工作的意见》，则对随迁子女的平等教育权利做了更为具体、明确的规定，"进城农民工子女九年义务教育普及程度达到当地水平；评优奖励、入队入团、课外活动等方面，（城市公立）学校要做到进城务工农民子女与城市学生一视同仁；流入地政府要做到收费与当地学生一视同仁；流出地政府禁止在办理转学手续时向学生收费；外出务工农民子女返回原籍就学，当地教育行政部门要指导并督促学校及时办理入学等有关手续，禁止收取任何费用"。2006年修订后的《中华人民共和国义务教育法》则以法律形式宣称保障随迁子女平等地接受义务教育的权利，规定："父母或者其他法定监护人在非户籍所在地工作或者居住的适龄儿童、少年，在其父母或者其他法定监护人工作或居住地接受义务教育的，当地人民政府应当为其提供平等接受义务教育的条件。"

随着中国经济发展的高速增长以及城市化进程的不断推进，中国进城务工就业人员队伍更加壮大，随迁子女数量达到了前所未有的规模，大量的随迁子女在流入地完成义务教育阶段的学习后相继进入了升学阶段，然而户籍管理制度和高考制度的双重限制使得随迁子女无法在流入地参加中考和高考。2010年随着"教育公平公民联合行动"的开展，流动人口随迁子女义务教育后衔接问题成为随迁子女教育政

[①] 教育部、公安部：《流动儿童少年就学暂行办法》，《新华月报》1998年第4期。

策调整的瓶颈，引起了国家和社会的广泛关注，教育改革进入攻坚期。

随迁子女异地高考成为之后教育政策的重要议题。2010年发布《关于开展国家教育体制改革试点的通知》，在进一步完善我国农民工子女接受义务教育的体制机制的同时，将探索随迁子女在流入地参加升学考试的办法列为重要的议题。2012年发布《关于积极稳妥推进户籍管理制度改革的通知》，标志着我国城乡二元分割的户籍制度走向终结。同年发布的《国家教育事业发展第十二个五年规划》指出，"保障进城务工人员随迁子女享受基本公共教育服务权利，健全输入地政府负责的进城务工人员随迁子女教育公共财政保障机制，将其教育需求纳入各地教育发展规划"，推动了各地积极地制定省内流动人员子女就地参加高考升学和省外常住非户籍人员在居住地参加高考升学的办法，随迁子女义务教育后衔接问题被正式列入国家教育发展规划。① 2014年的《政府工作报告》，把推进以人为核心的新型城镇化作为该年度的工作重点，并指出在推动户籍制度改革的同时，将更多进城务工人员随迁子女纳入城镇教育、实现异地升学。

3. 我国当前制定教育政策需特别关注人口变动

人口变动引起了一系列教育问题。对于这些问题，教育行政部门也相继出台了一些应对措施，有的产生了较好的效果，如小班化教育政策；有的却不尽如人意，甚至又引发了新的问题，如农村学校布局调整问题。农村学校布局调整政策是在农村学龄人口不断减少的情况下提出的，旨在提高农村教育质量和农村教育资源的利用效率，促进教育公平。政策实施取得成效，如集中办学促进了教育资源的优化配置，农村中小学办学条件得到一定改善；提高了教育资源的利用效率，特别是提高了农村学校规模效益；提高了农村教师素质和农村中小学教育质量，促进了义务教育均衡发展等。然而，学校布局调整也引发了一系列问题：不切实际，盲目撤并学校，失职现象凸显；学校

---

① 教育部：《国家教育事业发展第十二个五年规划》，教育科学出版社2012年版，第52页。

空置资源难处理，寄宿制学校发展面临种种困境，农村大班额问题和教学点生存困难；教师工作负担加重，富余教师的安置不妥，各类教师的利益诉求无法直接表达；乡村学校文化旁落，村民文化生态缺损，家庭教育成本增加；学生上学远、交通安全问题突出，辍学率出现反弹，学生教育公平受损。[①] 农村学校布局调整已经被叫停，但它给教育政策制定留下了值得思考的问题：布局调整的偏差如何纠正？如何进一步推进农村教育发展？农村学校布局调整作为自上而下的教育政策在执行过程中出现了不同程度的"缺位"和"越位"现象，需要相关教育政策主动应对人口变动的趋势，积极回应学生的合理诉求，兼顾公平与效率，注重人文关怀，将政策的调整上升到法律层面，切实优化农村义务教育学校布局。

虽然政府针对人口变动引起的教育问题出台了若干政策，解决了一部分问题，但离所有问题的解决还有一段距离，需要进一步完善政策措施，如随迁子女教育问题。随着我国城市化进程的加快，随迁子女人口增长迅猛，截至2013年，全国义务教育阶段的随迁子女总数是1277万人，占义务教育学生总数的9.3%。[②] 国家和地方针对随迁子女教育问题出台了一系列的政策，其政策变迁经历了一个由限制到差别对待再到公平对待的过程，政策内容日渐丰富，公平逐渐成为政策调整的核心理念。同时，政策实施也取得了实效，"两为主"政策逐渐成为随迁子女教育政策的核心内容，随迁子女义务教育就学问题已经基本解决。但是，随迁子女教育政策仍存在实施效果与政策目标偏离的问题，具体体现为：政策的针对性有待加强、缺乏长远的制度设计、缺乏有效的监督和问责机制等。[③] 最为棘手的是，异地升学问题成为我国当前及未来一段时期内随迁子女教育政策调整的最大瓶颈。2012年8月，国务院办公厅转发了教育部等部门的《关于做好进城务工人员随迁子女接受义务教育后在当地参加升学考试工作意见

[①] 闫闯：《我国农村中小学布局调整研究述评》，《教育科学论坛》2014年第1期。
[②] 白天亮：《农民工平均每月挣2609元》，《人民日报》2014年2月21日第8版。
[③] 王理：《我国流动儿童义务教育政策的回顾与评析》，《经营管理者》2013年第17期。

的通知》，要求各省、自治区和直辖市有关随迁子女升学考试的方案原则上应于 2012 年年底前出台。① 从地方层面出台的相关政策可以看出，异地升学政策的出台取得了一定的政策实效，随迁子女异地升学由被限制转化为可能，但是异地升学重重门槛的存在虽然在一定程度上保护了流入地受教育者的利益，方便了流入地政府的管理，但是门槛本身的存在有悖于公平的教育理念。在户籍加学籍的高考制度下，我国随迁子女异地教育及升学政策的调整如何顺应人口变动的趋势，冲破户籍和高考制度的阻碍，让随迁子女真正实现异地上好学和好升学的教育夙愿，还需要政策制定者和执行者充分发挥主观能动性，秉持公平的教育理念，强化管理，构建随迁子女教育一体化的格局，切实做到让政策有法可依，让政策执行有力。

还有一些人口变动引起的教育问题存在政策盲区，需要加紧出台相关政策进行规范和支持，如留守儿童问题。伴随着大量的农民工涌入城市，留守儿童教育问题逐渐为人们所关注。2013 年我国农村留守儿童数量达 6102.55 万人，总体规模扩大；全国流动儿童规模达 3581 万人，数量大幅度增长；46.74% 农村留守儿童的父母都外出，在这些孩子中，与祖父母一起居住的比例最高，占 32.67%，有 10.7% 的留守儿童与其他人一起居住，单独居住的留守儿童高达 205.7 万人；留守儿童最大心愿就是与父母团聚，使自己不成为留守儿童。农村留守儿童的教育面临着家庭教育功能弱化、学校及社会对其关注不够、法律法规不完善等困境，这对大多数留守儿童在心理、学业、习惯等方面造成了不良影响。要走出留守儿童的教育困境，必须完善相应的法律法规，以法律形式明确学校、政府等部门的责任，才能有效保障留守儿童的合法权益，促进其身心健康发展。② 关于留守儿童问题至今缺乏相关支持政策，较有分量的仅有 2007 年全国妇联发出的《关

---

① 国务院办公厅：《国务院办公厅转发教育部等部门关于做好进城务工人员随迁子女接受义务教育后在当地参加升学考试工作意见的通知》，http://www.gov.cn/zwgk/2012-08/31/content_2214566.htm，2012 年 8 月 31 日。

② 郭忠玲：《农村留守儿童教育困境与法律对策研究》，《黑龙江教育学院学报》2013 年第 4 期。

于贯彻落实中央指示精神,积极开展关爱农村留守流动儿童工作的通知》,其要求认识留守流动儿童工作的重要性,做好留守流动儿童的教育管理工作,保护他们的权益,完善救助保障机制,加大服务和关爱力度。[①] 但是政策本身的作用偏重于方向指导,具有号召性却无约束性,导致政策执行缺乏法律依据和保障,留守儿童教育现状依旧不容乐观。

　　随着我国人口的持续变动和城镇化的推进,一些新的教育问题还在不断产生,如农民及其子女如何尽快转变为市民,城市意识的培养,城市生存与发展技能的获得,等等,都对教育提出了挑战,使得教育资源配置标准、教育结构、教育投入、教育规划等方面的政策可能需要进行相应的调整,才能适应我国经济社会变革的要求。这无疑说明,人口变动成为我国当前教育政策制定需要关注的重要变量,而且是教育政策制定诸多影响变量中需要首先关注的变量。正如我们前文所述,人口变动对我国当前教育政策制定的影响要较政治、经济和文化等因素显得更为突出。在制定教育政策时,人们不仅要深入系统考虑人口变动的作用和影响,还要把握人口变动本身的情况,关注人口变动的趋势,由此才能主动做出前瞻性的政策调整。

---

① 全国妇联办公厅:《妇女儿童工作文选(2007.1—2007.12)》,中国妇女出版社2009年版,第496—498页。

第二章 2020年以前我国人口变动趋势分析

改革开放以来，我国经济、社会快速发展，城镇化进程不断推进，国际、区域、城乡人口迁移日趋活跃，这带来了流动人口规模的迅猛增长。与此同时，国内管理体制改革的不断深化，以及不同阶段人口、户籍政策的出台也使人口结构发生了迅速转变。根据有关数据统计可以预测，2020年以前，随着相关政策的出台，城市建设和城镇化进程的加快，以及民众对教育质量更强烈的需求，部分省市地区在地理位置、经济、教育等方面拥有的优势，将进一步引发这些地区人口数量、结构的变化。经济、资源、环境、教育等的发展变化往往与人口变动彼此影响、相互牵制，因此，对2020年以前国内人口变动趋势进行分析，不仅有助于人口、资源、环境之间的和谐，也有助于我们更合理地设计、调整、配置教育资源。

一 当前我国人口变动的时代背景

不同时期，社会经济、政策、制度等所呈现出的状况——比如，城乡收入差距大小、城市经济增长情况和迁移者择业情况；户籍制度、城市劳动用工制度、教育制度、社会保障制度；影响人口结构和数量的计划生育政策等——都成为人口变动研究无法绕开的主题。可以说，在当前时代，城镇化、工业化、国际化以及不断变更的人口政策等都成为人口变动的重要影响因素。

（一）工业化、城镇化、全球化加速人口流动

很多时候，利益往往成为人口流动最直接的原因。正因如此，那

些经济发达、公共服务水平较高的区域往往成为人们心中的向往之地。工业化和城镇化是衡量一个国家、社会或地区经济、文化、科技水平的重要标志,而人口的国际迁移频率、广度和深度则反映了一个国家各方面的发展水平及其对外开放、融入全球经济社会的程度。因而,工业化、城镇化、国际化程度高的国家、社会或地区往往会对其他区域人口产生极大的吸引力,进而成为主要的人口流入地。其中的"变化"和"差异"是影响人口流动速度、频率的关键。

1. 工业化、城镇化对人口流动的影响

人口流动是经济增长、工业化以及与之相伴的城镇化发展的必然结果。当工业在一个国家或地区经济中的比重不断提高以至取代农业,进而成为该国或该地区的经济主体时,往往意味着工业化的实现。这时,城镇化进程会进一步加速,大量的农业劳动力会转向工业,而大量的农村剩余劳动力也会向工资收入更高的城镇迁移,进而带来城镇人口的迅速增长,引发人口职业、产业结构的转变和土地、地域空间的变化。

20世纪以来,特别是第二次世界大战以后,工业化成为世界各国经济发展的目标。在这个大背景下,我国在第一个"五年计划"中提出了实现工业化的任务。工业高度集中的计划管理体制迅速延伸到整个经济系统,从而形成了持续执行30多年的计划经济体制。为了保证能够通过高积累的方式集中大量建设资金,这一时期,我国创建了大量的国有企业,重工业保持了较高的增长速度。然而,工业化和国民经济却因结构矛盾而缺少稳定、持续的增长能力。20世纪70年代末,我国开始进行工业化战略的大调整,放弃了单纯发展重工业的思路,代之以消费导向型的工业化发展战略,注重市场需求导向,优先发展轻工业。在这期间,高度集中的工业管理体制逐步被打破,市场机制开始发挥作用,消费结构的升级推动了产业结构变化。工业化发展思路逐步清晰起来,并贯穿于后来我国工业化的整个进程。2002年,党的十六大报告针对国内经济建设中存在的突出问题,明确提出新型工业化道路,做出了推进产业结构优化升级的部署(即形成以高新技术产业为先导、基础产业和制造业为支撑、服务业全面发展的产业格局)。至此,科技含量高、经济效益好、资源消耗低、环境污染少、人力资源优势得到充分发挥,成为我国新时期工业化的标准。这不仅进一步推动了我国城镇化建设和劳动密集型产业的发展,带来农村人口的大规模流动,也促进了资金技术密集型产业的发展,导致大量受教育程度高、技术能力较高的人口流向经济发达省市。

需要提及的是,伴随工业产业结构的调整和提升,20世纪80年代中期开始,我国农村地区也兴起了工业化的潮流,乡镇企业异军突起,规模不断扩大。1993年乡镇企业就业人口达到了1.2亿,超过了国有企业的就业人口,这个数字相当于30多年前城市工业吸收劳动力之和。[1] 乡镇企业的发展,不仅极大地激发了农村和农民的活力,使越来越多的农民和农村地区加入工业行列,也直接带动了农村人口的外迁,进一步推动了城镇化的发展。一部分乡镇企业和农村工业化较发达的地区成为许多农村劳动力迁移的重要目的地。近年来,我国的城镇化很大程度上是由乡镇企业的发展来推动的,它们大多为劳动密集型企业,像一块巨大的海绵吸纳了成千上万的流动人口。

在国内工业化不断推进的过程中,城市和乡镇吸纳就业的能力都持续增强。较之农村地区,城镇地区不仅有着更加完善的基础服务设施、更高的工资和生活水准,也有着良好的发展前景。这对农村地区人口形成了极大的吸引力。尤其是新一代的农民,外出务工愿望更加强烈。而改革开放以后,我国对人口迁移和劳动力流动的抑制性政策的放宽(特别是户籍制度的改革),更是为人口迁移提供了便利。在此情况下,大量的农业剩余劳动力向城市工业和其他非农产业转移,人口流动非常明显。

从20世纪90年代开始,我国由农村迁往城镇的流动人口增长速度呈现出持续加快的态势。农村剩余劳动力以每年2000万人到3000万人的规模向非农产业转移和向城市涌入。1993—2000年,全国流动人口数量已从7000万人增加到1.4亿人,翻了一番。此后,我国城

---

[1] 《国家统计局:2011年城镇化率达51.27%》,http://finance.sina.com.cn/china/20120817/140012880832.shtml,2012年8月17日。

市人口增加的趋势依然未改变。2005年,我国城市化水平是43%,到2008年年底,我国城镇人口已增长为6.07亿人,城镇化水平为46%,年均增长0.95个百分点。根据国家统计局发布的《2012年国民经济和社会发展统计公报》,2012年全国流动人口约为2.36亿人,比上年末增加669万人。[①]

可以说,人口的流量、流向和流速对经济的发展、变化高度敏感。虽然其取决于迁出地区相对过剩人口的状况和迁入地区对劳动力的需求,但归根结底还是取决于迁入地的经济发展状况。城镇收入水平高和人均GDP高的地区往往更可能成为流动人口集中的地区。正是如此,在我国,城市工业化和农村工业化的双重工业化格局,一方面导致农业剩余劳动力大量向城市工业和其他非农产业转移,进而进一步推动了城镇化的进程;另一方面则凸显了东部沿海地区的经济优势,使中西部地区人口向东部沿海省份迁移,进而呈现出"由东向西梯次降低"的空间格局。这不仅进一步带来东部省份人口的急剧增长,也大大促进了以京津冀、珠三角、长三角为典型的城市群的发展。

目前,我国已经形成了京津冀、珠三角、长三角等10个较为成熟的城市群。这些城市群既是我国人口承载和经济集聚的主要地域,也是我国城镇人口的重要集聚地。有数据显示,2000年和2010年,这10个城市群的城镇人口分别达到23572.34万人和34247.23万人,对城镇化贡献率均超过50%。2010年,全国第六次人口普查结果显示,流入人口更多集中在珠三角、长三角、京津冀三大城市圈,其总的省际流动人口占国内全部省际流动人口的比重超过70%。未来很长一段时期内,这些城市群仍将是城镇人口承载的重要区域,其支撑城镇化不断推进的功能不会改变。但由于农村可流动人口的减少以及经济发展增速放缓,部分地区城镇化发展速度会减缓。这种趋势已在外向型经济发达的浙江和江苏等沿海省份显现了出来。而以京津冀为代表的其他城市未来仍有很大的流动人口承载能力,这些城市群将成为

---

① 参见郑真真、杨舸《中国人口流动现状及未来趋势》,《人民论坛》2013年第11期。

支撑和推进我国城镇化发展的主要区域。

2. 全球化对人口流动的影响

20世纪中叶以来,随着科学技术革命的突飞猛进,整个世界进入了全球化发展的时代,世界一体化趋势更加明显。国与国之间在政治、经济贸易上相互开放,逐渐成为密切联系的有机整体;经济运行的国际规则逐步形成并不断完善,各种阻碍生产要素在全球自由流通的壁垒不断削弱,超越国界的经济活动变得更加频繁;商品、技术、信息、服务、人员等实现了全球范围内的、更大规模的流动。尤其在20世纪90年代以后,以信息技术革命为中心的高新技术的迅猛发展使"全球化"获得了更加迅速的发展。并呈现出了如下一些新的面貌:世界贸易迅猛增长,多边贸易体制开始形成;国际资本流动达到空前规模,金融国际化进程加快;跨国公司对世界经济的影响与日俱增;国际经济协调作用日益加强;国际组织、区域组织对经济发展的干预作用日益增强……

可以说,在全球化发展的大背景下,开放与一体化已经成为世界潮流。互相开放、国际交往不仅成为世界发展的大趋势,也成为任何一个国家发展的内在需求。正因为如此,"对外开放"被确立为我国的基本国策。尤其是1978年开始改革开放后,我国逐渐取消各种限制,不断加强对外经济技术交流,积极参与国际交换和国际竞争,以生产和交换的国际化取代了闭关自守和自给自足,国内经济结构逐渐由封闭型经济转变为开放型经济,国民经济得到了快速而健康的发展。2001年,加入世界贸易组织后,我国对外经济和贸易更是进入了黄金增长时期,全方位、多层次、宽领域的对外开放格局逐渐形成。

全球化进程加速极大地推动了国与国之间人口的流动[①]。在全球化的强劲推动下,国际交往、互动迅速增多,跨国公司在全球范围内不断扩张,人才的地区概念、国界概念越来越模糊,并呈现出了国际

[①] 包括永久定居、短期劳务移民、高技能人员流动、难民流动以及家庭团聚等。其中,"移民"成为国际人口流动最具实质性和标志性意义的流动形式。此外,出国探亲、旅游等也成为人口国际流动的一种典型现象。

化的态势。这为人才国际流动提供了得天独厚的条件。

首先,随着全球化经济的推进,原来拘泥于本国土壤的人才已经无法满足本国经济、社会发展的需要,为了提高人才素质、增强国际视野,加之为充分利用国外宽松的留学条件及其发达的高等教育,出国考察、留学成为一种潮流。其次,全球化经济在世界范围内的蔓延,不仅为人才提供了更多平等竞争的机会,也拉大了发展中国家和发达国家之间的差距。受发达国家先进技术、较高经济生活水平和较多发展机会的吸引,更多的人希求走出国门,寻求更好的工作和发展机会。而国内结构调整所导致的劳动力过剩,以及改革开放对公民出境控制的放宽,更使得对外迁移人口越来越多。自1986年《中华人民共和国出境入境管理法》的颁布和1992年市场经济体制的改革目标确定以来,公民的出境活动相比以往任何时期都有了更加显著的增长。近年来,出国劳务、定居和旅游人数增加很快,留学人数则有所减少。近年来,公民因私出国的事由依次为旅游、探亲、留学、定居、劳务等。最后,我国自改革开放后,积极引进外国先进技术,鼓励外国人来华投资、合作,并大力引进国外人才。这使得来华外国人有了很大程度的增加,并随着改革开放的深入而稳定增长。

据公安部出入境管理局统计,2007年出入境人员达3.45亿人次,比2006年(以下简称"同比")增长8.38%,其中内地居民8132.85万人次、外国人5207.19万人次、港澳居民2.24亿人次、台湾同胞923.64万人次,同比分别增长18.49%、17.61%、2.93%及4.83%。2008年,全国出入境人员3.5亿人次,其中内地居民9100万人次,同比增长10.62%,港澳台居民2.1亿人次,外国人4800万人次。2009年,全国出入境人员3.48亿人次,与2008年同期相比(以下简称"同比"),虽然减少了1.0%,但内地居民因私出入境人数却同比增长了5.4%。从统计数据看,内地居民出入境人数仍保持了小幅增长势头。相比之下,外国人入出境人数降幅较大,同比减少9.9%,但从7月开始同比降幅趋缓,8月、9月、12月同比增长。2010年,我国出入境人员3.82亿人次,与2009年同期相比增长9.8%,其中内地居民1.14亿人次,同比增长20.5%,港澳台居民2.15亿人次,同比增长3.0%，外国人5211.2万人次，同比增长19.2%。2011年，内地居民出入境共计1.40亿人次，同比增长22.6%，外国人入出境共计5412万人次，同比增长3.8%。2012年上半年，内地居民出境人数同比大幅增长，香港、澳门居民入出境人数同比减少，台湾居民入出境人数同比增长，外国人入境人数同比稳步增长。其中，内地居民出境人数达3856.40万人次，同比增长19.75%；港澳台居民入出境共1.05亿人次，同比下降1.84%。外国人入出境共计2677.71万人次，同比增长4.74%。2013年，全国出入境人员4.54亿人次，比2012年同期增长5.43%，其中内地居民出境共9818.70万人次，同比增长18.04%。外国人入出境共5250.91万人次，其中入境2629.02万人次，同比下降3.31%。

（二）经济发展促进人口数量与质量的变动

一般而言，人口发展存在三个最基本的变动：出生、死亡和迁移。对整体社会而言，出生率和死亡率是影响人口数量变化最主要的因素，而人口迁移对人口数量的影响则主要针对部分地区而言。但不论如何，它们都会受到以下四个因素的影响：自然环境、社会经济、个人生活需求和职业需求的变化、迁入地的吸引力。其中，社会经济因素是影响人口变动最根本的因素，而迁移地的吸引力很多时候却主要基于自然环境因素、社会经济因素、个人生活需求和职业需求来影响迁出地与迁入地的人口数量与人口结构。

由于出生率和死亡率的变化趋势并不必然统一，它们所共同决定着的人口自然变动情况往往因国家或地区的具体经济、环境等条件的不同而呈现出不同的形势。从目前世界人口的变化趋势来看，发达国家、地区总体上呈现出的是低出生率、低死亡率的模式，其自然增长率往往低于1‰，甚至呈现出负增长的态势。而发展中国家却整体呈现出高出生率、低死亡率的模式，其人口的自然增长率一般高于（甚至远高于）1‰。而从我国经济社会发展的不同时期及其对应的人口出生率和死亡率来看，随着国内经济水平和社会文明程度的提高，人口出生率呈现不断降低的趋势。比如，1980年后，随着改革开放的不断深入，国内人口出生率由18.21‰降到了2010年的11.90‰，人口自然增长率迅速降低。截至 2010 年，国内人口自然增长率已低于 5‰（见表 2-1、表 2-2、表 2-3）。这虽然与我国这些年计划生育政策的实施有一定的关联，然而这一政策却并非导致国内人口自然增长率变低的主要原因。

表 2-1　　　　　　1980—1990 年全国总人口变动情况

年份	总人口（万人）	出生率（‰）	死亡率（‰）	自然增长率（‰）
1980	98705	18.21	6.34	11.87
1981	100072	20.91	6.36	14.55
1982	101654	22.28	6.60	15.68
1983	103008	20.19	6.90	13.29
1984	104357	19.90	6.82	13.08
1985	105851	21.04	6.78	14.26
1986	107507	22.43	6.86	15.57
1987	109300	23.33	6.72	16.61
1988	111026	22.37	6.64	15.73
1989	112704	21.58	6.54	15.04
1990	114333	21.06	6.67	14.39

资料来源：《中国 2010 年人口普查资料》，中国统计出版社 2012 年版。

表 2-2　　　　　　1991—2000 年全国总人口变动情况

年份	总人口（万人）	出生率（‰）	死亡率（‰）	自然增长率（‰）
1991	115823	19.68	6.70	12.98
1992	117171	18.24	6.64	11.60
1993	118517	18.09	6.64	11.45
1994	119850	17.70	6.49	11.21
1995	121121	17.12	6.57	10.55
1996	122389	16.98	6.56	10.42

续表

年份	总人口（万人）	出生率（‰）	死亡率（‰）	自然增长率（‰）
1997	123626	16.57	6.51	10.06
1998	124761	15.64	6.50	9.14
1999	125786	14.64	6.46	8.18
2000	126743	14.03	6.45	7.58

资料来源：《中国2010年人口普查资料》，中国统计出版社2012年版。

表2-3　　　　2001—2010年全国总人口变动情况

年份	总人口（万人）	出生率（‰）	死亡率（‰）	自然增长率（‰）
2001	127627	13.38	6.43	6.95
2002	128453	12.86	6.41	6.45
2003	129227	12.41	6.40	6.01
2004	129988	12.29	6.42	5.87
2005	130756	12.40	6.51	5.89
2006	131448	12.09	6.81	5.28
2007	132129	12.10	6.93	5.17
2008	132802	12.14	7.06	5.08
2009	133450	11.95	7.08	4.87
2010	134091	11.90	7.11	4.79

资料来源：《中国2010年人口普查资料》，中国统计出版社2012年版。

西方经济学家曾经对经济发展过程中伴随的出生率下降现象进行了研究，结果发现，在一些国家，家庭生育计划政策的推行并未使出生率明显下降。与此相反，在大部分发达资本主义国家里，政府并没有进行生育方面的干预，出生率却明显下降了。这似乎意味着，经济社会发展、生育观念和行为与人口的自然变动之间存在更为深层、复杂的关系。如果抛却特定的社会背景或历史环境，我们往往无法断然地得出结论说，经济的发展必然带来出生率和死亡率的降低（这在西方发达资本主义国家固然合适,然而从中国人口目前的发展趋势看来却非如此);同时,也无法臆断,节育技术的改良会降低人口的自然增长。毕竟从世界范围内看来,这样的结论在某些国家和地区并没有说服力。有观察发现,经过改进的节育方法并不必然降低出生率。比如,虽然对贫苦的印第安人家庭宣传和鼓励使用各种新节育方法,但他们的出生率仍然很高。而在这些方法出现以前,许多国家的社会出生率已经大幅度降低了。[1]

大量的材料表明,在不同的国家或地区,尽管社会制度不同,人口发展过程的许多方面却存在某些相同的趋势。造成这种情况的根本原因便在于生产力的性质和发展水平。例如:当生产力水平处于较低阶段时,生产劳动主要以手工工具与体力劳动为主,在此情况下,要推进生产,便需要增加劳动者的数量,进而间接要求人口数量的增加。1949 年后我国经济刚刚复苏的那段时期,人口数量的增加便是当时生产发展对劳动力的大量需求所致;机器大生产建立以后,生产力的发展转而依赖科学技术的运用。这时,单纯依靠劳动力数量已不能满足生产力发展的要求,而是需要劳动者素质的相应提升。如此,经济社会发展所带来的劳动者就业门槛提高、女性劳动力就业机会增多、卫生医疗事业发展、生活成本和育人成本提高,便会以综合性的力量,对人口的生育观念和行为造成影响,进而影响着人口的自然变动。随着市场经济的逐步繁荣,这样的现象越发明显。

现象一:在工业化和市场经济迅猛发展的大环境下,高素质的劳动者成为市场需求。在此情况下,受教育水平高、具备高技能的劳动者最容易就业(尤其是获得高薪酬的工作),而那些受教育水平不高、缺乏一定技能的劳动者却容易沦为失业者。这样,那些依靠"多生"来增加劳动者数量进而希求获得较多收入的家庭越发意识到,"多生"不仅不会为家庭带来更多收入,反而会大大增加生活成本。在市场经济的间接调节作用下,这些家庭便最有可能转变观念,以少生、优生

---

[1] 浦永灏:《经济因素对人口数量的调节作用——当前西方出生率经济分析理论述评与借鉴》,《人口与经济》1988 年第 5 期。

来提高成员素质进而获取更多经济收入。一旦具备此种意识和观念的家庭不断增多，社会人口出生率便可能出现下降趋势。然而，此种情况的出现却需要具备一个前提：家庭收入提高的幅度低于孩子成本上升的幅度。

很多时候，当家庭收入提高的幅度大于孩子成本上升的幅度时，不少人依然会选择多生，进而导致出生率的上升。我国20世纪60年代初期和农村实行家庭联产承包责任制后人口出生率出现回升即属于这一问题，而如今一些农村地区仍然存在这样的现象。原因在于，经济状况的改善并没有带来他们生活方式和生活观念的根本转变，除了维持生活的物质性消费品有所增加外，家庭成员在个人的享受特别是发展方面的支出并没有很大的提高，甚至有降低的现象。有的家庭为了提高收入，不惜让子女早早停学去从事生产。可见，社会经济状况改善并不必然带来家庭生活成本的提高，而收入水平的提高也并不必然伴随人口出生率的下降。有分析发现，家庭对孩子的需要数量不仅与成本和家庭总收入有关，还与孩子的素质有关。从这一点来看，除非这些家庭在收入水平提高的同时，更重视孩子的智力和健康投资，对教育及其他精神性产品的消费有了更高的需求，进而带来其生活成本和育人成本的提高，否则出生率不可能呈现明显下降的趋势。而这一情况的出现，根本上也需要国家综合实力的提升和社会文明的进步，需要卫生、医疗和社会保障等的跟进。进一步说，在注意保持社会经济稳定健康发展的同时，需要采用积极的机制适时把经济发展的成果转化为社会事业的进步，进而为人口素质整体提升创造更多的条件。

现象二：改革开放后，随着社会的不断进步，更多的女性从家庭中解放出来，并拥有了更多平等就业的机会。而随着我国工业化道路的进一步发展以及产业结构的提升，社会中出现了大量新型的产业和服务部门，并对女性劳动力表现出了较大的需求。在此情况下，妇女就业率明显增加。这使得妇女生育行为的机会和成本大幅度提高，进而驱使妇女生育行为向晚育、少育的方向发展。有调查显示，就业妇女一生中生育子女的数量比家庭妇女少得多。从这一点来看，妇女就业机会的增多亦是生育率下降的又一个动因，而经济、社会的发展则是这一结果出现的根本原因。

现象三：经济的稳步发展，一方面使得社会卫生医疗保健事业的建设投资有了更多保障，进而直接促进了医疗卫生事业的发展；另一方面则大大提高了家庭收入，使更多的家庭更有条件改善营养结构，更有可能增加保健品的消费以及疾病预防和治疗方面的投资费用，进而最终提高身体素质。一旦整个社会人口的身体素质得到了普遍提高，人口死亡率便会大大降低。与此同时，出生率的不断下降最终使得人口的自然增长率显著降低。近几年，我国经济发展中用于研究防治各种疾病的资金在不断增大，多种医疗设备不断更新。同时，人口遗传学、优生优育学等领域获得很大发展，期间产生的成果也不断被应用于医学专业，进而为人口身体素质的提高打下了坚实基础。人口普查数据显示，国内人口平均预期寿命在1982—2010年的变化非常明显。1982年，国内人口的平均预期寿命为67.77岁，而2010年人口平均寿命已达73.83岁。另外，伴随国内经济的发展，养老金制度和社会福利事业也得到了进一步的完善。这不仅使老年人的晚年生活有了保障，也改变了传统社会里老年人晚年生活需要由家庭来承担的现象。单从这一角度来看，传统的养儿防老观念会逐步动摇，因而一定程度上也会导致家庭生育率水平的下降。

现象四：在信息和通信技术的爆炸性增长和知识经济的影响下，生产力各要素都凝聚、蕴含着知识的含量，因此竞争的核心变为人才的竞争、知识的竞争。由于人口的文化教育程度与生产力发展水平呈正比关系，生产力越发展，人口的文化教育就越普及、越发达。因此，为求发展，人口素质提升成为社会发展必备的环节。在一些发达国家，高中毕业已成为劳动就业最起码的学历条件，一些专门的复杂劳动更是要求具有高等教育的文化程度。这便迫使劳动者为了争取较好的就业机会去接受更多的教育。而生产力的发展也使人们有了更多的资本去满足这一需求。可想而知，如今受教育不仅成为社会的需求，也成为个人生存和发展的需要。人们接受教育的愿望比以往更加强烈。具有高等教育的人相比初等和中等教育的人，比重也越来越大。

正因为如此，我国一方面通过不断增加教育投入大力发展教育事业，另一方面则通过生产力的调节作用，以及各种强制性的教育、培训任务，来引导和驱使人们不断提升自身科学文化素质。有研究曾根据设计的人口素质和经济发展描述体系，对国内经济发展因素与人口素质变量之间的关系进行了相关分析，结果发现，我国人口素质与经济发展保持着较高程度的正相关关系。以1990—2007年为例，人口整体素质的综合得分与经济发展的综合得分两者之间的相关关系值达到0.6590。[①] 这说明随着社会经济的稳步快速发展，总人口的整体素质也在发生着明显的改善。尤其是经济发展对社会人口再生产、人口的文化素质起到了积极的影响效应。如今，国内教育事业有了很大的发展，居民受教育的水平有了明显的提高。从各种受教育程度人口占总人口比重看，2010年大专及以上受教育程度人口比重为8.9%，比2002年提高了4.5个百分点，小学文化程度人口占26.8%，比2002年降低了5.96个百分点。高中和初中文化程度人口比重均有不同程度提高，分别达到14.0%和38.8%。此外，文盲率继续降低，2010年我国人口粗文盲率为4.08%，比2002年的9.16%下降了5.08个百分点。[②]

由此可以设想，随着我国经济的持续发展，我国人口的科学文化素质将会进一步提高。而受过教育的夫妇不仅会对他们的教育、职业、发展同满足享受一样做出计划，也会计划孩子的数目和出生间隔。这些家庭的经济决策不仅涉及对市场商品的需求和劳动的供给，也涉及对家庭中孩子的需求量。而随着孩子教育成本的不断上升，最终便影响了他们多添一个孩子的能力，进而限制甚至降低了人口的出生率。

（三）人口政策不断影响人口结构的变动

一般意义上而言，人口结构主要存在自然结构、社会结构和地域

---

① 耿修林：《经济发展对人口素质的影响分析》，《管理世界》2008年第11期。
② 《国家统计局：2011年城镇化率达51.27%》，http://finance.sina.com.cn/china/20120817/140012880832.shtml，2012年8月17日。

结构三种类型。它们各自内在的组成部分以及各部分所占的比例关系，成为分析和判断人口结构变动的重要依据。所谓"自然结构"指的是总体人口中存在的年龄结构和性别结构；人口的"社会结构"一般包括人口的文化教育结构（即总人口中具有不同文化程度人口之间的比例关系）、职业结构（即第一、第二、第三产业以及各种职业中劳动人口的分布状况和比例关系）等；而所谓"地域结构"则指向人口的城乡结构、行政地区结构。

不可否认，改革开放以来，推动国内人口变动的主要力量在于经济增长本身。然而，过去30多年间我国推行的各种具有管制性和计划性的人口政策，包括计划生育政策、户籍政策以及人口迁移政策等，也极大地牵制并影响了国内人口结构的变动。它们或者通过规定预定时期的人口规模和最低结婚年龄来影响生育率的变化；或者对人口迁移实行法律控制、限制流动人口进入某些地区、对符合政策目标的流动人口给予特定优惠待遇、对不符合政策目标的流动人口取消某些权利，以及通过调整产业结构等，来达到疏散过密地区人口、控制不同地区人口自然增长率的目的。这些人为的干涉措施在特定的时期产生了良好的效果，然而也间接引发了一些社会问题，比如老龄化、人口性别比失衡、家庭结构变动等问题，进而一直备受关注。

1. 计划生育政策的实施与人口自然结构变动

新中国成立后，由于社会日趋安定，卫生条件和人民生活水平有了很大改善，我国人口出现了无计划盲目增长的情况，这与当时国民经济的有计划发展，以及极为有限的环境、资源之间形成了矛盾，并引起了政府的关注。为了解决这些矛盾，有效控制人口数量，1962年中共中央、国务院《关于认真提倡计划生育的指示》强调："在城市和人口稠密的农村提倡节制生育，适当控制人口自然增长率，使生育问题由毫无计划的状态逐步走向有计划的状态。"60年代中期，随着国务院计划生育委员会的成立，一些地区尤其是城市地区逐渐建立了计划生育组织机构，以此来大力推行计划生育政策。20世纪70年代以后，随着以"晚、稀、少"为内容的人口生育政策的执行，我国计划生育工作取得了非常明显的成效。到1980年，全国人口生育率已由1970年的5.812‰下降到2.24‰；出生率由1970年的33.43‰降至18.21‰；净增人口数由2321万人降至1163万人；自然增长率由1970年的25.95‰大幅度下降到11.87‰。至此，人口无计划增长的局面得到了有效的控制和扭转。1982年我国将"计划生育"定为基本国策，并在全国普遍提倡"一对夫妇只生一个孩子"。此后，随着国内经济的发展，1995年又转而倡导"少生优生"。

以独生子女政策为核心内容的计划生育政策的持续执行，不仅有效控制了我国人口过快增长的问题，也为国内经济发展和人民生活水平的改善做出了一定的贡献。尽管如此，期间一些负面问题也逐渐显现了出来，如老龄化、年轻劳动力短缺、人口年龄结构和性别结构的失衡（见表2-4、表2-5）。

表2-4　　　我国人口的性别结构变动（1982—2012年）

年份	人口数（万人）	男性人数（万人）	女性人数（万人）	男女性别比（女=100）	出生儿性别比（女=100）	0—19岁男女性别比（女=100）
1982	101654	52352	49302	106.30	107.63	—
1987	109300	56290	53010	103.89	—	—
1990	114333	58904	55429	106.60	111.75	—
1995	121121	61808	59313	104.19	118.38	110.38
1996	122389	62200	60189	103.34	—	—
1997	123626	63131	60495	103.83	—	—
1998	124761	63940	60821	103.51	—	—
1999	125786	64692	61094	103.86	—	—
2000	126743	65437	61306	106.74	119.92	111.33
2001	127627	65672	61955	104.22	—	—
2002	128453	66115	62338	103.27	—	—

续表

年份	人口数（万人）	男性人数（万人）	女性人数（万人）	男女性别比（女=100）	出生儿性别比（女=100）	0—19岁男女性别比（女=100）
2003	129227	66556	62671	103.13	—	114.73
2004	129988	66976	63012	102.86	—	113.97
2005	130756	67375	63381	102.71	118.88	114.89
2006	131448	67728	63720	102.19	119.25	117.30
2007	132129	68048	64081	103.45	120.22	117.49
2008	132802	68357	64445	104.26	120.56	117.97
2009	133450	68647	64803	104.31	119.45	118.32
2010	134091	68748	65343	105.20	117.96	115.28
2011	134735	69068	65667	105.12	117.78	115.68
2012	135404	69395	66009	105.17	117.70	—

资料来源：赖平耀、钟甫宁：《中国的人口变动：1978—2012》，《南京农业大学学报》（社会科学版）2014年第1期。

表2-5　　我国人口的年龄结构变动（1982—2012年）

年份	总人口（万人）	0—14岁人口数（万人）	比例（%）	15—64岁人口数（万人）	比例（%）	65岁及以上人口数（万人）	比例（%）
1982	101654.00	34145.58	33.59	62517.21	61.50	4991.21	4.91
1987	109300.00	31347.24	28.68	71984.98	65.86	5967.78	5.40
1990	114333.00	31658.81	27.69	76305.84	66.74	6368.35	5.57
1995	121121.00	32218.00	26.60	81393.31	67.20	7509.50	6.20
1996	122389.00	32311.00	26.39	82245.41	67.20	7833.00	6.41
1997	123626.00	32093.31	25.96	83447.55	67.50	8085.14	6.54
1998	124761.00	32064.00	25.70	84338.00	67.60	8359.00	6.70
1999	125786.00	31949.64	25.40	85157.12	67.70	8679.00	6.90
2000	126743.00	29012.00	22.89	88910.00	70.10	8821.00	6.96
2001	127627.00	28716.08	22.50	89849.41	70.40	9062.00	7.10

续表

年份	总人口（万人）	0—14岁人口数（万人）	比例（%）	15—64岁人口数（万人）	比例（%）	65岁及以上人口数（万人）	比例（%）
2002	128453.00	28774.00	22.40	90302.00	70.30	9377.00	7.30
2003	129227.00	28559.00	22.10	90976.00	70.40	9692.00	7.50
2004	129988.00	27947.00	21.50	92184.00	70.90	9857.00	7.60
2005	130756.00	26504.00	20.30	94197.00	72.00	10055.00	7.70
2006	131448.00	25961.00	19.80	95068.00	72.30	10419.00	7.90
2007	132129.00	25660.00	19.40	95833.00	72.50	10636.00	8.10
2008	132802.00	25166.00	19.00	96680.00	72.70	10956.00	8.30
2009	133450.00	24659.00	18.50	97484.00	73.00	11307.00	8.50
2010	134091.00	22259.11	16.60	99938.02	74.53	11893.87	8.87
2011	134735.00	22164.00	16.50	100283.00	74.40	12288.00	9.10
2012	135404.00	22287.00	16.50	100403.00	74.10	12714.00	9.40

资料来源：1982—2011年数据引自国家统计局《中国统计年鉴（2012）》，中国统计出版社2012年版，第101页。2012年数据引自国家统计局《中华人民共和国2012年国民经济和社会发展统计公报》，《中国信息报》2013年2月25日第1版。

在我国，传统的男性单系继嗣一直作为一种文化观念流传至今。这一观念认为，只有生育男孩才能够满足兴旺家族的愿望，才能解决养老问题。正因如此，生男孩成为很多家庭的生育目标。在此情况下，倘若生育数量被压缩无法选择时，他们便通过各种手段在有限的生育指标内进行生育选择，以保证有一个男孩。如此，出生性别比偏高甚至畸高在所难免。而我国30多年来计划生育政策的强制实行即加剧了这一问题的产生。

近些年来，由于人们对出生儿性别比选择倾向明显，加之各种医疗科技水平发展，对出生儿性别控制和鉴别能力提高，新生儿性别比增加趋势明显，其带来的一个直接后果是男女性别比例显著超过正常情况下自愿生育的性别比例。有数据显示，1978—2012年，按全部人口统计的男女性别比一直保持在104—106。其中，20世纪90年代后，出生婴儿性别比保持在115—120的高水平上；2000年后，0—19

岁人口性别比保持在114—118的高水平上；2009—2010年出生的孩子中，第一孩男女性别比为113.73，第二孩性别比则上升到130，第三孩性别比更高达160；2010年全国人口普查显示，家庭户男女性别比整体上为102左右，但0—19岁人口男女性别比则高达115；此外，在主要由年轻人组成的集体户（约占全部统计人口10%）中，男女性别比则高达130。① 按照国际惯例，出生人口性别比的正常范围为103—107，而我国出生人口的性别比例显然远超过该范围，男女性别比例严重失调。

另外，随着我国经济的不断发展和人们生活条件的不断改善，我国人口的平均寿命也逐渐延长。在此情况下，计划生育政策所导致的生育率的下降便带来一个后果：年轻人口在总人口中比重下降，老年人口比重上升（见表2-5）。这使得我国提前有了本属于发达国家的、在基本完成工业化和城市化时才会出现的人口接近零增长、年轻劳动力短缺的问题。然而，较之发达国家，我国人口的老龄化却与当前的经济社会发展水平极不协调。目前，依据人均收入、按常住人口计算的城市化水平、劳动力的就业结构和劳动力的教育水平，我国整体上属于中低收入国家水平；而按户籍人口计算的城市化水平我国甚至属于低收入国家的水平。然而，自2008年以来，我国却已进入了劳动力短缺的发展阶段，就业人员年均增长率只有0.36%，并且仍呈现继续下降的趋势，2012年15—60岁劳动年龄人口首次出现负增长。②

由此看来，放宽生育二胎限制，实现"均衡生育"③，成为我国新时期人口均衡发展最为可行的选择。2012年党的十八大报告即提出，坚持计划生育的基本国策，提高出生人口素质，逐步完善政策，促进人口长期均衡发展；2013年政府工作报告也提出，逐步完善人口

---

① 赖平耀、钟甫宁：《中国的人口变动：1978—2012》，《南京农业大学学报》（社会科学版）2014年第1期。
② 同上。
③ 有研究表明，发达国家实现代际均衡的生育率为2.17胎，而发展中国家实现代际均衡的生育率应为2.3胎。对此，我国生育率调控到2.3胎，"鼓励二胎、允许一胎"才是理想的生育政策。

政策，坚持计划生育基本国策，适应我国人口总量和结构变动趋势，统筹解决好人口数量、素质、结构和分布问题，促进人口长期均衡发展；而党的十八届三中全会则进一步提出开放"单独二孩"政策。至此，许多省、市、自治区开始相继出台具体政策规定，比如：在农村如果第一孩是女孩则可以生第二胎；而在城市，夫妻双方都是独生子女的可以生二孩。2015年10月，党的十八届五中全会决定全面放开二孩。2015年12月27日，全国人大常委会表决通过了人口与计划生育法修正案，全面二孩政策已于2016年1月1日起正式实施。

2. 户籍制度与人口结构的变动

新中国成立至20世纪80年代中期以来，国内人口迁移一直受到国家计划经济和政治运动的深刻影响。在计划经济体制下建立起来的城乡二元户籍管理政策，不仅断绝了农村劳动力的职业转移和农村人口的身份变换，造成经济增长过程中产业结构转换的滞后，也严格限制了城乡之间人口的流动，造成城市化进程的严重扭曲。1982年我国城镇居民为21082万人，仅占总人口的20.91%。80年代中期以后，随着国务院《关于农民进入集镇落户问题的通知》的发布，我国开始放松对农村人口进入中小城镇的控制，并由此带来对整个人口流动控制的松动。随后，流动人口规模迅速增长，跨区域的人口迁移逐渐变得活跃起来。1990年我国城镇居民所占人口比重达26.44%，较1982年上升了5.53个百分点。此后，随着"城—乡"人口流动规模和速度的增大，城镇人口比例呈现出更显著的上升趋势。1992年邓小平同志南方谈话后，我国开始实行市场经济体制和农业经济结构调整，农民非农化就业政策开始从控制盲目流动转为宏观调控下的有序流动，以就业证卡管理为中心的跨地区流动就业制度开始实施，并对小城镇户籍管理制度进行了改革。至此，1993—2000年，全国流动人口数量从7000万人增加到1.4亿人，8年内翻了一番。

2000年以后，我国相继出台了一系列政策措施，逐步取消对农民进城就业的各种不合理限制，为农民外出就业创造公平环境。至此，城乡劳动力市场一体化建设开始迈出实质性的步伐。以2001年3月颁布的《国务院批转公安部关于推进小城镇户籍管理制度改革意见的通知》为标志，我国小城镇户籍制度改革开始全面推进，其打破了原有的城乡户籍限制，降低了农村户口和外地户口进入城市的门槛。这样，农村和外地人口可以更加便捷地向本地城镇和外地城市流动。而随着户籍制度改革的逐步深入，进城务工的流动人口在住房、医疗、就业、教育、养老等方面享受的待遇也逐步得到改善，这使得更多的流动人口在城市落户，甚至大量进入大中城市。

如今，随着2013年《中共中央关于全面深化改革若干重大问题的决定》以及2014年《国务院关于进一步推进户籍制度改革的意见》的发布，我国户籍制度改革又迎来了新的发展时期。许多附加在户籍制度之上的相关社会经济政策以及由此形成的社会利益分配格局，比如流动人口的社会地位、收入标准、子女入学、劳动就业、医疗卫生、社保、福利、高考、升职、培训等得到进一步的重视。可以想象，随着我国户籍管理制度以及与之相配套的一系列社会经济制度的进一步完善，未来我国城市人口规模将进一步增大，原有的存在于城乡、区域之间不合理的分布格局，以及那些存在于流动人口政策中的不足与漏洞，将不断向着更为合理的方向发展。

二　2020年以前我国人口变动的主要趋势和特征

中国是世界上人口最多的发展中国家。我国在20世纪经历了高生育水平和快速人口增长，但70年代初推行计划生育政策后，进入21世纪的前十年，我国人口变动从高出生率、低死亡率的高人口增长阶段迅速进入低出生率、低死亡率、低增长的新阶段。

（一）人口数量增长速度放缓

在过去30多年间，我国的人口自然增长率经历了持续、渐进的下降，从1978年的12‰下降到2012年的4.95‰。人口增长率的下降主要来自人口出生率的下降。我国人口出生率自20世纪90年代以来呈现持续性的大幅度下降，从1990年的21.06‰下降至2012年的

12.10‰，下降了 8.96 个千分点。尽管我国人口已经进入低增长时期，人口增长速度有所减缓，但由于庞大的人口基数和增长的惯性，我国人口总量仍将保持增长态势。①

2012 年年末，我国大陆总人口为 135404 万人，全年出生人口 1635 万人。依据王光召等人建立的人口预测模型和孙明哲的假定总和生育率为 1.8 进行的人口预测结果，到 2020 年，我国总人口将大约分别达到 14.2 亿人和 14.4 亿人（见表 2-6）。

表 2-6　　　2017—2020 年我国总人口数量变动预测　　　单位：万人

年份	王光召等的预测②	孙明哲的预测③
2017	139327	141821
2018	140075	142712
2019	140827	143534
2020	141583	144142

资料来源：2017—2020 年人口数依据各研究预测结果，将总人口单位统一为万人，略有改动。

由于建立的人口预测模型不同，不同研究者预测的具体人口数也有所不同。但从发展趋势上来看，2020 年以前，我国人口总量仍将不断增长（见图 2-1）。

（二）人口质量稳步提高

人口质量也称人口素质。人口素质是人的自然属性和社会属性的统一。自然属性表现为遗传素质、营养状况、健康状况、平均预期寿命等，即人口的身体素质。社会属性表现为人们的道德水平、文化智

---

① 国家统计局：《中国统计年鉴（2013）》，中国统计出版社 2013 年版，第 34 页。
② 王光召、安和平：《低生育背景下中国人口惯性与人口增长峰值预测》，《宁夏大学学报》（人文社会科学版）2014 年第 3 期。
③ 孙明哲：《使用六普数据对中国未来人口规模趋势的预测》，《北京社会科学》2014 年第 5 期。

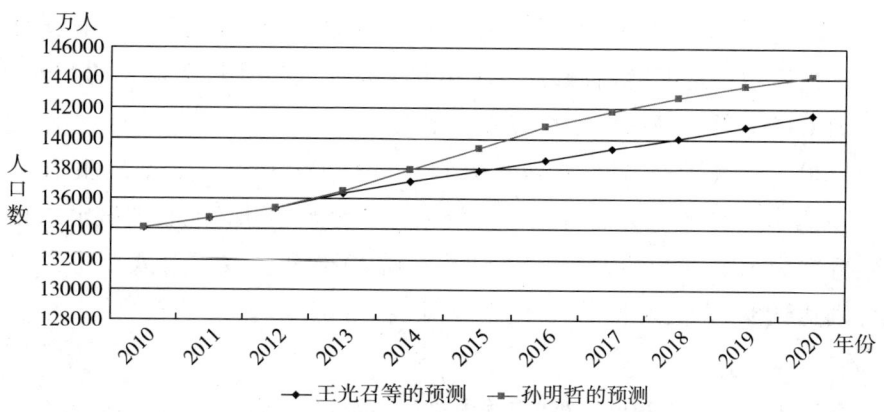

图 2-1　2020 年以前我国人口数量变动趋势

力水平,即人口的思想道德素质和文化科学素质。① 这里,我们主要从人口平均预期寿命和平均受教育年限两个方面衡量我国的人口质量。

1. 人口平均预期寿命逐渐提高

近几十年来,随着我国经济的发展和医疗的进步,人口平均预期寿命有了显著的提高。1990 年,我国人口平均预期寿命为 68.55 岁,2000 年为 71.40 岁。2010 年,我国人口平均预期寿命为 74.83 岁,比 2000 年提高了 3.43 岁。2000 年,男性平均预期寿命为 69.63 岁,女性平均预期寿命为 73.33 岁。到 2010 年,男性平均预期寿命上升到 72.38 岁,女性平均预期寿命上升到 77.37 岁(见表 2-7)。

表 2-7　1990—2020 年我国人口平均预期寿命　　单位:岁

年份	平均预期寿命	男性	女性
1990	68.55	66.84	70.47
2000	71.40	69.63	73.33
2010	74.83	72.38	77.37
2015	75.40	73.40	77.50
2020	76.50	74.50	78.60

资料来源:1990 年、2000 年、2010 年数据来自《中国统计年鉴(2013)》。2015 年、2020 年数据来自《中国人口与劳动问题报告》。

---

① 田家盛:《教育人口学》,人民教育出版社 2000 年版,第 73 页。

依据胡英等人对未来人口发展趋势的预测，我国人口平均预期寿命到 2015 年时将达到 75.4 岁，其中男性为 73.4 岁，女性为 77.5 岁，分别比 2010 年提高了 0.17 岁、1.02 岁和 0.13 岁；到 2020 年时，人口平均预期寿命将达到 76.5 岁，其中男性为 74.5 岁，女性为 78.6 岁，分别比 2010 年提高了 1.67 岁、2.12 岁和 1.23 岁。总之，我国人口平均预期寿命在 2020 年以前不断提高。

2. 人口平均受教育年限逐步提高

我国人口文化程度不断提高。2012 年，我国 15 岁及以上人口的平均受教育年限为 9.22 年，比 2011 年提高了 0.11 年。《国家中长期教育改革与发展规划纲要（2010—2020 年）》中明确提出，到 2020 年，基本实现教育现代化，基本形成学习型社会，进入人力资源强国行列；到 2020 年，我国新增劳动力平均受教育年限将由 2009 年的 12.4 年提高到 13.5 年，主要劳动年龄人口平均受教育年限将从 2009 年的 9.5 年提高到 11.2 年。[1]

（三）人口结构老龄化进程加剧，性别结构渐趋合理

人口结构，一般可分为人口的自然结构、社会结构和地域结构三大类。人口的自然结构包括人口的年龄结构和性别结构。人口的社会结构包括文化教育结构，产业、职业结构，民族结构，宗教结构等。人口的地域结构则是根据人口居住地区划分的。[2] 年龄结构的变化，直接影响教育的结构和规模。人口年龄结构主要是指一定时点、地区各年龄组人口占总人口的比重。由于生育率快速下降和长期处于低生育水平，我国未来人口年龄结构变化主要呈现出两大特征。

1. "人口红利"消失

"人口红利"是指人口转变过程中出现的劳动年龄人口比例上升带来的经济增长效应。它的时间长度与程度取决于死亡率、生育率下降的速度与时间差。1990 年我国 15—64 岁劳动年龄人口比例达到

---

[1] 教育部：《国家中长期教育改革与发展规划纲要（2010—2020 年）》，http：//www.moe.edu.cn/publicfiles/business/htmlfiles/moe/moe_838/201008/93704.html，2010 年 7 月 29 日。

[2] 田家盛：《教育人口学》，人民教育出版社 2000 年版，第 87 页。

66.7%，总抚养比达到50%，开始进入"人口红利"时期。但是，长期的低生育率已经将我国推进到人口转变的"三低"阶段，人口红利即将消失。从人口抚养比这个人口红利的显示性指标看，其长期下降趋势已经在减速。①

2. 迅猛的人口老龄化

1965年联合国颁布了人口年龄结构的划分标准，0—14岁为少儿人口，15—64岁为工作年龄人口，65岁及以上为老年人口，并依据老年人口占总人口的比重的不同，将人口年龄结构类型分为年轻型、成年型和老年型三种。一般认为65岁及以上人口比重超过了7%，或是60岁及以上人口比重超过了10%，即为老年型社会。

人口老龄化是社会发展的必然结果。未来十到五十年，中国社会永远都是老龄化社会，不可能回归到年轻化社会。② 人口老龄化是人口出生率、死亡率的下降和人类预期寿命延长的必然结果。人口老龄化问题是指老年人口占总人口比重逐渐上升的过程，特别是指在年龄结构类型已属老年型的人口中，老年人口比重持续上升的过程。从我国历史数据来看，我国自2000年进入老年型国家行列，年轻人口在总人口中的比重不断下降。在过去的10年间，0—14岁人口在总人口中的比例从2000年的22.9%下降到2012年的16.5%。另外，2000年，65岁及以上人口占总人口的比重达到7.0%，而后随着出生率水平持续下降和死亡率稳定在低水平，我国老年人口比重逐年上升，社会老龄化程度不断加深，到2012年，65岁及以上人口占总人口的比重已达到9.4%。

总抚养比也称总负担系数，是指人口总体中非劳动年龄人口数与劳动年龄人口数之比。通常用百分比表示，说明每100名劳动年龄人口大致要负担多少名非劳动年龄人口。少年儿童抚养比，也称少年儿童抚养系数，指某一人口中少年儿童人口数与劳动年龄人口数之比。老年人口抚养比，也称老年人口抚养系数，指某一人口中老年人口数与劳动年龄人口数之比。老年人口抚养比是从经济角度反映人口老化

---

① 蔡昉：《人口与劳动绿皮书（2012）》，社会科学文献出版社2012年版，第90页。
② 彭希哲：《中国未来发展的人口趋势与挑战》，《文汇报》2011年11月7日。

社会后果的指标之一。2015年以后我国进入人口老龄化迅速发展时期。2015—2020年，我国人口总抚养比仍然不断上升，少年儿童抚养比保持平稳，略有下降，而老年抚养比持续上升。

总之，我国人口年龄结构从2000年开始逐渐老化，经过2000—2010年这一段时间的发展，我国65岁以上的老年人口数量接近1.2亿人，到2020年将达到1.8亿人。随着生育水平的下降和人们健康水平的提高，未来中国人口年龄结构类型将急速从轻度老龄化转变成重度老龄化。2020年以前，65岁以上老年人口仍然快速增加，人口年龄结构老年化程度还将不断加深。

3. 人口性别结构渐趋合理

当前我国人口性别结构失衡，集中表现为出生人口性别比的持续攀高。根据国际经验，正常出生人口性别比应处于103—107，即每100个新生儿里，男孩应比女孩多3—7人。中国出生人口性别比从20世纪80年代开始持续增高，近10年来，出生人口性别比一直高于正常范围，2008年更是在120以上。从2009年开始，我国出生人口性别比连续下降，2010年"六普"出生人口性别比为117.96，2012年为117.70，但仍然偏高于正常水平。[①]

按照国家人口发展战略的构想，提出到2010年遏制出生性别比继续升高的势头，再用10年时间使出生性别比恢复到正常水平。《中国儿童发展纲要（2011—2020年）》在儿童与法律保护方面，提出未来十年"出生性别比升高趋势将得到遏制，出生性别比趋向合理"。因此，未来几年我国出生人口性别比将持续稳步下降，到2020年年末达到更低水平。

（四）人口流动规模快速扩大

根据我国现行的户籍管理制度和实际情况，流动人口指离开常住户籍管理所在地，跨越一定的行政辖区，前往他地滞留暂住并时常回返的人口。[②] 自20世纪70年代以后，随着我国改革开放和社会主义

[①] 国家统计局：《中国发展报告（2013）》，中国统计出版社2013年版，第100页。
[②] 田家盛：《教育人口学》，人民教育出版社2000年版，第272页。

市场经济体制的建立，客观上要求劳动力根据市场要求在空间上进行合理配置。同时，为寻求更高的收入及更好的发展空间，大量农村劳动年龄人口涌入城市务工。多种因素综合作用使得人口流动规模快速扩大。1982年，我国流动人口规模仅为657万人，1995年后，流动人口规模急剧上升，到2010年达到22143万人，达到了前所未有的规模，占全国总人口的17%左右（见图2-2）。

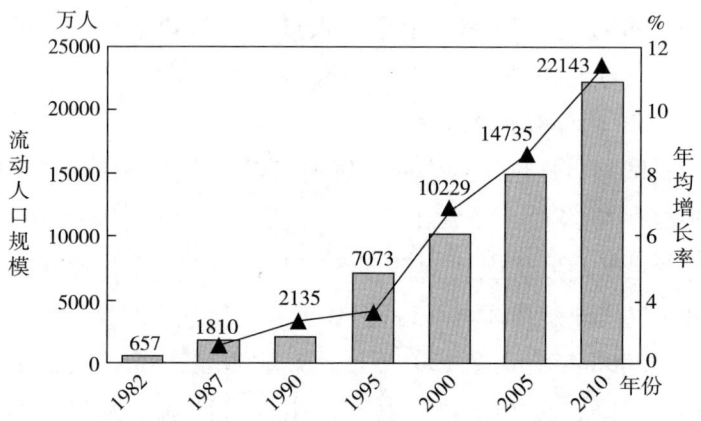

图2-2　1982—2010年我国流动人口规模及增长率

资料来源：郑真真、杨舸：《中国人口流动现状及未来趋势》，《人民论坛》2013年第11期。

未来相当长一段时间里，我国流动人口还将继续增加。人口流动的主要趋势之一是从中西部向东部和东南沿海一带流动。随着改革开放的不断深入，东部地区的发展步伐大大加快，东部地区在提供就业岗位和增加收入的机会方面遥遥领先于中部和西部地区。2010年全国第六次人口普查结果显示，流入人口集中在珠三角、长三角、京津冀三大都市圈。21世纪的第一个十年，流入人口规模增长最快的几个城市是上海、北京、天津和苏州，显示出这些地区更为强大的吸引力，人口流入重心已经从珠三角北移到长三角地区。天津和福建对流入劳动力吸引力显著增强，显然与近年来滨海新区和闽台经济区的发展密切相关。

人口流动的另一个主要趋势即人口由农村向城市流动，主要是由于我国城市化水平将进入加速提高阶段。城镇人口比重的提高，并不能单靠城镇人口的自然增长来实现，必然引起大量农村人口向城镇的转移。2010年全国流动人口中约有1.5亿人来自农村，省内流动人口中有54%来自农村，跨省流动人口中则有近82%来自农村。2012年，全国人户分离的（居住地和户口登记地所在乡镇街道不一致且离开户口登记地半年以上的）人口为2.79亿人，比2011年增加789万人。[1] 因此，人口流动规模可以依据城镇化水平作为参考。

城镇化是世界各国在现代化进程中社会结构不断演变的普遍动态过程，通常指城镇人口占总人口比重不断上升的过程。进入21世纪以来，我国城镇化发展迅速，到2012年年末，我国城镇人口比重达到52.57%，与2011年相比，上升了1.30个百分点，城镇人口为71182万人，增加了2103万人，乡村人口64222万人，减少了1434万人。[2] 根据发达国家城镇化发展经验，未来20年中国城镇化率至少还有15—20个百分点的提升空间。[3]

从2011年开始，我国城镇人口超过了乡村人口。假设到2020年我国城镇化率达到55%左右，2011—2015年城镇化水平年均增长速度为2.1%，2016—2020年城镇化水平年均增长速度为1.67%，则到2020年，我国城镇人口将达到7.67亿人，乡村人口6.4亿人，城镇化率将达到54.5%，能够实现2020年城镇化率达到55%左右的目标。[4]

人口流动的第三个发展趋势是年龄结构将以年轻劳动力为主，高度集中在15—30岁这个年龄段。与国际上较为常见的流动人口年龄模式不同，中国流动人口大部分不带子女，因而15岁以下少年儿童占比极低，进而形成了农村留守儿童的问题。在过去30年间规模不断扩大的同时，流动人口的年龄性别构成也在发生变化，已婚流动者

---

[1] 国家统计局：《中国发展报告（2013）》，中国统计出版社2013年版，第101页。
[2] 国家统计局：《中国发展报告（2013）》，中国统计出版社2013年版，第100页。
[3] 张车伟、蔡翼飞：《中国城镇化格局变动与人口合理分布》，《中国人口科学》2012年第6期。
[4] 蔡昉：《中国人口与劳动问题报告》，社会科学文献出版社2010年版，第58页。

比例不断上升，更多的流动者不再是单身一人在城市打拼，而是与配偶子女同在流入地居住。妇女比例在流动人口中占了将近一半。①

总之，未来几年，我国人口流动还会持续相当长时间，并且不会在短期内缩小规模。其根本原因是，人口流动主要由经济和人口因素决定，如沿海城市经济中心的地位和城市人口老龄化的加速都是不可能改变的。超大城市人口规模将继续增长，沿海的经济中心地区人口将更为密集，而中西部和东北地区将由于青年人的持续流出导致人口老龄化加速。

---

① 郑真真、杨舸：《中国人口流动现状及未来趋势》，《人民论坛》2013年第11期。

第三章　2020年以前我国学龄人口、教育规模及教育结构预测

学龄人口指的是达到规定入学年龄的人口。学龄人口的规模和增长趋势直接影响相应层次教育的规模，学龄人口的数量与结构的波动对各级教育事业都会产生巨大的影响。通过对各学段学龄人口进行预测，可以分析未来各级教育的需求趋势，尤其是通过在校学生人数的预测，可为教育部门预计必需的学校数、教室数和教师数等提供参考依据，为科学制定教育发展战略、教育政策等提供科学可靠的依据，对解决教育发展问题具有十分重要的战略意义。

本章在对我国2013—2020年各教育阶段学龄人口数量进行预测的基础上，对未来几年全国各级教育学龄人口变动带给教育的挑战及规模、布局和结构调整需求量进行推算。本预测只是一种趋势预测，意在勾画出未来几年全国各级各类教育发展的轮廓和趋势，为决策者、实践者从总体上判断和把握整个教育发展的脉络和走向提供参考依据。

一　各学段受教育人口变动预测

关于人口预测，已有很多预测模型和方法。常见的模型有Logistic人口增长模型、马尔萨斯人口模型、马尔科夫链、灰色预测模型、莱斯利矩阵预测模型、神经网络人口预测模型和宋健人口预测模型等，常用的方法主要是递推法、线性回归法和利用CPPS人口预测系统进行预测。

本章推算学龄人口数的方法运用的是年龄移算法，即年龄移算模

型，它是以测算的历年出生人口数为基期数据，按照相应的存活率进行逐年递推来估算人口的方法。它是一种最基本的人口估算方法，也是一种被借鉴、应用较多的人口测算模型，大部分人口测算模型都是建立在以年龄移算法原理为基础的模型之上的。年龄移算法的重要原理是将人口看作时间的函数。简单来说，这个原理就是将人口的年龄用时间来表示的，过一年人就会长一岁。正是因为这个原理，年龄移算法可以把某一年度的人口数在其相应的死亡率水平条件下，通过转移到下一个年度，而将下一个年度的人口数测算出来，并且具有相当高的准确性。年龄移算法的主要优点是移算原理严谨、方法简便易行，在人口测算研究上应用十分广泛。

石人炳等人认为，由于人口死亡率的计算不仅包括新生儿的死亡，还包括老年人死亡以及其他年龄段人口的非正常死亡。由于新生儿死亡率很低，老年人死亡应是主要因素。[①] 由于各学龄段人口死亡率极低，因此在计算学龄人口数时对死亡率忽略不计。我们采用出生率法和年龄移算法预测各学段在校生数，首先计算出生人口。出生率指在一定时期内（通常为一年）一定地区的出生人数与同期内平均人数（或期中人数）之比，用千分率表示，即出生率 = （年内出生人数/年内平均人口数）×1000‰。年内出生人口 = 出生率×年内平均人口数，年平均人数指年初、年底人口数的平均数，也可用年中人口数代替。

对全国各学段学龄人口的预测，主要包括幼儿园、小学、初中、高中和高等教育学龄人口的预测。关于人口年龄段划分，国际上通常使用一种人口类型的划分标准，将人口划分为三种类型，即年轻型、成年型和老年型（见表3-1）。

依据当前我国的学制特点，并参考国家教育统计年鉴相关统计口径，我们将学前教育学龄人口界定为3—6岁人口，小学学龄人口为7—12岁人口，初中学龄人口为13—15岁人口，高中学龄人口为16—18岁人口，高等教育学龄人口为19—22岁。时间上，学龄人口

[①] 石人炳：《人口变动对教育的影响》，中国经济出版社2005年版，第21页。

预测的终止年份为 2020 年。

表 3-1　人口类型划分标准及我国各次普查年人口年龄结构　　单位：%

		按年龄组分所占比重		
		0—14 岁	15—64 岁	65 岁及以上
人口类型划分标准	年轻型	40 以上		4 以下
	成年型	30—40		4—7
	老年型	30 以下		7 以上
中国人口年龄结构	1964 年	40.69	55.75	3.56
	1982 年	33.59	61.50	4.91
	1990 年	27.69	66.74	5.57
	2000 年	22.89	70.15	6.96
	2010 年	16.60	74.53	8.87
	2012 年	16.50	74.10	9.40

资料来源："人口类型划分标准"来源于查瑞传等《人口普查资料分析技术》，中国人口出版社 1997 年版。"中国人口年龄结构"来源于《中国统计年鉴（2013）》。

（一）学前教育学龄人口变动

根据《幼儿园工作规程》规定，幼儿园适龄入园年龄为 3 周岁，幼儿园一般为 3 年制。但是，我国历年教育统计年鉴中，关于学前教育人数及毛入学率的统计，统计口径主要包括 3—6 岁及 6 岁以上。因此，在预测 2013—2020 年某一年段学前学龄人口时，将当年应为 3—6 岁的幼儿作为预测年龄段。根据全国各年出生人口数进行年龄推算，2010 年出生人口为 2013 年 3 周岁人口，即为 2013 年幼儿园预计入园人数，2007—2010 年出生人口即为 2013 年 3—6 周岁学龄人口，依此类推，结果见表 3-2①。

2013—2020 年，我国学前教育阶段学龄人口变动呈倒"V"形，人口数呈现先增长后下降趋势。其中，在 2013—2018 年，学龄人口增长幅度较大，在 2018 年达到最高值，共 6631.52 万人。在 2018 年

---

① 为了表达简便以及小数保留位数一致，对数据四舍五入，虽精度略有偏差，但不影响整体趋势。下同。——著者

以后又呈现下降趋势，到 2020 年下降到 6486.81 万人，但仍然比 2013 年多 101.31 万人（见图 3-1）。

表 3-2　　　　2013—2020 年全国学前教育学龄人口　　单位：万人，‰

出生年份	年初人口	年末人口	年均人口	人口出生率	出生人数（入学人数）	学龄人口（3—6 岁）	幼儿园入园年份
2007	131448	132129	131788.5	12.10	1594.64		
2008	132129	132802	132465.5	12.14	1608.13		
2009	132802	133450	133126.0	11.95	1590.86		
2010	133450	134091	133770.5	11.90	1591.87	6385.50	2013
2011	134091	134735	134413.0	11.93	1603.55	6394.40	2014
2012	134735	135404	135069.5	12.10	1634.34	6420.61	2015
2013	135404	136072	135738.0	12.08	1639.72	6469.47	2016
2014	136072	137200	136636.0	12.19	1665.59	6543.20	2017
2015	137200	137900	137550.0	12.30	1691.87	6631.52	2018
2016	137900	138467	138183.5	11.30	1561.47	6558.65	2019
2017	138467	139034	138750.5	11.30	1567.88	6486.81	2020

注：2014 年、2015 年年末人口，2014—2017 年人口出生率，2016 年、2017 年人口参考《中国人口与劳动问题报告》中《"十二五"时期人口变化及未来人口发展趋势》计算得来。

资料来源：2007—2012 年数据来自国家统计局网站（http：//www.stats.gov.cn）。2013 年数据来自《中华人民共和国 2013 年国民经济和社会发展统计公报》，http：//www.moe.gov.cn/srcsite/A03/s180/moe_633/201308/t20130816_155798.html，2013 年 8 月 16 日。

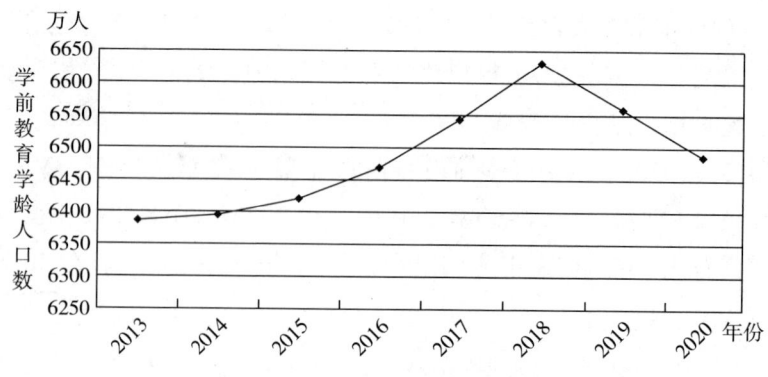

图 3-1　我国 2013—2020 年学前教育学龄人口变动情况

(二) 义务教育学龄人口变动

按照《中华人民共和国义务教育法》规定：凡年满6周岁的儿童，不分性别、民族、种族，应当入学接受规定年限的义务教育。我国实行的义务教育是不收学费的教育，它分初等教育（小学）和初级中等教育（初中）两个阶段。在学制上，我国现行的义务教育学制并不统一，一般以"六三制"为主，也有"五四制"，还有极少数地方实行"五三制"。为方便预测，我们以"六三制"为主。

本书将7岁作为义务教育学龄人口预测的起始年，将小学的学龄人口划为7—12岁年龄段；将初中的学龄人口划为13—15岁年龄段。由于毕业学生与辍学学生并不属于在校学生，对学校各项生均指标水平不产生影响，故在预测学龄人口数量时不包含此类人员。

1. 小学教育阶段学龄人口变动

根据全国各年出生人口数进行年龄推算，2006年出生人口为2013年7周岁人口，即为2013年小学教育预计入学人数，2001—2006年出生人口即为2013年7—12周岁学龄人口，依此类推，结果见表3-3。

表3-3　　　　2013—2020年全国小学教育学龄人口　　　　单位：万人，‰

出生年份	年初人口	年末人口	年均户籍人口	人口出生率	出生人数（入学人数）	适龄人口数（7—12岁）	小学入学年份
2001	126743	127627	127185.0	13.38	1701.74		
2002	127627	128453	128040.0	12.86	1646.59		
2003	128453	129227	128840.0	12.41	1598.90		
2004	129227	129988	129607.5	12.29	1592.88		
2005	129988	130756	130372.0	12.40	1616.61		
2006	130756	131448	131102.0	12.09	1585.02		
2007	131448	132129	131788.5	12.10	1594.64	9741.75	2013
2008	132129	132802	132465.5	12.14	1608.13	9634.65	2014
2009	132802	133450	133126.0	11.95	1590.86	9596.19	2015
2010	133450	134091	133770.5	11.90	1591.87	9588.14	2016
2011	134091	134735	134413.0	11.93	1603.55	9587.13	2017

续表

出生年份	年初人口	年末人口	年均户籍人口	人口出生率	出生人数（入学人数）	适龄人口数（7—12岁）	小学入学年份
2012	134735	135404	135069.5	12.10	1634.34	9574.07	2018
2013	135404	136072	135738.0	12.08	1639.72	9623.39	2019
2014	136072	137200	136636.0	12.19	1665.59	9668.46	2020

资料来源：2002—2013年年末人口数来自《中国统计年鉴》（2002—2013）。

2013—2020年，我国小学教育阶段学龄人口变动大致呈"U"形（见图3-2）。2013—2018年，小学学龄人口逐年减少，由2013年的9741.75万人，减少至2018年的9574.07万人；之后，2018—2020年出现反弹，增加至2020年的9668.46万人，但仍比2013年少73.29万人。

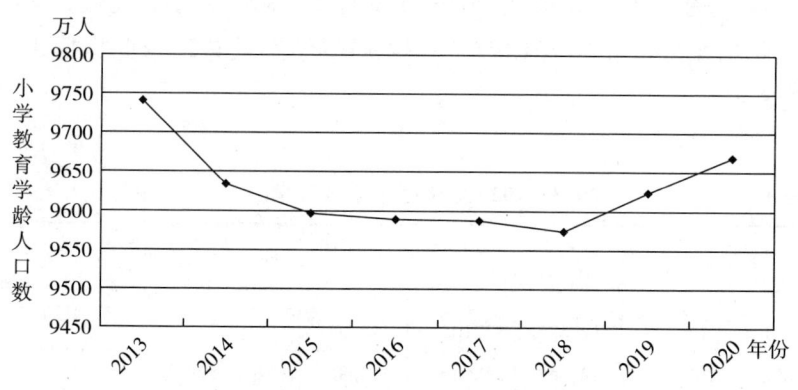

图3-2 我国2013—2020年小学学龄人口变动情况

2. 初中教育阶段学龄人口变动

根据全国各年出生人口数进行年龄推算，2000年出生人口为2013年13周岁人口，即为2013年初中教育预计入学人数，1998—2000年出生人口即为2013年13—15周岁学龄人口，依此类推。

2013—2020年，我国初中教育阶段学龄儿童数呈现下降态势，见图3-3。其中，2013—2017年学龄人口数下降幅度较大，由

2013年的5596.32万人减少到2017年的4838.38万人,减少了757.94万人;之后,在2018—2020年,初中学龄人口数下降幅度减缓,至2020年,有4796.28万人,比2013年减少了800.04万人(见表3-4)。

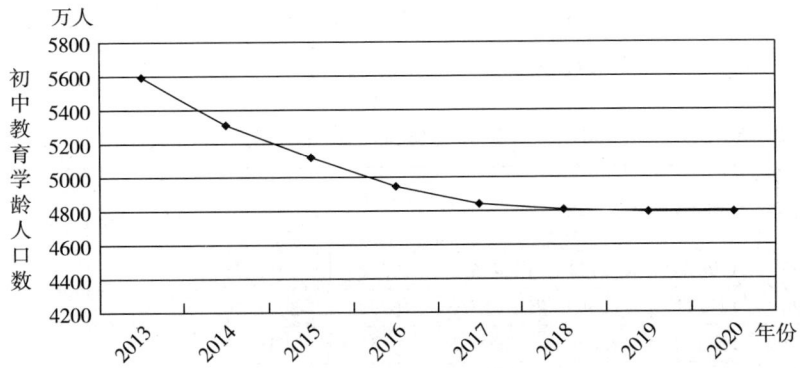

图3-3 我国2013—2020年初中学龄人口变动情况

表3-4　　　　　　2013—2020年全国初中教育学龄人口　　　单位:万人,‰

出生年份	年初人口	年末人口	年均人口	人口出生率	出生人数(入学人数)	适龄人口数(13—15岁)	初中入学年份
1998	123626	124761	124193.5	16.03	1990.82		
1999	124761	125786	125273.5	14.64	1834.00		
2000	125786	126743	126264.5	14.03	1771.49		
2001	126743	127627	127185.0	13.38	1701.74	5596.32	2013
2002	127627	128453	128040.0	12.86	1646.59	5307.23	2014
2003	128453	129227	128840.0	12.41	1598.90	5119.82	2015
2004	129227	129988	129607.5	12.29	1592.88	4947.23	2016
2005	129988	130756	130372.0	12.40	1616.61	4838.38	2017
2006	130756	131448	131102.0	12.09	1585.02	4808.39	2018
2007	131448	132129	131788.5	12.10	1594.64	4794.51	2019
2008	132129	132802	132465.5	12.14	1608.13	4796.28	2020

资料来源:1999—2008年年末人口数来自《中国统计年鉴(2009)》。

(三) 高中教育学龄人口变动

根据全国各年出生人口数进行年龄推算，1997年出生人口为2013年16周岁人口，即为2013年高中教育预计入学人数，1995—1997年出生人口即为2013年16—18周岁学龄人口，依此类推。

2013—2020年，我国高中教育阶段学龄人口数呈现缓慢下降态势（见图3-4），由2013年的6168.35万人减少到2020年的4838.38万人，共减少了1329.97万人（见表3-5）。

表3-5　　　　2013—2020年全国高中教育学龄人口　　　单位：万人，‰

出生年份	年初人口	年末人口	年均人口	人口出生率	出生人数（入学人数）	适龄人口数（16—18岁）	高中入学年份
1995	119850	121121	120485.5	17.12	2062.71		
1996	121121	122389	121755.0	16.98	2067.40		
1997	122389	123626	123007.5	16.57	2038.23		
1998	123626	124761	124193.5	16.03	1990.82	6168.35	2013
1999	124761	125786	125273.5	14.64	1834.00	6096.46	2014
2000	125786	126743	126264.5	14.03	1771.49	5863.06	2015
2001	126743	127627	127185.0	13.38	1701.74	5596.32	2016
2002	127627	128453	128040.0	12.86	1646.59	5307.23	2017
2003	128453	129227	128840.0	12.41	1598.90	5119.82	2018
2004	129227	129988	129607.5	12.29	1592.88	4947.23	2019
2005	129988	130756	130372.0	12.40	1616.61	4838.38	2020

资料来源：各年数据来自国家统计局国家统计数据库，http://data.stats.gov.cn/workspac/index?m=hgnd。

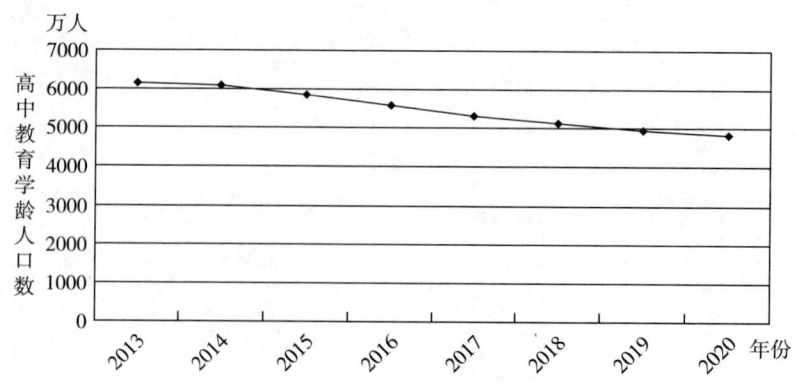

图3-4　2013—2020年我国高中学龄人口变动情况

（四）高等教育适龄人口变动

根据全国各年出生人口数进行年龄推算，1994 年出生人口为 2013 年 19 周岁人口，即为 2013 年高等教育预计入学人数，1991—1994 年出生人口即为 2013 年 19—22 周岁学龄人口，依此类推。

2013—2020 年，我国高等教育阶段学龄人口数呈现大幅下降趋势（见图 3-5）。2013 年，高等教育学龄人口数为 8630.99 万人。到 2020 年，高等教育学龄人口数降到最低，共 7298.05 万人，比 2013 年减少了 1332.94 万人（见表 3-6）。

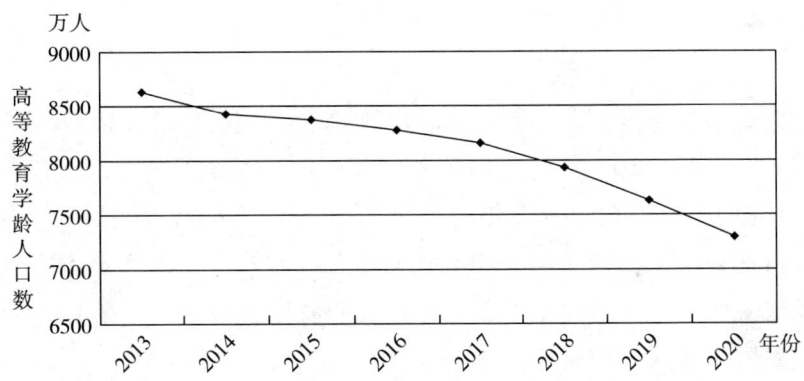

图 3-5 2013—2020 年我国高等教育学龄人口变动情况

表 3-6　　　　2013—2020 年全国高等教育学龄人口　　单位：万人，‰

出生年份	年初人口	年末人口	年均人口	人口出生率	出生人数（入学人数）	适龄人口数（19—22 岁）	大学入学年份
1991	114333	115823	115078.0	19.68	2264.74		
1992	115823	117171	116497.0	18.24	2124.91		
1993	117171	118517	117844.0	18.09	2131.80		
1994	118517	119850	119183.5	17.70	2109.55		
1995	119850	121121	120485.5	17.12	2062.71	8630.99	2013
1996	121121	122389	121755.0	16.98	2067.40	8428.96	2014
1997	122389	123626	123007.5	16.57	2038.23	8371.46	2015

续表

出生年份	年初人口	年末人口	年均人口	人口出生率	出生人数（入学人数）	适龄人口数（19—22岁）	大学入学年份
1998	123626	124761	124193.5	16.03	1990.82	8277.89	2016
1999	124761	125786	125273.5	14.64	1834.00	8159.17	2017
2000	125786	126743	126264.5	14.03	1771.49	7930.46	2018
2001	126743	127627	127185.0	13.38	1701.74	7634.55	2019
2002	127627	128453	128040.0	12.86	1646.59	7298.05	2020

资料来源：各年数据来自国家统计局国家统计数据库，http：//data.stats.gov.cn/workspace/index? m = hgnd。

根据国家统计局的数据[①]，我国人口出生率已由1978年的18.25‰下降到2012年的12.10‰，下降了6.15个百分点；人口自然增长率由12‰下降到2012年的4.95‰，下降了7.05个百分点。从5次人口普查结果看，我国0—14岁少儿人口数所占比重逐步下降，65岁及以上人口数所占比重不断上升，表明我国人口正向老龄化方向发展。我国学龄人口数量不断下降。2020年前，我国各学段学龄人口，除学前教育外均呈下降趋势。

二 各学段受教育人口变动与教育规模的变化

教育规模发展与教育适龄人口变化密切相关。教育规模常用在校学生数来度量，教育适龄人口变化可引起进入各阶段学校接受教育的人口变化，从而直接影响各级各类教育的规模。学龄人口变化对教育规模的影响主要表现为两个方面。首先，学龄人口总量的变化对教育规模变动的影响。一般说来，在人口高峰期，学龄人口增多，就要增加学校的容量和规模，而随着学龄人口的减少就会伴随学校的撤并以

---

① 国家统计局：《中国统计年鉴（2013）》，中国统计出版社2013年版，第96页。

避免资源的浪费。其次，人口迁移对教育规模的影响。在工业化和城市化快速推进的过程中，常常伴随着人口大规模从农村流向城镇，相应地流入地学校规模也会变大，而流出地学校规模则会缩小。[1] 中国自 20 世纪 50 年代以来，曾相继出现了三次较大规模的生育高峰，学龄人口数量与结构的波动曾对教育事业产生巨大的冲击力，使得师资、经费等教育资源短缺问题频频发生，对教育的稳定发展产生较大影响。[2] 因此，教育适龄人口对预测未来各级各类教育规模具有重大意义，是研究教育规模发展不可或缺的因素之一。伴随着我国适龄教育人口下降，各级各类教育发展都将面临教育规模结构、布局调整的挑战。

（一）学前教育人口变动及其教育规模变化

2010 年，我国学前教育在园生共 2976.67 万人，专任教师 114.42 万人。到 2012 年，学前教育在园生增长到 3685.76 万人，比 2010 年增加了 709.09 万人，专任教师数达到 147.92 万人，比 2010 年增加了 33.50 万人（见表 3-7）。

表 3-7　　　　　　　2010—2012 年我国学前教育现状

年份	园数（所）	班数（个）	招生数（万人）	在园生数（万人）	专任教师数（万人）
2010	150420	971525	1700.39	2976.67	114.42
2011	166750	1255816	1827.31	3424.45	131.56
2012	181251	1266496	1911.92	3685.76	147.92

资料来源：教育部网站（http://www.moe.gov.cn），2010—2012 年教育统计数据，以下各表相同。

2010 年，我国平均每所幼儿园有 6.46 个班级、197.89 名幼儿，

---

[1] 李祥云等：《中小学学校规模变动的决定性因素：人口变化还是政策驱动》，《北京师范大学学报》（社会科学版）2012 年第 4 期。
[2] 徐坚成：《我国不同地区未来学龄人口波动与基础教育发展》，《教育发展研究》1999 年第 18 期。

平均每班约 31 个幼儿。2012 年,平均每所幼儿园有 6.99 个班级、203.35 名幼儿,平均每班约 29 个幼儿。

1. 学前教育在园生

2010 年,我国学前教育三年毛入园率达到 56.6%。《国家教育事业发展第十二个五年规划》中明确提出,到 2015 年,学前教育三年毛入学率达到65%。《国家中长期教育改革和发展规划纲要(2010—2020 年)》明确提出,到 2020 年,学前教育三年毛入学率达到 70%。假设我国学前教育三年毛入学率年均增长 1.34%,依据公式,学前教育毛入学率 = 在园学生人数/户籍所在 3—6 岁适龄儿童总人数,可以算出 2013—2020 年学前教育在园生数,见表 3-8。

表 3-8 2013—2020 年全国学前教育在园生 单位:万人,%

年龄	2013	2014	2015	2016	2017	2018	2019	2020
3 岁	1591.87	1603.55	1634.34	1639.72	1665.59	1691.87	1561.47	1567.88
4 岁	1590.86	1591.87	1603.55	1634.34	1639.72	1665.59	1691.87	1561.47
5 岁	1608.13	1590.86	1591.87	1603.55	1634.34	1639.72	1665.59	1691.87
6 岁	1594.64	1608.13	1590.86	1591.87	1603.55	1634.34	1639.72	1665.59
合计	6385.50	6394.40	6420.61	6469.47	6543.20	6631.51	6558.65	6486.81
学前三年毛入学率	60.62	61.96	63.30	64.64	65.98	67.32	68.66	70.00
在园生数	3870.89	3961.97	4064.25	4181.87	4317.20	4464.34	4503.17	4540.77

依据推算,2013—2020 年,我国学前教育在园生数呈大幅增长趋势,尤其是 2013—2018 年涨幅较大,由 2013 年的 3870.89 万人,增加至 2018 年的 4464.34 万人。2018—2020 年,学前教育在园生涨幅有所减缓,最高值达到 4540.77 万人(见图 3-6)。

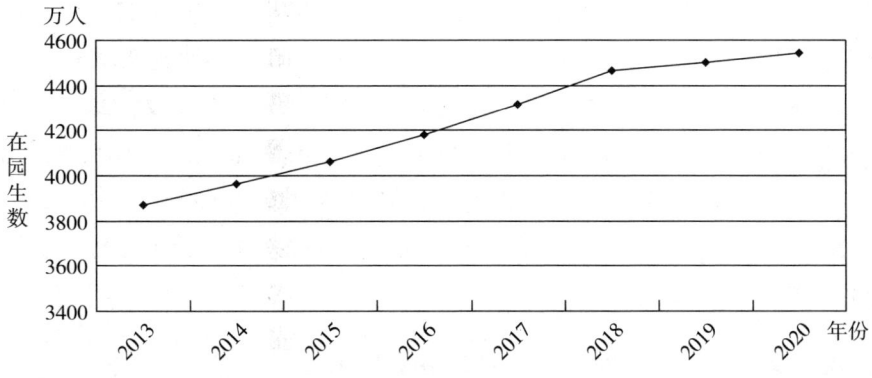

图 3-6　2013—2020 年全国学前教育在园生情况

2. 幼儿园数

按照教育部 2013 年颁布的《幼儿园教职工配备标准（暂行）》中的标准，小班、中班、大班的班级规模分别为 20—25 人、25—30 人、30—35 人，则平均每班 30 人。根据办园规模要求，我们将每所幼儿园规模假定为 6 个班，每班 30 人。基于在园幼儿数的预测结果，可推算出全国学前教育幼儿园数与班数，见图 3-7。

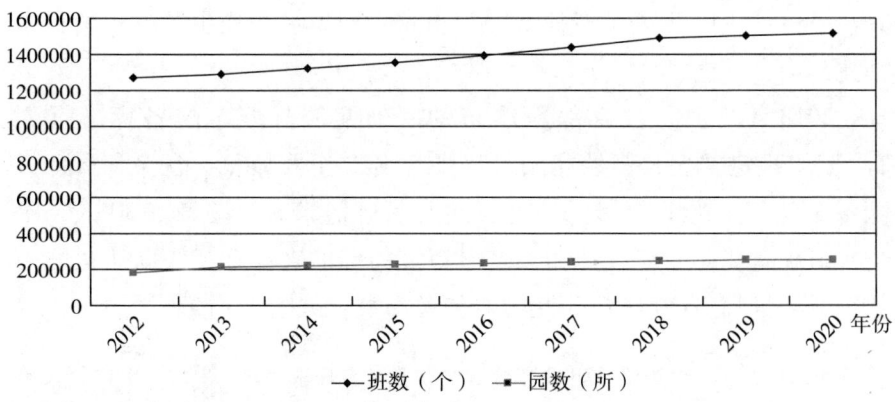

图 3-7　2012—2020 年全国学前教育班数、园数

依据推算，2020 年前，我国学前教育发展规模将继续扩大。2012

年，我国有幼儿园181251所；到2015年，幼儿园数达到225792所，相比2012年增加44541所；到2020年，幼儿园数增加到252265所，相比2012年增加71014所。从逐年规模扩大情况来看，2012年、2013年幼儿园数扩充幅度较大，分别比上一年增加14501所和33798所。之后，2014—2018年，幼儿园数仍需要大规模增加，到2019年、2020年后，幼儿园数增加幅度明显减少，分别比上年增加2157所和2089所（见表3-9）。

表3-9　　　　2012—2020年全国幼儿园需求数　　　　单位：所

年份	2012	2013	2014	2015	2016	2017	2018	2019	2020
园数	181251	215049	220110	225792	232326	239845	248019	250176	252265
需求数	14501	33798	5061	5682	6534	7519	8174	2157	2089

3. 专任教师数

教师发展规模或师资需求数量与两个因素有关：一是在校生的人数。在校生规模的大小决定教师规模的大小，在校生越多，对教师的需求量就越大。二是生师比。生师比越高，对教师的需求量越小，反之，生师比越低，对教师的需求量就越大。本预测采用如下公式：$T = E/\eta$。其中，T表示专任教师需求量；E表示在校生数；η表示生师比。

2013年1月，教育部新颁布的《幼儿园教职工配备标准（暂行）》中规定"全日制幼儿园每班配2名专任教师和1名保育员，或配备3名专任教师"。本章在预测专任教师需求时，按每班30人，平均每班配备2名专任教师和1名保育员的标准来计算。依据幼儿园班数预测，推算2020年前幼儿园专任教师数，见表3-10。

表3-10　　　　2013—2020年全国学前教育专任教师数　单位：个，万人

年份	2013	2014	2015	2016	2017	2018	2019	2020
班数	1290296	1320657	1354749	1393956	1439067	1488112	1501056	1513590
专任教师数	258.06	264.13	270.95	278.79	287.81	297.62	300.21	302.72

此外，根据教育部印发的《幼儿园教职工配备标准（暂行）》，在生师比方面，小班为 10∶1—12.5∶1，中班为 12.5∶1—15∶1，大班为 15∶1—17.5∶1。小班、中班、大班综合计算，应为 12.5∶1—15∶1。按相应生师比计算的学前教育专任教师数见表 3-11。

表 3-11　　2013—2020 年全国学前教育专任教师数　　单位：万人

年份	2013	2014	2015	2016	2017	2018	2019	2020
在园生数	3870.89	3961.97	4064.25	4181.87	4317.20	4464.34	4503.17	4540.77
按生师比 12.5∶1 计算	309.67	316.96	325.14	334.55	345.38	357.15	360.25	363.26
按生师比 15∶1 计算	258.06	264.13	270.95	278.79	287.81	297.62	300.21	302.72

对照以上两种推算结果，依据生师比为 15∶1 时的专任教师数与依据班数推算的专任教师数基本一致。2013—2020 年，幼儿园专任教师需求总量呈增长趋势。2020 年专任教师数将达到 302.72 万人，与 2012 年的 147.92 万人相比，每年需要新补充大约 19.35 万人（见表 3-12）。

表 3-12　　2013—2020 年全国幼儿园专任教师情况　　单位：万人

年份	2013	2014	2015	2016	2017	2018	2019	2020
专任教师数	258.06	264.13	270.95	278.79	287.81	297.62	300.21	302.72
需求数		6.07	6.82	7.84	9.02	9.81	2.59	2.51

（二）义务教育人口变动及其教育规模变化

近年来，我国小学教育规模呈缩减趋势。我国小学在校生数由 2010 年的 9940.70 万人，减少至 2012 年的 9695.90 万人，减少了 244.80 万人（见表 3-13）。

表 3-13　　　　2010—2012 年我国小学教育现状

年份	学校数（所）	班数（个）	每校班数（个）	招生人数（万人）	在校生数（万人）	专任教师数（万人）
2010	257410	2616407	11.23	1691.70	9940.70	561.71
2011	241249	2579093	10.16	1736.80	9926.37	560.49
2012	228585	2566539	10.69	1714.66	9695.90	558.55

初中教育规模也有所缩减，在校生数由2010年的5275.91万人，减少至2012年的4763.06万人，减少了512.85万人（见表3-14）。

表 3-14　　　　2010—2012 年我国普通初中教育现状

年份	初中校数（所）	初中班数（个）	每校班数（个）	招生数（万人）	在校生数（万人）	专任教师数（万人）
2010	54823	997272	18.19	1715.49	5275.91	352.34
2011	54117	977596	18.06	1634.73	5066.80	352.45
2012	53216	947575	17.81	1570.77	4763.06	350.44

1. 义务教育在校生

2010—2012年，我国小学学龄儿童净入学率分别为99.7%、99.8%、99.9%。[①] 2010年、2011年，全国初中阶段毛入学率均为100.1%；2012年，全国初中阶段毛入学率为102.1%。[②] 根据我国实施九年制义务教育的要求，《国家中长期教育改革和发展规划纲要（2010—2020年）》中明确义务教育巩固率2015年要达到93%，2020年要达到95%。我国小学和初中学生流失现象应基本消除，虽然实际上不可能完全达到这个要求，但考虑到本章只是一种趋势性研究，这种误差对研究结论影响很小。因此，我们假设义务教育学龄人口数即

---

① 国家统计局：《中国统计年鉴（2013）》，中国统计出版社2013年版，第695页。
② 教育部：2010年、2011年、2012年《全国教育事业发展统计公报》，http://www.moe.gov.cn/srcsite/A03/s180/moe_633/201203/t20120321_132634.html，2012年3月21日；http://www.moe.gov.cn/srcsite/A03/s180/moe_633/201208/t20120830_141305.html，2012年8月30日；http://www.moe.gov.cn/srcsite/A03/s180/moe_633/201308/t20130816_155798.html，2013年8月16日。

为各年在校生数。到 2020 年，我国义务教育规模整体呈缩减趋势，小学和初中在校生都有所减少（见表 3-15）。

表 3-15　　　2013—2020 年全国义务教育在校生情况　　　单位：万人

年份	2013	2014	2015	2016	2017	2018	2019	2020
小学在校生	9741.75	9634.65	9596.19	9588.14	9587.13	9574.07	9623.39	9668.46
初中在校生	5596.32	5307.23	5119.82	4947.23	4838.38	4808.39	4794.51	4796.28
总计	15338.06	14941.88	14716.01	14535.37	14425.51	14382.46	14417.90	14464.74

2. 义务教育学校数、班数

根据《城市普通中小学校校舍建设标准》（教育部〔2002〕102 号印发），完全小学、初中每个班级分别可容纳 45 人和 50 人，每所学校可容纳的班级数量存在多种规模，完全小学和初中每校班级数量为 12—30 个。假定 2013—2020 年，我国义务教育阶段入学率为 100%，即学龄儿童全部入学，推算 2013—2020 年我国义务教育学校数和班级数。

（1）小学校数、班数。2010 年，我国共有小学校 25.74 万所，到 2012 年，减少到 22.86 万所，减少了 2.88 万所。2010—2012 年，我国各小学平均有 11 个班。依据小学在校生规模呈下降的趋势，我们假设每所小学有 12 个班，推算 2013—2020 年全国小学校数（见表 3-16）。

表 3-16　　　2012—2020 年全国小学校数、班数　　　单位：个，所

年份	2012	2013	2014	2015	2016	2017	2018	2019	2020
班数	2566539	2164832	2141034	2132486	2130698	2130474	2127570	2138530	2148546
学校数（按 11 个班计算）	233322	196803	194640	193862	193690	193679	193415	194412	195322
学校数（按 12 个班计算）	213878	180403	178420	177707	177558	177540	177298	178211	179046

由表 3 – 16 可见，未来几年小学需求数量仍然会逐渐减少，到 2018 年，小学校需求数会减少至最低，约为 17.73 万所。因此，2020 年前，我国小学校规模已经饱和，提高小学教育质量以及提升城乡教育均衡应为小学教育的重点所在。

（2）初中校数、班数。2010 年，我国共有初中学校 5.48 万所，到 2012 年，减少到 5.32 万所，减少了 1600 所。2010—2012 年，我国各所初中学校平均有 18 个班。依据初中在校生规模呈下降的趋势，2013—2020 年，如果每所初中按最大规模有 30 个班，则我国初中数将大幅度减少。因此，我们仍然假设每所初中按现有规模有 18 个班，推算 2013—2020 年全国初中学校数（见表 3 – 17）。

表 3 – 17　　　　2012—2020 年全国初中校数、班数　　　单位：个，所

年份	2012	2013	2014	2015	2016	2017	2018	2019	2020
班数	947575	1119263	1061446	1023964	989447	967675	961679	958902	959255
学校数（按18个班计算）	53216	62181	58969	56887	54969	53760	53427	53272	53292
需求数		8965	5753	3671	1753	544	211	56	76

由表 3 – 17 可见，我国初中学校数呈递减趋势，2020 年，初中学校数约为 5.3 万所。但相比 2012 年的 53216 所初中学校，2013—2020 年，初中学校数需要不断扩充，尤其是 2013—2016 年，初中学校每年新增需求数比较大，2013 年最多要增加 8965 所，随后需求数逐渐减少。

3. 义务教育专任教师数

我国现行的是 2001 年中小学教师编制标准，依据教育部关于贯彻《关于制定中小学教职工编制标准的意见》的实施意见（国办发〔2001〕74 号），对我国中小学教职工的编制标准作了具体规定，它是确定中小学校生师比的重要依据。

（1）小学专任教师数。《关于制定中小学教职工编制标准的意

见》中，规定我国小学教职工编制标准：城市小学生师比配置标准为19∶1，县镇为21∶1，农村为23∶1。我们取城市、县镇和农村的平均值，则小学教育生师比为21∶1。考虑到未来我国城市化的发展，按国家规定标准加权计算的中小学生师比将会下降。同时，由于未来小学在校生人口逐渐减少，我国小学班级规模有下降的趋势，这也会导致生师比的下降。按照教育事业中长期发展规划纲要的要求，2020年前是我国义务教育巩固普及水平的关键期，城乡将逐步实现统一的编制标准，小班化教学是一个基本发展趋势。但是，2013—2020年也是我国城镇化进程加快发展的时期，城市和县镇的大班额不可能很快降下来。所以，在生师比预测上采取比较保守的估计是合适的。

2010—2012年，我国小学生师比大致在18∶1（见表3-18）。2010年，小学教育专任教师数为561.71万人，2012年减少至558.55万人，减少了3.16万人。我们以城市小学生师比19∶1来推算小学专任教师数（见表3-19）。2013—2020年，我国小学专任教师数大致呈下降趋势，远远少于2012年的558.55万名教师。其中，到2018年，小学专任教师数下降到最低点，相比2012年，将减少54.65万人。

表3-18　　　　我国2010—2012年小学生师比情况

指标	2012年	2011年	2010年
小学生师比（教师人数=1）	17.36	17.71	17.70

表3-19　　　　2013—2020年全国小学教育专任教师数　　　　单位：万人

年份	2012	2013	2014	2015	2016
在校生数	9695.90	9741.75	9634.65	9596.19	9588.14
按生师比18∶1计算		541.21	535.26	533.12	532.67
按生师比19∶1计算		512.72	507.09	505.06	504.64

年份	2017	2018	2019	2020
在校生数	9587.13	9574.07	9623.39	9668.46
按生师比18∶1计算	532.62	531.89	534.63	537.14
按生师比19∶1计算	504.59	503.90	506.49	508.87

（2）初中专任教师数。2010年，初中教育专任教师数为352.34万人，2012年减少至350.44万人，减少了1.9万人。2010年，初中生师比为14.98∶1，2012年下降为13.59∶1（见表3-20）。

表3-20　　　　　　　我国2010—2012年生师比情况

指标	2012年	2011年	2010年
初中生师比（教师人数＝1）	13.59	14.38	14.98

依据《关于制定中小学教职工编制标准的意见》，我国初中教职工编制标准：城市初中生师比配置标准为13.5∶1，县镇为16∶1，农村为18∶1。我们取城市、县镇、农村平均数，则初中生师比配备标准为16∶1，推算2013—2020年我国初中教育专任教师数（见表3-21）。

表3-21　　　　2013—2020年全国初中专任教师数　　　　单位：万人

年份	2012	2013	2014	2015	2016
在校生	4763.06	5596.32	5307.23	5119.82	4947.23
按生师比16∶1计算		349.77	331.70	319.99	309.20
年份	2017	2018	2019	2020	
在校生	4838.38	4808.39	4794.51	4796.28	
按生师比16∶1计算	302.40	300.52	299.66	299.77	

我国初中专任教师数已经达到饱和，相比2012年，2013—2020年，初中专任教师数不断减少，2019年，初中专任教师数最低，有299.66万人。到2020年，专任教师数为299.77万人，比2012年减少了50.67万人。

（三）高中教育人口变动及其教育规模变化

目前，我国高中阶段教育主要包括普通高中教育和中等职业教育。中等职业教育主要由中等职业学校实施，招生对象主要是初中毕业生和具有初中同等学力的人员,基本学制以三年制为主。中等职业学校共有四类。第一类为中等专业学校,以招初中毕业生为主,学制3年或4年。传统的培养目标主要是中级技术人员、管理人员和小学教师。改革开放以来,特别是近年来,培养目标已扩大到各类技能型人才。第二类为技工学校,主要招收初中毕业生,学制3年,培养目标是中、初级技术工人。第三类为职业高级中学,大部分由普通中学改建而成,一般招收初中毕业生,学制为2—4年,培养目标以生产服务一线的操作人员为主。第四类为成人中等专业学校,最早定位是把有初中文化程度的成年人培养成中等技术人员,学制为2—3年。本书中因为学龄人口对应的主要为普通学历教育,所以中等职业教育中只研究全日制中职学校,不包括成人中职。

1. 高中教育在校生数

2010年,全国高中阶段毛入学率为82.5%。2011年,全国高中阶段毛入学率为84.0%,比上年提高1.5个百分点。2012年,全国高中阶段毛入学率为85.0%,比上年提高1.0个百分点。《国家中长期教育改革和发展规划纲要(2010—2020年)》中提出,"2020年普及高中阶段教育,毛入学率达到90%"。我们假设2013—2020年,高中阶段毛入学率年均增长0.6%,以此推算高中阶段在校生数(见表3-22)。

表3-22　　我国2013—2020年高中在校生预测情况　　单位:万人,%

年份	2013	2014	2015	2016
16岁	2038.23	1990.82	1834.00	1771.49
17岁	2067.40	2038.23	1990.82	1834.00
18岁	2062.71	2067.40	2038.23	1990.82
合计	6168.35	6096.46	5863.06	5596.32
毛入学率	85.8	86.4	87.0	87.6
在校生数	5292.44	5267.34	5100.86	4902.37

续表

年份	2017	2018	2019	2020
16 岁	1701.74	1646.59	1598.90	1592.88
17 岁	1771.49	1701.74	1646.59	1598.90
18 岁	1834.00	1771.49	1701.74	1646.59
合计	5307.23	5119.82	4947.23	4838.38
毛入学率	88.2	88.8	89.4	90.0
在校生数	4680.98	4546.40	4422.83	4354.54

2013—2020 年，我国高中阶段在校生数逐年下降，到 2020 年降到最低，达到 4354.54 万人，比 2013 年的 5292.44 万人减少了 937.90 万人（见图 3-8）。

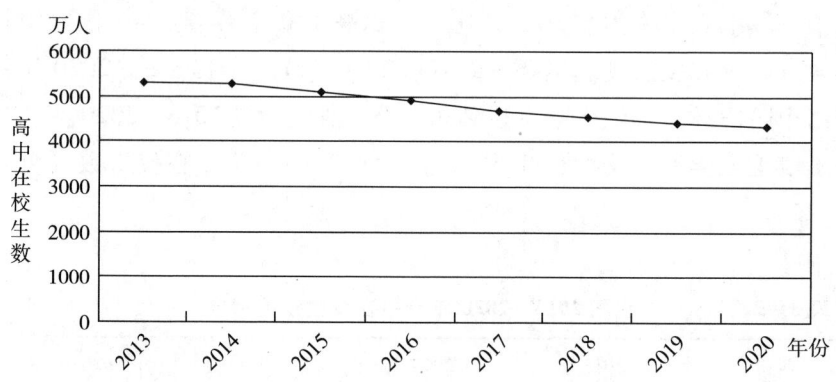

图 3-8　2013—2020 年我国高中阶段教育在校生数

（1）普通高中在校生数。2010—2012 年，我国普通高中教育规模不断缩小。普通高中学校数由 2010 年的 14058 所减少到 2012 年的 13509 所，减少了 549 所。但普通高中在校生却逐年增加，由 2427.34 万人增加至 2467.17 万人，增加了 39.83 万人（见表 3-23）。

表 3-23　　　　2010—2012 年我国普通高中教育现状

年份	学校数（所）	班数（个）	每校班数（个）	招生数（万人）	在校生数（万人）	专任教师数（万人）
2010	14058	428941	31	836.24	2427.34	151.82
2011	13688	435449	32	850.78	2454.82	155.68
2012	13509	442215	33	844.61	2467.17	159.50

《国家中长期教育改革和发展规划纲要（2010—2012年）》中提出，"今后一个时期总体保持普通高中和中等职业学校招生规模大体相当"。2015 年、2020 年教育事业发展目标中，中等职业教育在校生均占高中阶段教育在校生的一半。因此，我们假设 2015—2020 年，普通高中和中职教育在校生各占 50%，而 2013—2015 年，普通高中所占的比重由 2012 年的 53.69% 逐渐降低到 2015 年的 50%，年均降低 1.23%，由此推算普通高中在校生数（见图 3-9）。

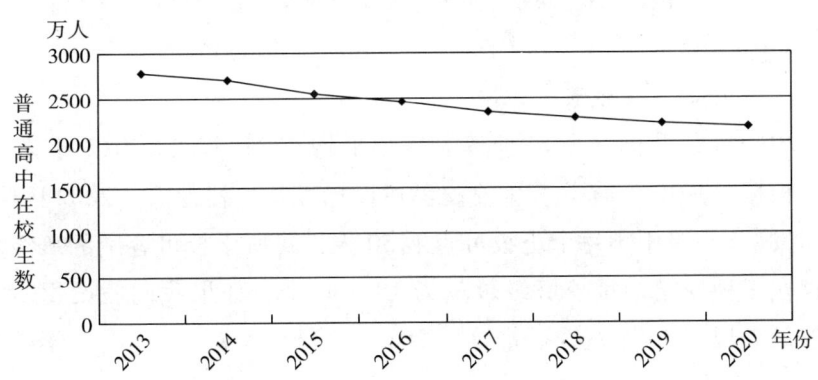

图 3-9　2013—2020 年我国普通高中在校生数

2013—2020 年，我国普通高中在校生数不断下降，到 2020 年下降至谷底，共 2177.27 万人。但相比 2012 年的 2467.17 万人，2013—2015 年，我国普通高中在校生仍有所增加，2013 年达到最高值 2776.41 万人，比 2012 年增加 309.24 万人。2016—2020 年，普通高中在校生数均低于 2012 年。

（2）中职在校生数。2013—2020 年，我国中职教育在校生数呈先升后降趋势。2014 年，中职在校生数达到最高值，共 2568.88 万人。随后几年不断大幅下降，到 2020 年下降至谷底，共 2177.27 万人（见图 3-10）。

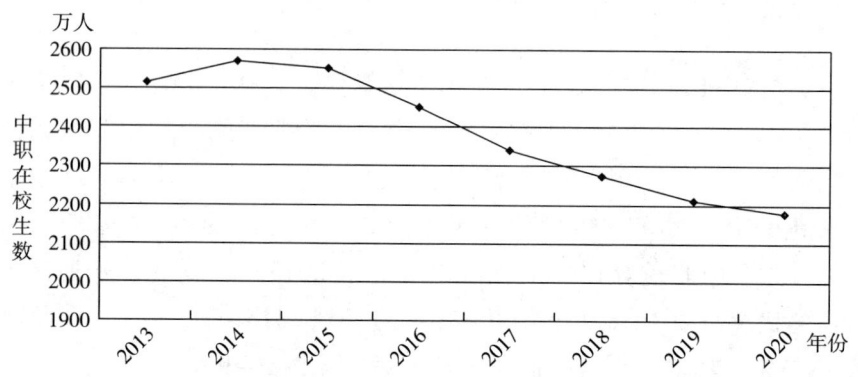

图 3-10　2013—2020 年我国中职教育在校生数

2. 普通高中学校数、班数

2010 年，我国每所普通高中学校平均有 31 个班，2012 年为 33 个。根据《城市普通中小学校校舍建设标准》（教育部〔2002〕102 号印发），高级中学每个班级可容纳 50 人，每所学校可容纳的班级数量存在多种规模，每校班级数量为 18—36 个。如果我们假设每所学校按最大规模 36 个班，可推算出 2013—2020 年我国普通高中学校数（见表 3-24）。

表 3-24　　　2013—2020 年全国普通高中校数、班数　　单位：个，所

年份	2013	2014	2015	2016	2017	2018	2019	2020
班数	503205	513776	510086	490237	468098	454640	442283	435454
学校数（按36个班计算）	13978	14272	14169	13618	13003	12629	12286	12096

2013年、2014年，我国普通高中学校数有所增加，分别比2012年增加了469所、763所。2014年后，普通高中学校数大幅下降，到2020年减少至最少12096所，比2012年减少了1413所（见图3-11）。

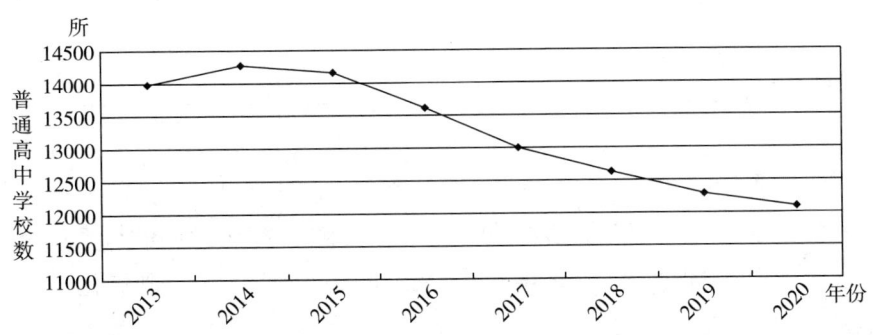

图3-11　2013—2020年全国普通高中学校数变化

3. 普通高中专任教师数

2010—2012年，我国普通高中专任教师队伍不断扩大。2010年，我国普通高中专任教师数为151.82万人。2012年增加至159.50万人，增长了7.68万人。普通高中生师比，2010年为15.99∶1，2012年下降为15.47∶1（见表3-25）。

表3-25　　　　2010—2012年全国普通高中生师比

指标	2012年	2011年	2010年
普通高中生师比（教师人数=1）	15.47	15.77	15.99

依据《关于制定中小学教职工编制标准的意见》，我国普通高中教职工编制标准：城市高中生师比配置标准为12.5∶1，县镇为13∶1，农村为13.5∶1。我们取城市、县镇、农村平均数，则高中生师比配备标准为13∶1，推算普通高中专任教师数（见表3-26）。

表 3-26　　　2013—2020 年全国普通高中专任教师数　　　单位：万人

年份	2013	2014	2015	2016	2017	2018	2019	2020
在校生	2776.41	2698.46	2550.43	2451.19	2340.49	2273.20	2211.41	2177.27
按生师比 13∶1 计算	213.57	207.57	196.19	188.55	180.04	174.86	170.11	167.48
按生师比 15∶1 计算	185.09	179.90	170.03	163.41	156.03	151.55	147.43	145.15

假设普通高中生师比为 13∶1，则 2013 年专任教师数将达到 213.57 万人，比 2012 年增加 54.07 万人。随后普通高中专任教师数虽逐年下降，即使到 2020 年减少至最低 167.48 万人，也仍比 2012 年多 7.98 万人。

如果按照 2010—2012 年生师比逐年下降的趋势，假设到 2013 年生师比下降为 15∶1，则 2017 年以前，普通高中专任教师仍需不断补充。相比 2012 年，2013 年专任教师需求量最大，要增加约 25.69 万人。2017 年之后，高中专任教师数将低于 2012 年。

由上可见，2013—2020 年，我国普通高中专任教师数量不断减少。但无论按照哪种生师比，我国普通高中专任教师在 2017 年前仍有大量空缺。

4. 中等职业教育专任教师数

2010—2012 年，我国中等职业教育专任教师数逐年增加，由 2010 年的 79.25 万人增加到 2012 年的 81.42 万人；生师比由 25.57 下降到 22.84（见表 3-27）。

表 3-27　　　2010—2012 年我国中等职业教育情况

年份	学校数（所）	招生数（万人）	在校生数（万人）	专任教师数（万人）	生师比
2010	12152	754.30	2026.09	79.25	25.57
2011	11479	709.90	1966.60	81.20	24.22
2012	11099	648.32	1859.42	81.42	22.84

注：学校数、招生数、在校生数不包括成人中专。

依据教育部《中等职业学校设置标准》（教职成〔2010〕12号）规定，中等职业学校应当具备基本的办学规模，生师比达到20∶1。依此，推算2013—2020年中等职业教育专任教师数，见表3-28。

表3-28　　我国2013—2020年中等职业教育在校生数及专任教师数　　单位：万人

年份	2013	2014	2015	2016
在校生	2516.03	2568.88	2550.43	2451.19
按生师比21∶1计算教师数	119.81	122.33	121.45	116.72
按生师比20∶1计算教师数	125.80	128.44	127.52	122.56
年份	2017	2018	2019	2020
在校生	2340.49	2273.20	2211.41	2177.27
按生师比21∶1计算教师数	111.45	108.25	105.31	103.68
按生师比20∶1计算教师数	117.02	113.66	110.57	108.86

由表3-28可见，我国中职专任教师数呈现先升后降趋势。2013—2014年，专任教师数不断增加，从2015年开始，专任教师数开始不断减少。但专任教师严重短缺，2020年前，中职专任教师需求量仍在增加。如果生师比为20∶1，到2014年，专任教师需要增加47.02万人。即使在2020年，专任教师数也要比2012年增加27.44万人。

依据2010—2012年生师比逐年下降的趋势，假设到2013年，生师比下降到21∶1，到2014年，专任教师需要增加40.91万人，到2020年也需要比2012年增加22.26万人（见表3-28）。

总之，随着我国经济社会发展对高质量人才的需求，为提高中职的教学质量，专任教师数量仍严重不足。因此，2020年前，中职专任教师队伍必须进行扩大。

（四）高等教育人口变动及其教育规模变化

自1999年以来，我国普通高等教育规模经历了一个快速扩张的时期。1998—2010年，全国普通高等学校数由1022所增加到2358

所，高考招录人数由 108.8 万人增加到 661.76 万人，在校生数也由 340.9 万人增至 2231.79 万人，我国普通高等教育已经进入大众化的发展阶段。① 到 2012 年，普通高等教育规模仍在不断扩大。普通高等学校数增加至 2442 所，比 2010 年增加 84 所（见表 3-29）。

表 3-29　　　　　2010—2012 年我国普通高等教育现状

年份	学校数（所）	招生数（万人）	在校生数（万人）	专任教师数（万人）	生师比
2010	2358	661.76	2231.79	134.31	16.62
2011	2409	681.50	2308.51	139.27	16.58
2012	2442	688.83	2391.32	144.03	16.60

1. 高等教育在校生

2010 年，全国高等教育毛入学率为 26.5%。2011 年，高等教育毛入学率达到 26.9%。2012 年，全国高等教育毛入学率达到 30%。《国家中长期教育发展规划纲要（2010—2020）》中提出，高等教育毛入学率，2020 年达到 40%。依此，按 2013—2015 年高等教育毛入学率年均增长 2%，2015—2020 年高等教育毛入学率年均增长 0.8%，推算各年高等教育在校生数，具体见表 3-30。

表 3-30　　　我国 2013—2020 年高等教育学龄人口变动情况

单位：万人，%

年份	2013	2014	2015	2016	2017	2018	2019	2020
19 岁	2109.55	2062.71	2067.40	2038.23	1990.82	1834.00	1771.49	1701.74
20 岁	2131.80	2109.55	2062.71	2067.40	2038.23	1990.82	1834.00	1771.49
21 岁	2124.91	2131.80	2109.55	2062.71	2067.40	2038.23	1990.82	1834.00
22 岁	2264.74	2124.91	2131.80	2109.55	2062.71	2067.40	2038.23	1990.82
学龄人口	8630.99	8428.96	8371.46	8277.89	8159.17	7930.46	7634.55	7298.05
毛入学率	32	34	36	37	38	38	39	40
在校生	2761.92	2865.85	3013.72	3046.27	3067.85	3045.30	2992.74	2919.22

---

① 教育部：《2010 年全国教育事业发展统计公报》，http://www.moe.gov.cn/srcsite/A03/s180/moe_633/201203/t20120321_132634.html，2012 年 3 月 21 日。

2013—2020年，尽管我国高等教育学龄人口数不断下降，但由于高等教育毛入学率的不断提高，我国高等教育规模仍在继续扩大。在校生数呈现先增后降趋势，大致呈倒"U"形。2013—2017年，高等教育在校生数大幅增加，到2017年达到最高值3067.85万人，随后开始下降，但到2020年，在校生数降到2919.22万人，仍然比2013年多157.30万人（见图3-12）。

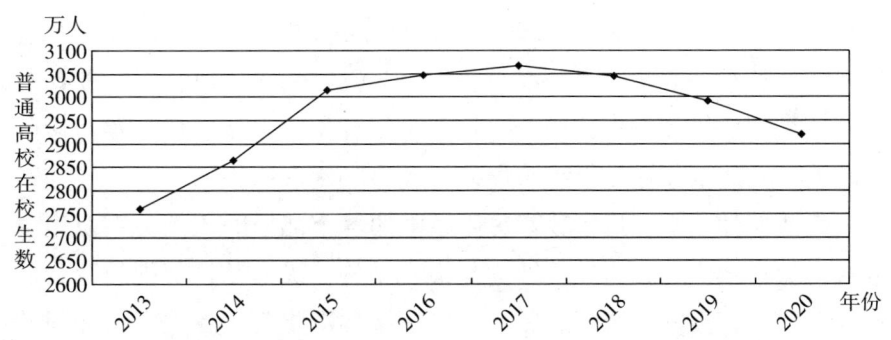

图3-12 2013—2020年全国普通高等教育在校生数变化

2. 专任教师数

2010—2012年，我国高等教育专任教师数不断增加，由134.31万人增加至144.03万人，增加了9.72万人，生师比基本保持在17∶1。假设高等教育生师比为17∶1，推算2013—2020年高等教育专任教师数，具体见表3-31。

表3-31　　　2013—2020年全国高等教育专任教师数　　　单位：万人

年份	2013	2014	2015	2016	2017	2018	2019	2020
在校生	2761.92	2865.85	3013.73	3046.27	3067.85	3045.30	2992.74	2919.22
教师数	162.47	168.58	177.28	179.19	180.46	179.14	176.04	171.72

高等教育专任教师数同样呈现先增后降趋势，但相比2012年，2020年以前，高等教育专任教师需求量仍然较大。2013年，需要增

加 18.44 万人；2017 年，专任教师需求量达到最高，要比 2012 年增加 36.43 万人。

三 各学段学校布局与教育体系结构的变革

教育适龄人口是总人口的重要构成部分，未来人口总量及其年龄构成直接决定了教育未来 10 年的规模及结构的变化。① 人口的变化直接影响学校布局调整，人口规模、人口年龄结构、人口分布等变动都将导致学校数量和分布的变化，特别是生育率下降及人口迁移造成的学龄人口的减少往往使学校布局调整成为必然选择。②

所谓教育结构，是指教育总体系中的各个部分的比例关系及组合方式。教育结构可分为纵向结构与横向结构，纵向结构即把教育分成初等、中等和高等三级递进序列；横向结构即指各级各类学校之间的比例构成。③ 人口变动对教育结构的影响，首先表现在教育纵向结构上，即影响教育体系中各级教育之间的构成关系，同时也会影响教育的横向结构。

影响各学段学校布局的主要因素是我国的城镇化发展。21 世纪，我国的城市化水平进入高速发展期。2005 年，我国城镇化率为 42.99%。④ 2009 年，我国的城镇化率达到 46.6%，第六次全国人口普查数据显示，2010 年全国常住城镇人口为 6.66 亿，城镇化率达 49.68%。⑤ 2011 年、2012 年，我国常住人口城镇化率分别达到 51.3%、52.6%。2005—2012 年，我国城镇化率以平均每年 1.37 个

---

① 任艳红、王振龙：《省域人口与教育发展目标预测分析》，《教育研究》2011 年第 4 期。
② 石人炳：《国外关于学校布局调整的研究及启示》，《比较教育研究》2004 年第 12 期。
③ 田家盛：《教育人口学》，人民教育出版社 2000 年版，第 66 页。
④ 国家统计局：《2013 中国发展报告》，中国统计出版社 2013 年版，第 100 页。
⑤ 国家统计局：《2010 年第六次全国人口普查主要数据公报》，http://www.Chinanews.com/gn/2011/04-28/3004638_shtml，2011 年 4 月 28 日。

百分点的速度发展。

2014年3月16日，中共中央、国务院印发了《国家新型城镇化规划（2014—2020年）》，按照走中国特色新型城镇化道路、全面提高城镇化质量的新要求，明确未来城镇化的发展路径、主要目标和战略任务，统筹相关领域制度和政策创新，是指导全国城镇化健康发展的宏观性、战略性、基础性规划。规划明确到2020年，我国城镇化的发展目标为：城镇化水平和质量稳步提升。城镇化健康有序发展，常住人口城镇化率达到60%左右。[①] 假设我国城镇化水平年均增长0.93%，可以算出2013—2020年我国城镇化率预测值，见表3-32。

表3-32　　　　　2013—2020年我国城镇化率预测

年份	2013	2014	2015	2016	2017	2018	2019	2020
城镇化率(%)	53.53	54.46	55.39	56.32	57.25	58.18	59.11	60.04

从城市来看，城市教育水平提高对城市人口迁出及迁入均产生反向作用；这说明城市教育水平的提高，有利于减少城市人口迁移，无论是迁出还是迁入。从农村到城镇，从城镇到城市再到大城市，人口迁移实质上就是城市化进程的表现，因而教育对于促进城市化进程的作用也是显著的。[②] 因此，在考虑学龄人口的迁移时，我们假设学龄人口的迁移是从农村向城市的单向迁移模式。

（一）学前教育布局调整

2010年《国家中长期教育改革和发展规划纲要（2010—2020年）》中，专门列了一章来规划学前教育，"积极发展学前教育，到2020年，普及学前一年教育，基本普及学前两年教育，有条件的地区普及学前三年教育"。《国务院关于当前发展学前教育的若干意见》（国发〔2010〕41号）也明确把发展学前教育摆在更加重要的位置，

[①] 中共中央、国务院：《国家新型城镇化规划（2014—2020年）》，《人民日报》2014年3月17日第9版。

[②] 谢童伟、吴燕：《教育发展差异对人口迁移的影响》，《南方人口》2012年第6期。

可见，发展学前教育已经成为国家教育发展的重要任务。

对于学前教育城乡布局，《国务院关于当前发展学前教育的若干意见》中明确要求"努力构建覆盖城乡、布局合理的学前教育公共服务体系，保障适龄儿童接受基本的、有质量的学前教育"。2000年，我国第五次人口普查显示全国3—6岁年龄段流动儿童约为223万人；2010年第六次人口普查数据显示全国流动人口约2.3亿人，3—6岁年龄段流动儿童约为512万人。①

对城乡学前教育学龄人口的预测，需要考虑城市化率和农村学龄人口迁移率。其中，城市化率是城市化的度量指标，一般采用人口统计学指标，即城镇人口占总人口（包括农业与非农业）的比重。人口迁移率是一定时期、一定地区人口迁入、迁出的绝对量，与该时期、该地区平均人口数之比。由此可以算出2010年，我国3—6岁学前教育学龄人口迁移率为4.02%。依据我国目前到2020年的城市化发展特征，假设学龄人口是从农村向城市单向迁移的模式，其迁移率的增长速率与城市化率的增长速率一致。②假定我国学前教育学龄人口迁移率年平均增长率为0.93%，可以算出2013—2020年学前教育阶段学龄人口迁移率预测值，具体见表3-33。

表3-33　　2013—2020年我国学前教育阶段农村学龄人口迁移率预测

年份	2013	2014	2015	2016	2017	2018	2019	2020
农村学前教育学龄人口迁移率（%）	6.81	7.74	8.67	9.60	10.53	11.46	12.39	13.32

在城乡的划分上，我们将城区和镇区都称为"城市"。2012年，我国城市地区有幼儿园118160所，在园幼儿约2645.98万人；农村地区有幼儿园63091所，在园幼儿约1039.78万人（见表3-34）。

---

① 国务院人口普查办公室、国家统计局人口和就业统计局：《中国2010年人口普查资料》，中国统计出版社2011年版，第55页。

② 李玲等：《城乡义务教育学校标准化建设优化研究——基于学龄人口变化趋势预测》，《教育研究与实验》2012年第4期。

表 3-34　　我国学前教育 2012 年分城乡基本情况

	城市			农村
	合计	城区	镇区	
幼儿园数（所）	118160	57677	60483	63091
在园生数（人）	26459845	12508076	13951769	10397779

资料来源：2012 年教育统计数据，http://www.moe.gov.cn/publicfiles/business/html-files/moe/s7567/index.html。

依据城市化率和学龄人口迁移率，推算 2013—2020 年城乡学前教育学龄人口及幼儿园数，具体见表 3-35。

表 3-35　　2013—2020 年全国分城乡学前教育基本情况预测

单位：万人，所

年份	2013	2014	2015	2016	2017	2018	2019	2020
全国学龄人口	6385.50	6394.40	6420.61	6469.47	6543.20	6631.51	6558.65	6486.81
城市学龄人口	3620.23	3707.78	3804.71	3914.89	4040.53	4176.03	4209.10	4239.95
农村学龄人口	2765.26	2686.62	2615.91	2554.58	2502.67	2455.48	2349.55	2246.86
城市在园生数	2194.59	2297.34	2408.38	2530.58	2665.94	2811.31	2889.96	2967.97
农村在园生数	1676.30	1664.63	1655.87	1651.28	1651.26	1653.03	1613.20	1572.80
城市幼儿园数	121921	127630	133799	140588	148108	156184	160554	164887
农村幼儿园数	93128	92479	91993	91738	91737	91835	89622	87378

2013—2020 年，我国城乡幼儿园在园生数呈现相反的发展趋势。城市幼儿园在园生数不断增加，到 2020 年达到最高值，比 2012 年增加约 321.98 万人。农村幼儿园在园生数虽然在不断下降，到 2020 年降到最低点，但 2020 年前，农村幼儿园在园生规模都在不断扩大，对农村幼儿园的发展也提出了很大的挑战（见图 3-13）。

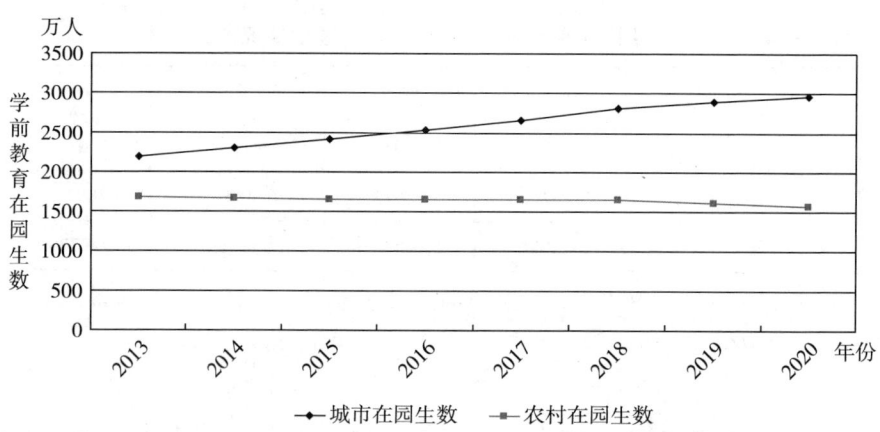

图 3-13 2013—2020 年我国分城乡学前教育在园生数

城市幼儿园一直在不断增加,到 2020 年将增加到 164887 所,比 2012 年增加约 4.67 万所;农村幼儿园数虽然在逐年减少,但相比 2012 年,数量也有所增加,到 2020 年增加到 87378 所,也要比 2012 年增加约 2.43 万所(见图 3-14)。

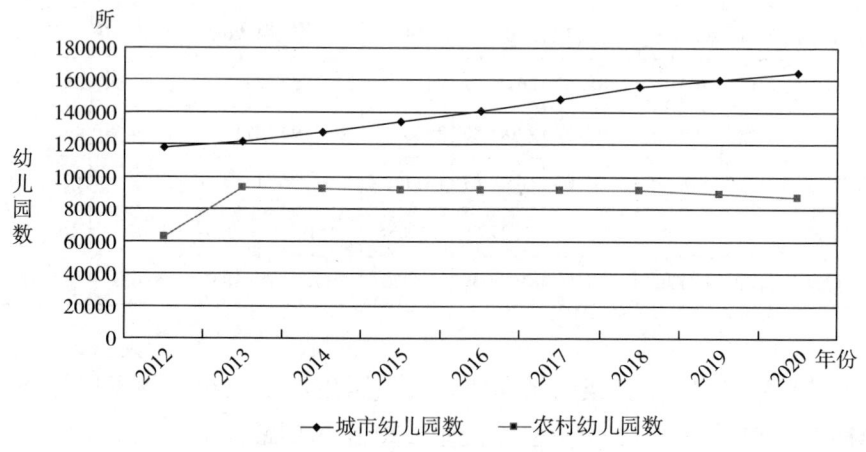

图 3-14 2012—2020 年我国分城乡幼儿园数

(二)义务教育布局调整

2001 年,在《国务院关于义务教育改革与发展的决定》中将调整农村义务教育学校布局列为一项重要工作,并指出应"因地制宜调整农村义务教育学校布局。按照小学就近入学、初中相对集中、优化教育资源配置的原则，合理规划和调整学校布局。农村小学和教学点要在方便学生就近就学的前提下适当合并，在交通不便的地区仍需保留必要的教学点，防止因布局调整造成学生辍学"。同年，国务院召开的全国义务教育工作会议也将农村中小学布局调整列入发展农村义务教育的重点工作之一。2002年和2003年，国务院和财政部又分别下达了《关于完善农村义务教育管理体制的通知》和《中小学布局调整各项资金管理办法》的通知，进一步推动了农村中小学布局调整，各地政府也加快了布局调整的步伐。

进入21世纪，我国义务教育在基本普及的基础上，重点转向了均衡发展。但是，由于城市化、计划生育政策以及城乡教育资源的不均衡，农村学龄人口也在不断减少，从而导致部分农村学校规模缩小、教学资源浪费或无法留住优质的教学资源。学校服务区的人口过于稀少，招生人数或服务人数无法满足学校或教学点设计的规模，这样，很多农村学校或教学点逐渐萎缩，班级规模不断缩小，最终消失或等到有了学生再开学。因此，在城市化和计划生育政策的大背景下，农村人口和农村学龄人口会呈持续减少的趋势，这就对农村中小学布局调整提出了要求。[①] 另外，伴随着大批外来流动儿童的涌入，城市的教育资源在短时间内无法负担大量的外来人口，对户口不在城市的外来流动学生来说基本无法享受城市优质教育资源，这对城市教育规模的发展也带来了很大的挑战。

据统计，截至2010年，全国义务教育阶段在校生中进城务工人员随迁子女数共1167.17万人，比上年增加170.07万人。其中，在小学就读的进城务工人员随迁子女864.30万人，比上年增加113.53万人，增长15.12%；在初中就读的进城务工人员随迁子女302.88万人，比上年增加56.54万人，增长22.95%。[②] 2010年，我国小学阶

[①] 叶敬忠：《农村中小学布局调整的社会宏观背景分析》，《中国农业大学学报》（社会科学版）2012年第4期。

[②] 教育部：《2010年全国教育事业发展统计公报》，《中国教育报》2010年7月6日第2版。

段学龄人口迁移率为6.79%,初中学龄人口迁移率为2.38%。依照迁移率年增长率为0.93%推算,2013—2020年我国义务教育学龄人口迁移率如表3-36所示。

表3-36 2013—2020年我国义务教育阶段农村学龄人口迁移率预测

年份	2013	2014	2015	2016	2017	2018	2019	2020
小学教育学龄人口迁移率(%)	9.58	10.51	11.44	12.37	13.30	14.23	15.16	16.09
初中教育学龄人口迁移率(%)	5.17	6.10	7.03	7.96	8.89	9.82	10.75	11.68

依据城市化率和学龄人口迁移率,推算2013—2020年城乡小学教育学龄人口数,具体见表3-37。

表3-37 2013—2020年全国分城乡小学教育基本情况预测

单位:万人,所

年份	2013	2014	2015	2016	2017	2018	2019	2020
全国学龄人口	9741.75	9634.65	9596.19	9588.14	9587.13	9574.07	9623.39	9668.46
城市学龄人口	5648.44	5708.17	5805.06	5918.11	6033.73	6139.94	6284.93	6426.58
农村学龄人口	4093.30	3926.48	3791.13	3670.03	3553.40	3434.12	3338.46	3241.88
城市小学校数(按18个班计算)	69734	70471	71667	73063	74491	75802	77592	79341
农村小学校数(按8个班计算)	113703	109069	105309	101945	98706	95392	92735	90052

我国的城市化率在2020年将增至60%左右,这意味着我国将有大量农村人口向城市迁移,并将有超过一半的人口居住在城市。伴随着我国人口城市化进程的不断推进,越来越多的农村学龄人口将在户籍政策的推动下进城接受义务教育,从而在城乡之间形成规模性的学

龄人口迁移。

2012年，我国城市地区有小学73577所，在校生约2765.57万人；农村地区有小学155008所，在校生约1719.87万人。2012年，我国城市地区有初中33808所，在校生约3788.96万人；农村地区有初中19408所，在校生约974.10万人（见表3-38）。

表3-38 2012年我国分城乡小学、初中教育基本情况

	城市			农村
	合计	城区	镇区	
小学校数（所）	73577	26146	47431	155008
小学班数（个）	1330814	578813	752001	1235725
学校规模（班/校）	18	22	16	8
小学在校生数（人）	27655701	12245579	15410122	17198716
初中校数（所）	33808	10932	22876	19408
初中班数（个）	744590	291023	453567	202985
学校规模（班/校）	22	27	20	10
初中在校生数（人）	37889614	14410251	23479363	9740993

资料来源：2012年教育统计数据，http://www.moe.gov.cn/publicfiles/business/html-files/moe/s7567/index.html。

2013—2020年，我国城乡小学在校生数呈现相反的发展趋势。城市小学在校生数不断增加，到2020年达到最高值6426.58万人，比2012年增加3661万人，平均每年增加457.63万人。农村小学在校生数虽然在不断下降，但相比2012年，农村小学在校生规模仍有所扩大，到2020年，农村小学在校生增加到3241.88万人，比2012年增加了1522万人（见图3-15）。

2012年，我国城市小学规模为平均每校18个班，而农村小学则平均每校8个班。根据《城市普通中小学校校舍建设标准》（教育部〔2002〕102号印发），完全小学建设规模为12—30个班，每班45人。假设城市小学每校仍为18个班，则2013—2020年，城市小学校数不断增加。到2020年，城市小学校数将达到79341所，比2012年

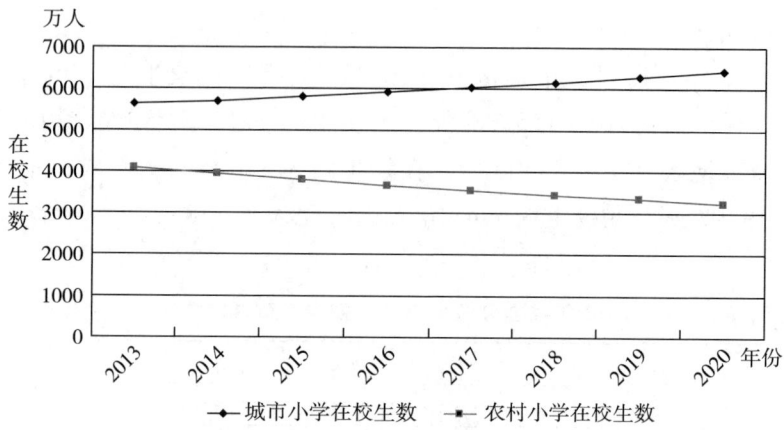

图 3-15 2013—2020 年全国分城乡小学在校生情况

增加 5764 所，平均每年增加 720.5 所。假设农村小学规模为每校 8 个班，则 2013—2020 年，我国农村小学校不断减少，到 2020 年减少至 90052 所，比 2012 年减少了约 6.5 万所，平均每年减少 8120 所（见表 3-37）。

同样，可以推算 2013—2020 年城乡初中教育基本情况，具体见表 3-39。

表 3-39 2013—2020 年全国分城乡初中教育基本情况预测

单位：万人，所

年份	2013	2014	2015	2016
全国学龄人口	5596.32	5307.23	5119.82	4947.23
城市学龄人口	3130.16	3037.75	2996.43	2958.29
农村学龄人口	2466.16	2269.48	2123.39	1988.94
城市初中校数（按 22 个班）	28456	27616	27240	26894
农村初中校数（按 10 个班）	49323	45390	42468	39779
年份	2017	2018	2019	2020
全国学龄人口	4838.38	4808.39	4794.51	4796.28
城市学龄人口	2953.85	2994.99	3044.79	3103.54
农村学龄人口	1884.52	1813.40	1749.72	1692.73
城市初中校数（按 22 个班）	26853	27227	27680	28214
农村初中校数（按 10 个班）	37690	36268	34994	33855

2013—2020年，我国城乡初中在校生数大致均呈下降趋势，农村初中在校生数减少幅度比城市初中明显。其中，城市初中在校生数到2017年降到最低，随后有所回升。到2020年，城市初中生数减少至3103.54万人，比2012年减少了685.42万人，平均每年减少85.68万人。农村初中在校生数虽然明显减少，到2020年减少至最低，但仍比2012年在校生规模增加了718.63万人（见图3-16）。

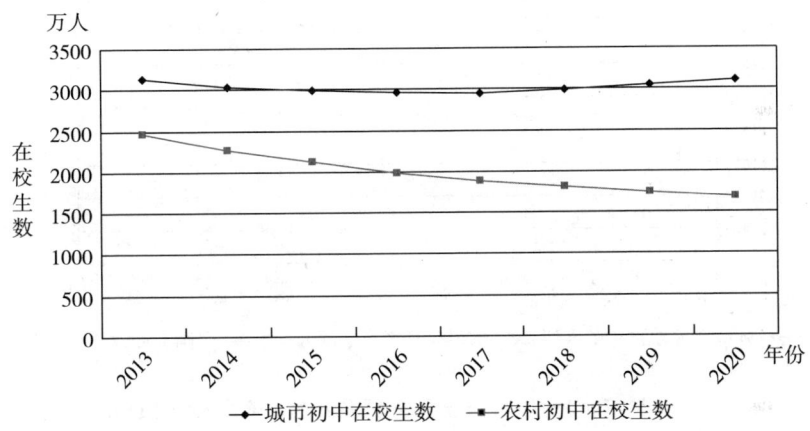

图3-16　2013—2020年全国分城乡初中在校生情况

2012年，我国城市初中规模为平均每校22个班，农村初中平均每校10个班。根据《城市普通中小学校校舍建设标准》（教育部〔2002〕102号印发），初级中学建设规模为12—30个班，每班50人。假设我国城市初中规模仍为每校22个班，则城市初中学校数将减少，到2020年减少到28214所，比2012年减少了5594所，平均每年减少699所。农村初中学校数也不断减少，但相比2012年仍有所增加，到2020年达到33855所，共增加了1.4万所（见表3-39）。

全国城乡义务教育阶段的学龄人口总体变化趋势是数量逐年下降，这种下降趋势在教育资源的总需求上会为我国义务教育"减负"。但是，城乡之间义务教育学龄人口变化趋势截然不同，随着我国城市化进程的不断推进，学龄人口由农村向城市的迁移现象日益增多，城市义务教育学龄人口变化呈逐年上升趋势，而农村义务教育学龄人口却逐年持续而且明显减少。到 2020 年，城市义务教育阶段的学龄人口数就将明显高于农村义务教育阶段的学龄人口数（见图 3 – 17），这也意味着我国农村义务教育学校对人、财、物的需求总量将低于城市学校，并且需求总量将随着学龄人口的逐年减少而减少。

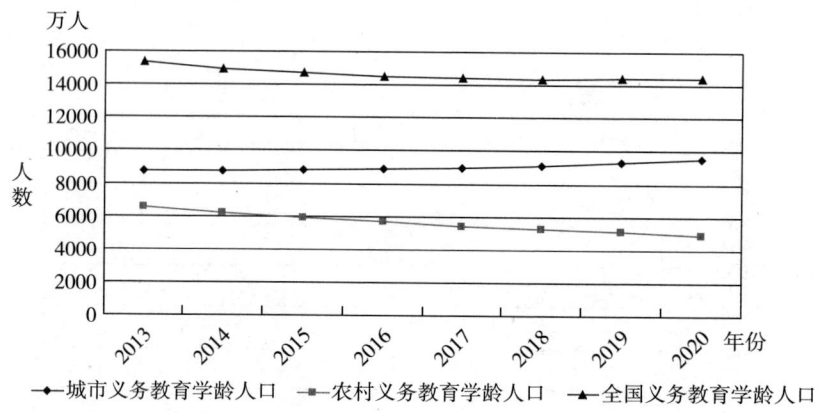

图 3 – 17　2013—2020 年全国分城乡义务教育学龄人口情况

（三）高中教育布局与结构调整

中等职业教育和普通高中教育是我国高中阶段教育的两种重要形式，高中阶段教育的布局与结构调整，主要是横向的中等职业教育的布局调整及普通高中教育与中等职业教育比例的结构调整。

1. 普通高中教育和中职教育结构调整

中等职业教育是我国职业教育的主体，其定位就是在九年义务教育的基础上培养数以亿计的技能型人才和高素质劳动者。中等职业教育在我国现有教育体系中处于承上启下的地位，向下为接受初等教育的学生提供成材之路，向上为高等职业教育机构提供合格生源。虽然在国家中长期教育改革和发展规划纲要中提出"今后一个时期总体保持普通高中和中等职业学校招生规模大体相当"，教育部在《进一步扩大职业学校招生规模的意见》中也提出"以大力发展中等职业教育为重点提高高中阶段教育的入学率，逐步实现中等职业教育招生规模高于普通高中招生规模的要求",但实际上,在高中阶段教育中普高与中职存在较大的差异。

2010—2012年,我国普通高中教育在校生数逐年上涨,而中等职业教育在校生数却逐年下降,且中职招生数也明显下降(见表3-40)。这一期间,普职比大致在6∶4。按普职比6∶4进行我国中等职业教育和普通高中教育在校生数预测,具体见表3-41。

表3-40　　2010—2012年我国高中教育阶段普职比情况　　单位:万人

年份	普通高中教育		中等职业教育		普职比
	招生数	在校生数	招生数	在校生数	
2010	836.24	2427.34	595.29	1604.05	58.42∶41.58
2011	850.78	2454.82	546.00	1536.18	60.91∶39.09
2012	844.61	2467.17	491.27	1435.61	63.22∶36.78

注:中等职业教育招生数、在校生数不包括成人中专和技工学校。

表3-41　　2013—2020年我国高中教育阶段在校生数(普职比6∶4)

单位:万人

年份	2013	2014	2015	2016
普通高中	3175.47	3160.40	3060.52	2941.42
中职教育	2116.98	2106.94	2040.35	1960.95
年份	2017	2018	2019	2020
普通高中	2808.59	2727.84	2653.70	2612.72
中职教育	1872.39	1818.56	1769.13	1741.82

从预测结果看,2013年和2014年,我国中等职业教育在校生数正处于高峰期,之后,中职教育在校生数将逐年减少。这就更加需要调整普通高中教育和职业教育资源配置结构,大力发展中等职业教育。

面对高中阶段学龄人口逐年减少的压力,我国对中职教育必须加强宏观调控,保证普职比的平衡,要根据人口减少的情况及时调整普通高中招生计划,对普通高中招生数量进行宏观控制,通过政策引导和免费措施,将招生计划及时调整转移到中等职业学校,争取为中等职业学校提供更多的生源,避免出现普职比的严重失衡。

2. 中等职业教育布局调整

改革开放以来,我国采取了以县为主的中等职业教育发展策略,各地改建了大量的职业学校。中等职业学校呈现出遍地开花的布局结构,高峰时期甚至出现一个县多达十多所职业学校的情况。为了解决职业学校多、规模不经济的问题,1999年教育部印发了《关于调整中等职业学校布局结构的意见》,着力进行中等职业教育布局结构的调整,试图通过合并、共建、联办、划转等形式对中等职业教育的布局结构进行调整,但是遍地开花式的职业学校布局结构并没有得到根本性的改变。由于当时我国还处在入学人口的高峰期,对职业教育的需求相对较大,分散职业教育布局带来的问题并没有凸显出来。但是,进入21世纪后,我国社会经济快速发展,人口增长速度明显下降,一方面高中阶段受教育人口不断减少,而另一方面整个高中阶段普通高中招生人数的刚性应该越来越强,这既是高等教育持续发展的保证,是我们当前普及高中阶段教育的需要,同时也是提高国民素质和整体受教育年限所必需的。这样,中等职业教育招生人数的减少也将是必然的,同时,中等职业教育与普通高中1∶1的招生比例也很难实现。这些因素都对中等职业教育的发展,特别是对中等职业学校的布局结构产生了重大的影响。

从本质上来讲,中等职业教育的布局方式就是中等职业教育资源的配置方式,当前"遍地开花"和"农村职校偏多"的中等职业教育布局,直接决定了中等职业教育资源配置的相对分散。且在职业教育资源数量一定的情况下,学校数量越多则每个学校占有的教育资源就越少。根据2010—2012年的《全国教育事业发展统计公报》,全国中等职业教育中,普通中专、职业高中、技工学校招生数及在校生数都在不断下降。同时,就2012年来看,三类学校校均招生人数分别约为753人、474人、541人,校均规模分别约为2207人、1379人、

1461 人，不管是招生人数还是学校规模都偏小（见表 3-42）。

表 3-42　　　　　　　2010—2012 年中等职业教育情况

年份	普通中专				职业高中				技工学校			
	学校数（所）	招生数（万人）	在校生（万人）	校均规模（人）	学校数（所）	招生数（万人）	在校生（万人）	校均规模（人）	学校数（所）	招生数（万人）	在校生（万人）	校均规模（人）
2010	3938	316.61	877.71	2229	5206	278.67	726.33	1395	3008	159.02	422.05	1403
2011	3753	299.57	855.21	2279	4802	246.43	680.97	1418	2924	163.90	430.42	1472
2012	3681	277.36	812.56	2207	4517	213.90	623.05	1379	2901	157.06	423.81	1461

资料来源：《全国教育事业发展统计公报》（2010—2012 年），表中数字未包括成人中专。

我国中等职业教育资源本来就少，再加上配置的分散性，直接导致了其在办学条件、实验实训场地、师资质量方面凸显出难以适应中等职业教育发展的问题。因此，中等职业学校布局调整应改变中职学校布局分散的现状，统筹规划各类中等职业教育资源，采用合并、联办、共建、划转、撤销等方式，将中等职业教育资源中一批规模小、条件差、布局不合理或专业结构雷同、培养方向相似、地理位置相近的学校进行适当的重组与整合。此外，因为我国各省、市、县、镇的经济发展情况不一而同，人口多少更是有各自的实际情况，所以各地中职教育布局调整不能"一刀切"，而要充分调动各地发展中等职业教育的主动性和积极性，因地制宜做好当地中等职业教育布局调整的工作，积极寻求适合当地发展的中等职业学校配置半径，努力破解中等职业学校的招生困难问题，走中等职业教育布局特色调整之路。

（四）高等教育结构调整

当前，从高校在校人数来看，我国已经是一个高等教育大国。但是，2020 年以前，高等教育适龄人口逐渐减少，高等学校将面临严峻的招生困难，2017 年后在校生数将逐年下降（见表 3-43）。人口问题将成为高等教育未来发展不得不面临的重大约束：一方面，生源的减少将有利于高等教育提升教育质量和提高毛入学率；另一方面，如果控制不好高等教育的扩展速度，生源的减少将直接影响许多高校的生存。因此，必须转变"人口红利"上升阶段所形成的高等教育发展模式，从依靠增加招生计划、扩大办学规模的"粗放式"发展模式向依靠提高教育质量、形成办学特色的"内涵式"转变，形成以人为本，与经济社会协调发展的高等教育体系。[①] 尽管中长期教育发展规划纲要提出要加快普及高中阶段教育，但随着普通高中和高等教育学龄人口的下降，即使普及高中教育，也不能保证高教生源充足。因此，高校招生形势依然很严峻，应稳定招生规模。

表3-43　2013—2020年高等教育在校生变动情况（普职比6:4）

单位：万人

年份	2013	2014	2015	2016
在校生	2761.92	2865.85	3013.73	3046.27
普通高校在校生（普职比6:4）	1657.15	1719.51	1808.24	1827.76
高职在校生（普职比6:4）	1104.77	1146.34	1205.49	1218.51
年份	2017	2018	2019	2020
在校生	3067.85	3045.30	2992.74	2919.22
普通高校在校生（普职比6:4）	1840.71	1827.18	1795.65	1751.53
高职在校生（普职比6:4）	1227.14	1218.12	1197.10	1167.69

高等教育结构调整，既要立足于当前的人口现状，又要兼顾未来人口结构的变动趋势。未来几年是我国高等教育扩招后一个调整结构、提高质量的最佳时期。20世纪末到21世纪初的十余年，我国高等教育规模急剧扩张，迅速完成从精英高等教育向大众高等教育的转变。2010—2012年，普通本科院校和高职院校数量均不断增加，分别增加了33所和51所（见表3-44）。如果以省为分析单位，可以发现在最近十余年的高等教育地方化发展过程中，高等教育的空间布局

[①] 艾洪德等：《人口约束下的高等教育：生源拐点与发展转型》，《财经问题研究》2013年第9期。

从集聚走向扩散,结构渐趋合理。① 高职院校数量大增,且高职院校数也明显超过普通本科院校数量。可见,随着我国经济社会的快速发展、产业结构的调整,职业技术教育将成为整个教育体系中最活跃的部分。我国近几年也在大力发展职业教育,它既是加强教育与经济的结合点,也是协调适龄人口变化与教育发展的突破口。

表3-44　　　　　2010—2012年高等教育情况　　　单位:所,人

	2010年			2011年			2012年		
	学校数	在校生数	校均规模	学校数	在校生数	校均规模	学校数	在校生数	校均规模
本科院校	1112	12656132	13100	1129	13496577	13564	1145	14270888	13999
高职(专科)院校	1246	9661797	5904	1280	9588501	5813	1297	9642267	5858

但是,从办学规模上来看,本科院校与高职院校的发展呈现不同趋势,本科院校的校均规模逐年增加,而高职院校的校均规模却有所减少。如果按照普职比6∶4,高等职业教育的在校生在2013—2017年将不断增加,随后在校生数出现下滑,但2020年时,高职在校生数仍比2012年多203.46万人(见表3-43)。如果按照普职比5∶5,高等职业教育的发展将面临更大的挑战。因此,高等教育应合理分配招生计划,保证高等职业教育的招生。另外,高等职业院校也应注重提高教育质量,培养多类型的高技能人才。

四　人口变化带给教育的影响

据联合国研究报告测算,从2010年开始中国人口抚养比呈现快速上升的态势,劳动人口占比持续下降,老龄化问题日趋严重。根据

---

① 胡耀宗:《省域高等教育空间布局变化与规模分化》,《现代大学教育》2013年第5期。

国家统计局发布的《2012、2013 年国民经济和社会发展统计公报》显示，截至 2012 年，15—59 岁劳动年龄人口 93727 万人，占总人口的 69.20%，比 2011 年年末下降 0.60 个百分点；截至 2013 年，16—59 岁劳动年龄人口有 91954 万人，占总人口的 67.6%，比 2012 年又下降 1.6 个百分点。而 60 周岁及以上人口，2012 年年末为 19390 万人，占总人口的 14.3%，比 2011 年年末提高 0.59 个百分点；截至 2013 年增长到 20243 万人，占总人口比重达到 14.9%，比 2012 年年末提高 0.6 个百分点。总之，我国人口增长速度开始放缓，老龄化速度加快，人口结构进入重大的转型时期，而未来几年将是我国人口自然变动对教育冲击最大的时期。

（一）学龄人口不断减少

据研究，自 2011 年起，我国各级教育的学龄人口均呈下降趋势，学龄人口规模将保持每年 860 万人的平均降幅。从 2005 年开始，我国的小学和初中学龄人口就已经呈下降趋势，高中教育学龄人口也于 2007 年后开始下降。[①]

依据 2020 年前学龄人口的推测，我国各层次教育适龄人口呈现不断下降的趋势（见图 3-18），约由 2013 年的 3.65 亿人下降到 2020

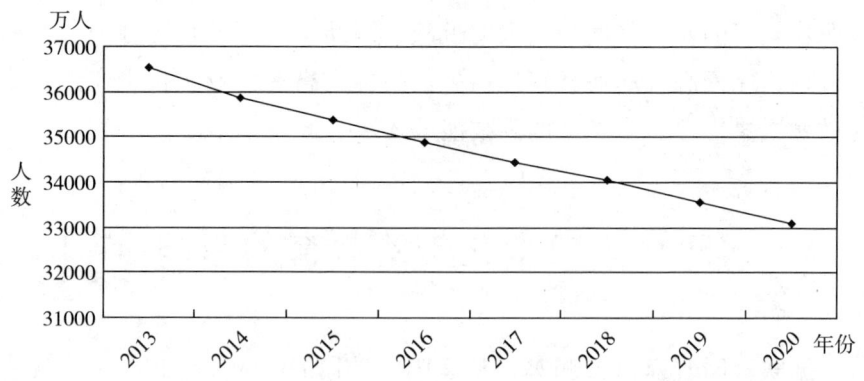

图 3-18　2013—2020 年我国 3—22 岁学龄人口规模变动

---

① 翟高：《教育蓝皮书：未来 10 年学龄人口年均减 860 万》，《教育时报》2011 年 3 月 4 日第 3 版。

的 3.31 亿人，减少了 0.34 亿人。但除学前教育适龄人口增加了约 101 万人外，各层次学历教育适龄人口内部减少的量各不相同，其中高等教育适龄人口减少最多，减少了约 1333 万人；高中教育适龄人口次之，减少了约 1330 万人；然后是初中教育适龄人口，减少了约 800 万人；小学教育适龄人口减少了约 73 万人（见表 3-45）。

表 3-45　　我国 2013—2020 年各级教育学龄人口规模　　单位：万人

年份	学前教育 （3—6 岁）	小学教育 （7—12 岁）	初中教育 （13—15 岁）	高中教育 （16—18 岁）	高等教育 （19—22 岁）	合计 （3—22 岁）
2013	6385.50	9741.75	5596.32	6168.35	8630.99	36522.89
2014	6394.40	9634.65	5307.23	6096.46	8428.96	35861.70
2015	6420.61	9596.19	5119.82	5863.06	8371.46	35371.14
2016	6469.47	9588.14	4947.23	5596.32	8277.89	34879.06
2017	6543.20	9587.13	4838.38	5307.23	8159.17	34435.10
2018	6631.51	9574.07	4808.39	5119.82	7930.46	34064.26
2019	6558.65	9623.39	4794.51	4947.23	7634.55	33558.33
2020	6486.81	9668.46	4796.28	4838.38	7298.05	33087.98

从时间上看，2015 年以前，我国各阶段教育学龄人口变动幅度都比较缓慢。但是，2015 年后，各阶段教育学龄人口变动幅度更加明显。2018 年，小学教育适龄人口数降到谷底，之后出现回转。初中、高中和高等教育适龄人口数均呈下降趋势，且到 2020 年时均降到谷底，达到最低值（见图 3-19）。

总之，2020 年以前，由于学龄人口规模、结构不断变动。学前教育学龄人口不断增加，解决"入园难""入园贵"的问题依然任务艰巨；义务教育学龄人口不断减少，同时学龄人口的城乡流动将导致城市教育资源相对紧缺，城乡义务教育的规模、质量、结构、学校布局和教师配置将成为义务教育发展的重要问题；高等教育阶段学龄人口大幅度下降，使高等教育大众化与注重高等教育质量的矛盾日益突出。此外，当前我国正在大力发展职业教育，但是由于学龄人口的减

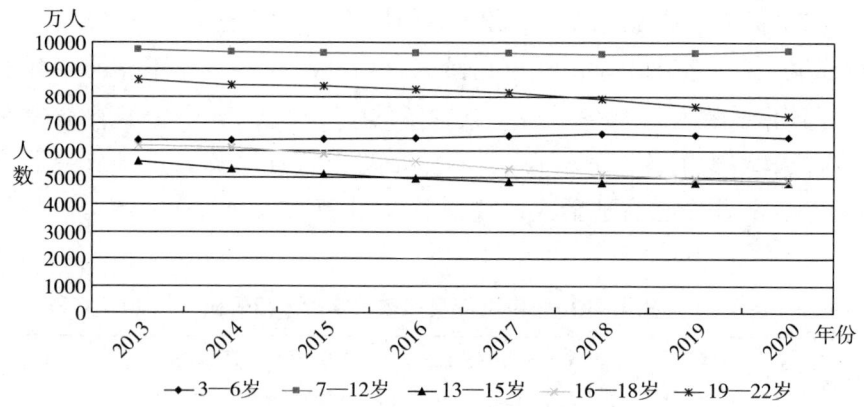

图 3-19　2013—2020 年我国各级教育学龄人口规模变动

少，使得普通教育和职业教育协调发展的矛盾更加突出，政府如何适时调整政策，有效、合理地配置教育资源均成为教育发展的关键。

（二）学龄人口变动下的教育发展态势

当前，我国学龄人口呈现不断减少的趋势，基础教育、高等教育的供求关系日益宽松，是我国教育转型和科学发展的历史性机遇。学前教育和高等教育等"两头"教育适龄人口变动最为剧烈，且呈现出相反的趋势；小学教育适龄人口持续下降至 2018 年后出现反弹；初中和高中等"中间"教育适龄人口变动相对较为平缓，均呈下降趋势（见图 3-20）。各级教育适龄人口在教育体系中所占的比例基本保持不变，但是，随着时间的推移，新生人口减少将沿着小学、初中和高中的教育链条最终向普通高等教育层级蔓延。

总体上看，我国各级各类教育在 2020 年以前发展的方向是比较明确的，尽管各级教育适龄人口规模有所波动，但各层次教育适龄人口规模减小的过程存在时间差。义务教育学龄人口变动第一个波谷出现在 2018 年，而高中教育和高等教育学龄人口变动均在 2020 年到达波谷，时间差基本上为两年，这就为教育发展结构调整提供了时间差，可以适时调整各级教育发展的节奏。

随着社会经济发展，教育体系内各教育层次的总量与结构不断变

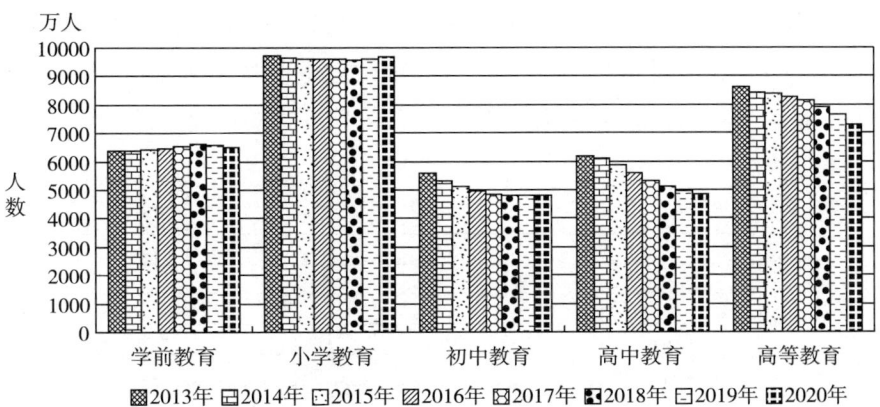

图 3-20　2013—2020 年我国各级教育规模变动

动演化，教育发展的内部矛盾也在不断转移。过去，教育发展的主要矛盾表现为量的矛盾，即量上的短缺问题。目前，教育总量矛盾日趋缓和，层次结构矛盾逐渐凸显出来。[①] 因此，今后，我国各层次教育将实现从"外延式"发展向"内涵式"发展的转变，进入以结构优化和质量提升为主导的协调发展时期。

1. 学前教育加速发展

2020 年前，学前教育适龄人口规模不断增加，且在 2018 年达到最高峰。学前教育在校生也在逐年增加。而小学教育适龄人口则在 2018 年降到波谷，同时，初中教育适龄人口也在逐年下降。因此，未来学前教育将以外延式发展为主，在增加投入基础上，充分整合利用义务教育资源，并不断扩大，保证学前教育的落实。

2. 义务教育优质均衡发展

至 2020 年，义务教育适龄人口规模不断减少，由 2013 年的 1.53 亿人减少到 2018 年的 1.43 亿人，5 年减少了 1000 万人，年均减少 200 万人。2013—2015 年，义务教育学龄人口数下降幅度较大，之后渐趋平缓。因此，2015 年前后是义务教育受学龄人口变动冲击影响最

---

① 中国人口与发展研究中心课题组：《中国人口与教育发展战略研究》，《人口研究》2009 年第 2 期。

大的时期。2018年后，义务教育适龄人口出现反弹，但幅度非常小（见图3-21）。因此，"十三五"时期将是义务教育优质均衡深入发展的重要战略期，应当极大程度地提高义务教育的质量。

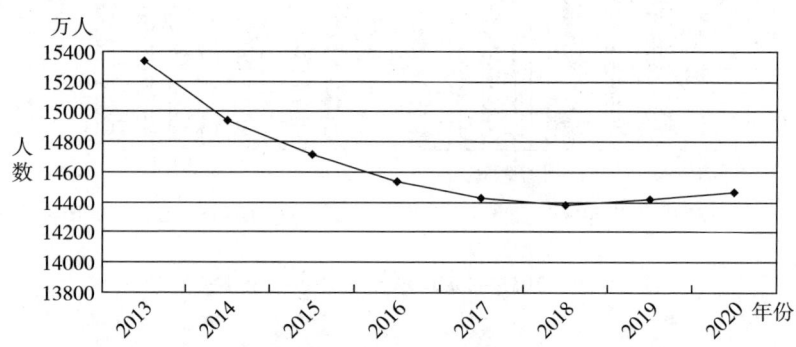

图3-21　2013—2020年我国义务教育适龄人口变动

农村义务教育学龄人口的迁移，对城乡义务教育如何均衡发展也提出了严峻的挑战。城乡义务教育结构将进入以人口城市化变动为导向的调整期。要根据城乡义务教育适龄人口分布变动特征，及时调整城乡教育投资结构。从教育投资外部结构看，教育投资的重点应相对集中于人口机械增长较快的农村集镇、小城镇及大中城市郊区，以满足这些地方不断增长的学龄人口教育需求；从教育投资内部结构看，对教育辐射面不大的普通农村、大中城市中吸纳流动人口不多的老城区等学龄人口呈减少趋势的地方，教育投资重点主要用于加强师资培训、提高教师待遇等办学软件条件的改善，同时，对于生源不足的城市老城区中小学校，应积极招收流动适龄人口入学，以充分利用现有教育资源；以人口流入为主，学龄人口呈增长态势的地区，教育投资重点主要用于基本建设等在内的全方位软硬件办学条件的改善，实现教育公平发展。

3. 职业教育进入黄金发展期

近年来，我国职业教育通过校企合作、产学结合、订单培养等创新模式快速发展，培养培训了大批中高级技能型人才，为提高劳动者素质、推动经济社会发展和促进就业做出了重要贡献。21世纪教育研究院发布的《中国教育发展报告2014》显示：高职大专院校初次就业率最高，甚至超过众多"211"院校。①

从我国现有人口结构和职业教育对人力资本形成之间的关系，也可看出职业教育将有更大的发展空间。目前，我国新增劳动力人口的年龄结构、地区分布和知识结构都很不合理，劳动者文化水平不高，缺乏专业技能，已成为影响我国经济发展的一个重要因素。产业工人队伍素质偏低，特别是技术工人短缺，已经成为企业发展的一个瓶颈。我国要真正成为"世界工厂"，劳动者素质必须提高，这样才能提高产品质量、提高效益，保持在国际市场上的竞争力。因此，大力发展职业教育，也是适应我国加快人力资源开发、全面提高劳动者素质的需要。

当前，职业教育被赋予了更加重要的职责与使命。2014年6月22日，国务院印发《关于加快发展现代职业教育的决定》，全面部署加快发展现代职业教育，提出"到2020年，形成适应发展需求、产教深度融合、中职高职衔接、职业教育与普通教育相互沟通，体现终身教育理念，具有中国特色、世界水平的现代职业教育体系"。②

由于未来受教育人口规模与结构的转变，高中阶段与高等教育阶段适龄人口规模都在不断下降，但是普及高中教育和高等教育的大众化，使中等职业教育和高等职业教育首先面临招生挑战。中等职业技术教育的规模扩张将转化为次要矛盾，提高质量将成为中职发展中的重点和主要矛盾。目前，我国中等职业教育带有明显的终结性色彩，主要定位于让学生学得一技之长上，毕业后直接就业，学生继续升学的机会非常少，这样更加重了中等职业学校招生的困难。因此，职业教育必须不断完善中、高等职业教育相互衔接的体系，使接受中等职业教育的学生有深造的机会，并使其职业技术教育有连续性。其次，

---

① 《职业教育被中国赋予更加重要的职责与使命》，http://news.xinhuanet.com/2014-06/22/c_1111257218.htm，2014年6月22日。
② 国务院：《关于加快发展现代职业教育的决定》（国发〔2014〕19号）。

还应完善普通教育与职业教育的相互沟通渠道,学生在九年义务教育后分流进入普通高中、中等职业学校,中等职业学校的学生毕业后不仅可以进入高职院校学习,还可以进入普通大学本科学习。我国部分地方高等院校中的部分专业应及时转型,以培养应用型人才为主,确保中等职业教育的学生能顺利进入大学。这样,一方面缓解了随着高等教育学龄人口的不断减少导致的部分地方高校的招生困难,另一方面对于提高劳动者素质也具有重要意义,解决了我国经济发展对高素质实用人才的需要。

4. 普通高等教育更加注重内涵发展

从现有高校在校生数来看,我国已经是一个高等教育大国。2020年,随着高等教育大众化的来临,我国的高等教育如何在规模扩大的同时,提高办学质量是重中之重。尤其是伴随着适龄入学人口数走低,高等教育更不宜为追求量上的规模扩张。高等教育健康发展的一个重要表现,不仅是数量上的适度增加和规模上的扩建,而且是教育教学质量的提升和结构的优化。[①] 今后即使高等教育发展规模不增长,高等教育毛入学率也会自然增长。因此,高等教育应考虑适度控制规模,更加注重转变教育发展方式、将发展重心转移到提高办学质量、注重学科结构和创新人才培养模式上来,逐步实现由培育尖子型向大众化转变,为社会输送适用的人才。

长期以来,我国高等学校多集中在政治、经济、文化、交通的中心城市,且呈现出由东部到中部、西部逐步减少的分布状态。伴随着学龄人口的不断下降,省域间及省域内部不同城市间,无论是高校数量,还是高校在校生人数、高校自身的实力和质量问题将愈加显得突出和紧迫。因此,要改变高等学校布局结构不合理的局面,应对其进行有效的调整。"中央和省级调控要形成衔接机制,国家确定高等教育发展战略,制定宏观调控方案和相关政策;省(市、区)根据本地

---

① 田晶:《我国高等教育规模发展的历史进程与应对策略》,《当代教育科学》2013年第9期。

经济社会发展要求，制定本地高等教育发展策略。"① 中央与地方要协调一致，使我国高等教育资源的分布和结构更为合理。

受计划生育政策的影响，新增人口数量在不断地下降。同时，部分高中毕业生选择放弃国内高考，出国留学，然而高校的扩招仍在继续。这些因素综合产生的结果就是我国高等教育的生源在下降，高等教育已进入了生源下降的时代。② 对我国高等教育产生的主要直接影响就是一些高等院校招不到足够的生源，这样就会对某些高校的生存带来威胁。如果这些高校不提高自身办学质量，不按照社会需求来培养人才，势必会导致部分高校由于生源不足而面临困境。同时，在我国现行高等教育体制下，绝大部分高校为公立学校，一旦出现生源枯竭，将面临人员分流、资产处置等一系列棘手问题。因此，针对"十三五"期间普通高等教育可能面临稳定规模和降低发展速度的局面，还要认真研究普通高等教育领域的退出机制，尤其是地方高等院校，在高等教育适龄人口大幅减少的情况下，应及早制定预案，尽可能降低由于高校学生数量增量的减少带来的负面影响。在国家统筹协调的基础上，各地区应坚持走内涵式发展的道路，促进本地区高等学校布局的调整。一方面，以省属重点大学为依托，辐射至各地市，根据各地市的实际需要建立本科二级学院，以满足产业结构调整对本科生的需求；另一方面，鼓励各地市因地制宜，结合本地市经济发展、传统文化、特色条件和就业结构优化的需要，在各中小城市建立一批适合本地区发展的高职、高专院校或短期的社区学院，为本地区经济的发展培养大量的实用型、技术型人才，同时也为长期以来一直被视为弱势群体的西部地区子女提供接受高等教育的机会，提高当地居民的素质技能水平。③

---

① 高文兵：《中国高等教育资源分布与协调发展研究》，高等教育出版社2008年版，第267页。

② 杨东平：《中国教育发展报告（2012）》，社会科学文献出版社2012年版，第18页。

③ 田晶：《我国高等教育规模发展的历史进程与应对策略》，《当代教育科学》2013年第9期。

生源下降首先会对办学实力相对较弱的三本院校和高职高专院校产生影响，尤其是对民办院校的影响可能最大。随着高等教育毛入学率的不断提高，我国高等教育的门槛逐渐降低，导致高校生源的构成产生变化，高校原有的学生培养方式已不再适应变化后的生源。如果各层次高等教育不加以调整，学生的培养质量将得不到保证。因此，各层次高等教育应不断优化办学结构，明确各自的人才培养定位，实现高等教育的多元化发展。优化办学结构就是要求高校发展要分清主次，集中资源，办好优势学科与新兴学科，形成本校有特色的学科专业群，从而形成自己鲜明的办学特色。[①] 高等教育必须树立层次明确、定位清晰的办学目标，形成既互相补充又各具特色的不同的高等教育形式，而不是规模大小有区别，性质特征无区别。如研究型大学的定位主要是培养高级科研人员，教学型地方高校主要目标定位是为地方经济的发展培养合格人才，而高等职业院校则主要是培养产业结构调整过程中的高技能人才。

[①] 纪宝成：《高校科学发展的战略方针：发扬传统　办出特色　办出水平》，《中国高等教育》2008年第10期。

第四章 基于人口变动产生的各级各类教育政策问题

一 人口变动产生的学前教育政策问题

(一) 学前教育人口变动的趋势及影响

1. 学前教育人口数量变动的趋势及影响

(1) 学前教育人口数量变动的趋势。有的学者对我国教育适龄人口的变动趋势进行了科学预测,从现在起到 21 世纪 50 年代,我国早教、学前教育阶段适龄人口将呈现不断下降的趋势。[①] 其中,早教适龄人口从 2017 年开始下降,直至 2050 年的 4303 万人。幼教适龄人口 2018 年增至 5520 万人,从 2019 年开始下降,直至 2050 年的 4485 万人(见表 4-1)。

表 4-1 教育适龄人口预测结果 单位:万人

年份	早教适龄人口 (0—2 岁)	幼教适龄人口 (3—5 岁)	小学适龄人口 (6—11 岁)	初中教育适龄人口 (12—14 岁)
2008	5053	4961	10979	6091
2009	5139	4991	10556	6073
2010	5247	4919	10296	6024
2011	5362	4989	10006	5904

[①] 中国人口与发展研究中心课题组:《中国人口与教育发展战略研究》,《人口研究》2009 年第 2 期。

续表

年份	早教适龄人口 （0—2 岁）	幼教适龄人口 （3—5 岁）	小学适龄人口 （6—11 岁）	初中教育适龄人口 （12—14 岁）
2012	5465	5073	9847	5670
2013	5541	5180	9854	5332
2014	5578	5292	9916	5051
2015	5577	5399	10036	4863
2016	5543	5479	10077	4944
2017	5490	5520	10267	4939
2018	5430	5520	10460	4972
2019	5367	5487	10650	4903
2020	5301	5435	10809	4975
2025	4799	5086	10796	5476
2030	4575	4536	10048	5372
2035	4481	4530	9007	4982
2040	4683	4572	8910	4435
2045	4789	4657	9158	4336
2050	4303	4485	9463	4610

研究发现，人口政策变动将对学前教育适龄人口规模及分布产生较大影响。2013 年"单独二孩"政策带来的"婴儿潮"人口至少将在 2017 年左右成为学前教育阶段适龄人口，从 2017 年开始将迎来学龄人口快速增长阶段，直至 2020 年达到峰值。

从全国总体看，高方案适龄人口规模的增加量将从 2017 年的 798 万人扩大到 2020 年的 3117.2 万人；城镇方案适龄人口规模的增加量将从 2017 年的 479 万人扩大到 2020 年的 1863.5 万人；农村高方案适龄人口规模的增加量将从 2017 年的 318.5 万人扩大到 2020 年的 1235.7 万人。在跨过 2017—2020 年学前适龄人口增长高峰期后，适龄人口将快速下降，特别在城镇地区。

党的十八届三中全会提出"启动实施一方是独生子女的夫妇可生

育两个孩子的政策",有的学者经过多轮测算,我国城乡一致实施"单独二孩"政策后,总和生育率会有所提高。特别是新政启动后4—5年,会出现生育堆积的释放,并在今后两三年引发一个小的生育高峰,但总和生育率最高不会超过2个(平均每名妇女一生所生育子女数),之后开始回落。① 这与上述"单独二胎"政策出台后学前教育阶段人口变动趋势的预测结果基本吻合。

综观以上学者的预测结果和研究分析,可以判断在可预见的这一段时期内,我国未来学前教育阶段适龄人口数量的变动首先呈现下降趋势,2017年左右开始呈现快速上升趋势,直至2020年达到峰值,之后学前阶段适龄人口将快速下降。学前教育政策的调整需要对此做出积极主动的回应。

(2)人口数量变动对学前教育的影响。对于学前教育来讲,适龄婴幼儿人口数量的增减或波动相应地要求国家对学前教育资源做出调整。从理论上讲,学前适龄人口数量的变动,都会对该地区的教育资源环境容量产生一定的影响。

第一,适龄人口数量增加对学前教育的影响。对学前教育而言,人口爆炸的直接后果便是"幼儿的爆炸"(即教育人口的激增),教育人口的激增给教育发展带来了巨大的压力和诸多的问题。

适龄人口数量的增加对教育的需求急剧增长。随着我国社会突飞猛进的发展,学前教育日益成为每个家庭的刚性需求,家长一改以往"幼儿园可入可不入""孩子直接入小学"的落后观念,都希望自己的孩子在适龄时期接受优质的学前教育。然而,种种原因而导致的学前教育资源匮乏的现状已不能满足社会日益增长的入园需求,幼儿园和适龄孩子之间的供求关系早已严重失衡。从宏观层面看,2009年全国幼儿园总数为13.82万所,学前三年毛入园率仅为50.86%,2010年全国幼儿园总数为15.04万所,学前三年毛入园率仅为56.6%。②

---

① 李琦、王为衡:《从我国人口决策历程和人口长期战略解读"单独两孩"政策》,《福建论坛》(人文社会科学版)2014年第1期。

② 《教育统计数据》,http://www.moe.edu.cn/publicfiles/business/htmlfiles/moe/s6200/index.html。

第六次人口普查的资料进一步表明了我国较低的毛入园率，2010年我国城市共有3—6岁儿童13250859人，而实际在园人数仅为7525759人，仅占城市幼儿总数的56.8%。① 在学前教育实践中，因教育资源不能满足适龄人口数量的需求而引发的诸多严重性事件则对这一现象做出了更加形象、有力的注释。以北京为例，2013年官方披露的数字是全市共有各类幼儿园1253所，而在20世纪90年代中期，这个数字是3000多所。② 按照幼儿园所的新生班数量（2—3个）以及每班应容纳的幼儿数量（小班幼儿人数一般为25人）规划计算，每年能接纳新生8万余人。但是，2007年、2008年前后北京出生的"金猪宝宝""奥运宝宝"人数高达16万人，在京接受义务教育的外来务工人员随迁子女已由2000年的9万人增长到2009年的41.8万人，占学生总数的40%。③ 可以判断，幼儿园能容纳的孩子远远低于适龄的孩子数量。因此，几乎所有的年轻父母都在为孩子的入园问题焦虑，孩子入园要提前1—2年报名，乃至有的孩子一出生就得报名排队"占坑"，即先抢上幼儿园预科班的名额，否则家长只能望"园"兴叹。北京一位高龄老太太为给其重孙抢得一个入园名额，不顾年事已高，竟然搬起躺椅加入了旷日持久的排队大军。

人口快速增长影响教育质量。尽管在高人口增长率地区，政府为了满足教育系统的扩张已投入了巨额资金，但仍然很难提高教学水平。④ 人口增长率过高成为发展中国家普及教育并提高教育水平的严重阻碍。

第二，适龄人口数量减少对学前教育的影响。生育率下降而导致的适龄人口数量减少，对学前教育既有积极的影响，也有消极的影响。从积极的方面看：首先，这可以改变学前教育资源供不应求的状

---

① 《中国2010年人口普查资料》，http://www.stats.gov.cn/tjsj/pcsj/rkpc/6rp/indexch.htm。
② 刘世昕：《金猪宝宝在人生第一轮面试中品尝挫败》，《中国青年报》2010年8月13日第3版。
③ 雅克：《科学预见缺位致发展尴尬》，《中国青年报》2010年8月13日第5版。
④ 石人炳：《略论21世纪中国的人口结构问题》，《湖北大学学报》（哲学社会科学版）2000年第3期。

况；其次，利用适龄人口减少的契机，可以重新合理配置教育资源，不断提升园所内涵；最后，还可以有效地提高学前教育质量。从消极的方面看，适龄人口数量的减少也可能带来不利影响。这种影响主要表现在，其可能导致部分地区教师资源过剩，其他教育资源利用不足甚至部分资源闲置，造成教育资源的浪费，甚至还有可能影响大中专院校学生的就业形势。①

第三，适龄人口数量波动对学前教育的影响。适龄人口数量的波动，给教育的稳定发展带来严重的干扰，给师资、硬件教育资源等的规划和有效利用造成很多困难。当波峰到来时，社会对教育资源的需求增加，容易导致教育资源的供不应求；当波峰过去，波谷到来时，又往往出现教育资源的浪费。陈成鲜等学者注意到，20 世纪 90 年代后，我国部分大城市开始出现人口自然负增长，但同时出生人数出现了峰谷交替的剧烈波动，从而对教育资源的合理配置产生了严重的冲击。②

自《国家中长期教育改革与规划纲要（2010—2020）》公布以来，在各级政府的高度重视下，学前教育事业的发展取得了可喜成绩，中国学前三年毛入园率以年均 3.6 个百分点的速度提升。2013 年已达 67.5%，比 2010 年提升了 10.9 个百分点，提前实现发展目标，在园幼儿增加 918 万人，相当于过去 10 年增量总和，"入园难"问题初步缓解。③ 但考虑到 2013 年年底放宽"单独二胎"人口政策后，学前三年适龄人口将从 2017 年左右开始出现波动，进入激增期，直至 2020 年左右达到峰值。《国家中长期教育改革与规划纲要（2010—2020）》提出，2020 年幼儿在园人数达 4000 万人，学前三年毛入园率达 75%，"单独二胎"政策颁布后的人口波动趋势，无形中增添了

---

① 林成策：《从学龄人口变动看未来山东省基础教育与师范教育的发展》，《山东教育学院学报》2001 年第 5 期。

② 陈成鲜等：《我国城市人口合理规模的系统预测研究》，《中国管理科学》2002 年第 4 期。

③ 《我国学前三年毛入园率提前实现"十二五"目标》，http://www.jyb.cn/china/gnxw/201402/t20140227_571734.html，2014 年 2 月 27 日。

学前三年毛入园率保持快速提升状态的难度。

有学者指出①，2017年之前学前教育阶段适龄人口加速下降时期则是学前教育发展的"机会窗口"，必须充分把握，在解决已有问题的基础上，切实提升学前教育质量，为应对学前教育资源需求增加的挑战提前做好规划；反之，如果错失这一"机会窗口"，则会在2017年进入适龄人口加速增长期后陷入被动。在跨过2017—2020年学前适龄人口增长高峰期后，适龄人口将经历快速下降期，尤其在城镇地区，如果不做好充分规划，很可能会造成城镇地区学前教育资源过剩与农村地区学前教育资源不足同时存在的现象。

以上人口数量变动的趋势及对学前教育的影响反映在学前教育政策方面，集中体现为家长们对学前教育系统的形态扩张和内涵提升的诉求上，包括加大教育投资，改、扩建更多的幼儿园所，增加现有幼儿园的硬件设施，大量补充合格的幼儿教师及管理人员，针对城镇、农村地区人口变动的不同特点制定不同政策等。学前教育政策的调整需要积极回应家长们对于教育的诉求，走内涵式的发展道路，保证每个幼儿有园可入。

2. 学前教育人口质量变动的趋势及影响

（1）学前教育人口质量变动的趋势。有学者根据1949—2012年教育与人口的相关数据，验证了教育因素在人口转变中的作用：即人口平均受教育年限与预期寿命显著正相关，与自然增长率、总和生育率显著负相关。② 有学者根据2000年"五普"、2010年"六普"的统计资料得出结论，我国人口受教育水平进步明显。2010年我国人口平均受教育年限为8.81年，较"五普"的7.85年增加了0.96年。2010年15岁及以上的人口的文盲率为4.88%，相比"五普"的9.08%，降幅高达86.07%。同时，从6岁及以上人口的受教育程度的构成上看，未上过学、小学的比重有所下降，初中、高中、大专及

---

① 梁文艳等：《人口政策调整后学前教育适龄人口变动趋势与教育需求分析》，《全球教育展望》2014年第9期。

② 周仲高：《中国人口转变：理论趋向与教育学诠释》，《广东社会科学》2014年第4期。

以上的比重都有不同程度的增长。① 以上人口受教育年限的提高，反映在学前人口质量的变动上，突出地表现为其父母文化水平的提高，积极响应生育政策而使得生育率的降低及孩子整体素质的提高，当然，家长对学前阶段儿童教育质量也提出了较高的要求。

有学者从人口背景变化的角度出发，探讨了人口质量变动与幼儿"入园难"之间的关系②：在一个家庭只生一个孩子的社会背景下，家庭可支配收入的增加使得家庭负担减轻，人们的生活水平普遍提高，年轻一代的父母对下一代的教育关注程度普遍提高；当代家长除了关注传统学前教育中的保育功能之外，更加重视学前教育的智育功能；而且，与计划生育相关的文化以重视教育质量为核心，强调人口质量与教育质量，这也在一定程度上促进了家长对子女教育的关注，继而使之成为整个社会的普遍心态。

学前人口质量变动还体现在学前阶段特殊儿童规模的变动趋势上。有学者指出，全国现在近6000万各类残疾人口中，先天性残疾占50%，而出生婴儿缺陷率一直在5%左右③，也就是说每年还有100万左右的缺陷婴儿出生，这将是制约我国人口素质全面提高的巨大障碍。④ 还有学者指出，20世纪末，我国大约6.6万的0—6岁视力残疾幼儿教育、近300万的0—6岁智力残疾幼儿教育仍处于几乎空白状态，至于针对肢体残疾、精神残疾、多重残疾等幼儿的学前教育机构在大陆仍为空白；这与美国100%的0—6岁残疾幼儿都接受到来自政府提供的早期教育服务形成了鲜明的对比。⑤ 直至2004年，在一些发达的大都市，学前残疾儿童接受学前机构教育的比例还不到10%。2010年颁布的《国家中长期教育改革与发展规划纲要》重申：

---

① 孙炜红等：《中国人口10年来受教育状况的变动情况》，《人口与社会》2014年第1期。
② 严仲连：《我国入园难问题的政策学思考》，《教育理论与实践》2012年第2期。
③ 张维庆：《新时期人口和计划生育工作读本》，中国人口出版社2003年版，第8页。
④ 王承宽：《21世纪我国人口和计划生育管理问题研究》，博士学位论文，南京航空航天大学，2006年，第32页。
⑤ 钱志亮：《中国特殊儿童教育的现状报告》，http://www.edu.cn/zong_he_417/20060323/t20060323_18969.shtml，2001年11月12日。

要因地制宜发展特殊儿童学前教育,学前特殊教育事业开始健康、快速地发展。据2010年公布的数字,我国在校的残疾儿童为36.47万人,随班就读的为24.15万人,占66.25%。

有学者在对数据进行回归分析后指出,影响3—6岁儿童接受托幼服务的因素主要有3个,包括儿童的年龄、家庭经济状况以及城乡分布。① 国外研究表明,经济条件较差的家庭,其父母承受的压力较大,在提供给孩子舒适的环境、足够的有益玩具、及时的情感回应等方面,往往能力、动力不足,导致不同儿童得到的照护的数量与质量存在较大差异,导致贫困儿童的认知、社会情感发展滞后于经济状况相对较好家庭的孩子。② 反之,随着我国经济水平、家庭经济状况以及城镇化水平的提高,父母会特别关注孩子接受的托幼服务质量。

综上可知,我国学前人口质量变动的趋势集中体现在未来学前教育阶段适龄人口的父母所处环境生活水平的提高,对孩子的保教质量会提出越来越高的要求和期望,以及对特殊幼儿教育关注度的提升上。

(2)人口质量变动对学前教育的影响。人口质量与学前教育存在着互为因果的关系,人口质量是学前教育发展的基础,人口质量的提高,不仅能够给予学前教育较高的发展起点,还会对学前教育提出较高的质量要求。

第一,家长的较高保教需求对学前教育的影响。与家长对学前教育质量的高要求构成日益深化矛盾的是时下幼儿园鱼龙混杂的局面。在社会转型时期,公办园数量在减少,但是其他性质的幼儿园如民办园等数量在大幅度增加。据统计,2010年我国城市共有幼儿园35845所,其中民办园26289所,占城市总园的73%。质优价廉的公办园的办学水平参差不齐,贵族化或低质低价化发展的民办园并存。理所当然,优质幼儿园成为家长择园时的首选,他们认为这些幼儿园教学条件好、师资水平高、收费也较合理。因此,实践中,幼儿家长给孩子

---

① 李莹等:《儿童早期照顾与教育:当前状况与我国的政策选择》,《人口学刊》2013年第2期。

② UNICEF, Child Poverty in Perspective: An Overview of Child Well-being in Rich Countries, Florence: UNICEF Innocenti Research Centre, 2007, p. 5.

追求优质教育资源的报道屡见不鲜。幼儿家长追捧名园,想方设法把幼儿送进名园,而非理性择园,"扎堆""跟风"择园,"进名园比上大学还难"的现象比比皆是。有报道称,南京市一知名幼儿园门前,400多个家庭自带被褥,在飘雪的寒夜露宿街头排队报名;而一般幼儿园不看户口簿就可以进入。① 以上人口质量变动的影响反应在学前教育政策方面,集中表现为家长们对孩子们"教学质量高、师资条件好的幼儿园"的教育诉求。学前教育政策的调整需要积极回应家长们对于教育的诉求,创办更多的优质幼儿园,保证每个幼儿有园愿入、入园如愿。

第二,学前教育特殊儿童规模变动对学前教育的影响。心理学研究表明:六七岁以前是个体心理、生理、知觉、动作等发生发展的重要时期,如果在这一期间内对残疾个体及时施以恰当的教育,有利于残疾儿童缺陷的最大程度补偿、潜力的最大程度发挥、身心的最大限度发展。这些反映在学前教育政策的调整上集中地体现为,增加学前特殊教育机构,建立并完善学前特殊教育资助体系。

3. 学前教育人口结构变动的趋势及影响

人口结构有着丰富的内容,它包括人口的自然结构(如年龄结构、性别结构等)、人口地域结构(如城乡结构、地域分布等)等。② 本部分所涉及的主要为育龄妇女、生育旺盛期育龄妇女年龄组人口的变动以及城乡人口分布的变动等。

有学者预测了2001—2049年我国生育水平的变化趋势。③ 首先是育龄妇女人口。我国育龄妇女总规模呈先升后降的趋势,育龄妇女人数2011年增加到3.750亿人,随后即开始递减到2050年的2.603亿人。其次是生育旺盛时期妇女人口。生育旺盛时期(20—29岁)妇

---

① 李华:《南京知名幼儿园还未招生名额已满》,http://www.xici.net/d113738807.htm,2010年3月15日。

② 石人炳:《略论21世纪中国的人口结构问题》,《湖北大学学报》(哲学社会科学版)2000年第3期。

③ 王承宽:《21世纪我国人口和计划生育管理问题研究》,博士学位论文,南京航空航天大学,2006年,第32页。

女总体上呈波浪形递减趋势。2016年及以前,生育旺盛时期(20—29岁)妇女总人数基本上在1亿人左右波动;2016年以后,生育旺盛时期妇女总人数逐年下降到2050年的6507万人。生育旺盛时期妇女人数的减少,必然导致未来出生人数的减少。该学者还列出了2000年第五次人口普查时10—19岁的分性别人口数,由于人口增长自身的惯性,2010—2020年,我国育龄妇女人数每年还将呈增长趋势,尤其是20—29岁生育旺盛期的育龄妇女人数还将出现高峰。其数量约在1亿1千多万人,若按妇女总和生育率为1.5—1.8,则每年新生人口仍然在1500万—2000万。①

育龄妇女及生育旺盛期育龄妇女年龄组人口的变动,将直接影响出生人口与出生率,进而影响适龄学前阶段人口的数量,从而对学前教育产生影响。

有研究者对城乡不同地域学前人口的变化趋势进行研究后指出,2013—2020年我国城市和农村学前教育阶段学龄人口的变化趋势有差异。② 其中,城市学龄人口数从2013年的2489.42万人增加到2020年的2757.77万人,增长率为10.8%。农村学龄人口数则由2013年的3234.23万人下降到2020年的2882.66万人,减少了351.57万人。城乡学龄人口数量在2020年基本接近。随着城市化进程的加快,跟随父母进城或在城市中成长起来的学前教育阶段学龄人口越来越多,呈现出城市学龄人口增加与农村学龄人口下降的趋势。人口的地域结构分布是教育分布的基础,不同地域的人口分布状况对教育分布具有制约作用。学前人口的地域分布将对当地教育需求产生影响,一般来讲,学前人口多的区域对教育资源需求也多,而教育资源直接影响教育投资,教育资源分配不均衡将导致教育质量的不均衡,进而对整个教育产生影响。因此,学前人口的地域分布对学前教育具有十分重要的影响。

---

① 王承宽:《21世纪我国人口与计划生育管理问题研究》,博士学位论文,南京航空航天大学,2006年,第9页。
② 张辉蓉等:《我国城乡学前教育发展资源需求探析——基于学龄人口预测》,《教育研究》2013年第5期。

（二）学前教育人口变动产生的主要教育问题

1. 人口数量变动产生的主要问题

（1）财政投入问题。由于学前教育缺乏基本的经费政策和制度保障，其财政性投入长期无保障，加上在财政预算中，长期以来学前教育经费一直包括在中小学教育预算中，并没有单项列支。为此，我国学前教育近十年来是全国教育体系中最薄弱，也是教育投入最低的一个教育层次。在学前教育学龄人口不断增加的背景下，财政投入显得尤为不足，这严重阻碍了学前教育事业的发展。据联合国教科文组织《2007年全民教育全球监测报告》，2004年在79个有数据可查的国家中，用于幼儿保育、教育的经费占教育总支出10%以上的国家有14个，占教育总支出5%—10%的国家和5%以下的国家各有30多个[①]，而长期以来我国学前教育的投入在全国教育经费总量中仅占1.2%—1.3%。《国家中长期教育改革和发展规划纲要（2010—2020年）》颁布实施后，国家加大了对学前教育的投入。从2010年以后开始有明显增长：2001—2008年该项比例一直在1.30%以下，2009年为1.36%，2010年为1.66%，2011年为2.24%，到2012年为3.23%。但由于人口数量的增长，这样的投入还是存在明显的不足。

（2）城乡幼儿入园难问题。近几年，在大中城市和农村均出现了入园额度无法满足全部幼儿入园需求的问题。城市主要体现为入园贵、入园难现象。据统计，2010年我国大中城市共有幼儿园35845所，其中民办园26289所，占城市总园的73%，在园人数为4358052人，占城市幼儿在园人数的57.9%。实践调查表明，在不少大中城市的大型新居民社区，既没有足够的公立幼儿园，也没有企事业单位的自办幼儿园，完全靠市场调节，出现入园贵、入园难的问题在预料之中。此外，与农村不同的是，我国大多数城市存在"无近园可入"的现象。农村主要体现为园所少、入园难现象。随着农村经济的发展，以及农村家长对教育重视程度的提高，越来越多的农村家长希望把自

[①] 参见霍力岩、余海军、邓艳《美、英学前教育财政投入的主要方式初探》，《外国教育研究》2012年第6期。

己的孩子送到幼儿园接受教育。这种日益增长的需求与农村学前教育较低的发展水平极不协调。第六次人口普查资料显示，2010年我国乡村共有幼儿（3—6岁儿童）34740422人，乡村幼儿实际在园人数仅为12140290人，这也意味着仅有35%的农村幼儿有机会接受学前教育。而且随着"全面二胎"政策的实施，未来一段时间城乡幼儿园入园难度将进一步加大。

（3）幼儿教师数量不足问题。如果按照人事部和国家教委颁发的《全日制、寄宿制幼儿园编制标准（试行）》的规定："专职教师：全日制幼儿园和寄宿制幼儿园一律平均每班配2—2.5人"[1]，对照2010年的专任教师人数和班数，发现我国幼儿园专任教师总数严重不足。按国家规定的配备标准的上限配备幼儿园专任教师，全国尚缺专任教师128.5万人。尤其是伴随着人口的不断增长，对幼儿教师的需求量增加，加剧了幼儿园教师短缺的问题。如北京市，近3年约缺教师1.46万名，福建省缺口约3.32万名教师，四川省幼儿教师缺口近5万人。[2] 这些数据已经充分说明了幼儿教师数量的不足。

2. 人口质量变动产生的主要问题

人口质量提高，不仅能够给予学前教育较高的发展起点，还会对其提出较高的质量要求，学前人口质量变动引发了以下教育问题。

（1）择园问题。每年一到幼儿入园报名时间，全国各地的"入园难"问题总会引起社会各界关注。"入园难"的本质是人民群众日益增长的入园需求和合格的、有质量的学前教育资源，包括公办幼儿园、普惠性民办幼儿园严重不足之间的矛盾。[3] 在不同地域，入园难具有不同的表现形式，其大致表现为因数量少而产生的"无园可入"问题，以及因质量不能满足群众需求而导致的"入园不能如愿"等

---

[1] 参见中国学前教育研究会《中华人民共和国幼儿教育重要文献汇编》，北京师范大学出版社1999年版，第245页。

[2] 庞丽娟、张丽敏、肖英娥：《促进我国城乡幼儿园教师均衡配置的政策建议》，《教师教育研究》2013年第3期。

[3] 王海英：《"入园难"的原因和可能对策》，《幼儿教育（教育科学）》2011年第9期。

"择园"问题。《中国儿童发展纲要（2011—2020年）》报告显示[①]，我国学前教育资源不足，公办幼儿园发展缓慢，比例偏低。对于民办园来讲，由于政府对民办学前教育投入的不足以及相应监督机制的缺失，导致民办学前教育质量得不到有效保证，因此家长在为孩子择园时，要考虑办园质量、价格等因素。不少城市公办幼儿园少，而办园条件好的民办幼儿园收费又很高，理所当然会出现好幼儿园快要"挤破头"、许多家长只能望"园"兴叹等现象。孩子入园要提前一年报名，乃至有的孩子一出生就得排队报名，不然没有名额。

（2）学前教育师资质量整体偏低，城乡配置不均衡问题。近十年来，我国幼儿园师资队伍建设取得了一定的成绩，但是，与其他教育阶段的教师队伍相比，其质量仍存在很大差距。尤其是农村幼儿园，其师资队伍建设依然十分滞后。2010年我国学前教师队伍中专科及以上学历的专任教师仅占61.5%，未评职称的专任教师占比高达64.3%。即便在城市，仍有27.2%的专任教师为高中或高中以下学历，未评职称的教师占城市专任教师总数的60.2%。我国农村教师队伍中有专科及以上学历的为115191人，占比仅为41.8%。特别需要指出的是，农村没有职称的教师有209533人，占76%，是农村幼儿教师的主体。就目前我国人口变动背景下学前教育阶段的主要问题，反映在师资配置方面，还体现为东部与中西部师资配置不均衡问题。受经济文化等诸多因素的影响，在基础设施、环境、教育和医疗保障等方面的优势吸引着教师队伍由不断涌向城市，让本来就处于劣势的农村学前教育雪上加霜。

3. 人口结构变动产生的主要问题

（1）人口城乡结构变动使得城市资源更短缺。我国计划生育政策的实施，引起了人口结构的巨大变化。"全面二孩"政策对于人口结构的优化起着重要的促进作用。同时，伴随着城市经济的快速发展，大量外来人口涌入城市，引起了人口城乡结构的变动。人口城乡分布

[①] 参见《中国学前教育资源仍不足 公办幼儿园占总数不足1/3》，http://edu.people.com.cn/n/2015/0203/c1053-26499482.html，2015年2月3日。

的变动对于以人口迁入为主的城镇地区来讲，一定程度上补偿了生育率下降带来的生源减少，但一些地区人口迁移增长过快甚至给当地教育带来了新的压力。我国原有的城乡二元体制没有为这些农民工子弟提供和城市儿童同样的学前教育资源，使得城市本来就有限的资源更加短缺。一方面是"全面二孩"政策推动的幼儿学龄人口的增加，另一方面是农村人口迁移至城市，这些都给城市教育资源带来了空前的挑战。以北京市为例，2008年前后出生的"金猪宝宝""奥运宝宝"，人数就高达16万人；在京的外来务工人员随迁子女已由2000年的9万人增长到2009年的41.8万人，占幼儿总数的40%。

（2）农村留守儿童学前教育问题。随着我国城市化和工业化进程的不断加快以及农村青壮年人口外出数量的继续攀升，农村留守儿童的数量不断增长。据调查，在2008年，0—5岁农村留守儿童占全国农村同龄儿童的比例为30.46%，主要集中在四川、安徽、河南、湖南、江西、贵州、广东等中西部几个人口大省。很多农村留守儿童在婴儿期时父母就外出打工，他们被留在农村交由亲戚朋友或祖父母代为抚养教育。这使得亲子教育陷入困境。父母长期在外，缺少与孩子的沟通，造成亲情淡漠。亲情教育功能缺失，很容易对留守儿童心理健康成长产生诸多不利影响。同时，隔代监护的现象很普遍，祖父母的平均年龄达60岁，尽管并非年迈体弱，但是他们受教育水平大都为小学水平或文盲，难以合理科学地对留守儿童进行有效监管，不利于孩子认知、情绪等的发展。有部分祖辈仅仅关注孩子物质上的满足，却缺乏道德和精神上的正确引导。还有隔代监护人教育观念落后，孩子犯错后对其非打即骂，容易导致孩子产生敌视或报复心理。

（三）已有应对人口变动的学前教育政策分析

1. 人口变动背景下出台的主要学前教育政策

我国自改革开放以来出台了一系列与人口变动相关的学前教育政策（见表4-2）。人口变动背景下学前教育政策的变迁大体可分为四个阶段，不同阶段学前教育政策面对的主要问题不同，工作着力点不同。

表4-2　　　　　与人口变动相关的学前教育政策一览

发布时间	发布部门	文件名称	关键性描述
1979年10月	中共中央、国务院	《全国托幼工作会议纪要》	积极解决托幼工作的经费来源问题；扶植民办园所的发展；建设一支又红又专的保教队伍
1983年9月	教育部	《关于发展农村幼儿教育的几点意见》	积极创造条件，有计划地发展农村幼儿教育；建设一支稳定合格的幼儿教师队伍；多种渠道筹集资金
1987年3月	劳动人事部、教育部	《全日制、寄宿制幼儿园编制标准（试行）》	对幼儿园的班级规模、教职工与幼儿的比例、主要教职工的配置比例做出了细致的规定
1987年9月	城乡建设环境保护部、国家教育委员会	《托儿所、幼儿园建筑设计规范》	主要说明托儿所、幼儿园的基地选择，总平面设计，建筑设计，建筑设备等问题
1988年8月	国家教委、国家计委等部门	《关于加强幼儿教育工作的意见》	动员和依靠社会各方面的力量，通过各种渠道，多种形式发展幼儿教育事业
1988年10月	国家教委	《社会力量办学教学管理暂行规定》	对社会力量办幼儿园进行规范
1989年6月	国家教委	《幼儿园工作规程（试行）》	对幼儿园的保教任务进行专业规范
1991年6月	国家教委	《关于改进和加强学前班管理的意见》	就学前班的性质、举办原则、领导和管理、保教要求及教师的管理和培训等做出规定
1991年6月	国家教委	《关于加强幼儿园安全工作的通知》	建立相应的规章制度，保证幼儿园幼儿的安全发展。
1994年10月	卫生和计划生育委员会	《中华人民共和国母婴保健法》	对婚前保健、孕产期保健、技术鉴定、行政管理及法律责任等方面做出了相应的规定

续表

发布时间	发布部门	文件名称	关键性描述
1995年9月	国家教委、国家计委等部门	《关于企业办幼儿园的若干意见》	坚持依靠社会力量发展幼儿教育的方针,有条件的企业应继续办好幼儿园;加强对企业办园的业务指导;在城市规划建设中做好幼儿园的规划和建设;加强社区对幼儿教育的扶持与管理
2003年1月	教育部、国家计委、民政部、财政部等部门	《关于幼儿教育改革与发展的指导意见》	形成以公办幼儿园为骨干和示范,以社会力量兴办儿园为主体;全面实施素质教育,提高幼儿教育质量;加强师资队伍建设,努力提高幼儿教师素质等
2003年9月	中共中央、国务院	《中华人民共和国民办教育促进法》	从民办教育的性质、地位、设立、学校的组织与活动、教师与受教育者、学校资产与财务管理、管理与监督、扶持与奖励、变更与终止及法律责任等方面进行了进一步的规定和规范
2006年	教育部、公安部等部门	《中小学幼儿园安全管理办法》	幼儿教育的安全管理
2007年	教育部	《关于加强民办学前教育机构管理工作的通知》	对民办园"严格审批程序,明确监管责任",坚持"谁审批、谁管理、谁负责"的原则,加强对民办学前教育机构校车的安全管理等
2010年	中共中央、国务院	《国家中长期教育改革和发展规划纲要(2010—2020年)》	基本普及学前教育;明确政府职责;重点发展农村学前教育
2010年	中共中央、国务院	《关于当前发展学前教育的若干意见》(简称"国十条")	多种形式扩大学前教育资源。大力发展公办幼儿园,提供"广覆盖、保基本"的学前教育公共服务。多种途径加强幼儿教师队伍建设。多种渠道加大学前教育投入。加强幼儿园准入管理。强化幼儿园安全监管。规范幼儿园收费管理。坚持科学保教,促进幼儿身心健康发展。完善工作机制,加强组织领导。统筹规划,实施学前教育三年行动计划

续表

发布时间	发布部门	文件名称	关键性描述
2011年	财政部、教育部	《关于加大财政投入支持学前教育发展的通知》	"十二五"期间，中央财政将安排500亿元，重点支持中西部地区发展农村学前教育。中央财政主要支持实施四大类七个重点项目。支持中西部农村扩大学前教育资源；鼓励社会参与、多渠道多形式举办幼儿园；实施幼儿教师国家级培训计划；以地方为主建立学前教育资助制度
	教育部	《关于规范幼儿园保育教育工作，防止和纠正"小学化"现象的通知》	防止和纠正"小学化"现象
	教育部等七部门	《关于2011年治理教育乱收费规范教育收费工作的实施意见》	对民办幼儿园加强收费管理，完善备案程序，加强分类管理
	教育部	《关于实施幼儿教师国家级培训计划的通知》	实施幼儿教师国家级培训计划
2012年	教育部	《关于开展0—3岁婴幼儿早期教育试点工作有关事项的通知》	开展0—3岁婴幼儿早期教育试点工作
	国务院	《国家基本公共服务体系"十二五规划"》	将普惠性学前教育纳入国家基本公共教育制度
	教育部	《幼儿园教师专业标准（试行）》	从专业理念与师德、专业知识与能力结构等方面提出幼儿教师专业标准
	教育部	《关于加强幼儿园教师队伍建设的意见》	加强幼儿园教师队伍建设
2013年	教育部	《幼儿园教职工配备标准》	规定幼儿园教职工配备标准

第一，政策拨乱反正阶段（1979—1989年），以提升入园率和提高保教质量为目标。"文化大革命"后至1989年处于政策发布的拨乱反正时期，在这个时期，政策发布的数量和级别都较高，显示出中央政府对幼儿教育的高度重视。根据已有研究，此阶段我国学前教育的规模一直处于快速发展的趋势。1976年，全国在园幼儿1395万人。到1990年，在园幼儿1972万人，增长41.3%。[①] 此阶段颁布的一系列政策直接引发了全国幼儿教育的大发展。这一时期学前教育政策着力解决在得到国务院支持的前提下统筹社会各方面力量发展幼教事业的问题，政策调整的着力点是通过各种渠道，多种形式发展幼儿教育事业，学前教育入园率有了显著的提高。然而政策调整的实效仅仅停留在提高入园率，让更多的孩子"有园可入"，对于保教任务的专业规范关注较少。尽管相继出台的政策都指出要提高保教质量，对社会力量办学进行规范，但直至1989年，国家教委才发布了《幼儿园工作规程（试行）》。而有关后期人口变动引发的择园问题、城乡资源配置等问题的相关教育政策并没有出台。

第二，政策实效下滑阶段（1990—1999年），有些政策的出台缺少统筹考虑，未能发挥政策实效。尤其是1995年颁发的《关于企业办幼儿园的若干意见》，把幼儿园推向企业，对学前教育事业的发展产生了不利影响。

第三，政策实效陷入低谷阶段（2000—2009年），政府不够重视幼儿教育，有关人口变动的学前教育政策发布陷入低谷时期，文件数量少，而且尚未发挥实效。2003年颁布的《关于幼儿教育改革与发展的指导意见》，意在推进幼教事业的发展，但其总目标是"形成以公办幼儿园为骨干和示范，以社会力量兴办幼儿园为主体"，容易产生歧义，许多公办幼儿园被卖掉，幼教事业滑坡更严重。[②] 2007年颁发的《关于加强民办学前教育机构管理工作的通知》，对民办学前教

[①] 史慧中：《中华人民共和国幼儿教育50年大事记》，《幼儿教育》（教师版）1999年第10期。

[②] 程晓明：《对中央政府有关幼儿教育政策文件的分析与建议》，《学前教育研究》2014年第1期。

育做了进一步的规定和规范，起到一定的推动作用。

第四，政策蓬勃发展阶段（2010年至今），文件颁布的数量增多，级别提升，时效性增强。这一时期的相关政策包括《国家中长期教育改革与发展规划纲要（2010—2020年）》《关于当前发展学前教育的若干意见》《关于建立学前教育资助制度的意见》《关于加大财政投入支持学前教育发展的通知》《关于实施幼儿教师国家级培训计划的通知》《关于规范幼儿园保育教育工作，防止和纠正"小学化"现象的通知》《3—6岁儿童学习与发展指南》《幼儿园教师专业标准（试行）》《关于开展0—3岁婴幼儿早期教育试点工作有关事项的通知》等。这些政策的颁布实施，有效地促进了学前教育事业的发展。

2. 我国人口变动背景下学前教育政策分析

近年来，我国涉及人口变动的这些政策文件有力保障了学前教育的发展和相关问题的解决，但部分内容还有待于进一步改进和完善。

（1）学前教育财政投入政策分析。2010年《教育规划纲要》发布后，国家和各级地方政府相继出台的一系列政策加大了对学前教育的财政投入，政策取得了一定的实效。首先，学前教育财政投入在政策支持下明显增长。相继出台了一系列的教育政策，其对财政投入的规定性和指向性更为清晰和明确，并被纳入了《国家基本公共服务体系"十二五"规划》文件中。这使得学前教育财政性经费总量及占财政性教育总经费的比例在2010年以后开始有明显增长。其次，规范了学前教育经费的使用与管理，引导各地根据自身经济发展状况制定幼儿园收费标准。

财政投入政策在取得实效的同时，存在以下不足之处。第一，其体现为公共财政投入倾向不合理，进而导致了学前教育公平性、公益性问题。财政投入应该向公益性和普惠性幼儿园投入，而不论它们是姓"公"还是姓"私"。[①] 如果仅仅加大对公办幼儿园的财政投入，而忽视私立幼儿园的话，势必影响了学前教育的公平性和公益性。第二，学前教育财政投入监管制度不到位。监督管理制度是有效落实学

---

① 马晖：《学前教育投入结构亟须调整》，《21世纪经济报道》2013年3月21日。

前教育财政投入的重要手段,在缺少监督的情况下,学前教育财政投入就会受到人为因素的影响,表现出极大的随意性,甚至可能出现下级政府虚报实情,争取更多的来自上级政府的学前教育经费的情况。[①] 监管制度的缺乏容易导致学前教育投入资金在利用上存在资源浪费、效率低下现象。

(2) 幼儿园规模发展政策分析。《教育规划纲要》发布后,同年出台的《若干意见》提出,加大政府投入,新建、改建、扩建一批安全、适用的幼儿园。其后,各级地方政府相继出台了一系列政策。总体来讲,相关政策的落实注重幼儿园的规模,缺乏幼儿园质量评估及监督管理机制。

政策执行后在取得了一定实效的同时,也出现了不少问题,有些地方政府发展学前教育的事业心态急切,存在数字崇拜心理,仅仅将政策重心放在提高数量上。在《三年行动计划》中抢时间、争速度,然而忽略了质量的达标。不少地方的幼儿园重数量增加、轻质量标准,新建、改建、扩建的大量幼儿园质量和标准不统一。如由中小学富余校舍改建的幼儿园暴露出很多安全隐患,这些富余校舍主要集中在村小以及部分中心小学和初级中学旧址。它们与幼儿园校舍是有一定区别的,甚至包括场地布局也有所不同。不少改建后的校舍存在房舍结构不牢固、室内光线暗且采光系数不合理(采光系数应不低于1/5)、台阶的高度过高、栏杆的密度小且高度低等问题,质量不到位的硬件设施存在安全隐患,很难保证幼儿的健康发展。总体而言,为应对学前人口问题而一味地扩大学前教育规模,追求幼儿园所数量的增加,使得学前教育质量令人担忧。

(3) 民办园质量提升政策分析。2002年《民办教育促进法》颁布后,国家针对民办园发展中的具体问题发布了一系列"办法"和"通知",民办幼儿教育政策更具有针对性,同时政策也更具法制化和规范化。2010年《教育规划纲要》指出"建立政府主导、社会参与、

[①] 张娜娜:《学前教育投入中的政府责任研究》,硕士学位论文,西南大学,2014年,第37页。

公办民办并举的办园体制。大力发展公办幼儿园,积极扶持民办幼儿园"。政府开始在民办园中发挥更大的作用。就民办园政策而言,民办园质量提升存在"分类管理的政策困境"[①]:2010 年颁布实施的《国家中长期教育改革和发展规划纲要(2010—2020 年)》提出"探索营利性和非营利性民办学校分类试点",被认为是民办教育改革的突破口。但目前民办学校分类管理争议较大,一是大多数民办学校举办者不希望分类,而政府部门积极主张分类;二是分类管理有营利性与非营利性的二分法,还有营利性与非营利性且不要求合理回报、非营利性但要求合理回报的三分法。针对民办园中愈演愈烈的"无证办园"问题,2010 年出台的"国十条"首次正式将其纳入我国幼儿园管理政策,明确提出了治理无证园问题的原则即"分类治理,妥善解决"。但政策也存在许多不足之处[②],一是尚未明确治理无证办园的责任主体与相关部门及其职责;二是取缔无证园的基本标准尚需进一步研究、制定;三是整改类别与期限尚待进一步细化与明确等。这无疑影响了国家对民办园治理的有效性。

(4) 人口城乡结构变动背景下的学前教育政策分析。《教育规划纲要》和"国十条"等政策从多个角度解决了人口城乡结构变动背景下的学前教育问题,如"着力保证留守儿童入园",要"采取多种形式扩大农村学前教育资源",扩大农村学前教育资源还涉及城市的农民工子弟。但其政策也存在许多不足之处,主要体现在以下两个方面。一方面,对于随迁子女(跟随家长进城的农民工子弟)入园来讲,受到户籍政策的限制(几乎所有的公办园和质优价廉的民办园都仅仅招收具有本市户口的幼儿入园),大批进入城市的农民工子女不能享受跟城市儿童同样的教育资源。随着农民工人数的增多,其子女的入园教育需求不断增加,其受教育机会的不平等可能会导致各种社会问题的发生。另一方面,对于留守儿童入园来讲,农村学前教育资

[①] 黄为:《我国民办教育发展转型中的困境与对策》,http://canedu.org.cn/index.php? m = content&c = index&a = show&catid = 117&id = 578,2014 年 6 月 6 日。

[②] 孙美红、庞丽娟:《扩大我国学前教育资源的思考——基于"无证办园"现状及治理的分析》,《教育发展研究》2013 年第 6 期。

源的严重缺乏、幼儿师资力量严重不足、监督管理缺乏规范等问题，导致留守学前儿童的身心发展得不到有效引导、学前教育得不到良好发展。

当然，政府尚未在城乡统筹背景下对入园幼儿人口提前做出预测和规划，导致全国各地出现"入园难"的尴尬局面。这说明人口问题具有广泛的政策导向含义，而我国城乡统筹人口发展的科学决策机制尚未建立。

（四）应对人口变动的学前教育政策调整建议

1. 根据人口变动情况，统筹学前教育政策问题

（1）科学预测学前人口变动趋势，并及时做出政策调整。首先，完善并充分利用人口计生部门等的信息共享机制，科学统计人口出生率、人口迁入率、流入率的变动规律，及时预测人口变动的未来趋势。然后，根据人口增长情况分析他们对学前教育资源的不同需求，并从各地区自然、经济与人口分布状况和现行办园与管理体制出发，与资源的供给情况进行比较，找出现实差距和潜在问题所在，提早做出安排。在对人口变动进行分析的基础上，科学预测学前人口变动的趋势，并据此制定、调整相关政策。要针对不同区域的学前教育需求与发展状况，及时调整发展重点。城区幼儿园应减少投资或者将投资的重点放在合理布局资源、提高园所质量方面。而对于农村日益增长的学前教育需求，则应新增幼儿园，拓宽优秀师资的引进渠道，填补学前教育发展中的空白。

（2）转变传统观念，以公平为指导思想。《国家中长期教育改革和发展规划纲要（2010—2020年）》把"促进教育公平"摆在重要位置，强调公共教育资源向农村地区、边远贫困地区和民族地区倾斜。缩小学前教育差距的前提就是要转变观念。首先，广大城市居民须及时地转变观念，充分地认识到流动人口为该地建设所作出的巨大贡献，尊重流动人口随迁子女的教育诉求。其次，政府部门也要超越"城乡二元结构"的两级思维模式，走出原有政策框架的束缚，未雨绸缪，统筹规划城乡教育的发展，走城乡教育一体化之路。最后，在城乡师资流动问题上，大学生应树立正确的择业观，摒除城乡差异观

念，积极地投身农村学前教育事业的发展；作为城区在职教师，应主动走出校门，走进农村幼儿园的大门，为农村学前教育事业的发展贡献力量。

2. 针对学前教育具体问题，调整相关政策

（1）区分民办园的办园性质，制定有差别的财政投入政策。针对目前民办园的复杂性，政府应区分民办园的营利性与非营利性，对民办园进行引导，使其收费更加透明化。借鉴香港特区政府对私立园的做法，将其分为营利和非营利两类。政府出台政策对其进行引导，审核批准其学费标准以及财务报告，使其更加透明化，保证其盈利水平控制在应有的范围之内。在此基础上，中央以及省级地方政府应加大对民办教育的财政投入，加大财政转移支付力度，将不同学前教育机构纳入公共事业监管之下。县级政府要多渠道筹资，多方位发展学前教育。此外，政府在加大自身对学前教育投入力度的同时，还应发挥政策经费的导向作用，广开学路，充分动员社会力量参与办园，通过相应的制度设计与政策激励，激发民间资本举办普惠性民办幼儿园的积极性。

（2）提高农村幼儿师资队伍素质的政策。发展农村学前教育事业，关键是提高幼儿教师素质。一方面，政府发挥组织管理职责，出资对农村幼儿教师进行新理念、新方法的专业培训，强化农村学前教师队伍建设，提高农村学前教师自身业务水平。同时，政府要在福利待遇上对农村幼儿教师提供优惠，不断提高教职工的待遇，有效遏制农村优秀幼儿教师的流失。另一方面，对于学前教育专业的学生，应按照本、专、中专等不同层次分层培养。对于本科学生，应逐步实行"顶岗实习"这种培养模式，弥补幼儿园教师数量的不足，为广大农村地区输送优秀的幼教师资。

对于本科、大专师范生，应逐步实行定向培养政策，为广大农村地区输送优秀的幼教师资。具体来讲，各省市教育行政管理部门通过与学校、学生签订定向培养协议，吸引部分优秀的高中毕业生学习学前教育专业，并在毕业后回生源地或其他地区农村幼儿园从教，服务期限不少于指定期限。同时，定向培养学生在校学习期间，学校为其

开辟绿色通道，在奖助学金等政策评审上有所倾斜，以鼓励其毕业后回生源地就业，弥补农村幼儿园教师数量的不足。

对中职类学前教育专业师范生应大力实行"顶岗支教"制度，以保障农村幼儿园教师的数量和质量。即各中职类幼儿师范学校的学生，在校学习满两年后，第三年由学校推荐或自行联系到某一幼儿园进行工作实习，培养学校派专业教师进行指导督查。同时，置换出农村幼儿园教师参加短期的脱产培训。

3. 建立健全学前教育监管机制和教育质量评估机制，规范政策执行

（1）建立监管机制，确保各级政府责任的落实。"监督机制是责任政府得以实现的基础，如果没有健全的监督机制对政府责任履行情况进行监督，责任政府只能成为公民难以企及的愿望，建立系统、全面和有效的责任监督机制是实现责任政府的基本前提。"① 目前，我国的学前教育还比较薄弱，需要政府加大财政投入。而建立学前教育投入监管机制是确保政府责任落到实处的必要条件。对于学前教育财政投入责任，政府应承担主要责任，可以通过立法等方式确定各级政府职责，使学前教育经费投入制度化。各级政府应建立学前教育资金审计部门，对学前教育投入资金的来源与去处公开化，建立学前教育信息公开制度，确保资金落实到位，避免资金的缺位和重复使用的浪费。

（2）构建有效的幼儿园质量评估和监督机制。已有研究表明，"接受何种质量的学前教育"比"是否接受过学前教育"对儿童未来发展的影响更显著。因此，如何在扩大规模的同时确保幼儿园的办园质量，才是真正意义上解决幼儿"有园可入""入园如愿"等"入园难"问题的关键。为实现"广覆盖、保基本"的公共学前教育体系，需要在幼儿园质量评估和监督力等方面潜心探索，大力推进幼儿园的标准化、规范化与制度化，在注重规模扩张的同时保证办园质量的提升。对于无证办园的违法行为，各级政府应在统筹协调的基础上，建

---

① 陈国权：《论责任政府及其实现过程中的监督作用》，《浙江大学学报》2001年第2期。

立相应的监督机制和奖惩问责机制。

教育行政部门及各相关部门应在充分调查研究的基础上，采用定性与定量评估相结合、软件与硬件建设相结合、社会评价与行业认定相结合的方法，综合考虑办园水平，制定并逐步完善各类幼儿园的认定标准及办法，创建"有章可循""有章可依"的良好环境。

二 人口变动产生的义务教育政策问题

（一）义务教育人口数量变动的趋势及影响

1. 义务教育人口数量变动的趋势

从现在起到 21 世纪末我国义务教育适龄人口将总体呈现不断下降的趋势，如表 4-3 所示。从表中数据可以看出，小学和初中义务教育适龄人口总体呈现下降趋势，但小学适龄人口在 2015—2020 年呈现出短期波动上升的趋势，初中义务教育适龄人口在 2018—2025 年呈现出波动上升的趋势。[①] 这些波动关系着义务教育投入、学校布局调整和班级规模的设置，成为政策调整的关注点和着力点。

有的学者对我国 2008—2050 年义务教育适龄人口数变动进行预测，认为小学教育适龄人口（6—11 岁）在 2008—2050 年要经历两次波动，到 21 世纪中叶减少了 1516 万。第一次波动由 2008 年的 10979 万减少到 2012 年的 9847 万，随后增长到 2022 年的 10961 万；第二次波动由 2022 年的 10961 万减少到 2042 年的 8855 万，随后增长到 2050 年的 9463 万。初中适龄人口（12—14 岁）在 2008—2050 年经历了两次波动，到 21 世纪中叶减少 1481 万。第一次波动由 2008 年的 6091 万减少到 2015 年的 4863 万，随后增长到 2026 年的 5517 万；第二次波动由 2026 年的 5517 万减少到 2045 年的 4336 万，随后

---

① 中国人口与发展研究中心课题组：《中国人口与教育发展战略研究》，《人口研究》2009 年第 2 期。

增长到2050年的4610万。① 小学适龄人口和初中适龄人口的变动趋势基本一致，以20年左右的时间段为波动周期，适龄人口呈现波动下降—上升—下降—上升的趋势。

表4-3　　　　　　　　　教育适龄人口主要预测结果

年份	小学适龄人口（万人） （6—11岁）	初中适龄人口（万人） （12—14岁）
2015	10036	4863
2016	10077	4944
2017	10267	4939
2018	10460	4972
2019	10650	4903
2020	10809	4975
2025	10796	5476
2030	10048	5372
2035	9007	4982
2040	8910	4435
2045	9158	4336
2050	9463	4610

基于国家统计局数据和以上学者的研究可以发现，未来义务教育阶段学龄人口的变动大致呈缓慢下降的趋势，在个别时间段呈现短期波动上升的趋势。党的十八届三中全会提出"启动实施一方是独生子女的夫妇可生育两个孩子的政策"，有的学者经过多轮测算，我国城乡一致实施"单独两孩"政策后，总和生育率会有所提高。特别是新政启动四五年后，会出现生育堆积的释放，并在今后两三年引发一个小的生育高峰，但总和生育率最高不会超过2，之后开始回落。② 因

---

① 中国人口与发展研究中心课题组：《中国人口与教育发展战略研究》，《人口研究》2009年第2期。
② 李琦：《从我国人口决策历程和人口长期战略解读"单独两孩"政策》，《福建论坛》（人文社会科学版）2014年第1期。

此，在可预见的一段时期内，我国未来学龄人口呈现短期波动上升的趋势，但总体呈下降趋势，义务教育的发展需要对此做出积极主动的回应，尤其是在学校布局调整、教育投入和班级规模设置方面要有前瞻性，为学龄人口的增加和减少预留教育空间，保证学生们有学上，积极落实就近入学政策，同时最大限度地减少教育资源的浪费，努力实现资源效益的最大化。

2. 义务教育人口数量变动产生的主要教育问题

（1）教育投入问题。义务教育属于典型的公共品，教育投入是办好义务教育的物质基础。而生均教育支出这一指标反映了培养一个人的公共支出水平，它可以通过影响学习者的学习环境和学习条件，直接影响学习者个体的学习。改革开放以来，我国义务教育阶段生均教育经费呈现显著增加的趋势，《关于2013年全国教育经费执行情况统计公告》显示，2013年全国教育经费总投入为30364.72亿元，比上年的27695.97亿元增长9.64%，其中国家财政性教育经费为24488.22亿元，比上年的22236.23亿元增长10.13%。全国各级教育生均公共财政预算教育事业费支出增长情况如下：全国普通小学为6901.77元，比上年的6128.99元增长12.61%。全国普通初中为9258.37元，比上年的8137.00元增长13.78%。① 教育投入的增加为义务教育的发展注入了活力，提供了有力的资金保障。但是受自然环境和经济社会发展水平的制约，我国现行的义务教育管理体制依旧不健全。在教育投入方面，突出表现为以下几个方面的问题。首先，我国义务教育投入总量供给不足。虽然，2013年全国国内生产总值为568845.2亿元，国家财政性教育经费占到了国内生产总值的4.30%，但比原计划实现4%的时间足足晚了十多年，与发达国家教育分类支出占GDP的比例相比，我国还远远落后。其次，城乡之间地方政府教育投入差距较大，农村义务教育投入依旧是国家教育投入链条中的薄弱环节。

---

① 《关于2013年全国教育经费执行情况统计公告》，http://www.jyb.cn/info/jytjk/201411/t20141106_603445.html，2014年11月6日。

（2）农村教育布局调整问题。21 世纪以来我国农村学龄人口数量基本呈下降的态势，农村地区大量出现了"麻雀学校"和"空心学校"。① 为了积极地应对人口的变动，提高教育资源的利用效率，国家于 1998 年正式出台了农村义务教育学校布局调整政策。根据教育部发布的 1998—2011 年的《全国教育事业发展统计公告》，1998—2011 年我国共减少 36.84 万所小学和 1.13 万所初中，平均每年减少 2.83 万所小学、0.087 万所初中，几乎每天就要消失 80 所农村学校。② 盲目地撤点并校虽然带来学校教育资源的整合，一定程度上提高了资源的利用效率，但是从现状来看，背离人口变动的趋势，过度调整带来了学生上学难的问题，有的地方甚至误解了国家学校布局调整政策的本意，背离了以学生为中心的政策理念，异化为"减学校、减教师、减投入"的三减行为，学生合理的教育诉求难以在政策中得到充分的尊重和表达。2010 年《国家中长期教育改革和发展规划纲要（2010—2020 年）》明确提出，要依据城乡发展的现实需要，合理规划学校布局，办好必要的教学点，方便学生就近入学。③ 学校布局的调整开始统筹考虑城乡经济社会发展的现实需要，回应未来人口变动的趋势。伴随着我国学校布局调整政策的实施，大量教学点的裁撤使得学生求学距离较远，学生就近入学困难。校车，作为保障学生便利入学的有效工具，进入了国家教育政策和公众关注的视野。然而"夺命校车"现象的出现使得家长和学生对校车安全问题尤为关注。2010—2014 年，全国至少发生了 43 起校车安全事故，死亡人数达到 153 人。④ 校车超载，相关部门对校车司机行车资质的管理不严格和对校车本身质量监管的不到位，成为校车安全的隐患。因此，如何合

---

① 凡勇昆：《论我国农村人口发展趋势与农村教育布局调整》，《教育与经济》2012 年第 4 期。
② 数据源于历年《全国教育事业发展统计公报》，中国教育统计网（http://www.stats.edu.cn）。
③ 国家中长期教育改革和发展规划纲要工作小组办公室：《国家中长期教育改革和发展规划纲要（2010—2020 年）》，2010 年 7 月 29 日。
④ 《近 4 年全国发生 43 起校车安全事故，致 153 人死亡，超载成校车"第一杀手"》，《法制时报》2014 年 7 月 16 日第 5 版。

理规划学校布局，在保障学生就近入学的同时切实保证校车的安全问题，成为义务教育政策调整必须回应的问题。

（3）学校规模问题。根据《中小学建设规模和用地指标参考标准》的规定，初中学校规模最小不宜低于12个班，最大不宜超过36个班，班额为50人左右，人均占地面积大于等于24平方米为宜；小学学校规模最小不宜低于6个班，最大不宜超过36个班，班额为45人左右。人均占地面积大于等于22平方米为宜。[①] 义务教育阶段学校规模与在校生人数密切相关，二者总体呈现正相关的关系，在校生人数越多，学校规模越大，在校生人数越小，学校规模越小。

表4-4　　　　　2010—2013年我国中小学规模状况

年份	小学 规模（万所）	小学 在校人数（万人）	小学 校舍面积（万平方米）	初中 规模（万所）	初中 在校人数（万人）	初中 校舍面积（万平方米）
2010	25.74	9940.70	—	5.49	5279.33	—
2011	24.12	9926.37	56913.11	5.41	5066.80	45546.31
2012	22.90	9695.90	59061.93	5.30	4763.10	47582.06
2013	21.35	9360.55	62064.85	5.28	4440.12	50079.41

从表4-4可以看出，2010—2013年我国义务教育阶段中小学规模和在校生人数呈现逐步下降的趋势，这与义务教育阶段学龄人口逐步减少的趋势密切相关。而校舍面积却呈现逐年递增的状况，这从另一个角度折射出我国标准化学校建设的成效。未来我国人口总体下降、短期波动上升的变动趋势，要求我们一方面要密切关注学校教育规模的动态变化，充分利用已有的教育资源，另一方面要更加均衡地分配优质教育资源成为人口变动背景下义务教育阶段学校规模建设的首要任务。既要做到在学龄人口减少的情况下能够充分利用富余的教

[①] 《中小学建设规模和用地指标参考标准》，http://www.docin.com/p-20568887.html，2009年5月25日。

育资源，又要做到在学龄人口波动上升的时候能够提高现有教育资源的使用效率。

（4）班级规模问题。班级规模的选择受制于国家政治、经济、文化和社会的发展现状，更与我国人口变动的趋势直接相关。义务教育阶段学龄人口数量的变动影响着义务教育班级规模的设置，义务教育学龄人口性别结构的变动影响着班级的和谐程度。根据联合国2010年估计的预测数据，2020年中国65岁及以上人口占总人口的比重为13.6%，2030年将提高到18.7%，2040年达到26.8%，2050年则高达30.8%。中国已经掉进了"少子老龄化陷阱"。[①] 如表4-5所示，义务教育阶段学龄人口总体上呈现下降趋势，人口老龄化的趋势更加显著，这给义务教育班级规模的设置带来明显的变化，小班化教学成为人口变动背景下义务教育班级规模设置的可行性和理想型选择。

表4-5　　　　计划生育政策实施以来四次人口普查情况

普查时间	0—14岁人口比重（%）	65岁及以上人口比重（%）
1982年"三普"	33.59	4.90
1990年"四普"	27.69	5.60
2000年"五普"	22.89	6.96
2010年"六普"	16.60	8.87

有的学者经过长期的研究发现，中国出生性别比正呈现偏高走势，2010年全国出生性别比（女孩=100）为118，比国际公认的正常值上限高出了十多个百分点。[②] 男女生比例的不协调对于班级学生正常的交流合作及身心健康发展产生了一定的消极影响。有的学者通过调查发现，目前我国大班化教学的问题依旧比较突出，以河南省为例，2008年小学每班45人以上、中学每班50人以上的大班额占到了

[①] 穆光宗：《适度老龄化：应对老龄危机的第一战略》，《广西民族大学学报》（哲学社会科学版）2014年第1期。

[②] 王钦池：《中国人口政策长期存在的必要性及其改革预期》，《宏观经济》2014年第4期。

班级总数的 61.01%，每班 66 人以上的超大班额有 27489 个，占到了班级总数的 34.73%。① 大班额现象的出现与学龄人口数量的变动密切相关，学校规模的缩减和现有教育资源的有限性引起大班额大量出现。

综上可知，学龄儿童男女比例对于义务教育阶段班级规模的调整具有重要的参考价值，教育的发展需要对性别的失衡做出积极主动的应对，前瞻性的预测学区内儿童性别比，合理调整学校的布局，科学设置班级的规模，尤其是男女生比例的合理安排，以实现儿童身心健康发展。

（二）义务教育人口质量变动趋势及影响

1. 义务教育人口质量变动的趋势

通过对比 2000 年"五普"和 2010 年"六普"的统计资料发现，2010 年我国应受教育人口总数为 118040.97 万人，较"五普"增加 11333.88 万人，提高了 2.75 个百分点。人口平均受教育年限为 8.81 年，较"五普"增加 0.96 年。② 受教育人口数量的增长和人口平均受教育年限的延长体现了我国人口平均受教育水平的明显提高，反映在义务教育阶段突出地表现为父母文化水平的提高和对义务教育阶段儿童的教育质量的较高要求上。我国人口质量变动的影响反应在义务教育阶段，集中表现为家长们对于孩子们"上好学"的教育诉求。义务教育政策的调整需要积极回应家长们对于优质教育的诉求，均衡城乡义务教育资源配置，走内涵式的发展道路，以推进素质教育为有力抓手，着力提高义务教育的质量，破解择校问题。

2. 义务教育人口质量变动产生的主要教育问题

（1）城乡义务教育硬件资源配置不均衡问题。城乡义务教育硬件资源配置的不均衡，突出地表现为城乡在教育投入、办学条件、学校规模、基础设施、教育资源和教学环境等诸多方面。有的学者分析了

---

① 李金刚：《人满为患何时休——中小学班额过大现象的调查与思考》，《湖南教育》2004 年第 22 期。
② 孙炜红：《中国人口 10 年来受教育状况的变动情况》，《人口与社会》2014 年第 1 期。

上海市学龄人口变动与基础教育资源配置的适应性问题及其原因，发现上海市学龄人口在数量、质量和迁移上变动趋势显著，反映到基础教育阶段表现为：上海市小学教育资源缺口明显；市区教育资源投入虽然优于郊区，但学龄人口有向郊区变动的态势，导致郊区教育资源严重短缺，优质资源的配置与学龄人口的分布严重不符。① 城乡之间教育硬件资源之间的较大差距形成了学龄人口流动的推力和拉力，而生源的流动更进一步加剧了城乡资源配置的不均衡性，这也是择校难题出现的重要原因。

（2）城乡义务教育师资配置不均衡问题。通过对城市、县镇、农村义务教育师资配置情况进行比较，可以发现人口变动背景下，城乡教师队伍在数量、质量、结构、稳定性等方面均存在显著差异。促进城乡义务教育师资均衡配置，既要完善教师工资制度，又要建立和健全城乡教师流动的长效机制，着力提升农村教师的质量。

（3）城乡学校标准化建设问题。《国家中长期教育改革和发展规划纲要（2010—2020年）》指出，实施义务教育学校标准化建设工程的首要目标是完善城乡义务教育经费保障机制，重点在于中小学校舍安全工程、薄弱学校改造和农村寄宿制学校的改扩建。2010年，国家正式启动了义务教育学校标准化建设工程，全年投入约83亿元用于改造农村义务教育阶段的薄弱学校。② 农村学校作为义务教育的薄弱环节，开始走上标准化建设之路。义务教育学校标准化建设是一项系统工程，涵盖学校硬件和软件两个方面，具体包括学校设置与规划、建设用地标准、校舍建筑标准、装备条件标准、经费保障、师资队伍、学校管理和教育教学等诸多方面。已有建设取得了一定的政策实效，城乡学校在硬件方面的差距逐渐缩小，但是在标准化建设方面还存在一定的误区，尤其是在标准化和特色化的理解层面，存在排他性和对立性的问题。因此，如何科学地制定出中小学建设的参考标准，

---

① 孟兆敏：《学龄人口变动与基础教育资源配置的协调性及原因探析：以上海为例》，《南方人口》2013年第1期。

② 《国家中长期教育改革和发展规划纲要实施一周年纪实》，http：//www.gov.cn/jrzg/2011-07/28/content_1915674.htm，2011年7月28日。

成为影响政策实效的关键因素。

（4）择校问题。有学者通过对国外择校现象的研究发现，择校是一种有着自身逻辑的社会现象，集中体现为以下三种社会诉求：一是阶层再生产，以维持阶层固有的社会地位；二是实现社会流动，获取优质教育资源及其所带来的收益；三是渴望文化自主与社会公正。[①]而我国择校现象，究其原因可以概括为以下几个方面：第一，人口质量的提升使得全社会对于教育质量提出了更高的要求；第二，学校资源配置的不均衡为择校提供了客观条件；第三，伴随着经济的稳步发展，人均收入显著提高，为择校提供了可能。择校现象有其积极的意义：一方面，可以一定程度上促进教育资源的优化配置，促进学校的良性竞争；另一方面，择校反映了家长和学生对于优质教育资源的合理诉求，有利于素质教育的实施。但是，择校热现象伴随着教育利益的纷争，衍生了一系列的问题。择校现象也有其明显的弊端：引发多重社会问题，包括教育腐败问题、远距离求学问题、交通安全问题、收费问题（包括高收费和乱收费）、教育公平问题等，加剧了社会阶层两极分化，影响了学校常规运行。

（三）义务教育人口迁移变动趋势及影响

1. 义务教育人口迁移变动的趋势

《中国流动儿童数据报告——2014》显示，中国流动儿童的数量持续快速增长。2000年，中国0—17岁的流动儿童规模为1982万人，而截止到2010年11月1日，这个规模已达3581万人，十年间增长率超过80%。2013年，进城务工人员随迁子女数量首次出现下降，规模降至1277万人，同比下降超过8%。[②] 可见，我国流动人口子女数量稳定增长，2012年一系列随迁子女异地入学和升学政策的出台，在一定程度上促进了流动人口随迁子女的理性流动，数量开始下降，但总体基数较大，相关教育问题依旧较为突出。

[①] 董辉：《国外择校研究的前沿图景：现象与政策》，《比较教育研究》2010年第12期。

[②] 石睿：《中国流动儿童数据报告——2014》，http://www.cssn.cn/zx/zx_gjzh/zh-new/201409/t20140923_1338700.shtml，2014年9月23日。

2. 义务教育人口迁移变动产生的主要教育问题

针对目前流动人口不断增加、随迁子女数量波动上升的趋势，在可预见的一段时期内，义务教育阶段流动学龄人口的增加对学校布局的调整，尤其是随迁子女和留守子女教育政策的调整提出了新的要求。

（1）随迁子女义务教育的问题。2012 年，我国义务教育阶段随迁学龄人口达到 1393.87 万人。其中，小学阶段有 1035.54 万人，初中阶段有 358.33 万人。[①]但是就目前随迁子女的义务教育现状而言，存在以下几个方面的问题。首先，公办学校的入学门槛标准难定。追求优质的教育是农民工携带子女进城务工的重要原因，但是公办教育资源本身的有限性使得门槛的存在具有现实的必要性。虽然国家明确规定了流入地政府对农民工随迁子女义务教育负主要职责，公办学校为接收主体，要求流入地政府做到随迁子女和城市学生一视同仁，但是全国各地对随迁子女却设置了种类繁多的入学和升学门槛，北上广地区的门槛尤为苛刻。其次，打工子弟学校的生存困难重重。打工子弟学校作为义务教育学校的重要补充形式，可以在一定程度上缓解公办学校不足和饱和的局面，为随迁子女入学提供必要的机会。然而复杂的政策审批程序和薄弱的办学经济基础使得打工子弟学校的发展既无数量的保证，又无质量的保证，加上打工子弟学校本身师资不足，基础设施落后，教育环境相对恶劣，其生存现状风雨飘摇。最后，流出地与流入地之间的利益博弈有增无减，随迁子女成为利益博弈之下的最大弱势群体。尤其在随迁子女异地升学方面，城市既得利益者固守自己的教育利益，异地升学政策在推行过程中面临重重阻碍。2012 年年底，全国各地相继出台了一系列异地升学方案，但是纵观已有方案，要么门槛较高如北上广地区，要么只开放职业中学，因此，随迁子女入学机会和升学机会依旧面临着诸多不公。

当前我国流动人口展现出规模持续快速增长，新生代流动人口逐

---

① 《2012 年全国教育事业发展统计公报》，http://www.moe.gov.cn/publicfiles/business/htmlfiles/moe/moe_633/201308/155798.html，2013 年 8 月 16 日。

渐成为流动人口的主体。流动人口面临的失业增加、社会保障缺失、子女教育、社会融入等问题是当前和今后一段时期内的主要问题。相关法规、政策和制度制定应该以此为基础，关注新生代和流动人口子女，并加快流动人口社会保障体系建设①，逐步改变城乡二元结构状况，强化流入地政府的责任，着力完善相关配套措施②，让随迁子女在异地有学上、上好学。

（2）留守儿童义务教育的问题。留守儿童这一群体最早出现于20世纪80年代，伴随着大量的农民工涌入城市，留守儿童教育问题开始逐渐进入国家政策制定和调整的视野。所谓的留守儿童，是指父母双方或一方流动到其他地区，孩子留在户籍所在地并因此不能和父母双方共同生活在一起的儿童。③ 2014年全国有农村留守儿童6102.55万人，占全国儿童总数的21.88%。④ 农村留守儿童的小学就学率比较好，但是初中就学保持率稍差。而且半数以上的农村留守儿童不能和父母生活在一起，对他们的健康成长可能会产生不利的影响。⑤ 家庭教育的缺失，使得留守儿童性格孤僻，缺乏安全感。家庭教育作为儿童成长过程中的一笔巨大财富，一旦缺失将无法弥补。

国内已有研究分别从国家层面和地方层面的角度出发，为留守儿童义务教育的发展建言献策。不足之处在于，已有研究的着力点是从随迁子女和留守儿童当前的人口现状，提出义务教育政策调整的措施，而从未来人口变动趋势的背景出发来研究留守儿童义务教育问题的文献相对较少，相关政策的调整形成了问题倒逼机制。

（四）应对人口变动的已有义务教育政策及其分析

1. 应对人口变动的已有义务教育政策

我国自21世纪以来出台了一系列与人口变动相关的义务教育政

---

① 段成荣：《当前我国流动人口面临的主要问题和对策：基于2010年第六次全国人口普查数据的分析》，《人口研究》2013年第2期。

② 刘旺余：《构建进城农民工子女义务教育管理体制的建议》，《教学与管理》（理论版）2014年第1期。

③ 袁振国等：《农民工子女教育问题研究》，经济科学出版社2012年版，第305页。

④ 《全国有农村留守儿童逾6100万 占儿童总数约两成》，http://www.kaixian.tv/gd/2014/0516/5224247.html，2014年5月16日。

⑤ 袁振国等：《农民工子女教育问题研究》，经济科学出版社2012年版，第320页。

策（见表4-6），虽取得了一定的政策实效，但依旧存在着诸多问题。这里主要从义务教育政策的变迁和存在的问题两个层面进行分析。

表4-6　　　　　与人口变动相关的义务教育政策一览

发布时间	发布部门	文件名称	关键性描述
1980年12月	中共中央、国务院	《关于普及小学教育若干问题的决定》	力求使学校布局和办学形式与群众生产、生活相适应，便于学生就近上学
1986年	全国人大	《义务教育法》（旧）	地方各级政府应当合理设置小学、初级中等学校，使儿童、少年就近入学
1992年	中共中央、国务院	《中华人民共和国义务教育法实施细则》	可以按照居住地人民政府的有关规定申请借读
1996年	原国家教委	《城镇流动人口中适龄儿童就学办法（试行）》	持流入地暂住证，向流入地住所附近中小学提出申请
1998年11月	教育部	《关于加强大中城市薄弱学校建设办好义务教育阶段每一所学校的若干意见》	把加强薄弱学校建设，办好义务教育阶段每一所学校，作为大中城市当前义务教育巩固提高工作的一项紧迫任务
1999年6月	中共中央、国务院	《中共中央、国务院关于深化教育改革、全面推进素质教育的决定》	农村学校从现实和长远出发，更应优化结构，调整布局，适度集中办学，加速改革发展
2001年6月	国务院	《关于基础教育改革与发展的决定》	合理规划和调整学校布局。以流入地政府管理为主，依法保障流动儿童少年接受义务教育的权利

续表

发布时间	发布部门	文件名称	关键性描述
2003 年	国务院	《国务院办公厅关于转发教育部等部门关于进一步做好进城务工就业农民子女义务教育工作意见的通知》	进城农民工子女九年义务教育普及程度达到当地水平
2004 年	教育部	《关于进一步加强农村地区"两基"巩固提高工作的意见》	稳步推进农村学校布局结构调整工作，提高办学规模和效益
2005 年	教育部	《关于进一步推进义务教育均衡发展的若干意见》	适当调整和撤销一批薄弱学校
2006 年	全国人大	《义务教育法（修订）》	县级以上地方人民政府应当均衡发展。当地人民政府应当为流动儿童提供平等接受义务教育的条件
2007 年	中共中央组织部、全国妇联等七部委	《关于贯彻落实中央指示精神积极开展关爱农村留守儿童工作的通知》	认真做好农村留守儿童的教育管理工作，着力加强农村留守儿童的户籍管理与权益保护，努力形成推进农村留守儿童工作的整体合力
2010 年	教育部	《教育部关于贯彻落实科学发展观进一步推进义务教育均衡发展的意见》	把均衡发展作为义务教育的重中之重
	中共中央、国务院	《国家中长期教育改革和发展规划纲要（2010—2020 年）》	研究制定在当地参加升学考试的办法。推进义务教育均衡发展

续表

发布时间	发布部门	文件名称	关键性描述
2012 年	国务院	《校车安全管理条例》	应当根据本行政区域的学生数量和分布状况等因素,依法制定、调整学校设置规划,保障学生就近入学或者在寄宿制学校入学,减少学生上下学的交通风险
	教育部	《国家教育事业发展第十二个五年规划》	保障进城务工人员随迁子女享受基本公共教育服务权利,推进义务教育学校标准化建设
	国务院	《关于规范农村义务教育学校布局调整的问题》	坚决制止盲目撤并农村义务教育学校
2013 年	国务院	《中共中央关于全面深化改革若干重大问题的决定》	统筹城乡义务教育资源均衡配置,实行校长教师交流轮岗
2015 年	国务院	《政府工作报告》	促进教育公平发展和质量提升,加快义务教育学校标准化建设,完善后续升学政策

资料来源：根据教育部网站相关教育政策整理。

我国人口变动背景下义务教育政策的变迁历程大体可分为四个阶段，不同阶段义务教育政策面对的主要问题不同，工作着力点不同。

（1）政策酝酿期（1980—1991 年）。这一时期正值改革开放政策全面实施的阶段，教育领域的"拨乱反正"促使中国教育事业开始了调整和发展的步伐。此阶段我国小学教育的规模一直处于平稳的下滑状态，这是人口出生率下降带来的必然结果。普通中学教育入学率的增长和人口的下降相抵。[①] 有关统计数据显示，截至 1985 年，全国 7—11 周岁学龄儿童入学率为 95.9%，城市小学毕业合格率为 94%，

---

① 曾晓东：《中国教育改革 30 年：关键数据及国际比较》，北京师范大学出版社 2009 年版，第 7 页。

农村为 60% 左右。①

农村小学教育普及率低、在校生流动量较大、义务教育质量低、师资不足、学校布局散乱等问题，成为影响义务教育发展的主要问题。国家开始从政策层面关注这些问题，例如《关于普及小学教育若干问题的决定》这一政策便关注到了学校布局分散对教育普及化的阻碍作用，力求使学校布局调整适应政治经济发展的需求，方便学生就近入学。但政策本身比较宏观，针对性较差，学校布局调整政策并未出台，随迁子女在流动过程中失学现象普遍存在，异地入学困难重重，迫切需要相关教育政策的出台。

这一时期我国学龄人口变动背景下，义务教育政策着力解决义务教育普及问题，确定了分区域普及九年义务教育的战略，政策调整的着力点是规范政府应该履行的基本职责，提高义务教育入学率，尤其是农村中小学入学率。然而政策调整的实效仅仅停留在义务教育阶段学龄人口入学率和升学率上，对于义务教育质量的关注较少，流动人口子女教育政策处于空白期，农村中小学布局过密散乱的状况并没有得到改善。

（2）政策形成期（1992—2000 年）。在这一时期，我国义务教育政策的调整开始关注义务教育入学机会的公平问题。1992 年邓小平同志发表了南方讲话，中国经济进入了快速发展轨道，流动人口子女数量激增，1993 年达到 6200 多万人。流动人口子女异地入学政策逐渐出台。与此同时，中小学布局调整政策被正式列入教育政策议程，相关教育政策在完成试点后相继出台。

1992 年出台的《中华人民共和国义务教育法实施细则》提出以借读的方式让随迁子女异地入学，该政策随后在全国 6 个区进行试点。这一政策的出台为随迁子女创造了异地入学的机会。1996 年原国家教委制定的《城镇流动人口适龄儿童就学办法试行》则以暂住证为抓手，为流动儿童提供入学机会。1999 年《中共中央、国务院关于深化教育改革，全面推进素质教育的决定》正式拉开了学校布局调整

---

① 《我国小学初中教育现状》，《瞭望周刊》1986 年第 15 期。

的序幕。

政策实施取得了一定的实效,2006年全国实现"两基"的地区人口覆盖率达到98%,实现验收的县(市、区)达到2973个,占全国总县数的96%。① 此阶段流动人口随迁子女义务教育入学问题有了政策依据,借读和暂住证成为随迁子女异地入学的敲门砖。义务教育在普及率、入学率、师资水平、办学条件等方面都有显著改善,开始从对教育"数量"的要求转向对教育"质量"的要求。而异地升学政策尚未引起相关部门的关注,学校布局的调整以效率为导向,方式简单粗放,导致学校数量骤减,就近入学成为新的义务教育难题,急需教育政策的进一步完善。

(3)政策完善期(2001—2009年)。在这一时期,我国义务教育政策的调整开始兼顾公平与效率。在此阶段,国家加大了对义务教育的投入力度,相继出台了一系列旨在规范教育行为、解决热点、焦点问题的政策。

从2000年起,国家积极调整了流动人口政策,异地就业政策限制的放松使得义务教育阶段流动人口子女数量在2000年达到了1982万人。我国人口变动背景下义务教育政策的调整开始关注教育公平的实现,体现在政策层面,针对性较强的义务教育政策相继出台,进一步完善了探索期阶段政策的缺失与不足。以2003年《国务院办公厅关于转发教育部等部门关于进一步做好进城务工就业农民子女义务教育工作意见的通知》为例,政策明确提出以"两为主"政策为抓手,力求为随迁子女提供平等接受义务教育的机会。《关于进一步加强农村地区"两基"巩固提高工作的意见》和《关于进一步推进义务教育均衡发展的若干意见》政策的出台则指明了学校布局调整效率优先、兼顾公平的政策导向。

政策的实施取得了较为显著的成效。首先,义务教育的普及工作基本完成。2007年,全国"两基"人口覆盖率达到99%,青壮年文

---

① 《2006年全国教育事业发展统计公报》,http://www.moe.edu.cn/edoas/website18/level3.jsp?tablename=1225698848940400&infoid=1225844554678314,2010年6月27日。

盲率下降到3.58%。其次，留守儿童受教育状况备受社会关注，国家开始从政策出发，努力形成推进农村留守儿童教育工作的整体合力。最后，农村学校布局调整成效显著。政策针对学龄人口分布现状与变动的趋势，要求布局调整要统筹城乡发展，合理规划，避免盲目撤点并校。

然而这个阶段随着大量的随迁子女在异地进入升学阶段，小升初和中考问题逐渐成为人口变动背景下义务教育政策调整面临的新挑战，引起了社会各界的广泛关注。此外，教育公平作为我国教育的基本诉求，需要政策的进一步调整来回应未来学龄人口数量、质量和迁移变动的要求，实现义务教育内涵式发展和均衡发展。

（4）政策调整期（2010年至今）。从2010年起我国义务教育政策的调整致力于扩大和保障公平升学的机会，努力实现义务教育的均衡发展。这一时期，全国各地纷纷响应国家政策的号召，相继出台了异地升学政策，义务教育学校布局的调整问题被再次提上议事日程，统筹城乡义务教育资源均衡配置成为中共中央关于深化教育改革若干问题的重大决定。教育均衡发展作为义务教育工作的重中之重，被纳入《国家中长期教育改革和发展规划纲要（2010—2020年）》，学校布局调整有了《关于规范农村义务教育学校布局调整的问题》的政策支持和《校车安全管理条例》的保障。城乡义务教育均衡发展成为教育改革走出深水区的着力点。

人口变动作为影响当前我国教育发展和社会变革的一个重要因素，引起了政策相关部门的广泛关注，教育政策的调整开始积极回应人口变动的趋势，回应义务教育公平的价值诉求，城乡学校标准化建设和随迁子女异地升学等政策开始进一步的调整。

2. 应对人口变动的义务教育政策分析

（1）流动人口随迁子女入学政策分析。我国义务教育阶段流动人口子女包括两个群体：流动人口随迁子女和留守儿童。在义务教育学龄人口入学政策方面，国家以"两为主"政策为框架，明确了流入地政府和流出地政府各自的责任。政策取得了一定的实效。首先，随迁子女的义务教育有了政策上的支持。国家和各级地方政府为了保障随迁子女义务教育的实施,相继出台了一系列的教育政策,如《流动儿童少年就学暂行办法》《关于基础教育改革与发展的决定》《关于进一步做好进城务就业农民子女义务教育工作的意见》等,其规定性和指向性更为清晰和明确,其中保障随迁子女享受基本公共服务并被纳入了《国家教育事业发展第十二个五年规划》之中,异地入学问题基本解决。其次,随迁子女户籍制度和学籍制度改革取得了长足的进步。从 2012 年开始,国家实施户籍制度改革,逐步放宽了中小城市的落户条件,电子学籍制度的实施为学生异地入学提供了学籍办理的便利,学籍管理更加灵活和准确,随迁子女异地入学的制度障碍被逐渐破除。

但是政策依旧存在以下几个方面的问题,需要义务教育政策的不断调整。首先,在政策的制定上,政策内容本身不健全。以"两为主"政策为例,自制定之日起,对政府如何主要负担、公办学校如何为主,并没有给出明确的责任和权力划分界限,导致政策执行过程中出现相互推诿责任的现象。异地入学门槛的设置本身即意味着一种条件上的不公平,其本身缺乏科学性和民主性。教育作为公共性的物品,理应为受教育群体所享受。然而城乡之间教育环境的巨大差异使得城乡居民在教育利益上互相博弈,导致政策执行过程中出现异化和失真的现象,弱势群体在政策制定过程中处于失语的状态,合理诉求难以表达,就近入学政策的实施更是阻碍重重。其次,政策的执行环境不良,障碍重重。流入地与流出地的利益博弈使得城市公办学校入学门槛较高,平等接受义务教育很难真正实现。以户籍制度和学籍制度改革为例,改革进程的缓慢使得随迁子女有学上和上好学的愿望难以实现。国家财政性教育经费投入在 2012 年虽然达到了占 GDP 的 4% 的目标,但依旧远低于世界平均水平。再次,有效的政策监督体系不健全,导致政策执行后出现种种异化。我国流动人口子女教育政策缺乏必要的政策监督体系,地方政府在随迁子女教育问题存在责任不明确和责任推脱的现象,政策执行力大大下降。最后,国家层面针对留守儿童出台的政策较少,使得留守儿童的受教育权益得不到充分保障,而且现有政策本身的宏观指导性较强,但可操作性较差,留守儿童很难从政策中较大程度的获益。

（2）流动人口随迁子女升学政策分析。对于我国义务教育阶段的学龄人口而言，异地升学政策主要指异地小升初和中考政策。我国小升初实行就近入学政策，打破了应试升学指挥棒的束缚，而异地中考政策关涉流入地子女与随迁子女之间的教育利益之争，备受社会关注。

2010年5月《国家中长期教育改革和发展规划纲要（2010—2020年）》首次提出研究制定随迁子女异地升学的办法，拉开了异地升学政策改革的序幕。随后国家于2011年开始进行改革试点，并于2012年发布《关于做好进城务工人员随迁子女接受义务教育后在当地参加升学考试工作意见的通知》，明确要求各地区因地制宜出台异地中考方案。异地中考政策为随迁子女提供了便利的升学机会，一定程度上保障了他们平等接受教育的权利，有助于教育公平的实现。然而政策本身以居住证、积分证、社保证等作为门槛，将一部分不符合门槛条件的学生拒之门外。此外，中国相对较低的教育投入水平、政策相关者之间的利益博弈、户籍制度改革的举步维艰等因素相互交织，制约着我国异地中考政策的有效实施。异地升学政策如何破解门槛难题，扫清政策实施的制度和环境障碍是今后义务教育政策调整的着力点。

（3）农村学校布局调整政策分析。我国农村学校布局调整政策从酝酿期、探索期、完善期再到调整期，经历了复杂的历史变迁过程。1980年《关于普及小学教育若干问题的决定》首次涉及学校布局调整问题。随后国家相继出台了《中共中央、国务院关于深化教育改革，全面推进素质教育的决定》《关于基础教育改革与发展的规定》等政策。政策在优化资源配置上确实取得了一定的成效，将比较分散的农村小学和初中适当地集中起来，重新进行布局和规划，有利于提高农村义务教育学校的办学质量和规模效益。但是政策之所以被叫停，有其深层次的原因。首先，政策本身是对学龄人口变动现状的被动适应，缺乏前瞻性，导致学校点盲目撤销后的重建。学校布局调整政策不等同于撤点并校，但政策在执行过程中出现异化，导致偏远地区儿童上学难，大班额教学现象大量存在，寄宿制学校办学资金不足，教学质量难以保障，"一刀切"式撤点并校行为愈演愈烈，必要教学点的盲目裁撤导致儿童就近入学困难重重，有些教学点不得不重建，浪费了国家教育资源。其次，利益者之间的博弈此起彼伏，异化了政策效果。布局的调整不等于盲目撤点并校，政策执行者在利益和错误理念的驱使下，政策呈现越位和缺位现象。学校布局的调整关涉着家长、学生和地方教育官员的利益，而在这场复杂的利益博弈之中，家长和学生明显处于弱势地位，其合理的教育诉求难以在教育政策中获得表达。学校布局的调整变成了地方教育官员的独角戏，家长和学生只能被动地接受现状。作为学校布局调整的直接利益相关者，家长和学生的意见在布局调整政策的制定和实施中理应被充分吸纳。①最后，政策本身的衍生问题没有得到切实的解决，尤其是校车安全问题突出。学校布局的调整政策其出发点是为了提高已有教育资源的利用率，可盲目撤点并校也裁掉了必要的教学点，导致学生求学距离偏远，校车为学生求学提供了便利。可是一幕幕触目惊心的校车安全事故让家长和孩子们心有余悸。如何解决好学校布局调整衍生的教育问题，是未来教育政策调整的关键。

（4）城乡义务教育师资均衡发展政策分析。从 2006 年新修订的《义务教育法》规定，县级以上人民政府均衡配置教育资源到 2013 年《中共中央关于全面深化教育改革的决定》中提出的统筹城乡义务教育资源均衡发展和实行校长教师交流制度，这一系列政策的实施取得了显著的实效，教师流动开始走向制度化和规范化发展的轨道。2014 年 9 月 2 日，教育部、财政部和人力资源保障部联合出台了《关于推进县（区）域内义务教育学校校长教师交流轮岗的意见》，要求义务教育阶段公办学校校长和副校长在同一所学校连续任满两届后，进行交流；对于城镇学校和优质学校而言，每学年教师交流轮岗的比例要大于等于符合交流条件教师总数的 10%。以天津市为例，2015 年 3

---

① 赵杰：《农村义务教育学校布局调整政策：变迁、反思与展望》，《教育发展研究》2013 年第 8 期。

月天津市教委等部门联合下发了《关于推进区县内义务教育学校教师、校长交流轮岗工作的意见》。① 该文件规定了天津市义务教育阶段学校的教师和校长轮岗交流的范围和实施办法，以定期交流、学校联盟和对口帮扶等形式，带动区域内优质教育资源的均衡与共享。

总体而言，我国人口变动背景下师资均衡政策的制定以教育公平为导向，目的是优化城乡师资队伍结构、提升教育质量、实现城乡师资资源的均衡配置。然而政策的实施并没有实现真正的均衡，城乡师资资源的均衡配置的实现依旧任重而道远。首先，在教师流动政策的制定上，作为政策的目标群体，广大教师并没有真正地参与到政策的制定过程中，教师们的利益诉求没有获得表达的途径。尤其是城乡教师的工资水平的差异并没有实现真正的缩小，差异依旧较大。其次，在政策的执行过程中出现了失真和异化的现象，突出地表现在城乡师资交流上：城市教师在主观意愿上不愿到乡镇交流；交流教师的水平参差不齐，个别学校为了自身的利益，并没有让优秀教师走出城市校园；交流老师本身处于种种考虑，并没有发挥自身的教育优势，出现不同程度的懈怠。最后，政策本身不明确，无法充分发挥政策的实效。有学者以全国25个省（自治区、直辖市）的教师轮岗交流政策为对象进行文本梳理，发现只有9个省（自治区、直辖市）对交流对象、范围、比例、方式与期限等做出明确的规定，缺失一个及以上要素的有16个省（自治区、直辖市），占到总数的64%。② 此外，流动教师的薪酬、评比、晋升、编制和子女教育等方面同样需要各地做出明确的政策规定，以充分调动教师流动的积极性。

（5）城乡学校标准化建设政策分析。为推进义务教育的均衡发展，2010年国家正式启动了义务教育学校标准化建设工程。2012年"推进义务教育学校标准化建设"被纳入《国家教育事业发展第十二个五年规划》。在2015年的《政府工作报告》中，国家适时地提出了

---

① 《天津义务教育学校教师将交流轮岗》，http：//news. enorth. com. cn/system/2015/03/16/030089526. shtml，2015年3月16日。

② 王昌善：《我国县域义务教育学校教师流动制度：现状、问题与对策》，《湖南师范大学教育科学学报》2014年第9期。

加快义务教育学校标准化建设的政策规划,进一步促进义务教育的公平发展。全国各地在国家相关政策的指导下,相继出台了一系列政策文本。我国中小学标准化建设取得了一定的政策实效,规范了学校建设的标准,有助于缩小学校之间的差距,尤其是城乡教育之间的差距,有助于教育公平的实现和教育资源的优化配置。但是在经费投入、城市农民子弟学校的标准化建设、资源投入的风险预测与评估、内涵式发展和标准化与特色化方面还存在一定的误区与问题。① 首先,经费筹措途径单一,地方政府负担过重。教育作为准公共品,政府在其发展中承担着投入主体的职责。但是各级政府财政收支状况差异显著,单一的经费筹措渠道难以满足日益增长的教育投入需求,需要国家教育政策的进一步扶持,拓宽教育经费的收入渠道。其次,城乡学校标准化建设与学龄人口变动之间缺乏互动机制。人口的数量、质量和迁移等诸多方面的变动与教育投入和资源的配置之间有着密切的联系。当前我国城乡学校标准化建设对学龄人口变动趋势的预测还存在一定的滞后性,造成教育资源投入的盲目性甚至出现重复建设问题。最后,对标准化的盲目追求导致中小学出现千校一面的现象,许多地方学校失去了自己的办学特色。虽然目前我国中小学建设标准对校舍建筑面积、装备条件标准和师资队伍建设等硬件和软件方面都有所规定,但是标准化本身只是学校建设的一个必经阶段而不是终极目标,与学校特色化建设之间并不矛盾。正如有的学者所言,标准化是特色化的基础,特色化是标准化的存在方式。② 因此,如何科学地制定出中小学建设的参考标准,成为影响政策实效的关键因素。

(五) 应对人口变动的义务教育政策调整建议

我国人口变动背景下出现的诸多义务教育问题彼此之间并不是孤立的,而是紧密相关的。学龄人口变动与义务教育政策之间应具有互动性:人口的变动对义务教育政策的调整提出要求,包括义务教育资

---

① 李乾:《推进城乡中小学标准化建设的经验与反思》,《现代中小学教育》2014 年第 1 期。

② 张海波:《教育均衡视角下的"标准化学校"理论研究》,硕士学位论文,东北师范大学,2007 年,第 17 页。

源的优化配置、学校教育布局的合理调整和流动人口子女公平受教育等;义务教育政策的调整,也对人口变动提出要求,具体体现为学龄人口的合理流动与可持续发展。未来义务教育政策的调整可以从以下几个方面着紧用力。

1. 根据人口变动情况,统筹义务教育政策问题,做好制度的顶层设计

人口变动背景下义务教育均衡发展实质上是指基于义务教育阶段人口变动的趋势,以公平原则为指导,在教育群体之间公平地分配教育资源,以实现教育需求与供给的动态平衡。义务教育资源的有限性和义务教育需求的无限性之间的矛盾是我国人口变动背景下义务教育发展所面临的主要矛盾,利益相关者之间的博弈使得义务教育政策的调整变得举步维艰。均衡发展是实现义务教育公平的根本路径。针对我国城乡之间存在较大差距的问题,在义务教育相关政策调整时,应坚持教育资源配置向农村倾斜,促进城乡教育一体化发展。

(1) 科学预测人口变动趋势。学龄人口的数量与结构、质量与迁移变动对义务教育事业产生了巨大的影响。对义务教育学龄人口进行科学的预测,对于评估未来义务教育的需求量、优化教育资源、合理规划教育投入等具有重要的意义。人口变动的时代背景反映到义务教育阶段,突出地表现为以下两个方面的问题:第一,当前国家单独两孩政策的放开使得新的生育小高峰即将出现,学龄人口的短期骤增会冲击已有教育资源的承载力;另一方面,伴随着城镇化的快速发展,人口流动更加频繁,学校布局调整和异地教育面临更大的困难。准确科学的预测人口变动趋势,将有助于各地区因地制宜,制定出合理的教育发展计划和规划。如何依托信息化技术手段,建立适合我国国情的人口预测模型具有重要的现实意义,需要相关部门之间协同创新。

(2) 转变传统观念,以公平为指导思想。转变观念是实现城乡义务教育均衡发展的前提。第一,在随迁子女义务教育问题上,长期以来受户籍制度和传统观念的影响,部分城市居民依旧认为农民工子女在流入地接受教育是对现有教育资源的侵占,是教育的额外负担。在随迁子女异地教育政策上,城市居民固守已有的政策利益,使得政策

制定和执行过程中困难重重。因此，市民须及时地转变观念，突破利益固化的藩篱，充分地认识到流动人口为流入地建设所作出的巨大贡献，尊重流动人口随迁子女的教育诉求。第二，政府部门也要超越"城乡二元"的两级思维模式，走出原有政策框架的束缚，走城乡教育一体化之路。关键任务是破除城乡之间的户籍壁垒，取消农业户口和非农业户口的身份区别，啃掉户籍制度这块硬骨头，让城乡居民平等享有公共服务。随着2014年国务院印发的《关于进一步推进户籍制度改革的意见》的实施，城乡发展正朝着公平和正义之路大步前进。第三，在城乡师资流动问题上，教师要树立正确的就业观，摒除城乡差异观念，积极地投身于农村教育事业的发展，自愿申请流动；学校的管理者应树立正确的绩效观，摒除狭隘的校际观念的束缚，让优秀教师走出校门，走进农村学校的大门，为农村教育事业的发展贡献力量，为城乡师资的流动减轻阻力。

（3）利用信息化手段，扩大优质义务教育资源的覆盖面。教育信息化是国家信息化的重要组成部分，是在教育领域广泛利用信息技术，开发信息资源，促进教育现代化的进程。[①] 如何利用信息化手段来扩大优质教育资源的覆盖面，可以从以下两个方面着紧用力。首先，要加快义务教育办学体制和管理模式的改革。以资源共享、协同发展为改革思路，探索校际之间的捆绑式发展模式，实施学区化管理，以优质学校的教育资源为依托，辐射带动薄弱学校的发展。其次，要加强城乡学校之间的联系。结成帮扶体系，利用现代化信息技术和设备，将城市学校的优质教育资源源源不断地输入到农村学校，在实现资源共享的同时，将优质学校的先进办学理念和良好的学风校风等输入到农村学校，为农村学校管理水平和办学水平的提升助力。

（4）在政策发展过程中解决相关问题。当前我国正在快速推进义务学校标准化建设和城乡教育一体化建设的进程，对师资配置、教育硬件设施的建设等诸多方面进行了明确的政策规定，以满足学龄人口变动带来的高质量和均衡化的教育需求，取得了一定的实效。但是政

---

① 袁贵仁：《中国教育》，北京师范大学出版社2013年版，第207页。

策本身并非完美无缺，政策在实施过程中和实施后依旧存在着许多不足之处。比如，城乡教育差距大的现状并未得到根本性的扭转，农村的推力和城市的拉力依旧强劲。比如，学校布局调整后阶段衍生的诸多问题如校车安全问题、农村必要教学点建设问题等，需要教育政策进一步引导与解决。再比如，城乡居民对优质教育资源需求的增长与优质教育资源不足之间的矛盾更加突出，迫切需要政策的缓和和化解。上述诸多教育问题需要在教育政策的发展过程中逐步解决。首先，可以完善教育政策，攻克薄弱环节。加大国家教育投入力度和义务教育政策的扶持力度，补齐短板，协同改进薄弱学校。其次，要找准教育政策的切入点和着力点，以村小的硬软件配置为有力抓手，以点带面，努力提升农村学校的办学条件和教育质量。[1] 最后，加强农村寄宿制学校建设，加快学校标准化建设进程，破解"择校热"难题，破除校车安全隐患。

2. 针对具体问题，调整相应政策

（1）实行有差别的教育支出责任体制。目前，中国各级政府间的教育支出责任体制为基础教育投资以地方政府为主，中央和省级通过专项基金的形式进行补助。教育作为公共性的社会事业，不能完全由市场来决定其发展的速度与质量。一方面，政府承担着教育投入的主要责任，应该积极地完善自身的建设，加快政府转型的进程，制定出合理的财政支付制度，保证教育经费的合理分配。加快财政转移支付的力度，科学地规划各级政府分担的比例。在"以县为主"的管理体制下，应普遍建立县级独立的转移支付账户，防止转移资金被挤占和挪用[2]，保证教育投入使用的透明化与制度化。另一方面，我国城乡之间的经济发展水平和财政能力差异明显，"一刀切"的教育支出体制难以满足财政能力弱的地区教育的发展需求，因此有必要实行有差别的教育支出责任体制，合理分担教育经费，对于发达地区，尝试将

---

[1] 国务院教育督导委员会办公室：《2013年义务教育均衡发展督导评估》，《中国教育报》2012年2月22日第3版。

[2] 曾天山等：《义务教育均衡发展是实现教育公平的基石》，《当代教育论坛》2007年第1期。

责任主体下放给地方政府，而对于经济薄弱的农村，以国家财政作为主要保障，走国家、社会、企业、学校和个人多元投资的教育经费筹措之路。

（2）构建高素质教师的补充机制。单纯地依靠城乡之间的校长和教师轮岗制度虽然能在短期内提升农村学校的教学水平，但不是长久之计，构建高素质的教师补充机制是实现城乡师资均衡配置的长效机制。第一，可以借鉴大学生服兵役学费代偿的办法，探索师范类毕业生学费代偿制度，以此鼓励高校毕业生积极投入教育事业，走上教师岗位，尤其要加大对支教生的工资补贴。第二，试行农村义务教育学校教师国家培训计划。因地而异，委托优质学校对农村教师进行定期培训，切实提高农村中小学教师质量。第三，积极推进免费师范生教育，在学校教师招聘岗位上，增加免费师范生就业岗位，通过便捷入岗入编的办法，调动高考生加入免费师范生队伍的积极性，壮大教师队伍。与此同时，可以借鉴大学生"村官"的办法，由国家设置专门的事业编制教师岗，并适当提高薪酬，以招聘优秀毕业生到农村从教。[①] 第四，加快各区县高学历人才引进计划的实施，降低门槛，提高待遇，鼓励研究生服务基层教育。

（3）强化政府责任，理顺教育与经济和政治的关系。义务教育是国家必须予以保障的公益性事业，我国实行国务院领导，省、自治区、直辖市人民政府统筹规划实施，县级人民政府为主管理的体制。政府应该对公共事务进行治理，掌舵而不划桨，不直接介入公共事务。[②] 党的十八大报告指出，我们应深化行政体制改革，继续简政放权，以创造良好发展环境，提供更加优质公共服务，切实维护社会公平正义。为此，需要进一步强化政府责任，加快省级统筹教育的发展，加大国家和社会监督的力度，切实落实政府推进义务教育均衡发展的法定职责，坚持依法治教和依法行政。教育与政治、经济相互影

[①] 余丽红：《实施教育宏伟蓝图更需精心"施工"——中国教育学会学习贯彻全教会和〈教育规划纲要〉座谈会综述》，《中国教育学刊》2010 年第 10 期。

[②] 毛寿龙：《西方政府的治道变革》，中国人民大学出版社 1998 年版，第 7 页。

响、相互制约。虽然一定的政治和经济是教育发展的基础,但这并不意味着教育的发展成为政治和经济的附庸,这决定了要优先发展教育。教育优先发展,首先是义务教育的优先发展。作为国家教育事业发展的基础性环节,义务教育的发展理应得到国家更多的财政支持、政策指导和制度保障。以经济发展促进教育投入的增加,以政治发展促进教育政策的实施,以教育的发展反哺经济和政治的发展,是新形势下我国教育与经济和政治之间关系的最好诠释。

(4)合理规划学校布局,努力实现教育资源效益的最大化。随着学龄人口的变动和学校布局的调整,在农村出现了大量的剩余教育资源,国家需要满足城乡公共文化发展的需要,立足于人民群众的利益诉求和价值诉求,预测学龄人口变动的趋势,科学划定每所学校的服务范围,合理规划学校布局,先建后撤或边撤边建,保留必要的教学点,为城乡教育的可持续发展提供必要而正确的政策支持。按照"小学就近入学、中学以乡镇为主适当进行集中"的理念,设计、规划安排好农村学校,重新建立乡村学校。坚持公平与效率并重的原则,彰显布局调整的人文关怀。在处理废旧校舍资源的时候,地方政府可以保留部分校园建筑,为农村教育预留一亩地,给村民一个进学校学习和交流农业技术的场所,给放学归来的孩子提供一个属于他们的娱乐空间,使废弃校舍成为农村文明发展的基地。因此,教育政策的制定需要充分考虑到城镇化与新农村文化建设的协同推进,并适度向乡镇倾斜,努力实现教育资源效益的最大化。

(5)提升流动人口子女教育质量。第一,加强政府投资,依据学龄人口变动的趋势,适时地兴办公办学校,进一步挖掘公办学校的办学潜力,提高公办学校的承载力,保障随迁子女接受义务教育的质量。第二,进一步简化随迁子女异地入学的程序和步骤,适当降低公办学校的入学门槛。第三,加大对农民工子弟学校和农村寄宿制学校的财政扶持力度,切实按照流动人口子女数量拨付教育经费。第四,改革户籍制度,进一步完善动态的全国电子学籍系统,为随迁子女异地入学扫清制度障碍。第五,进一步落实农村义务教育学生营养改善计划,促进学生身心健康发展。第六,努力破解中小学流动人口子女乘车难和乘车安全问题。明确责任，进一步完善校车安全法规，并严格规范管理，切实保障学生安全。

3. 加强制度建设，规范政策执行

（1）加强制度建设，建立校长和教师定期流动制度。当前义务教育阶段学校对优秀教师资源的固守和优质师资自身的无序流动，使得城乡教师资源的配置严重失衡，择校问题难以破解。为此国家有必要采取一定的政策措施来抑制这种无序流动。首先，加强制度建设，立足教育实际，建立完善的校长和教师定期轮岗交流制度。以制度或法规的形式明确校长和教师流动的范围、程序和薪资待遇等，并进行公示，保障教师流动的公开、公平和公正，让校长和教师流动有制度可依。其次，以流动教师的"五险一金"为抓手，建立起完备的保障体系，消除流动教师的后顾之忧，[①] 促进城乡教师资源的均衡配置，着力提高农村学校教师队伍的质量。再次，建立中小学教师编制的动态管理机制，努力实现城乡教师社会地位的统一，着力提升农村教师的工资补贴力度，改进农村教师的生活质量。最后，探索多元化的校长和教师流动制度，不仅要让城市教师向乡镇流动，而且要让乡镇教师向城市流动，获得在优质学校授课和交流经验的机会。此外，地区内优质校与薄弱校之间的教师流动也是提升学校师资水平的有效途径。

（2）建立流动人口子女教育培训和心理辅导制度。一方面，建立流动人口教育培训和心理辅导制度，这是提高进城人员社会适应性和教育幸福感的有力举措。关爱流动儿童和留守儿童，尝试建立区域性的"留守子女关爱教育中心"，并加强对留守儿童监护人的培训。另一方面，建立公安、教育、劳动、卫生、农业、民政等部门分工合作、相互协作的工作机制。教育部门要为流动人口子女提供免费的心理辅导，以缓解随迁子女融入陌生环境的学习压力和留守子女远离父母、独自面对生活的压力。近年来，留守儿童性侵案件频发，如何进一步保障留守儿童的身心健康发展，需要各部门不懈的努力与探索。

---

① 赵国君：《欠发达县域基础教育师资配置问题研究——基于河南省S县的个案分析》，硕士学位论文，苏州大学，2008年，第51—52页。

总之，流动人口子女教育培训和心理辅导制度的有效实施，一方面，要求各相关政策要科学具体、责任明确；另一方面，流动人口子女的身心健康发展需要广大志愿者的参与和社会人士的协助。可以尝试建立关爱流动人口子女志愿者联合会和关爱流动人口子女基金会。

4. 建立健全政策监督与评价机制

（1）建立监督与评价机制。建立健全人口变动背景下我国义务教育政策监督与评价机制，可以从以下四个方面着手。第一，进一步开展义务教育均衡发展监督评估。坚决落实2012年教育部印发的《县域义务教育均衡发展督导评估暂行办法》，以公众满意度为重要参考标准，以科学的标准为依据，引入公众参与评估的机制，促使义务教育均衡发展督导评估工作更加科学、规范和高效。第二，建立义务教育均衡发展奖励机制。有效的奖励机制可以激发社会监督和部门自我监督与评价的积极性。相关部门可以创造性地将薪酬奖励、权力奖励、目标激励和荣誉激励等办法引入教育督导与评价机制中。第三，推进教育督导体制改革。严格按照管、办、评相互分离的原则开展义务教育监督与评价工作，理顺各层级部门之间的责任关系，加快督导队伍建设，切实发挥督导与评价的作用，为义务教育的均衡发展提供较为准确的依据。

（2）改善政策决策环境，建立多元参与的利益博弈机制。人口变动背景下，我国城乡义务教育显著差距的产生以及流动人口子女平等接受义务教育难等现象的出现，其中一个非常重要的原因就是政策制定过程中的城市偏向。公共政策的制定是不同利益群体之间相互博弈以实现自身利益最大化的过程。针对以往义务教育政策制定过程中城市既得利益者固守所得利益而流动人口和乡镇人口在决策过程中"缺席"和"失语"的状况，国家有必要建立多元参与的民主决策机制，广开言路，进一步完善义务教育政策听证制度，切实推进义务教育政策制定过程的民主化和公开化，保障弱势群体公平参与教育政策的博弈。

（3）优化政策执行环境，建立和健全相关的法律体系。首先，建立和健全流动人口子女义务教育的法律体系。迄今为止，我国还没有出台过专门的法律文件来保障随迁子女和留守儿童公平受教育的权利，导致已有相关的义务教育政策在执行过程中出现异化和失真现象。基于经济社会的发展和我国义务教育阶段学龄人口的变动，迫切需要建立一套完善的法律体系，以保障流动人口子女平等接受义务教育的权利。一方面，可以完善已有法律体系，细化已有法律条款；另一方面，根据人口变动的新形势，创造性地制定新的相关的法律法规，以此来规范和约束政策相关者的行为，保证政策制定、执行和评价过程的真实性和可操作性。其次，推进公办学校标准化建设政策法制化的进程。对学校硬件设施和软件设施建设的标准予以立法规定，建立有效的监督和监察机制，全面实行依法建校、依法治校，促进我国人口变动背景下义务教育学校建设的持久健康发展。

三　人口变动产生的高中教育政策问题

（一）人口变动对高中教育产生的影响

1. 人口数量的变动影响高中教育规模、教育投资、教育水平

国家统计局的数据资料显示，我国人口的自然增长率在20世纪50年代（除了1958年和1959年）基本都保持在20‰以上，形成了新中国成立以来第一次人口增长的高峰。在这之后，由于经济的发展和学龄人口的累积，在人口增长的同时，我国高中教育阶段的规模也随之增加。高中在校生的人数由1949年的20.47万人增加到1960年的167.5万人。1959—1961年死亡率迅速上升，人口呈现负增长，高中教育规模有所缩减。人口锐减，不仅减少了同期适龄高中入学人数，也造成了之后几年高中适龄入学人数的缩减。

60年代中后期到70年代初，我国人口迎来了第二次增长高峰。同期高中阶段教育的规模又呈现增长趋势。到了1967年左右，我国第一次人口高峰时期出生的人口成为高中阶段教育的适龄入学人口。第一次人口高峰增加的人口数量影响到这一时期高中教育的规模。1968年高中阶段在校生人数140.8万人，招生数63万人，均高于

1967 年的水平。1970 年在校生人数已达 349.7 万人，招生数 239 万人，分别比上年增加了 160.6 万人和 135.4 万人。

20 世纪 70 年代，我国人口的自然增长率开始平稳下降，进入到生育率下降为主导的人口转变的第二个阶段。虽然人口的自然增长率在下降，但受第一次人口高峰的影响，同期的高中阶段在校生数从 1971 年的 558.7 万人迅速增加至 1977 年的 1800 万人，学校数增加至 1977 年的 64903 所，招生人数增加至 993.1 万人。

80 年代我国人口增长率开始回升，形成了我国历史上第三次人口增长高峰。但因受到 60 年代末 70 年代初人口自然增长率下降的影响，这一时期高中适龄入学人数减少，高中阶段教育规模有所下降。学校数从 80 年代初的 31300 所缩减至 80 年代末的 16050 所，在校学生数也在波动中减少了 253.7 万人。

90 年代，中国人口的自然增长率持续下降，人口惯性增长。受 70 年代生育率下降和 80 年代生育率回升的影响，同期高中阶段在校生总数、高中学校数都经历了先降后增的过程。到 1999 年高中学校尚有 14127 所，学生 1049.7 万人。

2000—2013 年期间，前半段我国高中阶段教育规模扩大，后半段高中规模开始下降。出现这种情况的原因是：前半段的增长是受 20 世纪 80 年代的第三次人口高峰的影响，入学人数大幅增加；后半段是由于人口的自然增长率持续下降，使得适龄入学人数缩减。

通过分析我国人口和教育变动的历史可看出，人口数量的变动，尤其是自然增长率的变化，会对同时期以及之后十几年高中教育的规模产生极大的影响。某一时期人口的高自然增长率也就预示着之后十几年高中教育要进行大规模的扩张；人口自然增长率的下降（包括自然灾害等因素造成的）就要适当缩减同期以及之后的高中教育规模。

高中教育规模扩大或缩减的同时，国家对于教育的投资要跟得上教育规模的变化。在社会全部投资系数和人口投资系数不变的情况下，人口自然增长率的高低以及人口数量的多少，决定着人均经济投资和开发智力资源的教育投资的高低。人口增长速度与人均经济投资、教育投资呈负相关。人口自然增长率越低，人口数量增长越慢，所用人口投资越少，经济投资比例就越大，用于开发智力资源的教育投资就越多，人均教育投资就越高。相反，人口自然增长率高，人口数量增加迅速，为了保持生活水平不致下降，需要的人口投资越高，经济投资比例就会下降，因而用于教育的投资就越少，人均教育投资就越低。①

人口数量不仅影响高中教育规模、教育投资，而且对教育水平的提高产生长远影响。在人口快速增长、高中教育接收的适龄入学人口增多的情况下，为了使每个入学的学生都有平等的受教育机会，高中阶段的教育重点就在于扩大教育规模以满足更多的教育需求。而在人口减少、高中入学人数缩减的情况下，已有的教育规模已能够满足全部的学龄人口进入高中接受教育，高中教育的重点就从扩大规模转向注重教育质量、提高教育水平。教育水平的提高是个长期的过程。在考虑到人口变动的前提下，依据我国现今社会发展状况，我国高中教育规模的扩大与教育水平的提高还有很长的路要走。

2. 人口的年龄、文化教育结构影响高中教育的规模

按照国际上通用的划分人口年龄结构类型的标准，并对比我国四次人口普查数据，90年代我国人口年龄结构已经开始由成年型向老年型过渡。② 年龄结构的变化，将直接影响到高中阶段教育的规模。由于年龄结构与出生率、死亡率、自然增长率、人口数量密切相关，因此在自然增长率快速增长的同时，低年龄组人口总量随之增加，也就预示着未来人口金字塔会呈现塔中部分宽大的情况，届时高中阶段教育将接收更多的学生入学。年龄结构与人口数量受自然增长率的影响共同对高中阶段教育的规模产生作用。在人口结构因素中，人口的文化教育结构对高中阶段教育规模也有很大的影响。人口的文化教育结构是指总人口中具有不同文化程度人口之间的比例关系。根据2010年人口普查结果显示，每十万人口中高中和中专的受教育人口数为14032人，远低于每十万人口中初中和小学的受教育人口，这也是我

---

① 田家盛：《教育人口学》，人民教育出版社1999年版，第64—65页。
② 同上书，第88页。

国人口整体素质偏低的体现。要想提高人口的素质，就必须扩大中等阶段的教育，尤其是发展高中阶段教育。在人口的文化科学素质偏低的驱动下，大力发展高中阶段教育已成为教育改革发展的重点之一。

3. 人口的产业、职业结构对普通高中与职业高中的比例协调发展的影响

人口的产业、职业结构是指劳动人口在第一、第二、第三产业以及各种职业中分布状况和比例关系。[1] 随着经济的发展，我国第一产业产值比重逐渐减少，第二、第三产业逐步增加。产业结构的转型必然引起产业、职业结构的变化，也就意味着从事第一产业的劳动人口减少，第二、第三产业从业人员增加，第二、第三产业的发展需要更多的智力职业人口，尤其是专业性非常强的技术人才。职业教育本身就是适应社会分工的细化、生产技术的不断提高而产生的，它的使命就是为现代化经济的发展培养素质较高、技能过关的专业型人才。而第二、第三产业是社会化分工最细、对生产技术要求最高的行业，产业比重的增加要求职业高中扩大规模、培养更多的对口人才。职业高中规模的扩大势必会遇到普职比例问题，至于比例多大才合适，这就要根据市场的需求来做调整，当然并不是说完全是受市场需求的驱动。在协调普职比例时，也要根据某地区或国家的具体情况具体来分析。

4. 人口的地区结构的变化影响着高中教育区域、城乡的均衡分布

自改革开放以来，受东部沿海经济高速发展以及城乡经济体制改革的影响，我国人口出现大规模的流动，流向主要为中西部人口向东部转移、从农村向城镇转移，流动人口的主要特征是以青壮年为主。人口的流动给劳动力流入地和流出地都带来了深刻的影响，其中就包括对教育的影响。在一般情况下，高中阶段教育规模是根据适龄入学人数的变化进行适度调整。对中西部人口大规模流出地而言，人口的流出使得该地区的高中教育适龄入学人数减少，因而应缩减高中阶段教育规模，以避免在人口流动过程中造成资源浪费。对于东部人口流

---

[1] 田家盛：《教育人口学》，人民教育出版社1999年版，第97页。

入地来讲,劳动力的大规模流入既促进了该地经济的发展,又增加了适龄的入学人数。因此,必须扩大高中教育规模、增加教育投资以满足流动人口的教育需求。东部教育规模的扩大和中西部教育规模的相对缩减形成明显的对比,造成了高中阶段教育存在区域间的不均衡现象。此外,我国的城镇化建设吸引了大批农村人口进城务工。这些人员为了适应城镇的生产、生活方式,不断提高自己谋生的手段,迫切需要提高自己及其子女的受教育水平。因而,城镇教育规模的扩大是必然的。而对于农村而言,其教育水平已满足不了人们追求更高层次教育的需求,加之人口流出,农村的高中阶段教育规模对比城市有所缩减,引起城乡之间高中教育发展的不均衡。

(二) 人口变动影响高中教育的具体问题

1. 高中教育规模扩大,资源供不应求,造成了超大规模学校的出现

进入 21 世纪以来,我国高中阶段在校生人数总体呈现增长趋势,而学校数量却在波动中有所减少。以普通高中为例,2000 年的普通高中学校数为 14564 所,在校生数为 1201.26 万人;2010 年的普通高中学校数为 14058 所,在校生数为 2427.3351 万人。在普通高中人数增加了 1200 多万人的情况下,学校数却相对持平,首先在学校数量上就满足不了社会对高中阶段教育的需求。在资源供不应求、高中阶段学校数减少的情况下,学校数量的不足会导致学校纵向发展,不断地扩大自身的规模以容纳更多的学生入学读书,也就随之产生了超大规模学校的问题。而超大规模高中多是在优质高中的基础上通过扩建、合并和新建分校而发展起来的。[①] 优质学校的扩张,势必会占用更多的政府教育经费和优质师资,进一步导致有些学校教育经费投入不足,师资力量欠缺,加剧校际间资源分配的不均衡。

2. 高中教育师资缺乏,影响了教育水平的提高

高中阶段不论是普高还是职业教育教师都较缺乏,从一所学校来看,师资力量的缺乏,会出现一名教师带多科的现象。教师担任多门

---

① 杨海燕:《超大规模学校的现实困境与规模选择》,《国家教育行政学院学报》2007 年第 8 期。

课程，势必会分散教师的精力，而且教师并非这些学科的专任教师，必然会造成学生某一方面发展的滞后，不利于提高学生综合素质的发展，也不利于提高学校整体的教学水平，对学校的发展产生严重的阻碍作用。从一个国家的角度来说，若一国高中阶段教育严重缺乏师资，那么会造成教育的断层、高等教育规模的缩小、教育结构的失调等诸多问题，更严重的会引发社会的不安定因素，给国家的发展带来重大损失。因此，师资力量的充足是提高教育水平的基本保障，补充教师队伍对高中教育发展意义重大。

3. 区域、城乡高中阶段教育发展不均衡，人口的流动导致一些地区资源浪费

以生师比为例，据2013年中国统计年鉴的数据分析，2012年东中西部的生师比差距较大。东部沿海地区的生师比平均数为13.59，中部生师比平均数为16.41，西部生师比为16.09，通过对比明显可看出东部高中阶段师资配备条件要优于中西部，这也说明经济发展越好，越能吸引更多的教师资源，生师比越低。另外，各地区之间的生均教育经费也存在很大的差异。以普通高中为例，依据教育部、国家统计局和财政部公布的关于2012年全国教育经费执行情况统计公告显示，普通高中生均公共财政预算公用经费东部经济发达地区普遍高于中西部地区。虽然国家增加了对中西部地区的财政投入，但由于受到学生数量以及各种条件的影响，中西部的大多数地区生均费用仍然与东部有很大的差距。不同地区之间的高中教育存在差异，城乡之间也存在同样的情况。2012年城镇普通高中专任教师总数为1210545人，而农村的专任教师总数（包含城乡结合区和镇乡结合区）却只有384400人。农村是高中阶段受教育人口的重要来源地，教师数量不足会导致生源的流失。此外，受到农村经济条件的限制，农村高中阶段教育的发展本来不及城镇，城乡高中教育处于失调状态。在这种失调状态的影响下，为了寻求高质量的教育，大批高中阶段学生选择进入城市接受教育，更加加剧了城乡之间教育发展的不协调。此外，城镇化建设以及大规模的人口外流，以至于有些农村地区的高中适龄入学人数迅速降低，但高中数量一时之间并不能大规模减少，这就导致

了一些学校招生数和在校生数的下降、教育资源的闲置和浪费。

4. 普通高中与职业高中比例不协调，人才的培养不能适应产业结构的调整及经济发展

普通高中和职业高中最初分流的原因就是社会分工对于专业人才的需求增大。在我国职业高中发展过程中，虽然政府的扶持对职高的发展有很大的帮助，但市场的影响也必不可少。20 个世纪 90 年代后期，受市场对高学历需求的影响，普高开始迅速发展，职高的发展开始走下坡路。职高与普高的发展形成鲜明对比。自 2005 年国家统计局给出明确的职业高中的数据之后，观察数据可知，职业高中与普通高中的发展很不平衡。2013 年职业高中招生数 213.90 万人，占高中阶段教育招生总人数的 13.4%；在校生数 623.04 万人，占高中阶段在校生数的 13.6%。这两个比重值均低于普通高中的 52.8% 和 53.7%。这意味着每十万高中生中只有一万多的职业高中的学生被分配到各行各业中工作。随着我国产业结构的调整和社会分工的细化，第二、第三产业中需要越来越多的专业对口的技能人才。以上述比重值来看，职业高中的发展根本满足不了产业结构调整所带来的劳动力缺口，专业型劳动力的缺失使得产业发展放缓，甚至会阻碍社会经济的发展。

（三）应对人口变动的已有高中教育政策分析

1. 关注高中教育的发展规模，致力于普及高中教育

学龄人口的增加以及提高人口的素质对高中阶段教育提出了扩大规模的需求，我国教育政策在规划发展高中阶段教育时也多次指出要扩大高中规模。1993 年，根据党的"十四大"报告关于教育的指示，中共中央、国务院发布了《中国教育改革和发展纲要》，明确指出在保证必要的教育投入和办学条件的前提下，大城市市区和沿海经济发达地区积极普及高中阶段教育。根据党的"十五大"精神，1998 年教育部出台了《面向 21 世纪教育振兴行动计划》，提出到 2010 年在全面实现"两基"目标的基础上，城市和经济发达地区有步骤地普及高中阶段教育。1999 年《关于深化教育改革全面推进素质教育的决定》再次指出要大力扩大高中阶段的规模。2001 年，国务院又发布

了《关于基础教育改革与发展的决定》，进一步指出在"十五"期间，高中阶段入学率到60%左右。2002年党的十六大将"基本普及高中阶段教育"作为战略目标明确提出。随后教育部根据这一战略目标提出"2010年普及高中阶段教育地区的人口覆盖率达到70%左右，2020年普及高中阶段教育地区的人口覆盖率达到85%左右，基本上实现普及高中阶段教育的目标"。2003年国务院《关于进一步加强农村教育工作的决定》中指出大力发展农村高中阶段教育，今后五年，经济发达地区的农村要努力普及高中阶段教育。2004年《2003—2007年教育振兴行动计划》出台，将以多种形式积极发展农村普通高中教育，扩大教育规模作为重点。2007年《国家教育事业发展"十一五"规划纲要》中提出，"十一五"期间高中阶段教育普及程度明显提高，毛入学率到80%左右。2010年《国家中长期教育改革和发展规划纲要（2010—2020年）》将高中阶段教育单独列出，提出加快普及高中阶段教育，到2020年普及高中阶段教育。

通过梳理已有关于高中阶段发展的教育政策可看出，扩大高中阶段教育规模、普及高中教育一直是高中教育事业发展的重心之一。从扩大高中阶段教育规模到达成高中阶段入学率的目标，再到逐渐普及高中阶段教育，我国高中阶段教育政策的出台也见证了高中教育发展的历程。为了提高全民素质和促进经济发展，未来高中教育的发展也一定会如义务教育一样在全国普及。

2. 注重高中教育办学的多元化

1993年《中国教育改革和发展纲要》中明确了必须从我国国情出发，根据统一性和多样性相结合的原则，实行多种形式办学的建设有中国特色社会主义教育体系的原则。在1998年的《面向21世纪教育振兴行动计划》和1999年的《关于深化教育改革全面推进素质教育的决定》中对高中教育办学多元化做出了具体的要求，这些要求侧重于高中阶段职业教育的多元化发展，目的是为了逐渐完善终身学习体系。2001年的《关于基础教育改革与发展的决定》强调的是高中阶段的教育要通过多种渠道办学，有条件的高中可探索多元化的人才培养途径。2004年出台的《2003—2007年教育振兴行动计划》提出要多种形式积极发展普通高中。2010年出台的《国家中长期教育改革和发展规划纲要（2010—2020年）》中明确指出推动普通高中多样化发展，并从办学、人才培养等方面具体阐述了高中教育的多元化发展。新时代的开放性、多元性促进了人们对多元化教育的需求，"学生群体异质化、学生求学动机多样化、家长对子女普通高中教育结果的期待多样化以及高等院校和社会对普通高中毕业生的需求多样化"。① 高中阶段教育的多元化适应了时代的变化，是高中阶段教育的必然趋势。

3. 发展职业教育，科学确定高中职业教育所占比重

自1985年的《中共中央关于教育体制改革的决定》拉开高中教育改革的序幕以来，高中阶段职业教育就备受关注。1985年的《决定》中提出力争在五年左右，使大多数地区的各类高中阶段的职业技术学校招生数相当于普通高中的招生数，鼓励高中阶段职业教育的发展。1991年的《关于大力发展职业技术教育的决定》提出将高中阶段的职业教育的入学率提高到50%，中等专业学校要扩大办学规模，继续为社会培养各种技术工人。这极大地促进了我国高中阶段职业教育的发展。1993年《中国教育改革和发展纲要》中给出高中阶段职业教育的发展目标：高中阶段职业技术学校在校生人数有较大幅度的增加，未升学的初中和高中毕业生普遍接受不同年限的职业技术培训。1998年《面向21世纪教育振兴行动计划》中提出了普职的比例努力达标（1∶1）。2001年《关于基础教育改革与发展的决定》设定的高中阶段教育目标是：保持普通高中与中等职业学校的合理比例。2007年《国家教育事业发展"十一五"规划纲要》又明确了在"十一五"期间高中阶段的职业教育要与普通高中规模相当。

高中职业教育的发展是为适应经济发展对专业技术人才的需求而产生，并随之波动。鉴于之前高中职业教育与普通高中教育发展不平衡的状况，国家在发展规划高中阶段职业教育时也综合考虑我国经济

---

① 霍益萍、黄向阳、李家成：《多样、开放、灵活：普通高中教育体系的构建》，《教育发展研究》2009年第18期。

发展的现状、产业结构的变动做出相应的政策调整。高中阶段职业教育比例的调整也仍成为今后教育改革发展的热点。

4. 加大对农村高中教育的支持，发展农村高中教育

在致力于普及城市高中教育的同时，国家对农村的高中教育的发展同样给予很高的关注。2003 年《关于进一步加强农村教育工作的决定》出台，此文件出台的目的是为了加快农村高中教育的发展，促进城乡高中教育协调发展。文件中明确指出必须将农村的教育工作作为教育工作的重中之重，大力发展农村高中阶段教育，之后五年，经济发达的农村地区要努力普及高中阶段教育，其他地区的农村要加快发展高中阶段教育。这一决定对我国农村地区普及高中教育做了铺垫，成为今后农村高中教育发展的基石。2004 年的《2003—2007 年教育振兴行动计划》全面贯彻了《关于进一步加强农村教育工作的决定》中关于农村高中教育发展的决定，坚持把农村教育摆在重要地位，并指出加大对农村高中发展的支持力度，引导示范性高中建设，加快基础薄弱学校的建设，扩大高中优质教育资源供给能力。

城乡教育的不均衡发展已成为制约我国高中教育整体水平提升的一大因素。加大对农村高中教育的扶持，不仅是缩小城乡教育差距所必需的，而且是提高全民素质、促进经济快速发展的必经之路。

（四）应对人口变动的高中教育政策调整建议

1. 预测未来人口的发展变动，进行合理教育规划

20 世纪的三次人口高峰导致了人口的快速膨胀，使得人口预测在国家发展中显得尤为重要，加之各种现代技术的应用为人口预测提供了科学、有力的计算工具，因而人口预测已成为制定各项政策的重要依据。教育规划是根据经济社会发展对教育事业的要求，在现有的教育基础之上，对教育的未来进行设计，力求使教育事业的各个方面朝着最佳方向发展，以达到预期的目标。[①] 教育规划之所以要以人口预测为基础，是因为人口预测为教育的发展提供了最基本的人口变动信息，例如人口未来的自然增长率、年龄结构、产业和职业结构、地域

[①] 田家盛：《教育人口学》，人民教育出版社 1999 年版，第 107 页。

分布等信息。这些因素都决定着未来教育规划的目标以及教育发展的重点所在，因为教育的发展不仅要遵循自身的规律，还要依照人口等与之相关的客观条件而定。

2. 根据人口数量的增长、人口年龄结构的变化统筹并合理分配教育资源

人口数量的增长与教育规模成正比关系。当人口数量迅速增加时，高中阶段的教育要考虑到这些新增人口在未来十几年后对高中规模的影响，因此国家应当在高中阶段教育适龄入学人数未达到高峰时适当扩大高中教育规模，以免在入学高峰时造成学生无法入学、资源不足的情况。当人口数量减少时，高中教育规模要进行适当的缩减。政策的制定要依据当下人口数量变动的特点，忽视这一点而盲目地扩大或是缩减教育规模，都将对我国高中教育带来无法预估的损失。

人口数量对教育的影响是伴随着年龄结构来发生作用的。高中阶段的适龄入学人口的年龄大都处于15—18岁。从人的出生到进入高中阶段还有一定的时间差。在这段时间差内，国家应该根据人口增长的总体情况，结合区域、城乡的具体发展状况，以人口的年龄结构为基础统筹教育资源，调整教育资源分配的内部结构和外部结构。从资源分配的内部结构讲，分配多少资源用于高中硬件设施的建设上，而多少用于提高高中教育的质量上，城市的资源分配多少才算是合理，而农村需要多少资源才能保证高中教育的正常发展，这些都需要针对不同地区的情况给予合理的资源调配。从外部结构讲，资源分配是个长期的工作，每一时期用作教育投资的资源应该依照该时期的具体情况要有所保障，以使教育事业稳步发展。

3. 提高人口素质，多种途径发展高中教育

20世纪70年代末80年代初，我国就将"控制人口数量，提高人口素质"作为一项基本国策，更是把提高人口素质作为国家教育事业发展的重要目标。人口素质的提高是教育发展的结果，而发展教育事业更是提高人口素质所必经的途径。在我国基础教育普及的国情下，高中教育的普及将会使人口素质提升一个层次。普及高中教育并不意味着高中教育的单一发展。鉴于社会多元化对高中教育的需求，高中

教育多样化发展可从办学模式和课程设置等方面入手,如设置新型普通高中,这种新型普通高中注重普通教育,也兼顾职业教育。在一所中学里同时提供多样化的终结性职业课程和预备性升学课程,让学生根据自己的"升学—职业"和"文科—理科"倾向在教师指导下进行试探和选择,同时满足提高基础、升学预备、职业训练等不同目标的要求。①

除新型普通高中的开设之外,学校的特色建设、多元化课程的实施以及鼓励民办职业高中的发展等,也是高中阶段教育多样化发展的可行之路。人口素质的提高不一定非得通过普通教育才能获得,除高中普通教育之外的职业教育对提高人口素质也同样能够起到相同的效果。

4. 依据我国人口产业、职业结构的变化,协调发展普通高中与职业高中

人口产业、职业结构的变动会引起对人才需求结构的变化。社会生产力的不断提高会使得第二产业的比重下降,第三产业比重提升,就业人口会从第一、第二产业转向第三产业。生产力的提高带来的不只是产业结构的调整,人口职业结构也会有很大的波动。在生产力较低的情况下,大多数人从事的是体力劳动;在生产力提高后,从事体力劳动的人会发现社会可供其选择的职业减少了许多,而那些拥有一技之长的人能够轻松地找到理想的职业。这就是生产力发展带来的职业结构的变动。高中阶段中的普通高中与职业高中具有不同的人才培养目标,普通高中致力于为社会培养高素质的研究性人才,职业高中以专业性较强的技术性人才为主。两种人才的社会互补能促使经济健康发展。高中阶段教育要紧跟时代发展的步伐,要有敏锐的察觉力以捕捉市场对人才的需求,以此作为调整普通高中与职业高中协调发展的依据,才不至于造成人才供需机制的失调。

---

① 闻待:《论高中教育的多样化发展》,博士学位论文,华东师范大学,2010 年,第 145 页。

5. 关注城镇化进程中农村教育的发展，合理转化城镇化进程中的农村教育

高度城镇化是我国社会发展的未来理想目标，对于促进经济发展、提高人民生活水平有着重大的意义。在城镇化进程中，农村教育的未来发展问题备受关注，农村教育该如何发展成为一大问题。农村教育的发展必然会转向城市化的教育，这只是一个过程的问题。在这个过程中，不能对农村教育放之任之，应高度关注农村的教育发展，尤其是高中阶段教育。在农村已普及义务教育的条件下，高中阶段教育的发展水平成了衡量农村完全城镇化的一项指标。城镇化进程中农村高中教育水平不及城镇，因而在规划农村高中发展时，不能拿城镇高中发展的标准来套用于农村，要根据实际发展水平，分层次、分阶段进行转化。加大对农村教育的关注和投资，在有条件的地区首先实现普及高中阶段教育，在条件稍差的地区要通过多种途径保证大多数适龄入学人口有学可上；注重已普及高中教育地区的教育质量的提升，争取全面实现其普及高中阶段教育的目标。城镇化进程中的农村教育要在为提高劳动生产率、服务农业，为城镇化建设贡献力量的过程中实现转化。

6. 对大规模人口流动地区的高中教育给予高度关注，合理调整高中阶段教育的布局

人口迁移流动是总人口的重新分布，同时也是学龄人口的重新分布。[①] 大规模的人口流动必然会导致流入地和流出地人口规模和学龄人口密度的变化，因而改变人口对教育的需求。若不及时调整教育网点的分布，势必会造成教育资源不协调，产生一系列由人口流动造成的教育问题。对于大规模人口流动地区的高中教育给予高度关注，不只是要在短期内解决这些人口流动中产生的问题，更是要找出能够长期解决问题的办法。流动人口的变动较大，一种具体的办法可能只适用于某一时期，最根本的解决方法就是根据人口流动的特点进行高中阶段教育投资的调整，优化教育网点的分布格局。

---

① 石人炳：《我国人口变动对教育发展的影响及对策》，《人口研究》2003 年第 1 期。

普及高中阶段教育是我国教育事业发展的又一项重要目标。人口变动给普及教育带来的种种问题也只能在具体分析人口变动特点之后再做出教育规划。面对人口变动所产生的高中教育问题，不仅应该从政策中做出指示，更要落实到高中教育发展的实际行动中。

四 人口变动产生的高等教育政策问题

（一）人口变动对高等教育的影响

1. 人口数量变动对高等教育规模的影响

人口数量变动对高等教育规模的影响主要是通过适龄人口数的变动来体现的。高等教育规模的大小主要取决于人口数量的多少。如果高等教育的规模与人口的数量不协调，就会带来许多教育问题。人口数量的增长能够有力地促进社会经济的发展，进而有利于扩大高等教育的规模。西方发达国家几个高等教育规模发展的高峰都与高等教育学龄人口因素密切相关。如美国、法国、英国、德国（西德）、日本等在第二次世界大战后的1950—1970年，高等教育的毛入学率大大提高，基本上沿着"高等教育学龄人口增长——经济增长——高等教育规模增长"这一基线发展。[1] 然而，随着20世纪七八十年代西方发达国家人口出生率的降低，高等教育适龄人口的减少，高等教育规模的发展速度明显放缓。我国改革开放以来，高等教育发生了翻天覆地的变化。2015年，全国高等教育在学人数为3647万人，相对于1978年的86.7万人来说，增长了40多倍。这与我国人口数量的增长是密不可分的。人口数量的减少则意味着高等教育适龄人口的减少，这会对高等教育的规模产生不利影响。高等教育生源减少，其招生规模却未减少，势必造成"生源危机"，甚至出现高等教育招录失衡的现象。同时，随着高等教育生源不断减少，一旦学校规模不能持续扩大，收

---

[1] 毛勇：《人口学视角下中国高等教育发展过程中的反思》，《江苏高教》2006年第3期。

入增长的停滞与支出的刚性增加将导致学校收支状况恶化,不排除部分高校会因生源不足而被迫停办的可能性,目前已有独立学院和部分民办院校面临倒闭问题。① 由此可以看出,人口数量变动对高等教育规模有着重要的影响作用。在发展高等教育规模的过程中,人口数量理应成为最重要的考量因素之一。

2. 人口质量变动对高等教育质量的影响

从社会层面看,社会人口整体素质的提升,能够为高等教育的发展提供良好的社会环境。高素质的人口能够为高等教育质量的进一步提升奠定基础。从家庭层面来看,家长综合素质的提升,有利于为子女创造优良的家庭环境,提供高质量的家庭教育,促使其子女养成良好的行为习惯和学习态度,这无疑对其进入高等教育学习深造产生积极影响,为高等教育质量的提升提供家庭层面的支持。从高校自身层面来看,高校生源质量与高校自身实力尤其是高校师资构成了高等教育质量的核心要素,高校生源质量直接关系到高校人才培养的质量,也决定了高校培养人才的基点。优质的高校生源能够促进高校教育质量的提升。高校教师的质量也是决定高等教育质量的重要因素。从我国"985""211"国家重点大学的教育质量来看,很重要的因素就在于其拥有高质量的生源和优质的师资。

人口质量变动首先影响人们对高等教育的重视程度,进而影响高等教育的质量。人口素质越高,人们对高等教育的重视程度就越高,越能够促进高等教育质量的提升。而当人口素质处于较低水平,未能认识到高等教育的巨大作用和功能,不重视甚至忽视高等教育,则会阻碍高等教育质量的提升。在我国,拥有较高的文化素养的家庭,其子女接受高等教育尤其是优质高等教育的机会,远大于拥有较低文化素养的家庭。这就在一定程度上反映了人口素质对高等教育的影响。其次,人口质量变动影响国家对高等教育的投入,进而影响高等教育的质量。高等教育质量与国家对高等教育的投入是成正比的。加大对

---

① 马鹏媛:《人口因素对高等教育发展的影响分析》,《经济研究导刊》2012 年第 9 期。

高等教育的投入,能够促进其质量的提升。人口的整体质量影响了国家对高等教育的投入。在人口综合素质较高的国家,其对高等教育的投入也是非常多的。近年来,随着人口素质的提升和经济实力的提高,我国也在逐步加大对高等教育的投入,这有利于高等教育质量的提高。最后,人口质量是高等教育质量的重要组成,也是衡量高等教育质量高低的关键所在,高等教育是由人组成的,高等教育质量也是由人的质量所组成,最终反映到对人口质量的提高当中。总之,人口质量变动深刻影响了高等教育的质量,要提升高等教育质量,就要高度重视人口质量的变动问题。

3. 人口结构变动对高等教育结构的影响

高等教育结构十分复杂,涵盖的内容与要素很多,其中高等教育科类结构、层次结构和布局结构是高等教育结构的重要组成部分。人口结构主要指人口的年龄、性别、职业、产业、城乡等方面的构成,它对高等教育结构的影响主要集中在对高等教育科类结构、层次结构和布局结构三个方面。

人口结构变动影响了高等教育的科类结构。从人口年龄结构看,处于人口年轻化和人口老龄化阶段,其对高等教育科类的要求是不同的。人口年轻化意味着在高等教育科类设置中服务年轻人的科目占较大比重,而处于人口老龄化阶段,高等教育科类设置则需要照顾老龄人口的需求。从人口性别结构看,不同性别对高等教育科类的兴趣也存在一定的差异性。从人口职业、产业结构看,人口产业结构、职业结构的变化对高等教育科类目标提出了新要求。如果教育结构不能适应产业结构的调整,学科设置不是以市场需要为依据,仅以现有师资为依托,即有什么老师就开什么专业,这必然导致有些专业的学生找不到专业对口的工作,出现结构性失业。[①] 以农业院校为例,1949年后,我国为了实现农业现代化,先后建立了以 70 所高等农业院校、400 多所农业大专院校、7000 多所农业中专学校为主干的世界上最大

---

① 邹小勤:《人口变动对高等教育的影响》,《江苏高教》2010 年第 1 期。

的农业教育系统。① 但随着产业结构调整，庞大的农业院校出现了招生难、就业难的问题。从人口城乡结构看，不同城乡人口的比例构成也影响着高等教育科类的设定。人口结构变动也影响了高等教育的层次结构。在我国，高等教育分为专科、本科和研究生三个层次。不同的人口结构，影响着高等教育各层次的比例构成，如人口职业结构、产业结构影响着社会对高等教育的需求方向，进而影响着高等教育的层次结构。人口结构变动还影响着高等教育的布局结构。高等教育的布局不仅要考虑经济发展的水平，也要考虑到人口结构的变动，即照顾到人口的年龄差异、性别差异、职业差异、城乡差异等。

4. 人口迁移对高等教育全局的影响

首先，人口迁移影响着高等教育的招生政策。中国是人口大国，作为高等教育的重要环节，其招生政策需要考虑到人口因素。在人口迁移变动下，高等教育的招生政策能否遵循人口迁移规律以及人口迁移的特点，已经成为影响招生政策成败的关键。尤其是在流动人口随迁子女在流入地升学考试政策中，2012年国务院办公厅转发教育部、国家发展和改革委员会、公安部和人力资源保障部四部委联合发布的《关于做好进城务工人员随迁子女接受义务教育后在当地参加升学考试工作意见的通知》，它要求各地根据当地的实际情况、人口迁移情况等制定相关政策。这充分体现了人口迁移对高等教育招生政策的影响。其次，人口迁移影响着高等教育的投入。对高等教育的财政支出取决于经济的发展。在经济发展水平较低的时期，国家对高等教育的投入相对较少，而在经济发展水平较高的时期，国家对高等教育的投入相对较多。人口迁移是影响中国经济发展的重要因素。从经济的视角看，人口迁移促进了中国人口的城镇化进程，进而促进了中国经济的发展。经济的发展使得国家有能力对高等教育进行更大的投入。最后，人口迁移影响着对高等教育的重视程度。当一定数量的人口因接受高等教育而实现人口从农村向城市的迁移，就会提升迁出地人们对高等教育的重视程度，更多年轻人会为了实现迁移而接受教育。甘

---

① 林溪：《农业院校如何应对新形势》，《光明日报》2002年11月21日第8版。

纳·福格斯泰德发现，人口的迁移变动会对教育带来影响，这种影响主要是通过刺激人们受教育的动机和改变地区教育适龄人口数来实现的。[①] 人们希望接受高等教育来实现人口的向上迁移，而人口迁移的实现又促进了人们对高等教育的重视。

（二）人口变动产生的高等教育具体问题

1. 高等教育类型与布局结构失衡

高等教育的类型结构一方面受到社会的政治、经济、文化发展的影响，另一方面人口数量、素质、结构、迁移等方面的变动也对其产生了重要影响。正是在人口因素的变动下，我国高等教育类型与布局结构出现了众多问题。首先，高等教育类型结构"趋同化"现象严重。这种"趋同性"主要表现为在办学目标上求高，盲目追求所谓的"综合化"。我国实行"985工程"建设以来，各高校不是结合自身的类型特点办出特色，适应高等教育大众化的需求，而是模仿名校，在"求高"层面趋同。一般本科院校和高职、高专为了争夺生源，想方设法追求办学层次的升级，专科院校想升本科、高职院校想变为普通高校、本科院校想变成重点院校、重点院校想办成世界一流大学，纷纷提出了大同小异的发展目标，使我国高校本来存在的"千校一面"和"千人一格"的现象更加严重。[②] 另外，高校合并、办"综合化"大学加剧了高等教育类型结构的这种"趋同化"。其次，过度追求热门专业，高等教育科类间的发展严重失衡。受人口质量因素的影响，在利益驱使下，人们热衷于对热门专业的追求，出现了高等教育科类间失衡，学科门类"畸形"发展，某些学科出现"结构性"过剩。最后，高等教育类型结构与人口产业结构不协调。高等教育本应大力发展新兴产业所需的学科和专业，但新兴产业在高等教育类型结构中并没有得到体现与发展，而落后的产业却还在高等教育类型结构中占

[①] Gunnar Fougstedt, "The Effect of Demographic Variables on the Demand for Education in View of Manpower Requirements", Belgium: International Union for Scientific Study of Population, 1987, pp. 43 – 57.

[②] 陈厚丰：《我国高校追求"大而全"和"生格热"的外部原因及应对策略》，《现代教育科学》2004年第3期。

有一定的比例。这种高等教育类型结构不能与人口产业结构相协调的现象，造成了高校学生就业难，不仅阻碍了高等教育自身的发展，也不利于社会经济的发展。

高等教育的布局结构是指高等教育机构在地区分布上的构成状态，高校在各地的数量分布状况，不同形式和不同等级高校的分布，不同科类专业的分布构成了高等教育的整体布局。[①] 高等教育的布局与地区经济和人口分布状况密切相关，其布局是否合理直接影响着社会的和谐与经济的发展。根据《中国统计年鉴（2013）》的数据，2012 年年底，我国平均每百万人口拥有 1.8 所高校，每十万人口拥有 2335 名在校大学生。有关研究表明，我国高等教育的地区布局与人口分布不协调，一些地区的高校数和在校大学生数远远超过了全国平均水平，一些地区显著低于全国平均水平。首先，从每百万人口拥有的普通高校数来看，我国高等教育的地区布局不均衡。从区域统计看，东部地区的每百万人口拥有的普通高校数为 1.9 所，高于全国平均水平；中部地区的每百万人口拥有的普通高校数为 1.8 所，与全国平均水平持平；西部地区的每百万人口拥有的普通高校数为 1.6 所，低于全国平均水平。其次，从每十万人口拥有在校大学生数来看，我国高等教育的地区布局也存在着显著差异。东部地区的每十万人口拥有在校大学生数为 2884 人，显著高于全国的平均水平（2335 人），中部地区的每十万人口拥有在校大学生数为 2321 人，与全国的平均水平基本持平，西部地区的每十万人口拥有在校大学生数为 1968 人，显著低于全国平均水平。最后，从各地区占有国家"211"重点大学数来说，东部地区拥有国家"211"重点大学数为 73 所，远远高于中部的 16 所和西部的 23 所。由此可以看出，高等教育布局结构出现失衡的问题，地区间学校数、每百万人口拥有的普通高校数、每十万人口拥有在校大学生数、重点大学拥有数等都存在着显著的差异性（见表 4-7）。

[①] 潘懋元、王伟廉：《高等教育学》，福建教育出版社 2002 年版，第 68 页。

表4-7　　　我国人口分布与各地区高等教育发展程度对比

地区	学校数（所）	人口数（万人）	每百万人口拥有普通高校数	每十万人口拥有在校大学生数	"211"重点大学数
全国	2442	134789	1.8	2335	112
东部	1203	62434	1.9	2884	73
中部	644	35927	1.8	2321	16
西部	595	36428	1.6	1968	23

资料来源：根据《中国统计年鉴（2013）》整理。

2. 高等教育规模与质量问题

人口数量尤其是高等教育适龄人口数量是影响高等教育规模的直接因素。随着我国高校扩招政策的实施，高等教育的规模发生了翻天覆地的变化，从全国高校数的急剧增长到学生数量的急剧增多都反映出这一变化。全国普通高校数从1998年的1022所增至2013年的2491所，增幅达到144%；普通本专科的招生数从1998年的108.36万人增至2013年的699.8万人，增幅达到546%；本专科在校人数从1998年的340.87万人增至2013年的2468.1万人，增幅达到624%；本专科在校生平均规模从1998年的3335人增至2013年的9814人，增幅达到194%；高等教育的毛入学率从1998年的9.8%增至2013年的34.5%，增幅达到252%；高中升学率从1998年的46.1%增至2013年的87.6%，增幅达到90%。到2015年，我国在校生规模达3700万人，位居世界第一；各类高校2852所，位居世界第二。从以上数据可以明显反映出我国高等教育规模的扩张速度。

在人口变动特别是适龄人口数量的不断变化下，高等教育规模发展出现了众多问题。第一，高等教育规模发展速度远高于高等教育适龄人口增长的速度。随着未来适龄人口的减少，按照以往的规模发展速度必然导致高等教育规模与适龄人口的不协调。从国际比较的角度来看，我国教育规模发展速度明显高于发达和发展中国家。① 第二，高等教育规模的扩大，高校学生人数的增多，学生人均投入相对减少。尽管我国在高等教育的投入方面持续增加，但由于高校学生人数增多的速度远大于投入增多的速度，进而学生人均投入出现了相对减少的问题。同时，高校平均获得国家的投入也在减少。这会造成高等教育质量的下降。第三，高校生师比出现了进一步增大的问题。一般而言，高校生师比的降低有利于高等教育质量的提升，然而，据统计，生师比从1998年的11.62增大至2013年的17.53，这是与高等教育规模的扩大紧密相连的。第四，高等教育规模扩展过快在一定程度上导致了高校学生就业难问题。在扩招背景下，部分高校未考虑到社会需求、人口特征等因素，盲目扩大招生，新增专业，教育质量又很难保证，造成了高校的人才过剩现象，加剧了高校学生的就业难。

随着高等教育规模的扩大，我国高等教育已经进入大众化阶段，这对提高国民素质、促进经济发展都起到十分重要的作用。然而，与高等教育规模扩大相伴随的是社会公众对高等教育质量的不断质疑，很多人开始选择到国外大学读书深造。纵观世界高等教育发展史，进入高等教育大众化进阶，高等教育质量都面临着巨大的危机。如美国进入高等教育大众化后，其质量严重下滑，高校毕业生大量过剩，德国也同样在进入高等教育大众化阶段因规模的扩大带来了质量的下降，导致大学30%的辍学率。可见，高等教育质量问题不仅仅是我国高等教育所面临的问题，也是世界各国所面临的共同问题。

在高等教育规模扩张的背景下，我国高等教育质量出现了下降。造成高等教育质量下降的原因，一方面是高等教育规模扩张的速度大于对高等教育投入增长的速度，即高等教育投入不足造成了教育质量的下降。2003年我国在校大学生人数达世界第一，成为世界高等教育大国。"十一五"期间，我国继续加快高等教育的发展，加大对高等教育的财政投入，普通高等教育经费从2006年的2938.88亿元增加到2010年的5497.86亿元，增长了1.87倍；财政性普通高等教育经

---

① 纪宝成：《中国高等教育散论》，中国人民大学出版社2012年版，第255页。

费从 1259.57 亿元增加到 2901.8 亿元，增长 2.3 倍，财政性普通高等教育经费占普通高等教育经费总量比例从 42.86% 上升到 52.78%。但是，普通高等教育经费占各级各类教育经费的比例逐年略呈下降趋势。[①] 同时，随着高等教育的扩招，生均教育经费也在显著下降。高校为应对扩招的需要，把大量教育经费用于征地与校舍建设，教学建设经费严重不足，这都影响着高等教育的质量。另一方面高等教育师资队伍发展相对滞后。高等教育质量提升需要高质量的教师队伍，然而，高等教育规模扩大的速度，远大于师资发展的速度。从教师数量来看，相比学生数量的急剧增长，教师数量的增长相对滞后。1998 年我国普通高等学校教师数量为 50.38 万人，2013 年增至 148.69 万人，增幅为 195%，而学生在校生数从 1998 年的 340.9 万增至 2013 年的 2468.1 万人，增幅为 624%，学生数增幅远远大于教师数的增长幅度，生师比进一步拉大，导致高等教育课堂规模巨大，不利于教育质量的提升。从教师质量来看，教师整体素质虽有提升，但并不能满足高等教育质量的要求，尤其是近几年来，高校教师增加有不少是因学校的升级而成为大学教师，教学经验不足。从学历构成看，我国普通高校教师高学历者占有比重逐年有所提高，但提高幅度不大，不能适应新时期对高等教育质量提出的新要求，加之，在功利化盛行时期，高校教师过于急功近利，也不利于高等教育质量的提升。此外，学生生源质量不高也是造成高等教育质量低的重要因素。高等教育扩招后，必然降低了大学入学的门槛，曾经的落榜生一跃成为现在的"高才生"。这种大规模学生数量的提升，使得整个学生生源质量下降。

3. 高等教育招生问题

高等教育的招生工作受到了人口因素的重要影响。人口的数量特别是适龄人口数直接影响着高等教育招生数量，人口质量对高等教育招生考试内容与方式产生了重要影响，人口结构影响着高等教育招生的构成，人口迁移影响着高等教育招生的计划与实施等。在人口的不断变动下，高等教育的招生出现了一系列的问题，主要表现为在高等

---

① 姚峥嵘：《我国高等教育经费投入的国际比较研究》，《江苏高教》2014 年第 4 期。

教育的招生中，重点大学农村生源呈下降趋势，高校生源危机和高校招生专业的失衡等方面。

首先，人口变动下，在高等教育的招生中，重点大学农村生源呈下降趋势，高等教育不公平问题较为突出。据北京大学刘云杉教授统计，北京大学新生中农村籍大学生所占比例从1978—1998年的20%—40%，下降为2000年以后的10%—15%。2013年北大共招收3145名本科生，农村学生所占比例为14.2%。清华大学2010级农村生源仅占17%，比1990年减少4.7%。南京大学的农村生源占总招生人数的比例由2008年的26.1%降为2011年的22.7%。就连一直受农村籍考生青睐的中国农业大学，农村籍新生的比例也从1999年的39%，下降到2007年的31.2%。[①] 而与之形成鲜明对比的是我国农村学龄人口的变动。从学龄人口变动的趋势来看，2010年、2015年和2020年农村高中阶段学龄人口占全国高中阶段学龄人口的比例分别达到72%、60%和56%。[②] 这意味着农村学生进入重点高校的概率更低，高等教育招生城乡差距巨大。此外，高等教育招生的本地化倾向也十分突出，加剧了城乡之间的不平等。其次，未来适龄人口的不断减少，高等教育招生会出现"生源危机"。根据1984—2020年适龄人口的数据，得出2020年前高等教育适龄人口呈现明显下降趋势。[③] 高等教育适龄人数的减少，必然影响到高等教育的招生数量，在持续扩招的背景下，将加剧了高校招生的"生源危机"，部分高校将会面临招不到学生而倒闭的风险。此外，人口迁移问题造成了高等教育招生报名人数区域间的不均衡，影响着学生的高校报考选择，"生源危机"的区域性特点也逐渐显现。

（三）应对人口变动的已有高等教育政策分析

就改革开放以来关于应对人口变动的高等教育政策文本而言，主

[①] 赵婀娜等：《重点高校农村学生越来越少》，《人民日报》2009年1月15日第11版。
[②] 王正惠、任仕君：《农村高中发展预测研究》，《教育科学》2006年第2期。
[③] 程瑶、章冬斌：《2020年前适龄人口变化与高等教育规模发展研究》，《开放教育研究》2008年第4期。

要集中在应对人口数量变动的高等教育招生政策、应对人口质量变动的高等教育质量政策、应对人口结构变动的高等教育结构优化政策、应对人口迁移的异地高考政策这四个方面（见表4-8）。

表4-8　　　　　与人口变动相关的高等教育政策一览

发布时间	发布部门	文件名称	关键性描述
1977年	教育部	《关于一九七七年高等学校招生工作的意见》	正式恢复高考。普通高等学校招生和毕业生分配按照国家计划执行，学生毕业统一分配
1985年	中共中央	《中共中央关于教育体制改革的决定》	改革高校招生计划和毕业生分配制度，扩大高校办学自主权。教育体制改革的根本目的是提高民族素质，多出人才、出好人才。高等教育内部的科系、层次比例失调。调整教育结构，相应地改革劳动人事制度
1993年	中共中央、国务院	《中国教育改革和发展纲要》	改变全部按国家统一计划招生的体制，实行国家任务计划和调节性计划相结合。集中力量办重点大学。区别不同地区、科类和学校，确定发展目标和重点
1994年	国家教委	《关于进一步改革普通高等学校招生和毕业生就业制度的试点意见》	国家依据宏观调控的有关法规和高等学校的办学条件核定招生规模。建立大学收费制度
1998年	教育部	《面向21世纪教育振兴行动计划》	招生计划的增量将主要用于地方发展高等职业教育。高等教育入学率由1997年的9.1%，提高到2000年的11%左右。共建、调整、合作、合并，调整和优化高等学校布局

续表

发布时间	发布部门	文件名称	关键性描述
1999 年	中共中央	《中共中央 国务院关于深化教育改革全面推进素质教育的决定》	调整现有教育体系结构，扩大高中阶段教育和高等教育的规模。进行每年举办两次高等学校招生考试的试点
2001 年	教育部	《关于加强高等学校本科教学工作 提高教学质量的若干意见》	不断满足人民群众日益增长的教育需求，把提高教育质量放在更加突出的重要位置，实现我国高等教育的可持续发展
2004 年	教育部	《2003—2007 年教育振兴行动计划》	实施"高等学校教学质量与教学改革工程"，把人口压力转变成人力资源，继续实施"985 工程"和"211 工程"，努力建设一批高水平大学和重点学科。加大对西部地区、少数民族地区、革命老区和东北地区等老工业基地的教育支持力度，促进东、中、西部地区教育协调发展
2005 年	教育部	《关于进一步加强高等学校本科教学工作的若干意见》	强调高等教育必须坚持科学发展观，实现高等教育工作重心转移，在规模持续发展的同时，把提高质量放在更加突出的位置
2006 年	中共中央	《国民经济和社会发展第十一个五年规划纲要》	把提高高等教育质量提升到战略高度
2008 年	教育部		1999 年决定的全国高校大规模扩招太急促，今后高校扩招步伐将放缓，2009 年扩招幅度将不超过 4%，2010 年不超过 3%
2010 年	中共中央、国务院	《国家中长期教育改革和发展规划纲要（2010—2020 年）》	全面提高高等教育质量，优化结构，办出特色，优化区域布局结构，加快建设一流大学和一流学科

续表

发布时间	发布部门	文件名称	关键性描述
2012 年	教育部	《国家教育事业发展第十二个五年规划》	开展高等学校分类入学考试改革，实行择优录取、自主录取、推荐录取、定向录取、破格录取等多种方式。提高人才培养质量，建立质量评价体系和保障机制。优化高等教育宏观布局，建立人才培养与供给结构调整机制
2012 年	教育部	《教育部关于全面提高高等教育质量的若干意见》	优化结构，调整学科专业、类型、层次和区域布局结构，适应国家和区域经济社会发展需要，满足人民群众接受高等教育的多样化需求。促进高校办出特色。探索建立高校分类体系，制定分类管理办法，克服同质化倾向。优化学科专业和人才培养结构
2014 年	国务院	《国务院关于深化考试招生制度改革的实施意见》	改进招生计划分配方式，提高中西部地区和人口大省高考录取率，增加农村学生上重点高校的人数
2015 年	教育部	《教育部 2015 年工作要点》	推动高等教育布局结构优化和地方高校转型发展。推进"中西部高等教育振兴计划"。优化东中西部高等学校布局。深入推进考试招生制度改革，着力推进高等教育内涵发展
2015 年	国务院	《政府工作报告》	深化省级政府教育统筹改革、高等院校综合改革和考试招生制度改革。引导部分地方本科高校向应用型转变，通过对口支援等方式支持中西部高等教育发展，继续提高中西部地区和人口大省高考录取率。建设世界一流大学和一流学科。28 个省份实现了农民工随迁子女在流入地参加高考。贫困地区农村学生上重点高校人数连续两年增长 10% 以上

1. 高等教育招生政策未能充分考量人口数量变动

高等教育招生政策的制定要考虑我国的政治、经济与文化，更要考虑我国的人口状况，尤其是人口的数量。我国能够成为高等教育第一大国与高校学生数量有着密切的关联。就已有的高等教育政策文本而言，从1977年恢复高考到1999年扩招，再到2008年教育部决定高校扩招的放缓，直至近年来的深入推进招生制度改革，都与人口数量的变动密切相关。而纵观高等教育招生相关政策文本，未能充分考量人口数量的变动，由此导致了一系列高等教育问题，包括盲目扩招所导致的就业难问题、高等教育质量下降问题等。

1993年《中国教育改革和发展纲要》指出，在高等教育招生方面要"改变全部按国家统一计划招生的体制，实行国家任务计划和调节性计划相结合"。这是在我国经济体制、科技体制和教育体制改革的基础上进行，其主要解决的是国家统一计划招生的弊端，促进了高等教育招生的合理化。1998年在亚洲经济危机的影响下，我国经济市场低迷，为应对金融危机，促进经济发展，经济学家汤敏及其夫人左小蕾提出了通过扩大高等教育规模以拉动经济增长的建议。《面向21世纪教育振兴行动计划》指出高等教育入学率由1997年的9.1%提高到2000年的11%。1999年中共中央、国务院《关于深化教育改革全面推进素质教育的决定》提出"扩大高等教育规模，通过多种形式积极发展高等教育，到2010年，我国同龄人口的高等教育入学率要从现在的9%提高到15%左右"。由此，高等教育扩招拉开了序幕。高等教育扩招对于我国经济的发展、推动高等教育大众化都起着重要作用，但是其明显具有效率优先的导向以及拉动内需的经济动机，高等教育招生所应重点考量的人口因素被忽略了。

进入21世纪以后，人口变动因素对高等教育的发展影响更为凸显，其所带来的问题也尤为突出。高等教育扩招政策重新被审视。2008年教育部在新闻发布会上首次表示，1999年决定的全国高校大规模扩招太急促，今后高校扩招步伐将放缓，2009年扩招幅度将不超过4%，2010年不超过3%。2012年《国家教育事业发展第十二个五年规划》提出推进高等学校考试招生制度改革，开展高等学校分类入学考试改革,实行择优录取、自主录取、推荐录取、定向录取、破格录取等多种方式。2014年《国务院关于深化考试招生制度改革的实施意见》提出改进招生计划分配方式,提高中西部地区和人口大省高考录取率,增加农村学生上重点高校的人数。2015年《政府工作报告》指出,深化省级政府教育统筹改革、高等院校综合改革和考试招生制度改革,引导部分地方本科高校向应用型转变,通过对口支援等方式支持中西部高等教育发展,继续提高中西部地区和人口大省高考录取率。自此,人口整体数量,区域人口数量,农村人口上重点高校人数等,已经作为高等教育招生政策的考量范畴,得到了国家的重视。然而,高等教育政策制定对于人口数量变动的重视程度和后续保障还需要进一步的凸显。

2. 高等教育质量政策未能充分考量人口质量变动

高等教育的质量取决于并影响着人口的质量。高等教育质量政策是高等教育政策的重要组成部分,它是国家和政府对高等教育质量的认识及规定,其所涉及的内容非常广泛,如高等教育质量政策的制定、实施和评价,高等教育质量标准及质量保证的措施和手段等。[①] 关于高等教育质量政策主要包括质量建设和质量保障这两方面的内容。就已有的高等教育质量政策的相关文本而言,几乎都涉及高等教育质量方面的内容,为应对人口质量变动而出台的高等教育质量政策也暗含其中,只是一直未被凸显出来,更未被充分考量。

早在1993年《中国教育改革与发展纲要》就曾指出"要集中中央和地方等各方面的力量办好100所左右重点大学和一批重点学科、专业,力争在下世纪初,有一批高等学校和学科、专业,在教育质量、科学研究和管理方面,达到世界较高水平"。这一政策是建立在适应社会主义市场经济体制、政治体制的需要的背景下提出的,其应对的是在20世纪90年代我国高等教育发展的主要任务即提高质量和效益这一重要问题。从实施效果看,在一定程度上促进了高等教育质量的提高,同时一批重点大学建设得到了巨大支持与发展。但在实施

---

① 牛慧娟:《我国高等教育质量政策系统及文本分析》,《江苏高教》2004年第6期。

过程中也存在着政策内容和质量评价指标的模糊性，以及重点建设与均衡发展的矛盾等问题。1999年《中共中央　国务院关于深化教育改革全面推进素质教育的决定》指出"高等教育要重视培养大学生的创新能力、实践能力和创业精神，提高大学生的人文素养和科学素质"。《2003—2007年教育振兴行动计划》提出"培养数以亿计的高素质劳动者、数以千万计的专门人才和一大批拔尖创新人才，把巨大的人口压力转化为丰富的人力资源优势"。自此，高等教育质量政策逐渐关注到了人口因素，并努力实现由人口压力到人口红利的转变。2005年《关于进一步加强高等学校本科教学工作的若干意见》、2006年《国民经济和社会发展第十一个五年规划纲要》、2010年《国家中长期教育改革和发展规划纲要（2010—2020年）》、2012年《国家教育事业发展第十二个五年规划》《教育部关于全面提高高等教育质量的若干意见》、2015年《政府工作报告》等文件都涉及高等教育质量的问题，但并未将人口质量变动作为突出的因素来制定高等教育质量相关政策，这对于高等教育质量的提高是非常不利的。

3. 高等教育结构政策未能充分考量人口结构变动

基于人口结构变动对高等教育科类结构、层次结构和布局结构的重要影响，在高等教育结构相关政策的制定中理应考虑人口结构这一重要因素。就已有的高等教育结构相关政策文本而言，优化结构、合理布局、办出特色一直是高等教育发展的不懈追求，在追求这种结构优化过程中，应对人口结构变动的高等教育政策也蕴含其中，但一直未能得到凸显。

1985年《中共中央关于教育体制改革的决定》指出"高等教育的结构要根据经济建设、社会发展和科技进步的需要进行调整和改革"。人口因素未单独列入其中。1993年《中国教育改革和发展纲要》则提出"高等学校培养的专门人才适应经济、科技和社会发展的需求，集中力量办好一批重点大学和重点学科。要区别不同地区、科类和学校，确定发展目标和重点。制定高等学校分类标准和相应的政策措施，使各种类型的学校合理分工，在各自的层次上办出特色"。高等教育结构得到进一步的重视。到1998年教育部出台了《面向21

世纪教育振兴行动计划》，继续实行"共建、调整、合作、合并"的方针，中央财政继续拨款鼓励和推进体制改革，调整和优化高等学校布局，再次强调高校布局优化的重要性。

2004年《2003—2007年教育振兴行动计划》指出"继续实施'985工程'和'211工程'，努力建设一批高水平大学和重点学科。加大对西部地区、少数民族地区、革命老区和东北地区等老工业基地的教育支持力度，促进东、中、西部地区教育协调发展"。由此，协调发展东、中、西教育布局结构提上了政策议程。2010年《国家中长期教育改革和发展规划纲要（2010—2020年）》进一步为高等教育结构调整指明了方向，该文件指出"优化结构办出特色，适应国家和区域经济社会发展需要，建立动态调整机制，不断优化高等教育结构。优化学科专业、类型、层次结构，促进多学科交叉和融合。优化区域布局结构"。2012年《国家教育事业发展第十二个五年规划》《教育部关于全面提高高等教育质量的若干意见》，以及2015年的《教育部2015年工作要点》都将推进高等教育科类结构、层次结构和布局结构放在重要的位置。而纵观高等教育结构相关政策的制定及其导向，人口因素虽然逐渐得到了国家的关注，但关注与重视程度还有待进一步加强。

（四）应对人口变动的高等教育政策调整建议

我国的高等教育政策不能说没有考虑人口问题，只是在制定某一政策时可能其价值取向重点不在人口因素。随着人口因素的凸显，人口因素成为影响教育政策制定要关注的重要变量，以往的相关教育政策需要根据实际予以调整。

1. 根据人口地区分布合理规划高等教育布局

我国幅员辽阔，人口众多，但人口的地域分布很不均匀。东部、南部面积占全国总面积的43%，而人口数量占总人口的94%以上。东部、南部人口极为密集，而西部北部人口稀少，人口密度的地区差异悬殊。人口的分布对高等教育布局有着直接的影响。一般而言，人口密集的地区，高校相对较多，人口稀少的地区，高校相对较少。然而，在人口的不断变动下，地区人口与高等教育的布局出现了明显的不协调，区域间高等教育失衡严重，阻碍了落后地区经济的发展，也不利于教育公平进程的实现。

合理规划高等教育布局，需要顺应人口变动趋势，协调好高等教育布局与人口地区分布的关系。首先，在每百万人口拥有高校数较少的地区适当增设高校，如四川、河南、广州、山东、云南等地。这些地区虽然人口众多，可接受高等教育的人口基数大，但高校数量却不及全国的平均水平，严重影响了当地高等教育的入学率和地方经济的发展。其次，在每万人口拥有的高校生数相对偏少的地区适当增加招生规模，如青海、贵州、西藏、云南、新疆等地。①通过经济上的大力支持、政策上的适度倾斜，以实现这些地区在校生数的提高。再次，根据人口结构调控高等教育布局。高等教育在性别比例及专业设置方面存在着失衡问题，应根据人口的性别结构、职业结构来进行调整。最后，合理规划高等教育布局，要考虑到人口迁移因素的影响。对于迁出人口多的区域和迁入人口多的区域，在布局调整中应区别对待，正向引导，最终实现区域间人口与高等教育布局的平衡，以有利于区域间经济的和谐发展，推进教育公平的进程，提升教育的质量。

2. 促进人口规模与高等教育规模的平衡发展

要促进人口规模与高等教育规模的平衡发展，需要明确我国人口规模的特点。首先，人口规模巨大。根据2013年中国统计年鉴公布的数据，2012年我国人口总量为13.5亿，据预测，到2020年人口总量约为14.5亿。我国人口规模直接影响到高等教育的规模。据统计，从目前到2020年，我国高等教育适龄人口呈现逐渐下降的趋势，这意味着高等教育在招生规模上应当做出及时调整，以应对逐年减少的适龄人口，同时，这也为高等教育的普及化减轻了压力。其次，我国劳动力人口占比高。2011年劳动力人口占比为74.4%，这为我国经济的发展提供了巨大的劳动力支持。同时，也给高等教育的规模和质量提出更高要求。最后，我国老龄人口规模比较庞大，高等教育应为

---

① 高新才、杨芳：《西部地区高等教育与经济发展水平测度——兼论其协调性》，《西北师大学报》（社会科学版）2016年第2期。

老龄人口提供更多接受教育的机会。

为适应我国人口规模特点,对高等教育规模需要做出必要的调整,以适应教育的发展和人口素质的提升。从人口这个制约因素来说,今后一段时期,根据适龄人口减少的特点,适度放缓高等教育的招生规模,提高高等教育质量成为重点。由于高等教育规模增速过快,已经超出了教育投入增加的速度,高校人均投入逐渐呈现减少态势。所以,理应加大高等教育的投入,努力争取社会各方力量,实现高校人均投入的提高。另外,在扩招背景下,针对生师比增加的问题,可以通过高校教师的适度扩招加以应对。将人口规模和高等教育各专业规模相协调,解决高校专业人才过剩问题,提高高校学生的就业率。总之,合理的高等教育规模一定是基于人口规模的特点,实现人口规模与高等教育规模的平衡发展,才能真正实现高等教育和人口质量的全面提高。

3. 基于人口素质,提升高等教育的质量

人口素质是人口质量的重要内容,人口素质现代化是人口现代化的核心。人口素质包括人口健康素质、教育科技素质和思想道德素质三个方面,人口文化素质主要指一个人口群体的受教育程度、教育文化结构和水平等。[1] 根据教育部网站公布的数据显示,国民素质有了很大提高,我国已经成为人力资源大国。2009 年我国国民人均受教育年限为 8.5 年,新增劳动力平均受教育年限在 10 年以上,均超过世界平均水平。青壮年文盲率下降到 3.58% 以下。全国总人口中大学以上文化程度者超过 7000 万人,从业人员中有高等教育学历的人数已位居世界前列。我国从人口大国转变成了人力资源大国,正在向人力资源强国转变。[2] 由此可以看出,我国人口素质具有以下几个特点。首先,人均受教育年限明显提升,文盲率也明显降低,人口素质在不断提升。其次,我国已经成了人力资源大国,但还不是人力资源强

---

[1] 高书国、杨晓明:《中国人口文化素质报告》,社会科学文献出版社 2004 年版,第 81 页。

[2] 《我国国民人均受教育年限为 8.5 年》,http://edu.people.com.cn/GB/xiaoyuan/8777707.html。

国，在人口受教育的规模上有了巨大提高，但在人口受教育的质量上还存在着不足。最后，地区间的人口素质存在显著差异，高素质人口相对过于集中。

针对我国人口素质的特点，提升高等教育的质量，需要继续提升我国人均受教育年限，优化教育结构，实现高等教育规模、结构、质量、效益的统一。切实将高等教育从精英教育转向大众教育，以扩大受教育规模。高等教育从精英阶段向大众化阶段的转变，不仅是毛入学率的提高，而且包括高等教育的观念、功能、学校类型和规模、质量标准、入学与选拔方式、教学内容和学科专业设置、教学管理方式等方面的全非变革。[1] 通过提升高等教育的质量，真正实现人力资源强国。[2] 同时，在提升高等教育质量的过程中，应充分考虑到地区间人口素质的差异性，给予落后地区一定的经济支持和政策倾斜，促进地区间人口素质的平衡。综上所述，只有真正基于我国人口素质的现实状况与特点，才能合理定位高等教育质量规格和目标，最终提升高等教育的质量。

4. 将人口变动作为制定高等教育政策的突出要素

人口变动包括人口数量、质量、结构和迁移的变动，这些因素的改变会直接影响高等教育政策的调整。比如生育率的下降影响着高等教育适龄人口的数量，这将对高等教育招生政策产生直接影响；人口老龄化对高等教育质量也提出新的更高要求等。可以说高等教育政策发展的过程，都伴有着人口变动的烙印。这源于人口变动对高等教育的突出影响作用。首先，从宏观上讲，人口状况是高等教育政策制定的基本背景，只有认清我国人口基本状况和发展趋势，才能使高等教育政策制定更为科学。从微观上说，人口要素是制定高等教育政策的出发点和最终归宿。影响高等教育政策制定的因素很多，如生产力水平、科技发展、政治制度、经济发展水平以及文化传统等，但其应

---

[1] Martin A. Trow, Problems in the Transition from Elite to Mass Higher Education, Paris: OECD, 1973.

[2] 曾天山：《建设现代化教育强国，跨越教育质量门槛》，《西北师大学报》（社会科学版）2017 年第 1 期。

该以人口为政策制定的出发点,基于人口且最终又为人口所服务。

将人口变动作为制定高等教育政策的突出要素,可以从以下几个方面做出努力。首先,在高等教育招生政策方面,加强对人口总规模、未来适龄人口数量等方面的科学预测,以调控好高等教育招生规模。其次,在高等教育投入方面,根据受教育人口扩张的现实状况,加大对高等教育的投入力度,并根据高等教育区域间的不平衡现象,采取适度地投入倾斜,促进高等教育区域间的平衡。再次,在高等教育质量政策中,根据我国人口质量现状提出适当目标,并将质量目标分阶段具体化。最后,在高等教育就业政策方面,根据人口整体状况和社会发展需求,优化高等教育专业设置,加强对毕业生就业方向的服务与引导,并为创业毕业生提供经济支持和政策优待等。另外,在有关高等教育政策的文本中,应加强对人口变动的关照,从文本表述到政策执行,从政策出发点到归宿,都应体现人口要素,因为高等教育本身就是为人服务的,人口是人与人的组合。将人口变动作为制定高等教育政策的突出要素,是实现政策为人服务的最佳路径。

五 人口变动产生的职业教育政策问题

(一)人口变动对职业教育的影响

1. 人口数量变动影响职业教育的规模

人口数量,一般是指一个国家或地区某一时期人口规模的总体指标的统称,包括人口规模、增长速度、构成和各种数量特征。[①] 人口数量的增多或减少、增长速度的快或慢,都直接影响着职业教育适龄人口的数量,也就对职业教育的规模有着相应的要求。某一时期某一区域职业教育适龄人口数量的增多,将会导致原有职业教育规模下资源的紧缺;当职业教育适龄人口数量减少时,又会导致原有职业教育规模下教育资源的闲置。按照现代职业教育体系的层次划分,职业教

---

① 田家盛:《教育人口学》,人民教育出版社2000年版,第57页。

育可分为中职、高职、应用性本科、专业学位研究生,每一层次的职业教育生源基数都来源于不同层次职业教育的适龄人口数量,适龄人口数量也就决定着不同层次的招生规模与办学规模。

人口数量的增加或减少受生育率变化的影响,生育率下降,人口增长的速度减缓甚至人口减少,但是如果人口基数较大,总人口减少仍需较长周期才能显现。也就是说,生育率降低并不能马上带来人口数量的骤降,对职业教育适龄人口的影响也是如此。以我国中等职业教育为例,它的生源一般来源于初中毕业生,年龄大概在14岁左右。我国第二波生育高峰期(1962—1972年)出生人口的压力在20世纪70年代末80年代初才会有所显现,而面对迅速增长的中等教育适龄人口的受教育需求以及各行各业技术力量人才的迫切需要,就需要职业教育扩大招生规模,提高各类职业学校的在校生人数,才能应对人口数量变动所引发的教育供给问题。

随着不同时期出生率的变化,劳动年龄人口数量也会发生相应变化。劳动年龄人口一般被认为是15—64岁的具有较好劳动能力的人口,这一人口比重是全社会物质财富的主要生产者,而职业教育人才的培养、培训与劳动年龄人口密切相关,它直接决定着劳动年龄人口与劳动力市场需求的匹配程度。当劳动年龄人口数量处于增长阶段时,人口结构呈现成年性结构,劳动力充足,职业教育便可根据不同层次适龄人口的增加扩大原有的培养培训的规模,以提供相应的教育服务;而当劳动年龄人口处于减少阶段时,劳动力会呈现紧缺,这就需要职业教育由扩大规模向注重内涵转变,由培养大量低层次的技术型人口向高技术技能人才转变。因此,关于职业教育适龄人口变动规律的把握与预测,对职业教育规模的发展有着重要作用。

2. 人口迁移变动影响职业教育的区域布局

人口迁移,也可称为人口流动,是指人口在空间位置上发生移动,即人口越过一定区域界限进行移动的统称。[①] 人口迁移一般分为两个方面,一是迁居式迁移,改变户籍所在地;二是非迁居式迁移,

---

① 王清连、张杜宇:《职业教育社会学》,教育科学出版社2008年版,第205页。

人户分离的暂住流入地式迁移。从根本上说，人口迁移就是人口空间位置的转换，导致的是不同区域人口的重新分布。按照各个国家城市化的发展进程来看，人口迁移是实现城市化最为主要的人口因素，一般迁移的主要路径是由经济欠发达地区向发达地区转移，由就业机会较少地区向就业机会较多地区转移，由农村向城市转移。对于迁入和迁出区域而言，大量人口的迁移都将对其产生连锁反应，也将对职业教育的区域布局产生重要影响，它将涉及区域职业学校布局以及职业教育横向结构的调整。

人口迁移影响着职业学校的区域分布。对于人口迁入地而言，迁移人口将增加当地的人口数量，对其中符合各类层次学龄人口的人群也要满足其受教育的需求，那么，一定程度上也将影响职业教育适龄人口的基数。这就需要职业教育对迁入地的职业学校进行相应扩充，以容纳不断增加的迁入的职业教育适龄人口数量；对于人口迁出地而言，学龄人口的迁出将会影响当地职业教育学校的生源数量，造成招生紧张，极易导致原有职业学校资源的浪费，尤其是欠发达地区就业岗位较少的地区的职业学校。

人口迁移影响着职业教育横向结构的调整。职业教育横向结构主要是由学历、学位教育与不同层次的职业培训组成。人口迁移导致不同区域人口结构的变化，迁移人口的数量、年龄结构、受教育程度、技能技术水平决定着职业教育横向层次结构调整的重点。如果迁移人口中大部分是职业教育适龄人口，为求学而迁移，就需要满足其受教育的要求；如果迁移人口是农村剩余劳动力转移而来，而且受教育程度普遍偏低，就需要对其进行职业教育培训。如我国目前非户籍省际人口迁移的年龄段就集中在 15—49 岁，占全部迁移人口的 84.5%，受教育程度以初中学历为主，占据全部迁移人口的 52.8%。[1] 这样的迁移特征就要求职业教育不能再将重点仅仅放在职业教育学校的适龄人口的培养与对本地区就业人员的上岗培训中，还应重点关照到

---

[1] 刘晏伶、冯健：《中国人口迁移特征及其影响因素——基于第六次人口普查数据的分析》，《人文地理》2014 年第 2 期。

迁移人口的职前职后的职业培训，使其具备一定的技术水平和就业能力。

3. 人口结构变动影响职业教育的内在结构

人口结构，是指总体人口中存在的组成部分及其比重或比例关系。根据不同的分类标准，它一般可分为人口的自然结构、社会结构和地域结构。① 在这里，只探讨其中的年龄结构以及职业人口结构、城乡结构变动对职业教育结构的影响。职业教育结构，是指职业教育体系中各个部分的构成状况与相互关系。从宏观上看，它主要包括职业教育的布局结构、层次结构、类型结构、专业结构等。

人口年龄结构是指各年龄阶段人口占总人口的比重或比例关系。年龄结构各部分的不同比例影响着不同层次职业教育的规模，不同年龄结构的人数影响着职业教育的布局结构。按照不同年龄阶段的划分，可分为0—14岁、15—64岁、65岁及以上三个年龄组，它们决定着人口年龄结构的类型。如果一个国家或地区的少儿系数为30%—40%，老年系数是5%—10%，人口年龄结构就为成年型；如果一个国家或地区65岁以上人口比重达到7%，即为人口老龄化。若0—14岁人口在人口结构的比例中呈现不断增长的趋势，人口结构又属于年轻型结构，就要重点考虑义务教育的普及程度。但当人口结构属于成长型结构，或者正向老年结构过渡时，就要重点考虑职业教育的作用，并且要对职业教育结构做相应调整，对不同层次的职业学校进行重新布局，延伸学历形态的职业教育，开展多层次的职业培训，扩展职业教育的外延，使职业教育贯穿人的终身。

职业人口结构主要是指人口的产业、职业结构，它是指劳动年龄人口在不同产业和各种职业中人数的比例，它深刻影响着职业教育的专业结构和不同层次的职业人才培养。职业教育与职业人口结构关系相当密切，二者的吻合程度直接决定着社会经济发展的生命力。当职业人口结构发生变动时，职业教育的专业设置、人才培养目标、人才培养层次就要随着职业人口变动的趋势进行相应的调整。当第一产业

---

① 田家盛：《教育人口学》，人民教育出版社2000年版，第87页。

的职业人口占所有产业职业人口的比重最大时，对农、林、牧、渔等专业的职业人口需求较大，这就需要专业设置与招生人数中有所倾斜。而当第二、第三产业的职业人口比重逐渐加大时，尤其是从事第三产业的职业人口赶超第二产业时，意味着产业结构正面临着转型升级的局面，也就是对职业教育的变革提出了新的要求，对高等职业教育带来了新的发展机遇。因此，职业教育人才培养的定位是依据职业人口结构的变动以及市场需求所确定的。

城乡结构是指城镇与乡村人口的比例构成，城乡结构的变动将直接影响职业教育关于农村转移劳动力的再教育再培训问题，将进一步促进非学历形态职业教育的多元化发展。纵观许多国家或地区的城市化过程，都促使大量的人口由农村迁往城市，引发城乡人口结构的比例发生变化。而随着社会的不断进步，城市对转移人口技术技能水平的要求将会不断提升，农村也将会面临由第一产业转型而带来的对新型农民的需求。因此，城乡结构变动下的职业教育，无论是对已转移的劳动力，还是对剩余的农村劳动力都具有重大作用。

（二）人口变动产生的职业教育具体问题

1. 职业教育学校规模问题

职业学校的规模与职业教育适龄学生的人数密切相关。职业教育适龄学生的增加，必然会促使职业学校规模的扩大。中等职业教育适龄学生的生源主要来自初中阶段教育毕业的学生，即 15 岁左右的学生。高等职业教育适龄学生来自中等教育即普通高中与中等职业教育毕业的学生，年龄在 17—18 岁。我国职业教育生源基数受新中国成立后第二生育高峰期（1962—1971 年）的影响，自 20 世纪 70 年代末开始，就面临巨大的教育和就业压力。1972—1990 年，虽然生育率有所下降，但出生人数仍保持较大规模，也就意味着生源基数仍处于不断增长的态势。于是，我国职业教育学校自 80 年代初期开始，就频繁地进行扩张，以容纳更多的学生就学。

但进入 21 世纪后，职业学校规模扩张的速度明显下降，学校规模呈收缩态势。并且从 2010—2013 年的数据中（见表 4-9）可以看到，中等职业学校在校人数开始减少，也遭遇到了一定的生源危机，这是与中等职业教育适龄人口逐渐减少的趋势相关。我国目前初中阶段毕业生减少，但未来会经历一个短期增长再到降低的趋势，人口总体呈下降趋势。而生源基数的波动可能会导致两个问题，一是会导致部分区域原有中等职业教育规模下的职业教育资源出现资源过剩局面，如何解决生源、有效利用原有中等职业教育资源是目前最为主要的问题；二是高等职业学校还处于不断扩大规模的形势之下，但它也要面对生源减少的问题，这就需要合理控制其增长的速度与制定吸引生源的政策。

表 4-9　　　　2000—2013 年职业院校学校规模基本情况

年份	中等职业学校		高等职业学校	
	学校规模（万所）	在校人数（万人）	学校规模（万所）	在校人数（万人）
2000	1.97	1213.44	0.04	100.87
2005	1.45	1600.04	0.11	712.96
2010	1.39	2231.76	0.12	966.18
2012	1.27	2113.69	0.13	964.27
2013	1.23	1922.97	0.13	973.64

资料来源：《中国教育统计年鉴》（2000—2013）。

2. 职业教育专业结构问题

职业教育的专业结构主要是指职业教育学校所开设的各个科类的构成、各个科类的招生人数及其各个科类之间的比例关系等。[1] 职业教育专业结构与职业人口结构的适应性以及生产力发展水平密切相关。根据 2004—2010 年我国中等职业教育各专业类别招生数统计显示[2]，第一、第二产业的招生人数增幅最大，尤其是农林类人数增幅达 472.59%，而第三产业诸如信息技术、公共事务、医药卫生等专业

---

[1] 王贤：《中等职业教育专业结构与产业就业结构的适应性问题探讨》，《现代教育管理》2009 年第 9 期。

[2] 王冬琳、刘新华、王利明、蒋从根：《我国职业教育专业结构与生产力发展水平关系的实证研究》，《职业技术教育》2013 年第 16 期。

招生人数的增幅却远远不及第一、第二产业的专业类别。据 2005—2013 年三大行业就业人员的数据显示，未来第三产业的职业人口数量将继续增加，而第一产业职业人口将面临继续下降的发展趋势。这是与我国生产力发展水平提升、产业结构调整、第三产业职业类型增多、农村劳动力转移紧密联系的。这就要求职业教育学校的专业类别都应随着职业类别的变化而进行调整，各个专业的招生人数、培养目标都要进行适时改变。而且在考虑产业人口结构的同时，还要考虑由人口年龄结构变动所带来的一些新问题。如我国社会老龄人口逐渐增多，2010 年 65 岁以上人口就已达到全国总人口的 8.9%，这说明我国将在未来的时期内，迫切需要医药卫生行业、养老行业的人才，以应对老龄人口的增加。

3. 中等职业学校布局问题

中等职业学校的合理布局直接影响职业教育资源的合理配置，影响职业学校整体办学效益的提高。我国自 20 世纪 80 年代开始大力发展职业教育，兴办各级各类职业学校，当时受为本地经济发展服务理念的影响，城乡并重建设职业学校，尤其在县域的乡镇或者农村地区开设或者改建了许多面向农村劳动力的职业学校，以满足农村职业教育的需要。事实上，这是在当时我国劳动年龄人口数量充足、生源基数稳定、人口城乡结构比例稳定的情况下而进行的。但是，我国人口迁移比例逐年提高，城镇化进程加速，大量农村劳动力正在向城市转移，2010 年的城镇人口比重已由 2000 年的 36.22% 上升至 49.95%。因此，中等职业学校布局也亟须重新调整。中等职业教育适龄人口数量下降，大批农村劳动力转移，再加之农村地区职校硬件设施、师资配备等教学条件较差，造成中等职业学校招生困难，无法满足学生职业技能提升的要求；并且大量转移到城市的农村劳动力面临再教育再培训的需求。许多农村劳动力的受教育年限较低，生产技能不高，对于城市许多就业岗位的技能技术要求又达不到，因此，劳动力的再教育再培训经常出现企业招工难与农村劳动力就业难并存的结构性问题。据全国总工会新生代农民工问题课题组的调查，自外出务工以来，从来没有参加过任何培训的新生代农民工为61.1%。① 可见，农民工在技术技能培训方面又远远不够。这就需要进一步整合城乡职业教育资源，对城乡职业学校进行重新布局，而布局调整不仅仅是区域学校的重新分布，还包括职业学校的类别转型，尤其在对农村转移劳动力的培训上应重点解决。

4. 中等职业学校与普通高中招生问题

中等职业学校与普通高中都属于国民教育序列中的中等教育，二者具有相同的生源来源，招生对象都为初中阶段毕业生。这也就决定了二者势必在招生中面临分割生源的问题。

于是，当中等教育适龄人口数量下降时，中等职业学校的生源愈发紧张，招生难也成了中等职业教育目前面临的最大问题。再加之高校扩招等政策，带动了"普高热"，普通高中升学率大大提高，继续深造的通道也较为畅通，生源数量和质量都较好。而中等职业学校学生虽也可升入高等职业学校，但由于生源质量和培养目标不同，往往成了升学考试的弱势群体，提升空间不大，吸收不到好的生源。虽然国家也鼓励高职实施单招政策，就是高职院校通过自主命题测试录取普高毕业生和中职毕业生的一种方式，通过单招，学生就可不必参加高考，但普高与中职录取比例往往差距悬殊。如四川工程职业技术学院2014年单招普高学生310人、中职学生50人；四川司法警官职业技术学院2014年单招普高学生110人、中职学生30人。② 如此，也就影响了中等教育适龄人口选择职业教育的比例。

我国未来中等教育适龄人口数量呈下降趋势，这对中等职业教育招生又带来了新的压力。从普通高中与中等职业学校目前的招生态势来看，中等职业学校与普通高中招生人数若想实现比例相当，就需要采取多种方式提升中等职业学校的吸引力，搭建适合中等职业学校学生成长的平台，提高人才培养的质量。

---

① 全国总工会新生代农民工问题课题组：《2010年企业新生代农民工状况调查及对策建议》，《工人日报》2011年2月21日第1版。

② 刘磊：《中高职"立交桥"如何更通畅——四川德阳市中高职衔接试点观察》，《中国教育报》2014年8月11日第1版。

5. 中等职业教育与高等职业教育衔接问题

高等职业教育是职业教育学历形态的高层次教育阶段，它与中等职业教育的培养目标都是面向生产建设与服务第一线的技术人才，只是培养层次不同。而且，高等职业教育培养的高层次技术人才也应在同等类型教育较低层次人才培养的基础上进行的。但是，在现实中，由于生源的质量，二者在专业设置、课程教学方面并没有彼此贯通，导致高等职业教育收纳的生源主要来源于普通高中毕业的学生，而大部分完成中等职业教育的学生则直接走向了就业岗位，大多数中等职业学校的学生被培养成了低层次的技术熟练的劳动者，更多的是为满足密集型产业的需求。

随着我国人口年龄结构的变动，劳动年龄人口数量逐渐减少，人口红利也将逐渐消失，这为我国经济长期稳定较快发展带来了一定阻力。人口红利，一般是指具有优势的人口年龄结构，即劳动年龄人口比重较大而形成的有利人口结构，从而带来的对经济增长的促进作用。我国自20世纪60年代，劳动年龄人口就一直处于持续增长状态，2015年左右达到高峰，之后人口红利所带动的经济增长将处于劣势，这就需要新的人口红利来替代劳动年龄人口的减少，就是人才红利。而且，我国目前正面临产业转型的关键时期，迫切需要数以亿计的能够适应现代产业发展要求的高素质技能型人才，而中等职业教育与高等职业教育的有效衔接，有利于技能型人才的系统培养，而且受教育水平的整体提升也将促进劳动生产率的大幅提升，更有利于发挥人才红利的作用。因此，如何处理二者在各个方面的衔接作用，建立一个技能型人才培养的制度是目前最为急切解决的问题。

（三）应对人口变动的已有职业教育政策分析

1. 人口变动背景下出台的主要职业教育政策

20世纪80年代，在人口数量剧增、教育适龄人口增加的压力下，我国开始出台相关政策发展职业教育，扩大招生规模，构建职业教育体系。但是随着我国人口结构不断发生变化，职业教育也面临着一些新的形势，就近年来出台的相关职业教育政策，就可以看到同过去政策相比某些方面侧重点的改变，以应对不同阶段的人口变动所带来的职业教育效应（见表 4-10）。

（1）应对人口数量变动的职业教育政策。新中国成立以后，我国共经历了三个生育高峰期，以 1954 年、1963 年以及 1987 年为峰值的三个时期，计划生育政策虽然对我国出生率有所控制，但我国总人口基数庞大，20 世纪八九十年代人口增长速度仍然较快，而且教育适龄人口数量也急剧增加，这就需要对教育政策进行适时调整，也就揭开了职业教育规模扩张的序幕。我国在 1980—1996 年多次颁布文件提出广泛开办职业技术学校，扩大中职学校招生规模，目标是使高中阶段职校学生超过普通高中。进入 21 世纪，计划生育政策效果凸显，职业学校生源数量减少，再加之高校扩招，职校毕业生就业前景不好，导致许多职校招生困难。因此，我国自 2001 年以后，就将原来规模发展的指标改变为中职与普高招生比例相当，并同时扩大高等职业教育的招生规模，开始关注由规模发展转向职业教育内涵式发展，提升职业教育办学效益。如教育部 2010 年颁布的《关于实施国家中等职业教育改革发展示范学校建设计划的意见》，就是通过示范学校建设促进职业教育学校质量的提升。

（2）应对人口迁移变动的职业教育政策。随着改革开放的不断深入，越来越多的人远离家乡到外地求学或者就业，迁移人口逐年增加，加速了乡—城人口流动的比例。据三普、四普数据的计算结果显示，我国 1982 年的人口流动仅为 3000 万人，1990 年就已增加至 7000 万人。[1] 据五普、六普数据显示，2000 年我国居住地与户口登记地所在的乡镇街道不一致已达半年的人口数为 14439 万人，2010 年则达到 26138 万人，增长 81.03%。大量迁移的人口需要就业，就需要接受再教育再培训。因此，完善职业教育的培训体系与做好农村劳动力转移的工作就成为职业教育政策所关注的重点。在 2002 年国务院出台的《关于大力推进职业教育改革与发展的决定》中，就提出要广泛开展各级各类培训，为城乡新增劳动者提供教育。在 2005 年《关

---

[1] 沙吉才、曹景椿：《改革开放中的人口问题研究》，北京大学出版社 1994 年版，第 201 页。

于大力发展职业教育的决定》中,更是再次强调职业教育要为农村转移劳动力服务。并且,根据流入城市与流出乡村地区的实际,职教政策将着眼点进一步放置在了区域、城乡职业教育布局的优化上,以期合理配置职业教育资源。

表 4-10　　　　　　与人口变动有关的职业教育政策一览

发布时间	发布部门	文件名称	关键性描述
1980 年	国务院	《关于中等教育结构改革的报告》	改革单一的中等教育结构,在城乡要提倡各行各业广泛举办职业(技术)学校,增加职校学生
1985 年	中共中央	《中共中央关于教育体制改革决定》	扩大中职学校招生,乡镇增加职校数量,高职院校优先对口招收中职生以及有实践经验的学生,培养职教师资,要同社会需要相结合
1991 年	国务院	《国务院关于大力推进职业技术教育的决定》	集中力量办好一批起示范和骨干作用的学校,扩大中职学校招生规模,使高中阶段职校在校生人数超过普通高中,中等职业技术教育要面向实际需要
1995 年	国家教委	《关于开展建设示范性职业大学工作的原则意见》	通过试点建设工作,逐步建设一批在高等职业教育中起骨干示范作用的学校
1996 年	全国人大	《职业教育法》	职业学校、职业培训机构实施职业教育应实行产教结合
1999 年	中共中央、国务院	《中共中央 国务院关于深化教育改革全面推进素质教育的决定》	大力发展高等职业教育,多种方式招收普高毕业生和中职毕业生;促进农村普通教育、成人教育和职业教育的统筹协调发展
1999 年	教育部	《面向 21 世纪教育振兴行动计划》	积极发展高等职业教育,挑选 30 所学校建设示范性职业技术学院,发展非学历高等职业教育

续表

发布时间	发布部门	文件名称	关键性描述
2001年	教育部	《关于"十五"期间加强中等职业学校教师队伍建设的意见》	建设中等职业学校教师队伍,办好职教师资基地(包括职业技术师范学院)
2002年	国务院	《国务院关于大力推进职业教育改革与发展的决定》	保持中职教育与普高教育的比例相当,扩大高职规模;广泛开展各级各类培训;农村和西部地区为工作重点;严格实施就业准入制度,加强职业教育与劳动就业的联系
2005年	国务院	《关于大力发展职业教育的决定》	到2010年,中职与普高招生规模相当,高职占高教招生规模的一半以上。职业教育要为农村劳动力转移服务。建立职业教育的"立交桥"。加强县级职教中心和示范学校的建设
2010年	教育部	《关于实施国家中等职业教育改革发展示范学校建设计划的意见》	2010—2013年,中央财政重点支持1000所中等职业学校改革创新
2011年	九部门联合	《关于加快发展面向农村的职业教育的意见》	开展新型农民和农村富余劳动力培训。推进中等和高等农业职业教育协调发展。在中职和高职专业设置中要向农业倾斜
2011年	教育部	《教育部关于推进中等和高等职业教育协调发展的指导意见》	学历教育和非学历教育协调发展、职业教育和普通教育相互沟通、职前教育和职后教育有效衔接,培养高素质技能型人才
2014年	教育部、农业部	《中等职业学校新型职业农民培养方案试行》	适应现代农业发展和新农村建设要求的新型职业农民

续表

发布时间	发布部门	文件名称	关键性描述
2014 年	国务院	《国务院关于加快发展现代职业教育的决定》	创造更大人才红利，加快转方式、调结构、促升级；总体保持中等职业学校和普通高中招生规模大体相当，高等职业教育规模占高等教育的一半以上。调整完善职业院校区域布局，科学合理设置专业。引导普通本科高等学校转型发展
2014 年	九部门联合会	《加快推进养老服务业人才培养的意见》	加快发展养老服务业，应用型本科和研究生教育层次相互衔接，学历教育和职业培训并重的养老服务人才培养培训体系
2014 年	教育部等六部门	《现代职业教育体系建设规划（2014—2020 年）》	实行中职、专科、本科贯通培养。加快培养服务现代服务业人才。优化职业教育区域城乡布局

（3）应对人口结构变动的职业教育政策。随着我国职业人口结构发生较大变化，第三产业就业人数比重不断提升，产业结构逐渐高度化，劳动密集型产业也逐步向技术知识密集型产业演进。我国职业教育政策针对产业结构的变化调整了职业教育的专业结构和培养目标，以期满足我国经济社会发展的需求。2000 年三大产业就业人数分别为 36042 万人、16219 万人、19823 万人，第三产业已超越第二产业，第一产业就业人数比重仍然较大。为满足第三产业发展需要，在 2002 年出台的《关于大力推进职业教育改革和发展的决定》中提出，要调整专业设置，积极发展面向新兴产业和现代服务业的专业，并加强高级技术工人和技师的培养和培训。2011 年，我国第三产业就业人数首次超过第一产业，但是职业教育的专业设置还不能完全对接产业结构转型升级的需要，继而在 2014 年《关于加快发展现代职业教育的决定》中，明确提出要合理设置专业，重点提升面向现代农业、先进制造业、现代服务业、战略性新兴产业和社会管理、生态文明建设等领域的人才培养能力。

2. 人口变动背景下现有职业教育政策分析

（1）职业教育规模调整的政策分析。在2014年下发的《国务院关于加快发展职业教育的决定》中，对职业教育规模发展明确给予了量化指标，它规定中职和普高招生规模大体相当，高职规模占高等教育的一半以上，到2020年，中职在校生达到2350万人，专科层次职教在校生达到1480万人，接受本科层次职教学生达到一定规模。从业人员继续教育达到3.5亿人次。这个文件的出台，可以说是为职业教育规模扩张确立了一定的度，在层次发展中则将高等职业教育延伸至本科阶段，意味着我国职教政策已将职教重点全方位转移到内涵式发展中来，提升中等职业教育的吸引力，减轻生源减少带来的招生压力。同时，进一步凸显了职业教育的培训与培养并重的教育特色，提升了为各类从业人员提供继续教育的能力。

但是从这些新的规定中，也可以看到许多需要补充的地方。首先，职业教育规模、教育层次的调整，可能会带来布局的重新调整，根据各个区域的生源基数、办学条件、区域经济发展等实际，要合理进行中职学校、高职院校、培训机构的布局。其次，根据中职、高职院校的学生人数和学校数量，要配备相应的具有双师型资格的职教师资，职教师资培养刻不容缓。最后，中职和普高仍然在生源分割中会有一定冲突，并且普高整体办学条件都高于中职学校，如何协调沟通将在招生中出现的问题仍是中等职业教育面临的难点。

（2）中等职业教育与高等职业教育协调发展的政策分析。我国职业教育的培养目标近年来一直在发生变化，从强调培养生产、服务第一线的高素质劳动者和实用人才（2002年）到培养高素质劳动者和技能型人才（2013年），再到培养高素质劳动者和技术技能型人才（2014年）。这是由于产业结构的转型升级对劳动者的素质提升的新要求，既要有技能熟练的高素质劳动者，又要有技能+知识的高技术性人员与科研开发人员。产业结构的变化，必然影响到人才的需求结构，也就影响着职业教育结构的适应性问题，加快协调中等与高等职业教育，构建我国的技能型人才培养制度迫在眉睫。我国在2005年就明确提出，要建立职业教育人才培养的"立交桥"，但如何连接并没有做具体说明。一直到 2011 年教育部才正式出台《关于推进中等和高等职业教育协调发展的指导意见》，对二者的协调发展做了详细部署。这份文件加快了职业教育层次结构完善、调整的进程，优化了中职高职的专业结构布局，推动了中职高职在专业设置、教材编订、课程教学标准、产教合作等方面的无缝对接。

但在政策具体推行的过程中，以下几个问题不得不考虑：一是当中职学生与普高学生竞争升学时，如何才能保证中等职业教育一定比例的升学率，这需要有具体招生考试政策的出台；二是在高等教育结构中，如何才能保证高等职业教育一定比例的优质生源，因为原有高校规模仍然存在，而生源基数却是在逐年减少；三是政策中提到要将一定数量本科层次的高校进行转型，但转型的具体比例、方式、标准、区域分布等都还没有涉及。

（3）养老服务人才培养的政策分析。我国自 2010 年开始，65 岁以上人口的数量就已达到进入老龄社会的指标，而且 2020 年后人口的老化速度将大大加快，在 2030 年这个比例大约会上升到 17%—18%，2035 年会上升到 20%。[①] 因此，我国九部门联合在 2014 年出台了《加快推进养老服务业人才培养的意见》，以应对即将面临的老龄化社会对养老服务人才的需要。文件中强调要逐年扩大招生规模，引导学生从事养老服务业工作，并且实现养老服务人才培养的本科、研究生教育的层次贯通，提升养老服务业专业的教育教学质量。这个政策的出台一定程度上缓解了我国目前养老服务业规模小、层次单一、人才短缺的问题。但这样一个政策对于未来老年人口迅速增加的形势仍然不足以应对，它只是对养老服务专业进行了规定与指导，而对与之相互关联的其他行业或者专业关照不足，如医疗保健卫生、社会保障、社区服务、老年人心理健康等，都还是我国养老服务业的薄弱环节。从培养培训的对象来看，政策中依然倾向于对学生的培养，而非从业人员的再教育再培训却没有涉及，如居家养老就需要子女具

---

① 张翼：《中国的人口转变与未来人口政策的调整》，《中国特色社会主义研究》2013 年第 3 期。

备相应的医疗保健知识和技能，能简单地处理一些突发状况。而且对于老年人，还可尝试通过兴办老年大学，吸纳一些具有劳动能力的老年人进行培训，关键时刻可以自救抑或是帮助他人。养老服务业人才的培养培训还需进一步完善，以及出台更多的政策予以支持。

（4）面向农村职业教育的政策分析。我国职业教育政策一直以来都重视农村的职业教育发展，随着国家对职业教育赋予了新的战略意义，农村职业教育也有了新的内涵和价值。改革开放以来，农村职业教育政策共经历三次变迁：一是农村职业教育的恢复发展期（1978—1991年）。这一时期政策侧重于扩大规模，增加学生与农村职校，并于1988年通过了《关于组织实施"燎原计划"的请示》，"燎原计划"是以促进农村经济发展为目标的计划，强调学生要能掌握一定的实用技术和经营本领，成为发展农村商品经济的骨干。二是农村职业教育的转型时期（1992—1999年）。这一时期受产业结构调整、现代化农业发展等影响，提出进一步办好农村中等职业学校农业类专业，扩展农业类专业类别，培养农业发展所需的技术人才，提高农业的科技含量。三是农村职业教育的新时期（2000年至今）。这一时期是人口结构发生重要变化的时期，大量农村劳动力转移，农业职业教育结构面临新的调整。2002年的《决定》提出要培训农村劳动力达1.5亿人次，2005年的《决定》中又提出要实施国家农村劳动力转移培训工程，加强县级职教中心的建设。2011年由教育部等九部门出台《关于加快发展面向农村的职业教育的意见》，这是为了在工业化、城镇化深入发展中同步推进农业现代化而提出的，一定程度上也解决了农村劳动力总量过剩和结构性短缺并存的问题，尤其在涉农专业建设方面、农村人才培养培训、农村职业教育投入方面又给予了相当大的政策扶持。而2014年出台的《中等职业学校新型职业农民培养方案试行》政策，则是为培养新型职业农民而对农民职业教育制度进行完善的具体指导意见。可见，我国农村职业教育政策制定的理念已从以往的产业效益向社会整体促进转变，政策制定的核心已从规模发展向农村劳动力人口素质提升转变，政策制定的内容已从宏观规定向专业类别、培养方案、制度完善等具体内容转变。

(四) 应对人口变动的职业教育政策调整建议

1. 科学预测人口变动趋势

人口的各个因素对教育未来的发展规划具有重要影响。根据不同学者基于六普数据对人口发展趋势的预测来看，虽然在具体指标上有所差异，但都有一个共同的趋势，就是我国各个层次学历教育适龄人口的人数都将呈下降趋势，而职业教育的适龄人口与培训人数将有所增加。因此，科学预测人口变动的趋势，可以全面把握未来职业教育发展的空间与重点投入的方向，有利于统筹整个职业教育的发展规模与质量。在未来的一定时期内，人口变动还会出现新的特征与走向，如"单独二孩"政策的启动与第一代独生子女进入生育年龄时期的累加会带动新一轮的生育高峰，新型城镇化政策的落地会加速人口的乡—城流动，带动职业教育培训人数的递增，科技发展与产业结构的转型升级会提升对高技能技术型人才的需求，进一步带动职业教育专业结构的变革，老龄人口的持续增加会减少劳动年龄人口从而影响人口红利的消失与对老年教育的迫切需求等。职业教育政策的制定与调整首先要立足于实际，建立在对这些趋势科学预测的基础上，合理规划区域之间、城乡之间职业教育的基础资源配置，以应对人口数量、迁移、结构、质量变动所带来的各种问题。

2. 追求教育公平的政策理念

公平是教育政策制定的基本价值取向，公平理念也应贯穿到职业教育政策实施的全过程。罗尔斯提出的关于教育公平的补偿原则，就是指"为了平等地对待所有人，提供真正的同等的机会，社会必须更多地注意那些天赋较低和出生于较不利的社会地位的人们"。[①] 也就是要对教育中处于弱势地位的群体给予政策上的优先支持，以实现真正的教育公平。职业教育公平包含两方面的含义：一是每位社会成员拥有平等接受职业教育的权利和机会；二是职业教育与普通教育的平等

---

① ［美］罗尔斯：《正义论》，何怀宏等译，中国社会科学出版社1988年版，第56—96页。

性。① 职业教育目前虽然具有一定规模，但发展较晚，办学条件、生源质量、师资配备、研究程度、社会认可度、经费支持都远远不及普通教育，发展内在动力不足，有发展之心却无行动之力。职业教育正处于国民教育中的弱势地位，亟须政策的扶持与倾斜，以实现与普通教育的同等对待。

在推动教育公平与社会公平的进程中，职业教育有其不可忽视的重要作用，职业教育的全民性惠及了全部人群，职业教育的社会性促使其密切关注社会发展的需要，职业教育的专门性让更多个体实现自己的价值，职业教育的终身性回归到了个体发展的本身。因此，职业教育政策的制定与调整应将教育公平的政策理念贯彻始终，保持政府对职业教育的倾向性，给予职业教育更多的招生话语权，避免出现侧重普通教育的政策偏好，② 确立长期投入的职业教育周期意识，保证职业教育政策的利好导向与政策执行的落实到位。

3. 加强职业教育政策的实质关怀

目前职业教育政策调整的一个方向是其相应的配套政策的完善，使其具有一定的针对性，增强职业教育政策的实质关怀。首先，加快职教师资培养，弥补职教师资数量与质量的劣势地位。我国职教师资的培养单位主要是职业技术师范学校、职教师资培养培训基地，还有一些是来源于普通高校培养的专业人才，通过考取教师资格证而从事职业教育教学工作。而且，许多职教师资培养培训基地并不认同自身的人才培养属于师范类专业，国家也没有具体的文件对职教师资培养单位的性质进行一个界定，造成部分培养单位培养目标的错位。其次，重新规划职业学校布局，符合区域发展需求。人口数量、迁移、结构变动导致职业教育生源数量、学历形态的职业教育层次、城乡人口比重、农村发展的重心都有所变化。为应对不同区域不同的发展要求，需要对职业学校进行重新分布与调整。最后，优化职业教育结

---

① 李延平：《职业教育公平问题研究》，陕西师范大学博士学位论文，2008 年，第 1 页。
② 朱德全、李鹏：《论统筹城乡职业教育的多重治理逻辑》，《西南大学学报》（社会科学版）2013 年第 4 期。

构，促使职业教育实现内涵式发展。人口的年龄结构、职业人口结构、城乡结构影响着职业教育的专业结构、层次结构以及职业教育与普通教育的类别结构。优化职业教育结构就是要从统筹发展的角度，对职业教育中各个部分的比例关系与组合方式进行协调与重组，良好的构成方式是职业教育发展的内在动力。

4. 改善职业教育政策的执行环境

职业教育政策自改革开放以来，经过恢复创建、调整发展、受挫波动、加速振兴四个阶段，初步建立了现代职业教育体系，为我国社会培养了大批高素质技能人才。[1] 但是在现阶段新的人口变动的背景之下，政策执行的力度与难度前所未有，这就需要进一步改善政策实施的环境，提升职业教育政策执行的效度。首先，加快立法的进程。目前涉及职业教育的法律法规主要有《职业教育法》《教育法》《高等教育法》，但大多是确立职业教育的法律地位，内容多是目标性、原则性的，对具体措施和操作性强的指导建议涉及不多，缺少对农村转移劳动力、企业员工再教育再培训的权利与义务的规定，缺少对普职、中高职衔接的明确规定，缺少对职业学校建设的标准制定，也缺少职业教育的评价监督检查机制，这些具体的措施都亟待国家法律层面的完善与规范。其次，推动政策制定主体的相互协调。职业教育政策的制定不是教育部或者某个部门独立完成的，它需要多个部门，甚至多个体系的协作才能实现。[2] 职业教育政策的调整也是如此。这就需要政策制定主体具有较高的政策水平、具备优良的合作意识，有分工有担当地应对人口变动背景下职业教育的格局调整。

---

[1] 和震:《我国职业教育政策三十年回顾》,《教育发展研究》2009 年第 3 期。
[2] 朱德全、徐小容:《协同共治与携手共赢：职业教育质量治理的生成逻辑与推进机制》,《西南大学学报》（社会科学版）2016 年第 4 期。

第五章 人口流动产生的教育政策问题

随着我国现代化、城市化进程的推进以及城乡发展与规划的不断调整，人口流动的速度逐渐加快，人口流动的规模也逐渐增大。人口流动方向主要为从农村迁移到城市。大规模中青年农村剩余劳动力涌入城市，促进了城市的发展，带动了经济的增长。同时也不可避免带来与人口流动密切关联的教育问题，即进城务工就业人员随迁子女在流入地的就学、升学问题以及农村留守儿童的学习、生活、心理、安全等问题。在这样的背景下，我国先后出台了一系列教育政策，以保障随迁子女平等受教育的权益。

一 流动人口子女教育政策的背景

流动人口子女教育并不是单纯的教育问题，而是涉及社会、经济、政治等多方面的复杂问题，是我国城市化进程推进中农村人口向城市流动所衍生的子问题。因此，关于流动人口子女教育一系列政策出台的背景，离不开我国城市化发展的大环境以及随之带来的人口流动问题。

（一）城市化进程的发展

从世界各国的发展经验来看，工业化、城市化的发展与推进必然要经历人口的城市化过程，即会伴随着大量农村人口流向城市。以美国为例，其城市化是在农村人口流向城市的过程中实现的，美国城市经济的发展吸引了越来越多的外国移民和农村人口，农村劳动力逐步向城市转移。1940—1993年，受西部大开发的影响，美国人口的区域中心发生前所未有的变化，西部人口比重由11%上升到28%，南部由31%上升到40%。① 我国作为发展中国家，尽管在城市化进程中受到我国城乡二元结构、户籍制度的限制与约束，会面临更大的挑战，但同样需要经历农村劳动力向城市流动的过程。

新中国成立以来，我国城市化水平大幅提高，城市个数由1949年的132个增加到2008年的655个，城市化水平②由1949年的7.3%提高到2013年的53.37%。③ 经过几十年社会经济的发展和调整，我国城市化发展也经历了翻天覆地的变化，直至趋于稳定、快速的发展状态。目前，我国城市化发展正呈现布局和结构日趋合理、城市群发展迅速等特征。

（二）劳动力流动政策与人口流动特点

在逐步推进新型工业化、城市化进程中，农村劳动力向城市流动成为必然趋势。伴随着不同时期出台的关于劳动力流动的政策，我国农村劳动力转移也经历了从无序到规范，到目前逐渐趋于合理、公平的过程。

1. 劳动力流动的政策变迁

我国对农村剩余劳动力流动的重要政策经历了以下几个发展阶段。

（1）允许劳动力自由流动阶段（1949—1952年）。新中国成立初期，国家一方面要保障人民居住和迁徙的自由权，另一方面也要促进经济的发展。因此，受政治和经济两方面因素的影响，这一时期国家允许农村劳动力在城乡之间自由流动。1949年国家制定的《中国人民政治协商会议共同纲领》第五条明确表明，人民应拥有居住和迁徙的自由权。

---

① 王新华：《美国城市化背景下人口流动的特点、启示与借鉴》，《人口与计划生育》2010年第3期。

② 城市化水平，也称城市化率，即城市市区人口占全国总人口的比重，历年城市化水平的数据来源为国家统计局。

③ 陈秀山、王洋：《中国城市化进程的基本特征与存在问题研究》，《井冈山大学学报》（社会科学版）2010年第1期。

（2）限制劳动力流动阶段（1953—1983年）。由于受新中国成立初期劳动力流动宽松政策的影响，大量农村人口涌入城市导致城市人口激增，城市剩余劳动力扩大，城市生活用品供求紧张。与此同时，全国经济也出现市场萧条、城市工商业萎缩的景象。1953—1957年，国家不得不开始限制农民流入城市，先后多次出台政策文件限制农民流入城市（见表5-1）。

表5-1　1953—1957年国家限制农村劳动力流动的主要政策

发布时间	发布部门	文件名称	关键性描述
1953年4月	政务院	《劝止农民盲目流入城市的指示》	规定未经劳动部门许可和介绍，不得在农村招收工人，明令禁止农民进城就业
1953年7月	政务院	《关于制止农民盲目流入城市的紧急通知》	限制农村人口盲目流入城市
1954年3月	内务部、劳动部	《关于继续贯彻劝止农民盲目流入城市的指示》	重申限制农业剩余劳动力向城市转移的禁令
1956年12月	国务院	《关于防止农村人口盲目外流的指示》	强调对农民进行思想教育，预防外流；明确规定工厂、矿山、铁路、交通、建筑等部门不应私自招收农村剩余劳动力
1957年3月	国务院	《关于防止农村人口盲目外流的补充指示》	提出防止和劝阻农民外流的具体措施
1957年9月	国务院	《关于防止农民盲目流入城市的通知》	阻止农村人口流入城市
1957年12月	中共中央、国务院	《关于制止农民盲目外流的指示》	提出制止农民盲目外流的具体措施，要求各地制定劝阻遣送具体办法

从1958年开始，国家严格限制劳动力向城市流动，这种限制直至改革开放初期也没有发生根本的改变。1958年颁布的《中华人民

共和国户口登记条例》，以法律形式对人口由农村迁往城市、农业人口转为非农业人口、小城镇迁往大城镇等做了严格限制。改革开放以后，由于城市资源和供给能力有限，城市人员就业问题也未得到很好解决，国家不得不继续严格控制人口流向城市。1980 年，中共中央、国务院颁布的《关于进一步做好城镇劳动就业工作的意见》指出，要控制农业人口盲目流入大中城市，要压缩、清退来自农村的计划外用工。1981 年，国务院出台《关于严格控制农村劳动力进城务工和农业人口转为非农业人口的通知》，提出严格控制从农村招工，认真清理企业、事业单位使用的农村劳动力。

（3）允许劳动力流动阶段（1984—1988 年）。随着城市和农村经济体制改革的全面推进，党中央和国务院对农民进城的态度逐渐发生转变，开始出台系列文件允许劳动力流动，并引导农民向小城镇流动。1984 年 1 月中共中央一号文件《关于一九八四年农村工作的通知》历史性地提出，"1984 年，各省、自治区、直辖市可选若干集镇进行试点，允许务工、经商、办服务业的农民带自理口粮到集镇落户"。国务院于同年 10 月颁布《关于农民进入集镇落户问题的通知》，进一步明确了允许农民进城务工、经商、办服务业的原则性要求，实行"自理口粮户口"。这一政策标志着我国实行 30 年的限制城乡人口流动的管理制度开始松动，也为农民工大规模流动提供了制度与政策空间。

1985 年起，政府的相关政策与举措允许和鼓励农村劳动力的地区交流、城乡交流和贫困地区的劳务输出。1985 年 1 月中共中央、国务院发布的《关于进一步活跃农村经济的十项政策》明确指出，进一步扩大城乡经济交往，加强对小城镇建设的指导，允许农民进城开店设坊，兴办服务业，提供各种劳务。1986 年 7 月，国务院颁布《关于国营企业招用工人的暂行规定》指出城镇和农村人员均可报考，放开了对农民的招工限制。1988 年 7 月，劳动部、国务院贫困地区经济开发领导小组颁布《关于加强贫困地区劳动力资源开发工作的通知》，指出将大力组织劳务输出作为贫困地区劳动力资源开发的重点。

1984—1988 年，我国农村劳动力流动进入快速增长时期，累计转移农业劳动力5566万人,平均每年转移1113万人,转移劳动力总量平均每年增长23.11%,① 同时也带来了大规模农村劳动力的跨地区流动,即"民工潮"。

(4) 控制劳动力盲目流动阶段(1989—1991年)。"民工潮"的出现,引发了城市诸多交通运输、社会治安、劳动力市场管理等方面的问题。加之1988年国民经济出现的通货膨胀现象,在国家进行经济调整、整顿经济秩序的同时,城市与乡镇企业新增就业机会减少,为此国家开始加强对劳动力流动的管理与控制。

1989年,国务院办公厅出台《关于严格控制民工外出的紧急通知》,民政部、公安部颁发《关于进一步做好控制民工盲目外流的通知》,均提出要严格控制民工外出。1990年国务院颁布《关于做好劳动就业工作的通知》提出,就地消化和转移农村剩余劳动力,引导他们"离土不离乡",因地制宜办好乡镇企业,同时对农村劳动力进城务工实行控制和严格管理。1991年2月,针对出现的大量农民涌向广东等沿海地区打工的现象,国务院办公厅专门出台《关于劝阻民工盲目去广东的通知》,从严控制农民盲目流向广东地区。针对我国海南和广东等沿海省市因发生严重自然灾害而出现农村地区灾民外流,1991年10月民政部颁布《关于进一步做好劝阻劝返外流灾民工作的通知》,要求各地政府做好防止灾民外流和劝阻劝返外流灾民工作。

这一阶段,由于经济发展态势不好,城镇公有企业、私营和个体生产、乡镇企业等均处于萎缩状态,直接限制了城市对劳动力的需求,同时在国家控制劳动力流动的政策调控下,我国农村劳动力流动进入逆转时期。

(5) 鼓励和规范劳动力有序流动阶段(1992—2000年)。1992年以来,国家关于农村劳动力流动的政策逐渐发生了根本性变化,由上一阶段的控制流动转向鼓励、引导有序流动,比1984—1988年的"允许流动"又更进了一步。在实施小城镇户籍管理制度改革的基础上,实行以就业证卡管理为中心的农村劳动力跨地区流动的就业制

---

① 李厚刚:《我国农村劳动力流动政策变迁探析》,《江南论坛》2012年第9期。

度,并出台了一系列政策推动劳动力的规范有序流动(见表5-2)。1998年以后,尽管城市下岗职工明显增加,但国家仍继续坚持对农村劳动力流动的鼓励和引导政策,并做好合理调整进城务工规模和规范流动人口管理的相关部署。

表5-2　1993—2000年国家鼓励和规范农村劳动力流动的主要政策

发布时间	发布部门	文件名称	关键性描述
1993年11月	中共中央	《关于建立社会主义市场经济体制若干问题的决定》	鼓励和引导农村剩余劳动力逐步向非农产业转移和地区间有序流动
1993年11月	劳动部	《关于印发〈再就业工程〉和〈农村劳动力跨地区流动有序化——"城乡协调就业计划"第一期工程〉的通知》	主要输入、输出地区间的农村劳动力流动就业实现有序化,建立针对农村劳动力流动就业的用工管理、监察、权益保障、管理服务基本制度
1993年12月	劳动部	《关于建立社会主义市场经济体制时期劳动体制改革总体设想》	合理调节城乡劳动力流动,逐步实现城乡劳动力流动的有序化。要在"九五"时期基本取消统包统配,进一步放开城乡界限
1994年8月	劳动部	《关于促进劳动力市场发展,完善就业服务体系建设的实施计划》	在短时间内建立起完善的就业服务体系。具体计划:1994年,着手华南(广东)、华东(上海)和华北(北京)三大区域劳动力市场信息中心建设,推进省际劳务协作,大力发展乡镇劳动服务网络;1995年,在重点地区(广东、福建、山东、浙江、江苏、北京、天津、上海、四川、安徽、湖北、湖南、广西、贵州、江西、河南、河北、甘肃)形成有效的管理制度、服务手段和调控方法,使农村劳动力有组织地输出、输入(跨地区流动持证率)达到60%

续表

发布时间	发布部门	文件名称	关键性描述
1994年11月	劳动部	《关于农村劳动力跨省流动就业的暂行规定》	首次规范流动就业证卡管理制度
1995年9月	中共中央、国务院办公厅	《关于加强流动人口管理工作的意见》	促进农村剩余劳动力就地就近转移;提高流动的组织化、有序化程度;实行统一的流动人口就业证和暂住证制度;整顿劳动力市场
1997年5月	国务院	《关于小城镇户籍管理制度改革试点方案》	适时进行户籍管理制度改革,允许已经在小城镇就业、居住并符合一定条件的农村人口在小城镇办理城镇常住户口,以促进农村剩余劳动力就近、有序地向小城镇转移
1997年11月	国务院	《关于进一步做好组织民工有序流动工作的意见》	加快劳动力市场建设,建立健全劳动力市场规则,明确劳动力供求双方、中介服务以及市场管理的行为规范,维护劳动力市场的正常秩序
1998年6月	中共中央、国务院	《关于切实做好国有企业下岗职工基本生活保障和再就业工作的通知》	各级党委、政府和有关部门必须把国有企业下岗职工基本生活保障和再就业工作列入重要议事日程。要继续鼓励和引导农村剩余劳动力就地就近转移,合理调控进城务工的规模
1998年9月	国务院办公厅	《关于做好灾区农村劳动力就地安置和组织民工有序流动工作意见的通知》	在就地安置为主的前提下,引导民工有序流动;开展有计划、有组织的劳务输出,劝阻劝返,加强市场管理;优先招收灾区劳动力;动态预测和通报
1998年10月	中共中央	《关于农业和农村工作若干重大问题的决定》	适应城镇和发达地区的客观需要,引导农村劳动力合理有序流动

续表

发布时间	发布部门	文件名称	关键性描述
2000年1月	劳动部	《关于做好农村富余劳动力流动就业工作的意见》	建立流动就业信息预测预报制度;促进劳务输出产业化;发展和促进跨地区的劳务协作;开展流动就业专项监察,保障流动就业者合法权益

(6)重视公平流动阶段(2000年至今)。从2000年下半年开始,国家对农村劳动力流动的政策由"规范流动"转向"公平流动",逐步推动城乡劳动力市场一体化,积极推进就业、保障、户籍、教育、住房和小城镇建设等方面的配套改革,2000年以来国家出台的相关政策[①],见表5-3。

表5-3　2000年以来国家重视农村劳动力公平流动的主要政策

发布时间	发布部门	文件名称	关键性描述
2000年6月	中共中央、国务院	《关于促进小城镇健康发展的若干意见》	鼓励农民进入小城镇,并在子女入学、参军、就业等方面给予与城镇居民同等待遇,不得实行歧视性政策,不得对在小城镇落户的农民收取城镇增容费或其他费用
2000年7月	劳动保障部、国家计委、农业部、科技部、水利部、建设部、国务院发展研究中心	《关于进一步开展农村劳动力开发就业试点工作的通知》	改革城乡分割体制,取消对农民进城就业的不合理限制

---

① 邓大松、孟颖颖:《中国农村剩余劳动力转移的历史变迁:政策回顾和阶段评述》,《贵州社会科学》2008年第7期。

续表

发布时间	发布部门	文件名称	关键性描述
2001年3月	全国人大	《中华人民共和国国民经济和社会发展第十个五年计划纲要》	改革城镇户籍制度，形成城乡人口有序流动的机制，取消对农村劳动力进入城镇就业的不合理限制，引导农村富余劳动力在城乡、地区间有序流动。坚持城乡统筹的改革方向，推动城乡劳动力市场逐步一体化
2001年3月	国务院批转公安部	《关于推进小城镇户籍管理制度改革的意见》	通过改革小城镇户籍管理制度，引导农村人口向小城镇有序转移，切实保障在小城镇落户人员的合法权利
2001年5月	国家计委	《关于印发〈国民经济和社会发展第十个五年计划城镇化发展重点专项规划〉的通知》	打破垄断和地区保护，除个别特大城市外，要改革城乡分割的就业制度，取消各地区针对农民和外地人口制定的限制性就业政策。中心城市要建立劳动力市场信息网络，提供求职和用人等方面的就业服务。在住房、子女教育、医疗等方面，对进城务工的农民提供普遍服务
2002年1月	中共中央、国务院	《关于做好2002年农业和农村工作的意见》	首次提出了针对农民进城务工的"公平对待，合理引导，完善管理，搞好服务"的16字方针，纠正简单粗暴清退农民工的做法
2003年12月	财政部、劳动保障部、公安部、教育部、人口计生委	《关于将农民工管理等有关经费纳入财政预算支出范围有关问题的通知》	进一步清理限制农民进城务工就业的歧视性政策
2005年2月	劳动和社会保障部	《关于废止〈农村劳动力跨省流动就业管理暂行规定〉及有关配套文件的通知》	废止关于外出人员就业登记卡和就业证的相关规定，进一步改善农民进城就业环境，清理和取消限制农民进城就业的政策

2. 人口流动的特点与现状

改革开放以来，在经历允许流动、严格限制流动、逐渐规范与引导公平流动等不同阶段的政策变迁之后，我国流动人口数量不断增长。1982—2005 年，流动人口从 657 万人增长到 1.47 亿人，年均增长 14.5%，2010 年第六次全国人口普查数据显示，流动人口已达到 2.21 亿人，占全国总人口的 16.5%。[①] 目前，流动人口成为城市社会政策突破、实现制度创新的重要因素，流动人口的迁移过程也呈现出一些特点。

（1）流动人口主要集中在东部和沿海地区。伴随着我国东部地区经济的快速发展，为流动人口提供的就业岗位和机会明显增加，吸引了大量流动人口集中流入这些区域。1982 年以来，东部地区流动人口占全国流动人口总量的比例大幅上升（明显高于中部、西部地区），东部流动人口所占比例 1987 年为 43.8%，2000 年达到 57.0%，2005 年进一步提高到 64.6%（中部、西部地区分别为 17.2%、18.3%）[②]，随后经过一段时间的调整，2010 年东部地区吸收全国流动人口的比例稳定在 56.9%。在全国八大经济板块中，流动人口主要集中分布在东部沿海和南部沿海地区，2010 年这两个区域流动人口所占份额分别达到 19.9%、20.9%[③]，位于珠三角和长三角的城市吸引了越来越多的流动人口。

从省际比较来看，2010 年流动人口规模位居前 5 位的省份依次为广东、浙江、江苏、山东、四川，这 5 个省份吸纳了全国 40.9% 的流动人口。[④] 而流动人口规模最小的 5 个省份为西藏、青海、宁夏、海南、甘肃，仅占全国流动人口的 3.1%。从流动人口的迁移距离来看，主要分为跨省流动、省内跨县/跨市、县/市内跨乡镇等流动类型，其

[①] 段成荣、吕利丹、邹湘江：《当前我国流动人口面临的主要问题和对策——基于 2010 年第六次全国人口普查数据的分析》，《人口研究》2013 年第 2 期。

[②] 段成荣、杨舸：《我国流动人口的流入地分布变动趋势研究》，《人口研究》2009 年总第 33 期第 6 期。

[③] 段成荣、吕利丹、邹湘江：《当前我国流动人口面临的主要问题和对策——基于 2010 年第六次全国人口普查数据的分析》，《人口研究》2013 年第 2 期。

[④] 数据来源：2010 年第六次全国人口普查数据。

中跨省流动的比例逐渐上升,由 2000 年的 29.4% 提高到 2010 年的 38.9%,十年提高了近 10 个百分点。①

(2) 流动人口在流入地居住的时间趋于长期化,人口流动的家庭化趋势明显。近年来,越来越多的流动人口开始出现移民化倾向,特别是就业和收入相对稳定的流动人口不再频繁流动,而选择长期居住并逐步融入流入地,出现"流动人口不流动"现象。根据国家人口计生委 2011 年全国流动人口动态监测数据计算,全部流动人口中,在流入地居住 5 年以上者所占比例达 37.45%,其中 10 年以上者占 15.41%,15 年以上者占 4.97%。②

伴随着流动人口利益诉求的变化,流动人口更加渴望家庭成员的团聚,人口流动的家庭化趋势越发明显,开始大量出现家庭成员的一起流动或投亲靠友的迁移流动,携妻带子、扶老携幼的流动方式越来越普遍。根据 2010 年第六次全国人口普查数据,在流动人口家庭户中,两代户、三代及以上户分别达到 38.52%、5.11%,一代户中大部分为同配偶或者兄弟姐妹一起流动,独自一人流动的一代户仅占 26.76%。③ 根据 2011 年"流动人口动态监测调查"数据,流动人口中已婚人口占 63%,其中的 85% 与配偶居住在一起,在流入地居住时间越长,配偶随迁的比例也越高。④

(3) 流动人口多处于职业结构的底层。我国流动人口从事的职业以建筑以及零售、餐饮等第三产业的居多,大多在底层从事体力劳动,且这部分群体的收入水平偏低、居住环境偏差。根据 2011 年"流动人口动态监测调查"数据,从事批发零售、制造业和住宿餐饮业的流动人口分别占 23.4%、20.6%、12.6%。流动人口的就业部门以个体工商户和私营企业为主,分别占 45% 和 30%。其中,个体工

---

① 数据来源:2000 年第五次全国人口普查数据、2010 年第六次全国人口普查数据。
② 同上。
③ 段成荣、袁艳、郭静:《我国流动人口的最新状况》,《西北人口》2013 年第 6 期。
④ 杜旻:《我国流动人口的变化趋势、社会融合及其管理体制创新》,《改革》2013 年第 8 期。

商户从业人口又以自营劳动者为主,约占61%。[①]

(三) 人口流动带来的子女教育问题

与我国经济发展和城市化进程相伴而生,大规模农村劳动力涌入城市,由于流动人口举家迁移趋势凸显,直接带来流动人口子女的教育问题。流动人口子女的受教育问题,不仅仅是简单的教育问题,更是受到种种因素影响的社会问题。在我国城乡二元结构的背景下,义务教育实行城乡二元的投入体制,使得农村与城市儿童享有的教育资源存在较大差距,农村中小学的办学条件、师资水平均无法与城市相比。

一方面,举家迁移到城市的流动人口比重增加,使得大量孩子跟随父母来到城市,有些孩子甚至出生在城市,我们将其称为"随迁子女",同时也必然面临在城市受教育的机会与质量的问题;另一方面,仍有部分进城务工人员由于各种因素限制,无法将子女带在身边,迫使这些孩子不能和父母双方共同生活在一起,我们将这些孩子称为"留守儿童",这些留守儿童大多生活在贫困落后的农村地区,由于长时间家庭教育相对缺失,留守儿童的学习、心理、道德、安全与生活等问题逐渐显现,也备受国家和社会各界的关注。

二 随迁子女教育及其政策分析

(一) 随迁子女的基本状况

1. 随迁子女的人口学特征

根据2010年第六次全国人口普查数据,全国0—17岁流动儿童(即随迁子女)的数量为3581万人,占全国这一年龄段儿童总数的12.8%。全国随迁子女的规模呈快速增长趋势,与2005年相比,2010年随迁子女增加1048万人,增幅为41.4%。在0—17岁的随迁

[①] 杜旻:《我国流动人口的变化趋势、社会融合及其管理体制创新》,《改革》2013年第8期。

子女中，来自农村的孩子居多，户口类型为农业户口的占 80.4%。从随迁子女的性别结构看，男女比例各占 53.4%、46.6%，性别比为 114.7，与全国 0—17 岁儿童的性别比 116.2 差别不大。

根据随迁子女的年龄和所在的学段，可将其分为学龄前儿童组（0—5 岁）、小学学龄儿童组（6—11 岁）、初中学龄儿童组（12—14 岁）和高中学龄儿童组（15—17 岁）4 个年龄组。从随迁子女的年龄结构看，各年龄组的分布情况比较均匀。学龄前儿童的规模达到 899 万人，约占随迁子女总数的 25.1%；小学、初中阶段随迁子女所占比例分别为 26.0%、13.0%，规模分别为 929 万人、464 万人，义务教育阶段适龄随迁子女总规模达到 1393 万人；高中阶段适龄随迁子女为 1290 万人，占随迁子女总数的 36.0%。

2. 随迁子女的迁移特征

（1）随迁子女主要集中在少数省份。按随迁子女所在流入地的区域分布来看，随迁子女在各省的规模差异较大，且随迁子女主要集中在少数几个省份。流动儿童最多的七个省份占全国流动儿童百分比之和为 45.71%。其中，广东省的随迁子女数量最多，占全国随迁子女总数的 12.13%，规模达到 434 万人，远远超过其他省份；其次为浙江省和江苏省，随迁子女数量均超过 200 万人，分别占 7.64%、6.65%；另有四川、山东、河南、福建等省随迁子女数量均超过 150 万人。50 万—150 万人的省份有 18 个，50 万人以下的省份 6 个，其中 10 万人以下的只有西藏，仅占 0.1%（见表 5-4）。[①]

表 5-4　　各省随迁子女人数及其占全国随迁子女总数比例

地区	比例（%）	人数（万人）	地区	比例（%）	人数（万人）
广东	12.13	434	江西	2.68	96
浙江	7.64	274	云南	2.64	95
江苏	6.65	238	广西	2.58	92

---

① 段成荣、吕利丹、王宗萍、郭静：《我国流动儿童生存和发展：问题与对策——基于 2010 年第六次全国人口普查数据的分析》，《南方人口》2013 年第 4 期。

续表

地区	比例（%）	人数（万人）	地区	比例（%）	人数（万人）
四川	5.19	186	贵州	2.58	92
山东	5.07	182	陕西	2.45	88
河南	4.78	171	新疆	2.33	83
福建	4.25	152	黑龙江	2.07	74
河北	3.68	132	吉林	1.63	58
上海	3.68	132	重庆	1.59	57
湖南	3.29	118	甘肃	1.25	45
山西	3.28	117	海南	0.93	33
辽宁	3.21	115	天津	0.86	31
湖北	3.16	113	宁夏	0.78	28
安徽	3.01	108	青海	0.56	20
内蒙古	2.99	107	西藏	0.10	4
北京	2.96	106	全国	100.00	3581

资料来源：2010年第六次全国人口普查长表数据。

（2）不同流入地随迁子女的迁移类型差异较大，跨省流动的随迁子女多来自中西部落后地区。从全国随迁子女总体的迁移类型来看，跨省流动的随迁子女占全部流动儿童的30.11%，省内跨地市、市内跨县、县内跨乡分别占18.80%、12.83%、38.25%。

从分布在各省随迁子女的迁移类型来看，不同流入地随迁子女的迁移类型差异较大。部分地区的随迁子女以跨省流动为主，其中北京、天津、上海等地随迁子女跨省流动的比例最高，在90%以上，其次是浙江，跨省流动的比例为61.95%，广东和新疆跨省流动的比例均超过40%。而部分地区的随迁子女却以省内流动为主，如山西、安徽、江西、河南、湖南、四川和贵州等省随迁子女省内流动的比例均在90%以上。以省内流动为主的省份中，县内跨乡流动最为普遍，所占比例超过市内跨县、省内跨地市这两种迁移类型（见表5-5）。[1]

---

[1] 段成荣、吕利丹、王宗萍、郭静：《我国流动儿童生存和发展：问题与对策——基于2010年第六次全国人口普查数据的分析》，《南方人口》2013年第4期。

表 5-5　　各地随迁子女各迁移类型所占比例　　单位：%

地区	跨省	省内跨地市	市内跨县	县内跨乡
北京	97.77	0.80	0.00	1.43
天津	93.42	0.88	0.00	5.70
河北	13.67	9.20	24.81	52.32
山西	9.94	13.61	18.98	57.48
内蒙古	14.67	27.63	23.70	34.01
辽宁	27.51	16.21	15.83	40.45
吉林	12.44	14.88	17.32	55.37
黑龙江	12.97	30.34	15.77	40.92
上海	96.18	0.80	0.70	2.31
江苏	43.70	18.32	7.37	30.61
浙江	61.95	6.62	6.36	25.07
安徽	6.82	20.87	18.39	53.93
福建	35.85	16.56	12.79	34.80
江西	7.64	14.41	15.39	62.56
山东	16.05	19.53	11.33	53.09
河南	4.49	15.88	15.52	64.11
湖北	13.12	23.81	13.94	49.13
湖南	5.60	14.86	19.48	60.05
广东	46.88	32.38	6.64	14.10
广西	15.00	25.83	16.19	42.98
海南	25.51	30.04	6.58	37.86
重庆	23.11	19.92	3.78	53.19
四川	8.41	28.60	20.39	42.60
贵州	9.20	19.65	16.86	54.29
云南	22.51	22.39	18.87	36.23
西藏	50.00	35.71	14.29	0.00
陕西	13.29	15.95	20.09	50.66
甘肃	12.59	22.17	17.63	47.61
青海	15.00	31.11	8.33	45.56
宁夏	23.94	30.99	12.32	32.75
新疆	45.38	17.26	8.14	29.22
全国	30.11	18.80	12.83	38.25

资料来源：2010 年第六次全国人口普查长表数据。

3. 随迁子女受教育状况

（1）适龄随迁子女的就学状况。根据2010年"六普"长表数据，对6—17岁适龄随迁子女的受教育状况、学业完成情况进行分析（见表5-6）。6—14岁适龄随迁子女接受义务教育的情况较好，约96%的义务教育年龄段随迁子女在校接受教育，也有少部分适龄儿童存在未上学、辍学、肄业等问题。其中，6—11岁、12—14岁随迁子女在校就读的比例分别为96.40%、96.20%。相比之下，15—17岁适龄随迁子女在校接受高中教育的比例偏低，仅为77.43%，且存在教育延迟现象。如16岁在校随迁子女中尚有15%在读初中，17岁在校随迁子女也有6%尚在读初中。[①]

表5-6　　　　　各年龄段随迁子女就学状况　　　　单位：%

	6—11岁	12—14岁	15—17岁
在校	96.40	96.20	77.43
未上学	2.90	0.30	0.06
毕业	0.53	3.00	21.00
辍学	0.09	0.12	0.50
肄业	0.05	0.32	0.92
其他	0.04	0.05	0.08
合计	100.00	100.00	100.00

资料来源：2010年第六次全国人口普查长表数据。

（2）分地区随迁子女接受义务教育情况。2013年，全国分别有约930.9万、346.3万随迁子女在校接受小学和初中教育，分别占所在学段在校生总数的9.94%、7.80%。从分布区域来看，东部随迁子女数量及其占所在学段在校生的比例均处于最高水平，其次为西部和中部地区。在全国31个省（自治区、直辖市）中，小学、初中随迁子女数占当地在校生的比例均排在前列的地区为上海、北京、浙江、

[①] 段成荣、吕利丹、王宗萍、郭静：《我国流动儿童生存和发展：问题与对策——基于2010年第六次全国人口普查数据的分析》，《南方人口》2013年第4期。

广东、福建、天津，而且均位于我国东部地区，这部分地区在解决随迁子女义务教育问题上起到十分关键的作用。相比之下，随迁子女所占比例较少的省份主要集中在河北、河南、安徽、甘肃、云南、广西等地，其中河北、河南、安徽等地小学随迁子女所占比例不足5%，广西、河南、云南、甘肃、安徽等地初中随迁子女所占比例小于5%（见表5-7）。

表5-7 2013年分地区义务教育随迁子女在校生及所占比例

地区	小学 随迁子女在校生（人）	小学 占在校生总数（%）	初中 随迁子女在校生（人）	初中 占在校生总数（%）
北京	254221	32.21	67038	21.59
天津	111551	20.20	32111	12.32
河北	232326	4.25	114543	5.48
辽宁	168258	8.23	62567	5.92
上海	303956	38.36	109466	25.07
江苏	630764	14.49	212730	11.45
浙江	795905	22.77	235009	15.85
福建	487073	18.75	167107	15.08
山东	468757	7.49	237878	7.48
广东	1876271	23.22	552316	13.64
海南	62432	8.43	25253	7.28
山西	206289	8.98	78307	6.06
吉林	83921	6.16	37646	5.84
黑龙江	102772	6.67	60632	6.50
安徽	151275	3.70	65533	3.28
江西	235245	5.76	107205	6.11
河南	386239	4.11	175400	4.56
湖北	219449	6.69	104589	7.05
湖南	309476	6.62	132920	6.20
内蒙古	197745	15.09	72380	10.51
广西	289602	6.79	90578	4.64

续表

地区	小学 随迁子女在校生（人）	小学 占在校生总数（%）	初中 随迁子女在校生（人）	初中 占在校生总数（%）
重庆	147673	7.42	71784	7.05
四川	369530	7.03	177090	6.52
贵州	262665	7.39	123771	5.89
云南	290071	7.40	80759	4.31
西藏	17854	6.06	6670	5.29
陕西	224675	9.88	87601	7.29
甘肃	103864	5.56	38411	3.71
青海	40848	8.61	11763	5.65
宁夏	53358	8.83	25044	8.79
新疆	224468	11.85	99039	10.78
东部	5391514	15.33	1816018	11.23
中部	1694666	5.51	762232	5.41
西部	2222353	38.08	884890	6.26
全国	9308533	9.94	3463140	7.80

资料来源：教育部发展规划司编《全国教育事业简明统计分析2013》。

（二）随迁子女教育政策的演变历程

20世纪90年代以后，随迁子女数量大幅上升，越来越多的随迁子女也面临在流入地接受教育困难的问题，国家也从这一时期开始着手制定相关政策，以解决随迁子女的教育问题。

1. 出台流动儿童少年就学办法

1996年，原国家教委印发《城镇流动人口中适龄儿童少年就学办法（试行）》，就有关流动人口子女的就学方式和程序、收费、管理等问题做了原则性规定，提出"城镇流动人口中适龄儿童、少年就学，应以在流入地全日制中小学借读为主，没有条件进入全日制中小学的，可以入各种形式的教学班、组，接受非正规教育"，并在北京市丰台区、天津市河北区、上海市徐汇区、深圳市罗湖区、浙江省义乌市、河北省廊坊市六个城区进行解决流动人口子女教育问题的试点工作。

1998年，原国家教委、公安部联合发布的《流动儿童少年就学暂行办法》，规定了流动儿童少年的就学形式：以在流入地全日制公办中小学借读为主，也可入民办学校、专门招收流动儿童少年的全日制公办中小学附属教学班（组）或者简易学校就读。招收流动儿童少年就学的全日制公办中小学，可依照国家有关规定按学期收取借读费。

国家以出台流动儿童就学办法的方式，打破了以户籍制度为主的义务教育办学体制，规定了流入地政府解决随迁子女教育问题的责任，但对随迁子女教育的解决仍存在很多限制条件，对这些孩子的入学条件、入学学校、父母及其监护人均提出一些要求。

2. 以"两为主"政策解决随迁子女教育问题

2001年5月，国务院《关于基础教育改革与发展的决定》（国发〔2001〕21号）对流动人口子女就学"以流入地政府管理为主和以公办中小学为主"的方式做出明确规定，初步确立"两为主"政策，为随迁子女教育问题的解决做出里程碑式的贡献。

2003年1月，国务院办公厅颁布《关于做好农民进城务工就业管理和服务工作的通知》（国办发〔2003〕1号），除继续强调"两为主"政策外，还对农民工子女在城市接受义务教育做了进一步规定，要求流入地政府对农民工子女一视同仁，加强扶持、规范农民工子女简易学校并将其纳入当地教育发展规划和体系，进行统一管理。

2003年9月，国务院发布的《关于进一步加强农村教育工作的决定》（国发〔2003〕19号）首次提出"进城务工就业农民子女"概念，将其从"流动人口子女"中分离出来。从这一时期开始，进城务工就业农民子女教育问题越来越受到关注。

2003年9月，国务院转发教育部、中央编办、公安部、发展改革委、财政部、劳动保障部六部门《关于进一步做好进城务工就业农民子女义务教育工作意见的通知》（国办发〔2003〕78号），将进城务工就业农民子女接受义务教育问题定义为"我国城市化进程"的重大社会问题。该政策的出台对"两为主"政策做出具体说明，不仅规定流入地政府及其各职能部门的责任，也指出在以公办中小学为主的基础上加强对以接收进城务工就业农民子女为主的社会力量所办学校的扶持和管理。同时，还提出建立经费筹措保障机制，实行贫困生资助政策，指出"流入地政府财政部门要对接收进城务工就业农民子女较多的学校给予补助。城市教育附加费中要安排一部分经费，用于处理进城务工就业农民子女义务教育问题的工作。通过设立助学金、减免费用、免费提供教科书等方式，帮助家庭经济困难的进城务工就业农民子女就学"。

3. 出台一系列政策，进一步强化对随迁子女教育问题的重视

2004年2月，中共中央、国务院发布《关于进一步加强和改进未成年人思想道德建设的若干意见》（中发〔2004〕8号），提出要高度重视流动人口家庭子女的义务教育问题，流入地政府要建立和完善保障进城务工就业农民子女接受义务教育的工作制度和机制，流出地政府要积极配合做好各项服务工作。该政策的出台，将解决进城务工就业农民子女教育问题与加强未成年人思想道德建设联系起来，从保护未成年人的视角充分表明国家对进城务工就业农民子女教育工作的高度重视。

2005年12月，国务院颁发《关于深化农村义务教育经费保障机制改革的通知》（国发〔2005〕43号），明确提出"进城务工农民子女在城市义务教育阶段学校就读的，与所在城市义务教育阶段学生享受同等政策"，以保障进城务工农民子女在经费支持方面能享受同城待遇。在此基础上，2006年国务院发布的《关于解决进城务工农民问题的若干意见》（国发〔2006〕5号）指出，流入地政府应将进城务工就业农民子女教育的费用列入本地教育经费预算，并按接收农民子女的公办学校的实际在校生人数，拨付生均公用经费，同时规定接收进城务工就业农民子女就学的公办学校，要在收费、管理等方面同等对待农民工子女与当地学生，不得向农民工子女收取借读费及其他任何费用。该政策不仅保证了这类接收农民子女公办学校的正常运转，也减轻了进城务工就业农民子女家庭的经济负担，保障其子女可

顺利进入公办学校就读。除此之外，该文件还提出"输入地政府对委托承担农民工子女义务教育的民办学校，要在办学经费、师资培训等方面给予支持和指导"，进而促进民办打工子弟学校的健康发展。

2006年6月、12月先后修订的《中华人民共和国义务教育法》《中华人民共和国未成年人保护法》均以法案的形式保障流动儿童、少年接受义务教育的权利，为做好进城务工人员随迁子女教育工作提供了强有力的法律依据。由中华人民共和国第十届全国人民代表大会常务委员会第二十二次会议修订通过的新《义务教育法》规定，"父母或者其他法定监护人在非户籍所在地工作或者居住的适龄儿童、少年，在其父母或者其他法定监护人工作或者居住地接受义务教育的，当地人民政府应当为其提供平等接受义务教育的条件。具体办法由省、自治区、直辖市规定"。由第十届全国人民代表大会常务委员会第二十五次会议修订的《未成年人保护法》明确了政府对弱势群体及流动儿童教育权益的保护义务，指出"各级人民政府应当保障未成年人受教育的权利，并采取措施保障家庭经济困难的、残疾的和流动人口中的未成年人等接受义务教育"。

2008年8月，国务院发布《关于做好免除城市义务教育阶段学生学杂费工作的通知》（国发〔2008〕25号），专门针对进城务工人员随迁子女提出切实解决这部分群体的就学问题。除了继续坚持"两为主"的基本原则外，还提出了一些具体的解决办法：一是地方各级人民政府要将进城务工人员随迁子女义务教育纳入公共教育体系，根据进城务工人员随迁子女流入的数量、分布和变化趋势等情况，合理规划学校布局和发展；二是要按照相对就近入学的原则统筹安排符合当地政府规定接收条件的进城务工人员随迁子女在公办学校就读，免除学杂费，不收借读费，地方政府按照预算内生均公用经费标准和实际接收人数，对接收进城务工人员随迁子女的公办学校足额拨付教育经费；三是对接收进城务工人员随迁子女较多、现有教育资源不足的地区，政府要加大教育资源统筹力度，采取切实有效措施，改善学校办学条件，加大对校长和教师配备工作的支持力度；四是中央财政将对进城务工的农民工随迁子女接受义务教育问题解决较好的省份给予适当奖励。为进一步落实该政策提出了奖励的措施，财政部、教育部联合制定《进城务工农民工随迁子女接受义务教育中央财政奖励实施暂行办法》（财教〔2008〕490号），对奖励原则、要求等给予规定。

4. 以"两纳入"政策逐步深入随迁子女义务教育问题的解决

2012年9月，国务院颁布《国务院关于深入推进义务教育均衡发展的意见》，再次强调"保障进城务工人员随迁子女平等接受义务教育"，不仅提出要继续坚持"两为主"政策，还首次提出"将常住人口纳入区域教育发展规划，推行按照进城务工人员随迁子女在校人数拨付教育经费"，即"将常住人口纳入区域教育发展规划、将随迁子女教育纳入财政保障范围"的教育政策（以下简称"两纳入"政策）。在具体落实随迁子女义务教育问题方面，该文件提出，适度扩大公办学校资源，尽力满足进城务工人员随迁子女在公办学校平等接受义务教育。在公办学校不能满足需要的情况下，可采取政府购买服务等方式保障进城务工人员随迁子女在依法开办的民办学校接受义务教育。

2014年7月，国务院发布《关于进一步推进户籍制度改革的意见》（国发〔2014〕25号），提出"将随迁子女义务教育纳入各级政府教育发展规划和财政保障范畴"，再次将"两纳入"作为解决和落实随迁子女接受义务教育问题的重要途径，同时"两纳入"政策也成为配合户籍制度改革推进的重要举措。

5. 开始关注随迁子女接受义务教育后在当地参加升学考试问题

2010年7月，在中共中央、国务院发布的《国家中长期教育改革和发展规划纲要（2010—2020年）》（简称《教育规划纲要》）中，不仅将"切实解决进城务工人员子女平等接受义务教育问题"作为教育公平重点关注领域之一，坚持"两为主"的解决途径，同时还提出"研究制定进城务工人员随迁子女接受义务教育后在当地参加升学考试的办法"。2010年10月，国务院办公厅发布《关于开展国家教育体制改革试点的通知》（国办发〔2010〕48号），提出将"探索流动人口子女在流入地平等接受义务教育和参加升学考试的办法"列入基础教育综合改革试点内容之一。在随迁子女接受义务教育问题逐步得到解决、随迁子女完成义务教育后的升学考试问题日益突出的背景下，这是国家开始关注这部分群体接受义务教育后在当地升学考试问题的重要体现。

2011年8月28日，温家宝总理在河北张北县第三中学为广大农村教师做了题为《一定要把农村教育办得更好》的报告，做出"抓紧研究制订农民工随迁子女接受义务教育后在输入地参加升学考试的办法"的重要指示。①

2012年6月，在教育部发布的《国家教育事业发展第十二个五年规划》（以下简称《教育"十二五"规划》）中，不仅将切实保障进城务工人员子女就学作为重要内容，还专门提出"推动各地制定非户籍常住人口在流入地接受高中阶段教育，省内流动人口就地参加高考升学以及省外常住非户籍人口在居住地参加高考升学的办法"。

为进一步落实《教育规划纲要》《教育"十二五"规划》以及国家领导人的重要精神，2012年8月30日国务院转发教育部、发展改革委、公安部、人力资源和社会保障部四部委联合发布的《关于做好进城务工人员随迁子女接受义务教育后在当地参加升学考试工作的意见》（国办发〔2012〕46号）（以下简称"异地考试政策"），从而弥补了中央层面在这一领域政策的空白，其主要内容包括：一是统筹考虑进城务工人员随迁子女升学考试需求和人口流入地教育资源承载能力等现实可能，积极稳妥地推进随迁子女升学考试工作；二是要求各省、自治区、直辖市因地制宜制定随迁子女升学考试的具体政策；三是采取适当增加高校招生计划等措施，保障当地高考录取比例不因符合条件的随迁子女参加当地高考而受到影响；四是对不符合在流入地参加升学考试条件的随迁子女，流出地和流入地要积极配合，做好政策衔接，保障考生能够回流出地参加升学考试，经流出地和流入地协商，有条件的流入地可提供借考服务。

（三）随迁子女的主要教育政策分析

在解决我国流动人口随迁子女教育问题的过程中，结合我国人口

---

① 温家宝：《一定要把农村教育办得更好——抓紧研究制订农民工随迁子女在输入地升学考试办法》，http://politics.people.com.cn/GB/1024/15624019.html，2011年9月9日。

流动的特点，协调流入地与流出地政府承担的不同责任，逐渐明确将"以流入地政府管理为主、以全日制公办中小学接收为主"的"两为主"政策作为解决义务教育阶段随迁子女教育问题的主要途径。在这一政策具体实施和落实方面，也不可避免存在一些问题，各流入地政府也因具体情况的差异会面临不同的困难与障碍。

关于随迁子女义务教育后的问题，随迁子女在流入地参加升学考试成为关键的突破口，异地考试政策的合理性、可行性以及执行的效果等将直接影响成千上万随迁子女的未来发展和前途，决定了他们能否在他们早已习惯生活的城市继续完成更高层次的学业。

1. 义务教育"两为主"政策

2001 年国家颁布的《关于基础教育改革与发展的决定》提出通过"两为主"政策解决随迁子女义务教育问题以来，一直坚持"以流入地政府管理为主、以公办中小学为主"的原则，"两为主"政策也在不断完善和发展。

(1) "两为主"政策的主要内容。"以流入地政府管理为主"，明确了流入地在解决随迁子女接受义务教育问题上的主要责任，而流出地政府要起到积极配合的作用，做好各项服务工作。流入地政府应将随迁子女义务教育纳入公共教育体系，负责统筹安排并协调教育行政部门、公安部门、发展改革部门、财政部门等各职能部门，做好随迁子女就学的相关工作。

"以公办学校为主"，是将公办学校作为接收随迁子女的主要途径，为了让随迁子女能享有与城市当地学生同等的就学环境与教育条件，同时把以接收进城务工人员子女为主的社会力量所办学校作为教育资源的有效补充，并加强对这类民办打工子弟学校的扶持和管理。

(2) "两为主"政策的经费保障机制。为保障"两为主"政策的顺利推进与落实，国家逐渐明晰了经费保障机制，从仅补助接收随迁子女较多的学校、资助家庭经济困难的随迁子女就学发展到让所有在公办学校就读的随迁子女受益的生均公用经费拨款机制，要求流入地政府按接收随迁子女的公办学校的实际在校生人数拨付生均公用经费，并将这部分费用纳入当地教育经费预算。同时，免收借读费的政策也逐步得到落实，国家层面明确规定接收随迁子女就学的公办学校不得向随迁子女收取借读费及其他任何费用，各地也在积极贯彻在收费方面同等对待随迁子女与当地学生的原则，切实减轻进城务工就业人员在子女教育方面的经济负担。

从 2008 年开始，我国已全面实施城乡免费义务教育。在这样的背景下，在收费方面同等对待随迁子女的原则并没有发生改变，《国务院关于做好免除义务教育阶段学生学杂费工作的通知》（国发〔2008〕25 号）规定："对符合当地政府规定接收条件的进城务工人员随迁子女，要按照相对就近入学的原则统筹安排在公办学校就读，免除学杂费，不收借读费。"

在 2012 年国务院颁布的《关于深入推进义务教育均衡发展的意见》中，专门对公办学校不能满足随迁子女就学需求的情况给予建议，提出可采取政府购买服务等方式保障进城务工人员随迁子女在依法开办的民办学校接受义务教育。

此外，中央财政还专门安排奖励性补助资金，用于奖励对进城务工的农民工随迁子女接受义务教育问题解决较好的省份。2008—2012 年，中央财政共安排进城务工农民工随迁子女奖励性补助资金 158.3 亿元，其中 2012 年 50.3 亿元。各地将中央奖励资金主要用于补充接收农民工随迁子女的城市义务教育阶段学校公用经费和改善办学条件，重点向接收人数较多、条件薄弱的公办学校倾斜，同时扶持接收农民工随迁子女的民办学校。[①]

（3）"两为主"政策的实施状况。近年来，在国家的大力倡导和推动下，"两为主"政策取得了显著的成效，接受义务教育的随迁子女在校生数量与日俱增，在公办学校就读的随迁子女数量也明显增加。截至 2013 年年底，全国义务教育阶段的农民工随迁子女达 1277 万人，比 2008 年增长了 38.6%[②]，其中进入公办学校就学的学生比

[①] 财政部：《中央财政支持做好农民工随迁子女就学工作》，http://www.gov.cn/gzdt/2013-06/05/content_2419545.htm，2013 年 6 月 5 日。

[②] 2008 年的数据来源于教育部发展规划司编《全国教育事业简明统计分析 2008》。

例达 80.4%[①],《教育"十二五"规划》明确提出在"十二五"期间,实现这一比例到 85% 以上的目标。

地方政府在落实和推行"两为主"政策的过程中,尽管很多地方都相继颁布了关于做好进城务工就业农民子女义务教育工作的意见规定,但由于各地的经济和社会的发展状况以及教育的承载能力差异较大,在解决随迁子女接受义务教育的方式和成效方面也各有不同。从随迁子女的就学渠道来看,主要有以下几种方式。一是大部分地区充分挖掘公办学校的办学潜力,以在城区改、扩建学校的方式扩大现有公办学校办学规模,以接收更多适龄的随迁子女入学。并且,这些随迁子女可与当地学生享同等教育条件,不额外收取其他费用。二是对于那些未能满足公办学校入学条件的随迁子女,他们只能选择民办学校或专门接收农民工子女的打工子弟学校,这其中除了大部分已取得办学许可证的学校外,也不乏少数未获批准的农民工子女学校。这些学校通常是办学者自筹经费办学,办学条件、师资与教学水平相对较差,远远落后于公办学校。一方面这些学校无法享受到国家的财政拨款,另一方面在这类学校就读的随迁子女也无法享受免学费的待遇。三是将农民工子女学校纳入民办教育管理,由政府以购买学位服务的方式、按照公立学校的学费标准,委托其招收随迁子女。上海就是采用这种方式解决随迁子女教育问题的典范,从 2008 年开始采取政府购买服务的形式委托民办小学免费招收随迁子女,弥补了公办学校无法全部容纳的缺口。

在公办学校入学门槛的设置方面,各地规定的条件存在差异,但大多需要申请入学的随迁子女提供相应的证明材料,如身份证、暂住证、户口簿、居住证明、计划生育证明、学籍证明、家长的务工证明(如劳动合同、营业执照等)和社会保险证明等,其中居于前五位的由高到低依次是:务工证明(87.2%)、暂住证(83.7%)、户口簿

---

① 张婷:《全国超八成随迁子女就读公办校》,《中国教育报》2014 年 2 月 21 日第 1 版。

(76.1%)、居住证明（66.7%）、原校同意外出就读证明（50.4%）[①]，偏重对随迁子女家长身份认定与就业状况、随迁子女家庭居住状况的关注。

（4）"两为主"政策实施面临的主要问题。尽管从国家层面已形成解决随迁子女教育问题的政策体系，但各地在具体实施和落实"两为主"政策中仍存在一些问题。首先，流入地面临公办教育资源短缺等相关问题。"以公办学校为主"的政策要求无疑使各地公办教育资源的承载力面临严峻的挑战，同时随迁子女流动性强的特点也使流入地无法准确做出对教育规划布局的预测性安排。这一问题在北京、上海、广州等大城市尤为突出，迅速增长的随迁子女数量及就学需求已使公办学校不堪重负，面临教育资源饱和、教师编制短缺等困境。

其次，国家对流入地政府按公办学校随迁子女实际在校生数拨付生均公用经费的要求受到义务教育长期以来"地方负责、分级管理"体制的限制。在我国现有的义务教育经费投入体制下，由于流入地政府不得不负担随迁子女在公办学校就读的生均经费拨款，使地方财政无力承担这部分经费支出的形势日益严峻，直接影响地方接收随迁子女的积极性，从而使"两为主"政策难以全面贯彻和落实。

最后，各级政府对民办打工子弟学校的管理、监督和扶持力度有待加强。打工子弟学校的存在，成为目前公办资源无法满足随迁子女就学需求情况下的一种必然现象。然而，由于较难获得政府的经费支持，这些学校的运转举步维艰、办学状况也不容乐观，学校的基础设施建设、师资条件、安全及卫生条件均得不到较好的保障。

2. 义务教育后的异地考试政策

伴随着随迁子女在城市接受义务教育的问题逐步得到解决，随迁子女对义务教育后的需求迅速增长，随迁子女无法在城市参加升学考试的问题日益凸显。由于受中高考制度对户籍的限制，随迁子女不得不选择回家乡读高中，唯有少数家庭经济条件较好的随迁子女能留在

[①] 雷万鹏、汪传艳：《农民工随迁子女"入学门槛"的合理性研究》，《教育发展研究》2012年第24期。

城市公办高中借读或选择民办高中，还有部分因不愿离开城市无奈选择职业中学，还有一定数量的随迁子女初中毕业后不再读书直接选择进入社会就业。

党和国家对此问题给予高度重视，不仅在《教育规划纲要》中专门提及相关内容，还在2012年专门出台异地考试政策——《关于做好进城务工人员随迁子女接受义务教育后在当地参加升学考试工作的意见》，明确了做好随迁子女升学考试工作的主要原则以及各地因地制宜开展此项工作的基本思路和指导方针。为落实和推进这一国家政策，全国除西藏以外的各省（自治区、直辖市）根据文件精神并结合当地实际陆续出台了异地考试的具体方案。

（1）异地考试政策的核心内容分析。国家制定和颁布异地考试政策的初衷是保障随迁子女在流入地平等接受义务后教育仍能参加当地升学考试的权利，但同时也要充分考虑当地教育资源的承载力，不能以损害当地学子的高考权益为代价。因此，异地考试政策并不意味着完全放开随迁子女在流入地参加升学考试的限制。稳妥推进此项政策的前提应该是，各地在综合考虑当地随迁子女义务后教育的需求以及当地高中教育承载力的问题之后，制定合理的准入条件。准入条件的合理性和可操作性，将直接影响异地考试政策的实施效果和广大民众的满意度。

关于准入条件。目前，国家层面对于准入条件的规定尚未做出统一限定，仅提出各地制定准入条件应遵循的基本原则和参考依据，即"根据城市功能定位、产业结构布局和城市资源承载能力，根据进城务工人员在当地的合法稳定职业、合法稳定住所（含租赁）和按照国家规定参加社会保险年限，以及随迁子女在当地连续就学年限等情况"，并将设立门槛的权限全部交给地方政府。各地准入条件的设定，不仅决定了可在流入地报考的随迁子女数量，也应作为国家分配和调整各地招生指标计划的重要参考依据。

关于不符合条件的随迁子女义务教育后如何选择的问题。尽管在国家制定的异地考试政策中，对有需求却不符合条件的随迁子女提供两种选择：一方面可以选择回流出地参加升学考试，需由流出地和流入地积极配合、做好政策衔接工作；另一方面可允许有条件的流入地提供借考服务，但在具体实施和操作过程中却存在很多障碍和阻力。首先，回流出地参加考试，不仅要面临对学习环境、师生关系不适应的难题，更为突出的问题主要体现在各地高中教育使用教材、课程内容、高考科目及内容的差异；其次，借考服务的推行也存在诸多阻力，除了要协调好在流入地考试、回流出地录取之间的关系和各种影响因素外，最为关键的则是如何针对不同地区间考题不同的情况，制定公平、合理的考试成绩折算的具体规则和办法，这亟须国家制定统一、具体的处理和解决办法。

（2）各地异地考试政策分析。目前，除西藏外，我国已有30个省（自治区、直辖市）颁布了各地异地考试的具体方案，分别对各地的准入条件、报考院校类型、管理措施等作了相关规定。

从政策开始实施的时间来看，共有河北、辽宁、吉林、黑龙江、江苏、浙江、安徽、河南、湖北、湖南、重庆、云南12个省份从2013年开始组织实施了异地高考工作，已有4400名随迁子女享受了在当地参加高考的待遇。另外，其余18个省（自治区、直辖市）也从2014年开始陆续实施异地高考的工作方案。[①]

从政策的推进与执行方式来看，各地方案主要可以分为率先突破、缓冲实施、分步落实三种类型[②]，具体分类情况见表5-8。"率先突破"型，均从2013年开始实施，一般具有实施时间早、准入门槛低等特征。在这一类型的准入条件中，大多将随迁子女在流入地的学籍要求作为基本条件，另有部分地区还规定了居住证明、家长就业证明等限制。"缓冲实施"型，由于受区域整体定位、产业结构布局、资源状况、随迁子女数量等诸多因素的限制，尚未完全具备成熟的条件，采取暂缓实施的方式，从2014年开始实施。这一类型准入门槛的设置比较适中，且对报考的学校类型无相关限制，主要包含山东、

---

① 张婷：《全国超八成随迁子女就读公办校》，《中国教育报》2014年2月21日第1版。

② 习勇生：《进城务工人员随迁子女异地高考政策分析：政策内容的视角》，《教育发展研究》2013年第13—14期。

福建等七个地区。"分步落实"型，由于很难在短时间内实现政策目标，各方面的阻力和障碍较大，不得不采取渐进性的过渡方案。这一类型的门槛条件相对苛刻，如人口流入最为集中且矛盾最为突出的北京、上海、广东、天津等省份，主要面临教育资源有限、当地学生和家长担心高考权益受损害等阻力，不得不通过提高准入门槛逐步推进新政策，除了对随迁子女家长参加社会保险的情况提出相关要求外，只允许部分高等教育资源面向随迁子女开放，对报考学校类型给予严格限制。此外，陕西、甘肃、青海、宁夏、新疆、内蒙古等西部地区省份对放开异地高考政策的态度也比较谨慎，以防范高考移民现象的出现。

表 5-8　　　　　　　　异地考试方案分类示意

类型名称	基本特征	涉及的省份
"率先突破"型	实施时间早、准入门槛低	河北、辽宁、吉林、黑龙江、江苏、浙江、安徽、河南、湖北、湖南、重庆11个省份
"缓冲实施"型	暂缓实施，准入门槛适中，条件欠成熟	山东、福建、江西、广西、贵州、山西、四川7个省份
"分步落实"型	准入门槛较高，分步推行，很多条件尚不成熟	北京、广东、上海、天津、海南、云南、陕西、甘肃、青海、宁夏、新疆、内蒙古12个省份

从准入条件的设置来看，除安徽、浙江、山东、江西、福建等少数省份仅需提供关于学生在流入地连续就学年限和学籍证明的要求外，大多数省份还对学生家长提出不同的条件和限制，各地异地考试方案的准入条件及相关要求见表5-9。家长的准入条件主要包含稳定的住所、合法稳定的职业、居住证（暂住证）、缴纳社保情况等，其中尤以社保证明的条件最难满足。大部分地区都会将家长在流入地拥有稳定住所及职业作为基本条件，而唯有少数地区规定了居住证及缴纳社保年限的要求。关于报考的学校类型，大多数地区未做出任何限制，只要符合条件的随迁子女均可与本地户籍考生享受同等报考各类高等院校的机会。少数地区采取半开放政策，如云南省分别针对可无

障碍参加正常高考和录取、可报考云南省属院校、可报考第三批本科院校或专科院校、可报考云南省属高职专科院校等报考条件设置了不同对应条件；内蒙古对符合条件的随迁子女仅限报考高职高专院校（专业）；北京对参加中考和高考的随迁子女仅限报考职业学校；天津仅限参加中等职业学校招生考试、春季高考和高职院校自主招生。

从政策配套的管理措施来看，部分地区在出台的异地考试方案中提出了相关举措。在部门协作方面，海南省提出实行"谁主管、谁审查、谁确认、谁负责"的审查办法和责任追究制度，以审查高考报名资格；重庆市提出建立市级相关部门分工负责和会商机制。湖北、安徽、海南、陕西、黑龙江等地均提出要完善学籍管理制度，加快中小学电子学籍网络化管理系统的建设工作，严禁"空挂学籍"的虚假行为。在配套制度保障方面，广东省提出要加大建设投入，健全经费保障，把符合规定条件的随迁子女接受高等教育纳入公共财政资助范围，积极为随迁子女参加升学考试创造条件。福建、山东等地提出完善配套的进城务工人员管理制度，以便掌握非本地户籍人口变动和随迁子女就学等动态情况。四川、甘肃等地还提出完善公示、举报等制度，以此加大考生报考资格的审查力度。[1]

（3）异地考试政策推行的主要问题。尽管在国家层面出台了关于异地考试政策的总体思路和基本要求，但各地在制定具体办法和推行此项政策方面均处于探索阶段，因此会受到很多现有体制和机制的约束，会面临诸多方面的问题。

首先，现行考试招生制度面临较大挑战。实施异地高考后，由于高考招生制度继续沿用"以户籍人口为准，实行分省定额"的招生指标分配方式，未能及时根据各地参加异地高考的报考人数在国家层面调整招生各省招生计划，故可能会给当地考生造成一定的冲击与竞争。这一矛盾和冲突在北京、广东、上海等随迁子女较多、优质教育资源较为集中的区域表现得尤为明显。

---

[1] 习勇生：《进城务工人员随迁子女异地高考政策分析：政策内容的视角》，《教育发展研究》2013 年第 13—14 期。

表 5–9　　各省份异地考试方案的准入条件及相关要求

省份	学籍证明	连续就读	稳定住所	稳定职业	居住证或暂住证	缴纳社保	其他	是否允许借考	报考学校限制	备注
北京	√	√	√	√	√	√		√	中考：中等职业学校；高考：高等职业学校	
天津	/	/	/	/	/	/			中等职业学校（含五年制高等职业院校）、可参加春季高考和高职院校自主招生	《天津市居住证管理暂行办法》、《天津市居住证持有人随迁子女在天津接受教育实施细则（试行）》积分准入
河北	√	√		√	√					
山西	√	√	√	√						
内蒙古	√	√			√				仅限报考高职高专院校（专业）	
辽宁	√	√	√	√						
吉林		√	√	√		√				
黑龙江	√	√	√	√						
上海	/	√	√	√	√	/	√		按梯度分类设置条件	按《上海市居住证管理办法》积分准入
江苏	√	√	√	√						
浙江	√									
安徽		√								
福建		√								
江西	√									
山东	√	√								
河南	√		√	√						
湖北	√	√	√	√						

续表

省份	学籍证明	连续就读	稳定住所	稳定职业	居住证或暂住证	缴纳社保	其他	是否允许借考	报考学校限制	备注
湖南	√	√			√					连续就读两年以上（含两年）的中等职业学校应、往届毕业生，可参加湖南省普通高等学校对口招生考试
广东	√	√	√	√	√	√		√		2014年起，符合条件可参加中职报考高职的考试，2016年起符合条件放开高考
广西	√	√	√	√						
海南	√	√	√	√		√				
重庆	√	√	√	√						
四川	√	√	√	√						
贵州	√	√	√	√	√	√				
云南	/	/	/	/	/		/		按不同报考学校类型，分类设置条件	分别针对报考云南省属院校、第三批本科院校或专科院校、云南省属高职专科院校，设置不同的条件
陕西	√	√			√	√				
甘肃	√	√								2015年起符合条件才能参加高考，2013年、2014年有学生当地户籍限制

续表

省份	学籍证明	连续就读	稳定住所	稳定职业	居住证或暂住证	缴纳社保	其他	是否允许借考	报考学校限制	备注
青海		√		√	√			√	青海省内高职高专院校、省内外中职学校（中专、职业学校、技工学校）	
宁夏	√	√	√	√		√				
新疆		√	√	√		√				

注："/"表示方案中未对门槛做明确规定或分别针对不同情况设置了不同的门槛。

其次，优质高等教育资源分布不均衡成为影响异地高考政策放开的阻力，"高考移民"成为政策推行中最大的隐患。多年来已形成的高等教育资源分配格局存在分布不均衡、区域的优质资源拥有量与当地的招生和报考数量不匹配等问题。如，上海和北京等人口不到全国1%，却集中了全国10%以上的大学，而很多人口已近千万的贫困地区却没有一所大学。[①] 由此直接造成省际高考招生分数线及录取率差异过大，这不仅成为推进"异地高考"政策最大的障碍，同时也容易诱发部分考生利用此政策、采用不正当手段向高考竞争小的地区移民。

再次，地方准入条件的合理性有待进一步论证，亟须制定资格认定标准与审查细则。各地在制定异地高考政策准入条件时，缺少对当地现有资源及随迁子女需求状况的预测和评估，对相关利益群体的意见考虑不足，尚未以优先满足最困难、最需要的随迁子女为准则，准入条件亟待在试行该政策的过程中不断完善。目前部分地区将社会保险作为门槛之一，但大多数处境困难的农民工往往因没有工作单位依托无法缴纳社会保障，成为制约他们子女异地高考的主要障碍。此外，在审查资格条件时，各地亟待合理明确设定条件的认定标准与相

---

① 翟月玲：《异地高考的根源、理念探究与对策》，《中国高教研究》2012年第7期。

关细则，同时需要加强对新政策相关内容的宣传，避免随迁子女及其家长因不了解相关政策和规定而错过异地高考的机会。

最后，不符合条件的随迁子女仍面临很多阻力和选择困境。由于受诸多因素的限制，仍有部分随迁子女无法顺利在流入地参加升学考试。对这些不符合条件的随迁子女，尽管国家提出可以回流出地考试、少数地区也提出允许在流入地借考的规定，但在具体操作过程中这些随迁子女仍面临很多困难。回流出地考试的随迁子女，不得不面临因区域间教学和考试内容不同而产生的诸多问题，也有很多随迁子女因流出时间较长或在流入地出生，回老家后很难融入陌生的环境，直接影响他们的学习与生活。此外，由于国家尚未统一出台关于异地借考的相关规定和处理办法，关于借考的可操作性问题也尚未得到很好解决。

（四）随迁子女教育的政策调整建议

1. 完善教育经费保障与分担机制

为进一步加大对随迁子女教育的财政投入，需要各级政府以及全社会的共同努力，不仅要建立由中央政府、流入地政府、流出地政府共同分担的教育经费投入体制，同时还应充分借助社会各界的力量，多途径完善随迁子女教育的经费保障与分担机制。

（1）设立随迁子女教育专项资金。为从根本上解决随迁子女教育经费问题，首先应从中央层面设立随迁子女教育专项资金，用于对各流入地政府接纳随迁子女接受义务教育付出的教育成本给予奖励和补助。综合考虑各地接收随迁子女就读的数量以及当地教育财政运转状况，由中央财政划拨相应的教育经费、公用经费，从而切实缓解地方政府的财政压力、提高地方政府接纳随迁子女的积极性。

其次，流入地政府也应将随迁子女义务教育经费纳入当地教育预算，并增设专项资金，一方面用于依据公办学校实际接收随迁子女的在校生数拨付生均公用经费，另一方面用于资助那些以招收随迁子女为主的打工子弟学校或民办学校，从而帮助这些学校更好地改善办学条件与教学质量。

（2）探索实施教育券制度，加大转移支付力度。为使随迁子女教育经费投入机制更加合理，应充分考虑流入地政府的实际困难，并发挥流出地政府应尽的责任与义务。因此，应在加大中央、省级两级政府转移支付力度的基础上，探索实施教育券制度，即主要采取"钱随人走"的方式，将用于随迁子女教育的"教育券"直接发放到随迁子女个人身上。确保从流出地政府领取的"教育券"可在流入地兑换教育经费，以解决因随迁子女流动性强、流向不确定给教育经费分配带来的难度。

在具体实践的过程中，还需要充分考虑以下几个因素：一是流出地政府依据户籍人数发放"教育券"如何避免冒领现象、如何切实保障随迁子女的教育经费顺利转移给流入地政府；二是"教育券"的兑现也需将流入地与流出地教育成本间存在差异的因素考虑进去，不足的差额部分可由上一级政府以财政转移支付的方式补足，省级政府应作为经费统筹的主体。

（3）建立困难救助制度。首先，在各级政府教育经费支持的基础上，还应充分利用各种形式的社会资源、吸纳来自社会各方的捐助，建立社会多方参与的专门解决困难随迁子女教育问题的救助制度。在国家层面，不仅应建立专门面向困难随迁子女的贫困救助制度，为无力承担子女教育负担的随迁子女家庭提供援助。其次，还应制定和完善相关的激励政策，对社会慈善组织、企事业单位、团体和个人积极参与救助困难随迁子女、支援打工子弟学校改善办学条件、提供支教服务等的行为给予奖励和优惠政策。再次，可以通过社会捐助、福利彩票支持等方式，建立困难随迁子女救助基金，以帮助随迁子女解决其经济上的困难。最后，通过鼓励和号召社会团体及个人与贫困随迁子女建立长期定向帮扶机制，帮助随迁子女顺利完成学业。

2. 以全国电子学籍系统为平台，完善随迁子女登记制度

为规范我国中小学生的学籍管理，教育部于2013年8月颁布了《中小学生学籍管理办法》，提出建立全国联网的学生电子学籍信息管理系统（以下简称"电子学籍系统"），实行分级负责、省级统筹、属地管理、学校实施的管理体制。自2014年1月10日起，电子学籍系统已在全国联网试运行，该系统主要包含学籍注册、学籍档案管

理、学籍异动、升级、毕业、成长记录等核心功能，方便动态跟踪、全面及时掌握全国学生的就读用户流动状况。

全国联网的电子学籍系统的建立与运行，无疑能更好地掌握随迁子女接受义务教育和高中教育的状况，便于地方政府和相关部门及时掌握随迁子女的变动情况。由于随迁子女较强的流动性，使流入地政府、学校无法准确预测随迁子女的教育需求，也给教育教学管理带来很大困难。为此，应充分利用全国电子学籍系统，改革和完善随迁子女登记制度，以动态监测、科学预测随迁子女在各地的就学状况。

首先，加强相关部门之间的协调与合作，由公安部门做好适龄随迁子女的登记和管理工作，并将其掌握的适龄随迁子女规模及时提供给教育行政部门，有助于合理规划教育资源、预测未来生源。其次，通过全国联网的电子学籍系统，可以动态监测随迁子女的入学、转学、升学状态，准确掌握区域内公办、民办学校的学位信息。这不仅有利于及时掌握随迁子女的数量、分布和流动趋势，也为流入地、流出地政府间沟通协调机制的建立提供很好的基础和条件。

3. 挖掘和整合教育资源，完善政府购买服务细则

为解决部分流入地政府公办教育资源紧缺的问题，可在随迁子女相对集中的区域扩充现有公办学校的规模或新建公办学校尤其是公办高中，提高公办学校对随迁子女接受教育的承载力。同时，应根据学校接收随迁子女的实际数量，探索教师编制动态管理机制，适当调整和核定教师编制，将生源数量逐渐减少学校的教师调配到教师资源短缺的以接收随迁子女为主的学校。此外，在公办资源承载力受限的情况下，可将一些符合办学标准的民办学校纳入公办学校的统一管理中。在课程设置、师资队伍建设、教学条件方面给予扶持和指导，规范和引导其办学行为，尽可能缩小其与公办学校在各方面的差距。

进一步鼓励民间资本参与随迁子女教育，加大对以接受随迁子女为主的民办学校的扶持力度，为其提供多方面的优惠政策和规范化管理举措。同时，可以推广上海等地的实践经验，探索制定义务教育政府购买服务的实施细则，对具有一定规模的、提供义务教育的打工子弟学校给予经费支持并将其纳入义务教育体系进行管理。这样，不仅

有效缓解了这类民办学校的办学压力，帮助其提高办学水平，也解决了公办教育资源短缺的棘手问题。

4. 将随迁子女教育工作纳入考核评价机制

目前，流入地政府及教育主管部门主要以户籍人口为统计口径，考核当地教育的政绩，很容易忽视随迁子女的受教育权，也直接影响地方政府接收和教育随迁子女的积极性。为更好促进随迁子女教育问题的解决，进一步落实"两为主"政策，应将现行统计口径转变为"常住人口"，将当地政府在随迁子女义务教育投入、适龄随迁子女入学率以及学校对随迁子女的接收率等均纳入考核评价指标，不仅可以保障随迁子女在流入地平等受教育的权利，也使考核评价体系更加全面、科学。

5. 关于随迁子女义务后教育衔接的建议

针对随迁子女接受义务教育后在当地参加升学考试的问题，需要进一步完善并细化国家异地考试政策的指导原则，做好顶层设计与宏观把控，同时对各地探索实施该项政策过程中遇到的普遍问题提出明确的解决途径与思路，依据各地的实际情况及困难，采取分类实施、分步推行的方式，妥善解决随迁子女义务后的教育衔接问题。

（1）改革高考招生分配计划，深化高校自主招生改革。由于推行异地高考的主要障碍之一是来自相关利益群体的阻力，为从根本上消除当地学生利益受到影响的疑虑，必须打破现行高校单纯以户籍为依据分省份定额的指标分配方式，将在流入地参加升学考试的随迁子女数量也纳入指标分配的重要参考依据。在具体操作过程中，应依据各省份实际的报考人数确定和分配全国在各省份的招生指标、录取比例，并尽可能缩小各省份之间录取分配比例的差距，使随迁子女原本在流出地占用的录取名额转移至流入地，有效实现录取名额在不同区域间的合理分配，从而缓解随迁子女与当地户籍考生间因争夺录取名额而产生的利益冲突。

此外，应充分利用高校自主招生不受户籍限制的优势，将深化高校自主招生改革与破解异地高考难题相结合，进一步增加具有招生自主权的重点高校、扩大自主招生的规模及专业覆盖面。无论随迁子女的户籍在哪，自主招生可根据其学籍所在地确定其招生和录取方式，保障随迁子女平等享有被高校自主招生考试录取的机会。在选拔自主招生考试资格时，应依据考生学籍所在地的高考成绩和考试内容难易程度，并以考核学生综合素质、创新能力为目标建立多元录取方式。

（2）完善异地考试准入机制，促进政策内容的科学化。异地考试政策顺利推行与落实的关键，必须基于合理的准入机制。允许随迁子女参加异地考试，并不意味着完全放开准入门槛，故准入条件的确定应因地制宜，充分考虑城市教育资源的实际承载力以及当地随迁子女的就学需求。首先，准入条件的设置应优先突出对学生学籍条件的合理要求，以有效遏制"高考移民"现象。其次，应以优先满足家庭经济困难的弱势随迁子女就学需求为标准，充分考虑相关利益群体的意见，不应设置针对随迁子女家长的过于苛刻的限制条件。最后，各地应在具体实施过程中明确异地考试准入条件的界定标准与审核机制，详细规定符合资格条件需要提供的证明材料，并配套严格、规范的资格审查制度，以避免钻政策空子行为的发生。

（3）健全异地考试政策的配套机制。由于各地的实际情况各异，异地考试政策很难在短时间内在所有区域全面开放，因此应为不符合条件的随迁子女提供多种顺畅的选择渠道。一是应完善流入地与流出地政府间的协调机制，尽可能减少随迁子女回流出地参加升学考试可能遇到的政策障碍，加大对异地考试政策的宣传力度，避免随迁子女及其家庭因不了解回流出地考试所需满足的条件而影响报考；二是应完善随迁子女在流入地借考、回流出地录取的具体办法，在国家层面出台关于异地借考的基本原则，明确不同省份间考试成绩折算的标准与办法，流入地应在国家确定的总体原则下结合当地实际确定允许随迁子女异地借考的条件，并做好与流出地的政策衔接工作。

为有效落实异地考试政策，避免政策执行过程中出现的种种偏差，应建立配套的监督与问责机制。中央政府应加强对地方政策执行情况的监督与评估，对扭曲政策本意或违背政策初衷的行为进行有效问责。建立定期专项审查的机制，及时监测各地对异地考试政策的落实情况，并通过评估结果，指导地方政府适时调整原有的异地考试方案与准入门槛。此外,还需充分发挥社会舆论和媒体的监督作用,及时公开各地政策的落实状况,并将公众对政策推行的满意度也纳入评价指标,不仅确保政策实施过程的公正与透明,也使异地考试政策更好地惠及随迁子女。

三 农村留守儿童教育及其政策分析

21世纪以来,一部分家长受各种因素和条件限制无法将子女带在身边,留守儿童的数量快速增长。通常情况下,我们将父母中至少有一方外出的0—17岁儿童界定为"留守儿童",将户籍在农村的留守儿童界定为"农村留守儿童"。由于绝大多数留守儿童主要来自农村且生活在农村,农村留守儿童作为农民工子女的主要成分,构成了留守儿童的主体,也是存在问题较多、颇受关注的主要对象。

(一)农村留守儿童的基本状况

1. 农村留守儿童的规模

根据2000年"五普"数据,全国留守儿童为2290.45万人,根据2005年全国1%人口抽样调查数据推算[①],全国留守儿童数量迅速增长到6055万人,其中农村留守儿童5598万人。[②] 2000—2005年间,留守儿童的规模扩大了约1.6倍。依据2010年"六普"长表原始数据,全国共有18岁以下儿童27891万人,其中留守儿童占25%,农村留守儿童占留守儿童总数的比例为87.52%,由此推算,全国留守儿童规模达到6972.75万人[③],比2000年增长两倍多,其中农村留守儿童6102.55万人(见表5-10)。

[①] 2005年全国1%人口抽样调查的统计口径与2000年人口普查存在差异,因父母短期外出旅游、出差或父母住在离家不远的另一处居所的儿童也会被统计为留守儿童,因此得到的留守儿童数量会比实际值偏高。

[②] 袁振国等:《农民工子女教育问题研究》,经济科学出版社2012年版,第307页。

[③] 段成荣、吕利丹、郭静、王宗萍:《我国农村留守儿童生存和发展基本状况——基于第六次人口普查数据的分析》,《人口学刊》2013年第3期。

表5-10　　　　各地区农村留守儿童人数及所占比例

地区	农村留守儿童（万人）	占全国农村留守儿童比例（%）	地区	农村留守儿童（万人）	占全国农村留守儿童比例（%）
四川	692.03	11.34	福建	125.71	2.06
河南	654.80	10.73	浙江	116.56	1.91
安徽	443.05	7.26	山西	83.60	1.37
广东	438.16	7.18	辽宁	56.14	0.92
湖南	435.11	7.13	黑龙江	51.26	0.84
广西	404.60	6.63	新疆	49.43	0.81
江西	371.65	6.09	吉林	37.23	0.61
贵州	314.28	5.15	内蒙古	32.95	0.54
江苏	296.58	4.86	海南	23.80	0.39
湖北	270.34	4.43	青海	23.19	0.38
重庆	217.25	3.56	西藏	18.92	0.31
山东	216.03	3.54	宁夏	12.82	0.21
云南	209.93	3.44	上海	7.93	0.13
河北	198.94	3.26	天津	6.71	0.11
陕西	147.07	2.41	北京	6.10	0.10
甘肃	140.36	2.30	全国	6102.55	100.00

资料来源：2010年第六次全国人口普查长表数据。

2. 农村留守儿童的性别与年龄结构

根据2010年"六普"数据，在全部农村留守儿童中，男孩、女孩的比例分别为54.08%、45.92%，性别比为117.77，与农村非留守儿童的性别比差异不大。

从农村留守儿童的年龄结构来看，各年龄组所占比例的差异不是很大，学龄前的比例稍高，义务教育阶段的比例居中，高中学龄的比例偏低。学龄前儿童组（0—5岁）在农村留守儿童中所占比例为

38.37%，其规模达到 2342 万人。小学学龄（6—11 岁）和初中学龄儿童组（12—14 岁）在农村留守儿童中所占比例分别为 32.01% 和 16.30%，规模分别为 1953 万人和 995 万人，由此推算，义务教育阶段留守儿童规模为 2948 万人。高中学龄儿童组（15—17 岁）占农村留守儿童的比例为 13.32%，规模达 813 万人。[①]

3. 农村留守儿童的区域分布

我国农村留守儿童在各省份的分布情况很不均衡，明显集中在川、豫、皖、粤、湘等劳动力输出大省，主要分布在我国中南部地区。农村留守儿童所占比例超过 5% 的省份依次为四川、河南、安徽、广东、湖南、广西、江西、贵州等八省，超过半数的农村留守儿童来自这些地区，占全国留守儿童总数的 61.51%。其中，四川的农村留守儿童最多，高达 692 万人，比例为 11.34%（见表 5-10）。[②]

4. 农村留守儿童的居住情况与家庭结构

依据农村留守儿童父母外出情况，可将其家庭结构分为父母双方均外出、仅父亲一方外出、仅母亲一方外出三种类型，其中父母双方均外出的农村留守儿童最多，占 46.74%，仅父亲外出和仅母亲外出的比例分别为 36.39%、16.87%。

从农村留守儿童的居住类型来看，主要有以下几种情况（见表 5-11）[③]：①父母均外出，儿童单独留守；②父母均外出，儿童与祖父母共同生活；③父母均外出，儿童与其他亲戚生活在一起；④父亲外出后，儿童与母亲一起留守；⑤父亲外出后，儿童与母亲及祖父母一起生活；⑥母亲外出后，儿童与父亲一起留守；⑦母亲外出后，儿童与父亲及祖父母一起生活。在以上七种居住方式中，与祖父母同住成为较为普遍的现象。此外，值得关注的是仍有 3.37% 的农村留守儿童独自留守，这部分群体更需要得到社会各界的广泛关注和帮助。

[①] 段成荣、吕利丹、郭静、王宗萍：《我国农村留守儿童生存和发展基本状况——基于第六次人口普查数据的分析》，《人口学刊》2013 年第 3 期。
[②] 同上。
[③] 同上。

表 5-11　　　　　农村留守儿童居住类型构成百分比　　　　单位:%

父母外出情况	居住类型	所占比例
父母双方均外出	单独居住	3.37
	祖父母	32.67
	其他人	10.7
	小计	46.74
仅父亲外出	单独与母亲	20.33
	母亲和祖父母	16.06
	小计	36.39
仅母亲外出	单独与父亲	8.44
	父亲和祖父母	8.43
	小计	16.87
合计		100.00

资料来源：2010 年第六次全国人口普查长表数据。

5. 农村留守儿童受教育状况

（1）适龄农村留守儿童的就学状况。2010 年"六普"长表数据显示，目前我国农村留守儿童的就学状况良好，6—17 岁适龄儿童中，93.03% 在校接受教育，仅有少数适龄儿童存在未上学、辍学、肄业等问题。其中，小学适龄 6—11 岁、初中适龄 12—14 岁农村留守儿童在校接受教育的比例均在 96% 以上，而高中适龄 15—17 岁农村留守儿童在校接受教育的比例相对较低，仅为 81%（见表 5-12）。[①]

表 5-12　　　　　各年龄段农村留守儿童就学状况　　　　　单位:%

	6—11 岁	12—14 岁	15—17 岁	6—17 岁
在校	96.49	96.07	81.00	93.03
未上学	2.44	0.37	0.47	1.46
毕业	0.86	2.89	16.70	4.82

---

① 段成荣、吕利丹、郭静、王宗萍：《我国农村留守儿童生存和发展基本状况——基于第六次人口普查数据的分析》，《人口学刊》2013 年第 3 期。

续表

	6—11 岁	12—14 岁	15—17 岁	6—17 岁
肄业	0.13	0.26	0.65	0.28
辍学	0.04	0.36	1.08	0.35
其他	0.03	0.05	0.11	0.05
合计	100.00	100.00	100.00	100.00

资料来源：2010年第六次全国人口普查长表数据。

（2）不同家庭结构农村留守儿童的受教育状况。《义务教育法》规定，我国儿童正常情况下6岁入学接受学校教育。在全国农村留守儿童中，未按规定接受义务教育的比例为3.38%。从居住类型来看，与父亲一起留守的孩子未能正常接受义务教育的比例最高，高达5.12%，其次是与父亲及祖父母一起生活的孩子，比例为4.38%（见表5-13）。[①] 因此，在各种家庭结构中，仅母亲一方外出农村留守儿童的受教育状况最值得关注。

表5-13　　　　分居住类型农村留守儿童就学状况　　　　单位：%

父母外出情况	居住类型	未按规定接受义务教育比例
父母双方均外出	单独居住	3.10
	祖父母	3.26
	其他人	2.61
仅父亲外出	单独与母亲	3.13
	母亲和祖父母	3.11
	小计	3.38
仅母亲外出	单独与父亲	5.12
	父亲和祖父母	4.38
	小计	3.38

资料来源：2010年第六次全国人口普查长表数据。

---

① 段成荣、吕利丹、郭静、王宗萍：《我国农村留守儿童生存和发展基本状况——基于第六次人口普查数据的分析》，《人口学刊》2013年第3期。

（3）不同地区农村留守儿童接受义务教育状况。2013年，全国在校接受义务教育的农村留守儿童共有2126.7万人，其中接受小学教育的约为1440.5万人，占全国农村小学在校生的21.87%，初中农村留守儿童686.3万人，占全国农村初中在校生的22.80%。

从分布区域来看，我国中部地区农村留守儿童数量最多，其次为西部地区。中部小学、初中农村留守儿童数量占所在学段农村在校生比例分别为29.91%、30.35%，西部地区农村小学、初中在校生中留守儿童的比例分别为22.77%、23.48%。在全国31个省（自治区、直辖市）中，农村义务教育在校生中留守儿童所占比例较高的省份主要有湖南、重庆、四川、湖北、安徽、江西等（见表5-14）。

表5-14 2013年分地区义务教育农村留守儿童数及占农村学生数比例

地区	小学 农村留守儿童在校生（人）	小学 占当地农村在校生比例（%）	初中 农村留守儿童在校生（人）	初中 占当地农村在校生比例（%）
北京	477	0.17	263	0.45
天津	7820	2.17	5003	4.50
河北	258836	2.25	97044	6.61
辽宁	54487	2.77	27933	5.55
上海	120	0.04	73	0.09
江苏	452957	9.45	238988	24.34
浙江	189242	4.40	89625	10.69
福建	208819	6.22	101112	14.31
山东	691443	8.19	353333	17.34
广东	569057	8.66	329612	15.34
海南	21942	1.52	7519	3.53
山西	103931	4.16	63664	7.41
吉林	44370	2.41	19855	5.93
黑龙江	64097	3.36	31325	6.28
安徽	1100654	17.21	560676	36.55
江西	1160663	14.18	475969	34.35

续表

地区	小学 农村留守儿童在校生（人）	小学 占当地农村在校生比例（%）	初中 农村留守儿童在校生（人）	初中 占当地农村在校生比例（%）
河南	2072409	10.99	826029	28.75
湖北	771725	15.15	338084	35.44
湖南	1650797	20.23	738341	45.52
内蒙古	50007	2.66	20930	5.48
广西	973750	13.68	485988	30.03
重庆	589694	21.43	310527	43.66
四川	1456594	18.52	774690	37.59
贵州	676119	13.02	388734	21.90
云南	590210	7.47	251070	15.65
西藏	6699	0.39	1040	0.93
陕西	276510	9.45	148874	18.10
甘肃	259646	9.29	138465	16.63
青海	32403	2.80	10715	6.56
宁夏	24778	2.78	11545	6.87
新疆	44469	1.11	15748	2.44
东部	2455200	11.86	1250505	13.67
中部	6968646	29.91	3053943	30.35
西部	4980879	22.77	2558326	23.48
全国	14404725	21.87	6862774	22.80

资料来源：教育部发展规划司编：《全国教育事业简明统计分析2013》。

（二）农村留守儿童教育存在的问题

由于父母长期不在身边，造成我国农村留守儿童的监护人缺位和错位，同时也使其亲情与家庭教育缺失，这些都是导致留守儿童教育问题的诱因。作为我国城镇化进程中产生的特殊群体，农村留守儿童主要在学习、生活、心理、品行、安全等方面存在一些问题。

1. 学业成绩不理想，容易出现厌学、辍学等现象

部分农村留守儿童在校的学习成绩不容乐观，学习态度不够主

动。首先，一部分原因在于他们主要由其奶奶或外婆等隔代亲属监护，农村这样的隔代监护人大多文化素质偏低、思想陈旧，不仅无法切实有效地辅导和监督孩子的学习，也存在与孩子之间缺乏沟通，缺少对孩子学习兴趣、需求及困惑的关注。由于在家里缺乏必要的教育、监管与关心，加之部分留守儿童自身学习的积极性不高、自律意识不强、学习动力不足，学习成绩下滑，很容易产生不遵守纪律、厌学、旷课甚至辍学等状况。其次，部分留守儿童也会因为想念父母，影响其在课堂的注意力，听课效率也不佳。最后，其外出务工父母"读不读书都一样，希望子女尽早和他们一起打工赚钱"的负面思想，助长了这些孩子的厌学情绪。

2. 缺乏良好的生活环境，存在不良的生活与行为习惯

受家庭经济条件的制约，大部分农村留守儿童家庭尚维持在解决温饱的水平，长期缺乏科学合理的饮食结构和营养搭配，使得留守儿童的营养状况得不到保障。同时，多数农村留守儿童生活在寄宿制学校，受学校简陋住宿、伙食条件的限制，无法保证其在生活上得到很好的照料。此外，由于缺乏父母在身边的细心照顾，在个人卫生、疾病预防等方面存在一定的隐患。还有部分隔代监护人对孩子溺爱、缺乏有效的管教，也不能及时发现和纠正孩子身上的不良行为习惯。部分留守儿童更易受到不良社会环境的影响，结交不良青少年，形成错误的价值取向，直接导致其在行为上出现偏差，严重者甚至做出违法乱纪行为。

3. 心理发展不健康，易出现不良情绪

由于缺少和谐温暖的家庭环境以及父母的陪伴与情感关爱，临时监护人对留守子女的心理、性格发展也缺乏适当的引导，使得农村留守儿童的心理健康存在诸多问题。留守儿童缺乏与亲人的沟通与关爱，尤其是在遇到成长中的困惑时因得不到父母的抚慰及合理的排解，长期的心理压抑使他们很容易出现性格上的缺陷或情绪上的失控。在性格方面，农村留守儿童大多表现为内向、自卑、任性，甚至孤僻、冷漠、暴躁和极端，不善于表达和与人沟通；从心理健康的角度看，留守儿童更容易出现焦虑、紧张等情绪，孤独感比较强，容易

对他人和社会产生敌对心理，不太容易信任周围的人。

4. 安全问题存在诸多隐患

农村留守儿童通常会因临时监护人疏于照顾而缺乏有效的家庭保护环境，留守儿童的自我防范意识较弱，比较缺乏安全方面的知识与指导。这些都使得农村留守儿童的安全问题日益凸显，受到意外伤害、被拐卖，甚至被猥亵的事件时有发生，极不利于这些孩子的健康成长。

因此，解决农村留守儿童教育问题的关键，应在于解决上述这类群体所遇到的困难、存在的问题等，努力提供各种方式的补偿和关爱，这不仅关系到这群孩子的健康成长，也关系到社会的稳定、和谐与国家的长远发展。

（三）农村留守儿童国家政策的演变历程

21世纪以来，我国农村留守儿童的群体日益庞大，越来越受到全社会的广泛关注，党和国家也高度重视农村留守儿童问题，多次做出重要指示，强调要密切关注农村留守儿童的权益保护，通过陆续出台一系列政策、采取一系列措施，加强对留守儿童的保护、维权、教育与关爱。

1. 明确流出地政府对留守儿童教育的责任

2006年1月，国务院颁发《关于解决农民工问题的若干意见》（国发〔2006〕5号），建立了由31个部门和党群组织参加的国务院农民工工作联席会议制度。该政策的出台除了维护农民工的各项基本权益外，还明确提出保障农民工子女平等接受义务教育，并对流出地政府妥善解决留守儿童受教育问题予以规定，指出"输出地政府要解决好农民工托留在农村子女的教育问题"。

2. 采取多种措施，关爱农村留守儿童

2006年7月，为落实中央领导关于"要高度重视农村留守儿童面临的各种问题，加强对留守儿童的保护、维权工作"的指示，全国妇联发布《关于大力开展关爱农村留守儿童行动的意见》（妇字〔2006〕25号），提出了扎实有效推进关爱农村留守儿童各项工作的几项措施：一是开展调查研究，增强做好农村留守儿童工作的针对性和实效性；二是将其纳入家庭教育"十一五"规划，开展农村儿童工作是发展农村家庭教育的重点内容之一；三是发展一批示范家长学校，作为促进开展留守儿童工作的主要渠道；四是以农村儿童和家长的自主参与、自我教育、亲子互动和共同提高为特征，依托家庭、社区、家长学校、家庭教育指导中心和妇女儿童活动中心等阵地，开展丰富多彩的关爱农村留守儿童的特色主题活动；五是加强关爱留守儿童的社会宣传；六是为留守儿童办好事实事，为农村留守儿童解决实际困难。

2006 年 10 月，在国务院农民工工作联席会议办公室的指导下，由全国妇联牵头，成立了由教育部、公安部、民政部、财政部等 12 个相关部门共同组成的农村留守儿童专题工作组，在开展调查研究的基础上，建立农村留守儿童工作长效机制，推动相关政策的出台以及农村留守儿童指导服务机构的建立，指导各地做好留守儿童的工作，为有效解决农村留守儿童问题提供政策支持和制度保障。

2007 年 5 月，教育部、民政部、全国妇联等八部门联合发布《关于印发〈全国家庭教育工作"十一五"规划〉的通知》（妇字〔2007〕18 号），不仅将"重视和加强农村留守、流动儿童的家庭教育"作为其中一项具体目标，提出引导和帮助留守、流动儿童家长增强家庭教育的责任意识，提高家庭教育的能力和水平，同时还将农村留守、流动儿童作为特殊关注群体，提出"大力开展关爱农村留守、流动儿童行动，通过多种形式和渠道，积极向留守、流动儿童家长及其监护人宣传监护人的义务和责任，普及科学的家庭教育观念、知识和方法，不断提高留守、流动儿童家长科学教养子女的技巧和能力"。该政策从重视对留守儿童家庭教育的角度，呼吁家长及其监护人履行其应尽的责任，让留守儿童尽可能得到更多的关爱。

2007 年 5 月，全国妇联联合教育部等 13 部门颁布《关于开展"共享蓝天"全国关爱农村留守流动儿童大行动的通知》（妇字〔2007〕20 号），提出开展"共享蓝天"全国关爱农村留守流动儿童大行动，以强化政府行为、动员社会支持、提高家长素质为着力点，通过"共享蓝天"支持行动、维权行动、关爱行动、宣传行动四大行动，优化农村留守流动儿童生存发展环境，促进农村留守流动儿童健康成长。

2007年7月，中共中央组织部、全国妇联、教育部等七部门颁发《关于贯彻落实中央指示精神积极开展关爱农村留守流动儿童工作的通知》（妇字〔2007〕34号），提出认真做好农村留守流动儿童的教育管理工作、着力加强农村留守流动儿童的户籍管理与权益保护、积极完善农村留守流动儿童救助保障机制、逐步推进农村留守流动儿童医疗保健服务、不断加大对农村留守流动儿童的关爱支持力度、努力形成推进农村留守流动儿童工作的整体合力等几方面重要内容。该文件还提出几项关爱留守儿童的具体倾斜和帮扶措施：一是结合"农村寄宿制学校建设工程"和"中西部农村初中改造工程"的实施，加强寄宿制学校建设，优先满足留守儿童的寄宿学习需求；二是在核实教师编制和核拨教育经费时，对接收留守儿童较多的学校给予倾斜；三是建立留守儿童动态监测机制和档案库，鼓励学校组织教师、学生与留守儿童建立帮扶制度，特别要重点帮扶思想品德有偏差、心理素质有异常、学习生活有困难的留守儿童；四是根据农村留守儿童实际，开发有关校本课程，加强自我保护、安全、法制与心理健康等方面的教育；五是建立和实施农村最低生活保障制度，要将符合条件的留守儿童全部纳入低保范围；六是组织编印科学实用、通俗易懂的宣传材料，开展儿童营养、喂养知识及常见疾病的预防等健康教育和咨询指导，通过提高父母和抚养人相关知识水平，降低营养不良发生率和营养不良性疾病发病率，改善留守儿童健康状况。

3. 建立农村留守儿童关爱服务体系

2010年，国家发布的《教育规划纲要》专门涉及了留守儿童的内容，除了在学前教育部门提出"着力保证留守儿童入园"外，还指出要"建立健全政府主导、社会参与的农村留守儿童关爱服务体系和动态监测机制。加快农村寄宿制学校建设，优先满足留守儿童住宿需求"。这是第一次在国家文件中阐明应建立农村留守儿童的关爱服务体系，将其作为解决留守儿童问题的关键举措。2011年，国务院印发的《中国儿童发展纲要（2011—2020年）》指出要健全农村留守儿童服务机制，加强对留守儿童心理、情感和行为的指导，提高留守儿童家长的监护意识和责任。

2011年，全国妇联、中央综治办、国家发改委、教育部联合发布《关于开展全国农村留守流动儿童关爱服务体系试点工作的通知》（妇字〔2011〕32号），提出于2011年12月至2012年11月在全国26个农村留守流动儿童关爱服务体系试点市、县、区开展试点工作，其中农村留守儿童关爱服务体系试点18个，由安徽、山东、河南、湖北、湖南、重庆、四川、陕西、甘肃九个省市推荐产生。该文件明确提出农村留守儿童关爱服务体系试点的目标任务，即将农村留守儿童关爱服务纳入当地经济社会发展的总体规划，建立农村留守儿童关爱服务的领导协调机制，在农村留守儿童集中的学校、村推进建立儿童活动场所、托管机构等关爱服务阵地，建立一支由专职工作人员、专业人员和志愿者相结合的关爱服务队伍，开展切实有效的救助帮扶，加强对留守儿童家长及委托监护人的家庭教育指导服务等。

2012年，国务院颁布的《关于深入推进义务教育均衡发展的意见》（国发〔2012〕48号），也指出要建立健全农村留守义务教育学生关爱服务体系，同时还提出"构建学校、家庭和社会各界广泛参与的关爱网络；统筹协调留守学生教育管理工作，实行留守学生的普查登记制度和社会结对帮扶制度；加强对留守学生心理健康教育，建立留守学生安全保护预警与应急机制"。

2013年，全国妇联联合教育部、中央文明办、中央综治办、国家卫生和计划生育委员会等五部委联合发布《关于深入开展全国农村留守流动儿童关爱服务体系试点工作的通知》，决定在深入总结试点经验的基础上，进一步扩大试点范围，加大调研力度，从理论和实践层面探索具有中国特色的农村留守流动儿童关爱服务体系，力争在完善机制、制度保障、政策支持、队伍建设、经费投入等方面有新的突破。

2013年教育部等五部委联合发布《关于加强义务教育阶段农村留守儿童关爱和教育工作的意见》（教基一〔2013〕1号），明确提出切实改善留守儿童教育条件，力争做到"三优先"，即"优先满足留守儿童教育基础设施建设、优先改善留守儿童营养状况、优先保障留守儿童交通需求"；不断提高留守儿童教育水平，加强留守儿童受教育全程管理、加强留守儿童心理健康教育、加强留守儿童法制安全教育、加强家校联动组织工作；逐步构建社会关爱服务机制，支持做好留守儿童家庭教育工作、支持做好留守儿童社区关爱服务、支持做好留守儿童社会关爱活动。该政策的出台，对进一步加强义务教育阶段农村留守儿童工作进行了部署并提出了相关要求，为更好地推进关爱服务体系建设提供了很好的政策基础。

（四）农村留守儿童教育的地方探索与经验

1. 重庆市以"制度+行动"，探索关爱农村留守儿童的特色之路

重庆作为国家农村留守儿童关爱服务体系试点省市之一，在农村留守儿童关爱服务体系建设及教育模式的积极探索方面取得了显著成效。在政策支持与制度保障下，形成了一条符合当地实际的探索之路，形成了"党政主导、部门联动、家庭配合、社会参与"的关爱机制，建立了教育管护网络、基层帮护网络、家庭和社区监护网络、权益维护网络等多位一体的立体式关爱网络。重庆的经验探索在全国范围内具有较大的影响力，对农村留守儿童问题的解决起到很好的示范作用。

（1）将关爱留守儿童纳入民生工程，完善关爱农村留守儿童的政策与保障机制。2010年以来，重庆市在地方法律法规和政策中均十分关注留守儿童的问题，不仅将关爱农村留守儿童作为重大的民生工程，还将其纳入地方经济社会发展和民生改善规划。2010年9月，重庆市人大颁布实施的《重庆市未成年人保护条例》针对农村留守儿童做出明确规定，重视加强对农村留守儿童的监护，从政府职责、家长责任、社会关怀等方面提出多项保护措施；2011年5月颁布实施的《重庆市义务教育条例》，也对农村留守儿童接受义务教育问题做出明确规定。

2010年6月，重庆市委三届七次全会审议通过《关于做好当前民生工作的决定》，将培养照顾好农村留守儿童列入"民生十条"。2011年召开的重庆市委三届九次全会又将关爱留守儿童作为"共富

十二条"的具体措施之一。此外,重庆市政府以实现留守儿童"学业有教、监护有人、生活有助、健康有保、安全有护"为目标,相继出台相关政策文件,将农村留守儿童的关爱工作纳入制度性安排。

重庆通过多方面完善关爱农村留守儿童工作的保障机制。一是建立经费投入机制,采取政府投入为主、多渠道筹措资金的方式提供经费保障,将关爱留守儿童经费纳入各级政府财政预算并予以重点安排,设立重庆市留守儿童关爱基金,将其纳入重庆教育发展基金会统一管理,专项用于农村留守儿童培养照顾工作;二是建立联席会议制度,2011年重庆市委、市政府建立了由市委研究室、市发改委、市教委、市财政局、市卫生局、团委、市妇联、武警重庆总队八部门组成的关爱农村留守儿童工作联席会议制度,将联席会议办公室设在市教委,各区县也成立了关爱农村留守儿童办公室,从而形成多部门协作的长效机制,使关爱留守儿童工作步入制度化、常态化轨道;三是强化督导考核机制,建立健全"区县督导、片区督导、市级督导"三个层次的关爱留守儿童工作专项督导机制,落实"两到位一考核",即区县(自治县)教委、政府教育督导室自查到位,市政府专项督查到位,市委、市政府将区县(自治县)落实留守儿童工作情况纳入对区县(自治县)领导班子和党政主要负责人年度综合目标考核;四是构建宣传引导机制,定期编发《关爱留守儿童工作简报》,组织开展关爱农村留守儿童政策宣讲,充分利用报刊、电视、电台等媒体对关爱留守儿童工作进行广泛宣传,创建留守儿童网站,引导全社会关注和支持留守儿童工作。[①]

(2)实施关爱农村留守儿童六大行动计划。2010年9月,重庆市委办公厅、市政府办公厅联合下发《重庆市关爱农村留守儿童行动计划》,决定在全市范围内实施关爱农村留守儿童的"六大行动计划"。2010—2012年,重庆市累计投入141.2亿元予以支持,从农村

---

① 周旭:《重庆市农村留守儿童教育培养情况的报告——2012年3月20日在市三届人大常委会第三十次会议上》,http://www.ccpc.cq.cn/hyzt/cwhzt/201205/t20120523_49746.html,2012年5月23日。

幼儿园建设、农村寄宿制学校建设、实施社会共育计划等方面关爱、培养留守儿童，取得了阶段性成效，新改建农村幼儿园371所，建成农村寄宿制学校2107所，改造农村寄宿制学校食堂989个。[①] 通过实施"六大行动计划"，对破解留守儿童教育难题起到至关重要的作用。"六大行动计划"的主要内容包括以下几个方面：

行动一：农村寄宿制学校建设计划。通过新建农村寄宿制学校、改造农村寄宿制学校食堂等方式提高，切实解决农村寄宿制学校学生生活用房不够、设备设施配备不齐等问题，不仅使农村留守儿童的寄宿需求得以满足，也使他们的学习和生活条件得到较大改善。

行动二：农村幼儿园建设计划。按照农村幼儿园建设"以公办为主、以政府投入为主"的思路，结合重庆市学前教育三年行动计划的推进，新建、改扩建农村幼儿园，保证每个乡镇有一所公办中心幼儿园，并利用中小学闲置校舍办好乡村幼儿园（班），不仅提高了农村学前三年幼儿入园率，也逐步缓解了农村留守儿童"入园难""入园贵"问题。

行动三：农村留守儿童培养模式创新计划。探索实施"4+1"培养教育、代理家长、寄宿之家、托管家园、亲属代管、亲情连线等六大模式，针对留守儿童存在的特殊困难与问题，使他们得到全面的培养和照顾。一是"4+1"培养教育模式，以思想政治教育、人格品质教育、心理情感教育、行为养成教育和身体健康为重点内容，将留守儿童教育的主阵地由学校"小家庭"延伸到社会"大家庭"，学校功能由教育教学延伸到为学生学习、生活、健康、安全等提供一体化服务，实现了留守儿童培养理论和实践上的创新，也使留守儿童综合素质得到全面提高；二是代理家长模式，通过动员、遴选各界人士担任留守儿童的"代理家长""爱心妈妈"，结对帮扶农村留守儿童，以弥补留守儿童的亲情缺失；三是寄宿之家模式，以农村寄宿制学校为基础，建立"留守儿童之家"，配备"家长式的教职员工"，辅以

---

① 杨冰：《我市将实施留守儿童"十大关爱行动"》，《重庆日报》2012年3月21日第3版。

"家庭式的学校管理",实施"家校一体化"管理,让留守儿童过上家庭式的校园生活;四是托管家园模式,对有条件的留守儿童进行有偿的规范托管,社会爱心人士、社会团体与留守儿童家长签订协议,利用自己的住宅或其他固定场所,按照要求对留守儿童进行管理和教育;五是亲属代管模式,调整学生入学政策,允许农村留守儿童"投亲靠友"就近入学,建立并完善托管家长培训制度、家教研讨制度、重点管护制度等;六是亲情连线模式,建立"亲情电话""视频聊天室",为农村留守儿童提供定期与父母沟通的机会,增进其与父母间的情感交流。

行动四:农村留守儿童社会共育计划。广泛动员企业、社会团体和个人积极为留守儿童奉献爱心,开展为留守儿童节假日送温暖的活动,引导志愿者、教师、机关干部、城市学生等与留守儿童结成帮扶对子,形成全社会关爱留守儿童的良好氛围。

行动五:农村留守儿童营养健康促进计划。开展农村留守儿童营养指导、生长发育监测、计划免疫、儿童常见病诊断等基本卫生保健服务,将改善农村留守儿童营养状况作为中小学生营养促进工程的重点,免费为非寄宿农村贫困家庭留守儿童提供"爱心午餐",通过实施"蛋奶工程"逐步免费为农村寄宿制学校留守儿童提供饮用奶或鸡蛋。各区县(自治县)政府安排资金定期为农村留守儿童进行免费体检,并为其购买校方责任险。

行动六:农村留守儿童权益保障计划。建立农村留守儿童维权中心,开通"12338"维权热线;完善农村留守儿童就学状况动态监测机制,加大义务教育执法检查力度,消除留守儿童辍学现象;建立校园安保队、校园民警、保卫干部、保安人员、护校队"五位一体"的校园安全新型警务体制,着力推进"平安校园"建设。

(3) 多种方式创新农村留守儿童教育工作。重庆市专门针对农村留守儿童教育问题,以多种方式开展农村留守儿童关爱工作。一是制订《农村留守儿童教育培养大纲》,明确教育目标、基本原则和工作重点等。二是编写农村留守儿童教育读本,纳入学校地方教材配发使用,开通农村留守儿童专题网站,丰富教育资源。三是开展留守儿童教育师资专项培训，将留守儿童教育纳入农村中小学教师全员培训内容，每年从高师院校选拔 1000 名优秀学生到农村学校担任志愿者，为农村留守儿童教育提供优质的师资。

2. 湖南省以家庭教育为核心，开展留守儿童关爱工作

湖南省作为我国劳动力的输出大省，在农村留守儿童教育方面积累了很好的经验。湖南省是我国较早关注农村留守儿童问题的省份之一，出台了一系列相关政策予以保障，并把留守儿童教育管理问题列入"群众最直接、最关心、最现实"的"三最"问题予以重点解决。

2006 年 8 月，湖南省妇联下发《关于大力开展关爱农村留守儿童行动的通知》（湘妇字〔2006〕25 号），对全省妇联关爱留守儿童工作进行规划和指导，为留守儿童办好事实事。2007 年 12 月，湖南省委办公厅、湖南省人民政府办公厅颁发《关于加强农村留守流动少年儿童工作的意见》（湘办发〔2007〕15 号），要求将加强农村留守流动少年儿童工作纳入《湖南省儿童发展规划》，健全监护机制、学校教育管理机制和综合性社会支持体系。

（1）开展留守儿童家庭教育系列活动。湖南省除了建立托管中心、留守儿童之家、"代理家长"制度外，还建立了省级留守儿童示范家长学校，举办留守流动儿童示范家长学校教育骨干研讨班，开展"心系好儿童"关爱农村留守流动儿童家庭教育系列活动，如举办关爱留守儿童爱心夏令营，发放家庭教育宣传册，组织主题征文、绘画作品及案例征集活动等，为农村留守儿童监护人提供家庭教育指导服务。通过开办隔代教育班、托管亲属班、网上家长学校、发送手机短信等方式，使湖南省留守儿童监护人家庭教育知识普及率达到 80.4%[①]，优化了留守儿童的家庭教育环境。

（2）编制留守儿童家庭教育宣传手册。湖南省组织儿童心理、儿童教育方面的专家编印了全国第一本《留守儿童家庭教育策略》，首印一万册，免费向全省留守儿童家庭赠送，对留守儿童监护人重视和

---

① 邓小波：《母爱暖童心：关爱留守儿童的湖南模式》，http://edu.sina.com.cn/zxx/2013-05-29/1131381660.shtml，2013 年 5 月 29 日。

加强家庭教育起到很好的宣传与指导作用。该书对留守儿童心理健康、行为品行等方面的特点和问题进行认真的剖析，并从教育学、心理学、社会学等方面提出了解决这些问题的方法和途径。

(3) 邵阳县以"点阵型"工作体系推动关爱工作。湖南省邵阳县是国家确定的"全国留守流动儿童关爱服务体系试点县"之一，该县以全面覆盖、系统推进留守儿童服务管理工作为宗旨，专门出台《关于创建关爱农村留守儿童"点阵型"工作体系的意见》（邵办发〔2011〕10号），创建了关爱农村留守儿童的"点阵型"工作体系，即以留守儿童校内、校外两个时间段和场所为两条纬线，以留守儿童的学习、生活、心理、亲情、安全等为五个状态为五条经线，构成由在纬线、经线的十个交叉点组成的关爱方阵，以实现留守儿童"学习有所教、生活有所助、心理有所疏、亲情有所依、安全有所护"的目标。

3. 安徽省健全关爱留守儿童长效机制，实施关爱留守儿童民生工程

安徽省也是农村留守儿童较多的省份之一，安徽省委、省政府一直高度重视农村留守儿童工作，在2009年专门成立了农村留守儿童工作协调小组，负责研究相关政策和部署相关工作，省委副书记任组长，省人大、省政府、省政协分管领导任副组长，由20多个部门组成。2009年12月，安徽省委、省政府制定《关于做好关爱农村留守儿童工作的意见》（皖发〔2009〕32号），提出建立属地管理、分级负责、部门牵头的工作责任制度，以加强农村公共服务、建立全面保障机制、改善学校生活学习条件、营造全社会关爱环境为基本途径，建成网络化、全覆盖的关爱体系。

(1) 强化制度建设，健全长效机制。为有效推进和落实农村留守儿童关爱工作，安徽省不断完善各项制度建设，着力健全关爱农村留守儿童的长效机制。一是探索建立党委领导、人大监督、政府统筹、政协参与、部门联动和社会协同的工作机制；二是落实包保责任制，留守儿童在校内由学校组织力量实行包保，在校外由基层组织负责、学校配合共同包保；三是完善留守儿童情况报告制度和档案制度，各

级教育部门和学校定期统计留守儿童基本情况，建立留守儿童成长记录袋，记录留守儿童家庭基本情况和个人学习发展情况；四是建立和强化家校联系制度，学校定期向学生家长报告学生在校学习生活情况，为家庭教育提出建议。

（2）建立农村留守儿童之家和活动室。安徽省把创办留守儿童之家和活动室列入民生工程，从2010年开始，实施关爱留守儿童民生工程项目，设立省级资金8000多万元，用3年时间在全省农村中小学校和乡镇综合文化站，建设2万个留守儿童之家、活动室和1308所留守流动儿童活动室，它们覆盖所有农村中小学校，配置电视机、电话、电脑、图书和体育活动器材，让留守儿童校内有监管，课余有去处。①

为保障此项工作的顺利开展，安徽省教育厅会同有关部门陆续制定了《安徽省农村留守儿童之家建设实施办法》（民生办〔2010〕1号）、《安徽省农村留守儿童之家建设和管理办法》（皖教基〔2010〕6号）和《安徽省农村留守儿童之家建设管理使用养护意见》（皖教基〔2011〕8号），明确了留守儿童之家建设的指导思想、建设原则、建设目标、实施步骤以及保障措施和养护要求。同时，通过出台《安徽省校内留守儿童之家建设和管理考核办法》（皖教基〔2010〕14号）、《2010年安徽省农村留守流动儿童活动室管理考核办法》（皖妇字〔2010〕47号），规范此项民生工程的实施与管理。

安徽省通过坚持"七有"（有场所设施、有图书器材、有亲情电话、有管理制度、有档案资料、有结对帮扶、有固定标牌），提高农村留守儿童之家使用效益。留守儿童活动室的用房主要依托乡镇综合文化站、文化信息资源共享工程基层服务点、农家书屋、农民体育健身工程等农村文体活动场所建设，配备一定数量的音像资料、棋类、球类等文体活动器材和设施，开展农村留守儿童课外文体活动，以培养孩子道德行为能力、社会实践能力、团结协作能力和社会适应能

---

① 王圣志：《安徽打造"留守儿童之家"》，http://www.ah.xinhuanet.com/news/2010-06/01/content_19938888.htm，2010年6月1日。

力。同时,由乡镇党委或政府分管领导担任留守流动儿童活动室负责人,并确定一名工作人员具体负责留守流动儿童活动室的管护、指导工作。

4. 山东省德州市实行"3+1"关爱模式,创建农村留守儿童信息数据库

2011年12月,山东省德州市被确定为全国26个农村留守流动儿童关爱服务体系试点市、县、区之一,也是山东省唯一一个试点市,2013年被评为"全国农村留守儿童关爱服务体系示范市"。试点期间,德州市不仅建立了关爱农村留守儿童政策引导、领导协调、督导考核、经费保障、定点联系五大机制以及领导干部关爱农村留守儿童联系点制度,还积极探索关爱留守儿童的模式与工作方式。2012年,德州市委办公室、市政府办公室下发《关于进一步加强全市关爱留守儿童工作的意见》,提出全力推进农村留守儿童服务管理制度化、规范化,努力构建政府、社会、学校、社区、家庭"五位一体"的关爱服务体系,促进农村留守儿童健康快乐成长。

(1) 以"快乐成长活动站"为阵地,推行"3+1"关爱模式。山东省德州市在农村留守儿童比较集中的社区、学校建立农村留守儿童快乐成长活动站,系统开展关爱服务活动。活动站由"四室",即谈心工作室、图书阅览室、体育活动室、文艺活动室组成,面积在100平方米以上,配备电视、视频电脑、乒乓球台、图书、文体器材等设施,并设有活动站图书阅览、文体活动、亲情联系、咨询服务等管理制度。[①]

活动站还为每名留守儿童建立了详细的花名册和成长档案、联系卡,及时了解留守儿童数量变动情况,掌握、分析留守儿童的学习、生活情况,特别重点帮扶思想有偏差、心理素质有异常、学习生活有困难的留守儿童。此外,还对农村留守儿童实施"3+1"关爱模式,即1名"爱心妈妈"、1名"代理家长"、1名"爱心伙伴"结对关爱

---

① 吴长远:《山东德州市采取四项措施关爱农村留守儿童》, http://old.chinapop.gov.cn/rkyfz/gclsldrktl/ldrkgddt/201206/t20120614_389471.html, 2012年6月14日。

1名留守儿童。通常情况下,"爱心妈妈"由社区(村)巾帼志愿者或社会爱心人士担任,"代理家长"由学校老师担任,"爱心伙伴"由同学担任。通过签订关爱帮扶承诺书,明确关爱职责,让每一名农村留守儿童都能得到关爱。同时,通过"3+1"关爱模式带动开展丰富多彩、形式多样的关爱活动,如"共享温暖、共享幸福——我为农村留守儿童捐一件棉衣""童缘·圆梦"等,从而构建立体化、全方位农村留守儿童关爱服务体系。

(2)建立农村留守儿童信息数据库。2013年,为及时、准确掌握当地农村留守儿童的数量变化及分布情况,山东省德州市在全国首创农村留守儿童信息数据库,从而更有利于在原有农村留守儿童成长档案的基础上,健全完善关爱农村留守儿童动态监测体系。

该数据库包含《0—6岁农村留守儿童情况登记表》《九年义务教育阶段农村留守儿童情况登记表》《高中阶段农村留守儿童情况登记表》《6—18周岁非在校农村留守儿童情况登记表》四套基础表。数据库的建立及数据的采集主要分两条线进行:一是以学校为主建立九年义务教育阶段、高中阶段留守儿童信息数据库;二是以妇联为主建立学龄前以及18岁以下辍学等特殊留守儿童信息数据库。[①] 通过数据库的建立与完善,为动态监测留守儿童情况提供了很好的电子信息平台,使信息监测更精准、更及时。

(五) 农村留守儿童教育的政策建议

农村留守儿童是我国在推进城市化进程中产生的特殊社会群体,党中央、国务院以及各级政府高度重视农村留守儿童工作,并将扎实推进农村留守儿童关爱服务体系建设作为工作重点。为进一步完善此项工作,促进农村留守儿童的健康成长,现提出以下几个方面的政策建议。

1. 完善法律体系,强化父母的监护责任

关于父母对未成年人的监护责任,《民法通则》《未成年人保护

---

① 《德州市首创建立农村留守儿童信息数据库》,http://www.shandongwang.cn/news/201306/news_1281.html,2013年6月2日。

法》《预防未成年人犯罪法》《义务教育法》均有相关规定，父母为未成年人的法定监护人，监护人可以将监护职责部分或者全部委托给他人，父母或者其他监护人不得让不满16周岁的未成年人脱离监护单独居住，对未成年人不得放任不管，放弃监护职责。然而这些法律和政策规定尚缺乏操作性，亟待细化和明确关于监护不当或失责行为的干预、处罚措施，使得这些规定的法律效力难以发挥作用。因此，应进一步完善对未成年人的监护制度，对相关法律法规予以修订，强化父母的法定责任，并建立对监护人的监督和干预机制，切实使留守儿童的权益得到及时关注和保护，尽可能减少因缺少"家庭保护"而产生的各种不良影响。

2. 强化政府主导作用，建立农村留守儿童经费保障机制

政府应充分发挥主导作用，将农村留守儿童关爱工作纳入经济社会发展总体规划和社会管理创新的总体部署中，积极借鉴和推广地方关爱留守儿童试点的成功经验与有效模式，引导和协调社会各方力量共同解决好农村留守儿童的教育问题。

由于农村寄宿制学校是农村留守儿童比较集中的场所，应将其作为开展关爱农村留守儿童工作的主阵地，通过继续加大农村寄宿制学校的建设力度，改善农村留守儿童的学习与生活环境。除了继续加大对农村教育的经费投入外，还应设立农村留守儿童工作的专项经费，明确其财政投入主体，确保农村留守儿童关爱工作的开展无后顾之忧。此外，还应建立专项督查与考核机制，将留守流动儿童关爱服务纳入未成年人思想道德建设及社会管理综合治理工作考核评价体系，有效促进此项工作落到实处。

3. 建立健全学校、家庭、社会三位一体的关爱服务网络

农村留守儿童问题不仅是教育问题，更是社会问题，需要学校、家庭及社会的共同努力，通过构建三位一体的关爱服务网络，全方位开展关爱农村留守儿童的教育工作。

学校作为留守儿童教育工作的主要力量，应坚持以留守儿童为本的工作理念，充分考虑农村留守儿童的特殊需求，为其创造充满爱的"家"的氛围。建立农村留守儿童个人档案，及时关注他们在生活、

学习、品德和心理等方面的动态，了解他们的困难与思想变化；建立教师帮扶制度，以教师与留守儿童结对子的方式，关注其学习、关心其生活；在做好日常安全教育的基础上，建立安全保护预警与应急机制，尽可能减少农村留守儿童安全事故的发生或使其伤害降低到最少。同时，还应加强学校与留守儿童家长的沟通，及时将学生的信息、近况反馈给家长，便于家长有针对性地与孩子建立亲情沟通，以弥补其不在身边的不足。

充分发挥家庭的监护、引导与教育作用。首先，父母的亲情补偿非常必要。与物质需求相比，农村留守儿童更需要父母心理和内心情感上的关怀，父母应尽可能通过电话、书信、网络等多种形式定期与子女交流感情，利用节假日回家多陪陪孩子，让孩子体验到亲情归属感。其次，监护人也应明确其教育和关心孩子的责任，加强与学校的联系，改进教育方法以及与孩子沟通的方式，善于发现孩子成长中出现的问题并及时纠正与引导。

社会关爱网络的构建，需要动员和借助社会各方的力量，以多形式、多途径关爱农村留守儿童。以教育、妇联、共青团等关心下一代的基层组织为主体加强对留守儿童的教育管理工作，充分利用和发挥农村社区教育组织或机构的作用。在留守儿童集中的区域建立关爱服务阵地，为留守儿童提供生活托管、心理辅导、家庭教育指导等服务，以此作为学校教育、家庭教育的有效补充。鼓励社会团体、公益组织、个人开展以关爱留守儿童为主题的公益活动，丰富留守儿童和课余生活，开阔他们的视野，让他们深刻感受到来自全社会的爱。

4. 建立农村留守儿童信息数据库，完善动态监测机制

农村留守儿童关爱服务体系的构建，需要借助现代化、信息化的手段，以建立信息数据库的方式，及时掌握农村留守儿童的实时动态信息，为有针对性地开展农村留守儿童关爱工作提供条件与平台。农村留守儿童信息数据库的建立可以采取先行试点、逐步推广的方式，最终形成全国统一的农村留守儿童电子信息库，为农村留守儿童动态监测体系的完善提供更精准的信息。

第六章 主要城市应对人口变动的教育政策分析

一 北京应对人口变动的教育政策分析

近年来,随着北京市经济的快速增长和城市建设的迅猛发展,北京市的人口发展呈现出较大变动,其人口变动对北京的教育产生了深刻影响,对此,北京市推出了相应的对策。

(一) 北京人口变动情况

1. 常住人口情况

(1) 常住人口规模情况。北京市 2010 年常住人口 1961.9 万,实际增长率为 11.79%,比 2009 年净增人口 206.9 万;2011 年常住人口为 2018.6 万,实际增长率近 2.89%,比 2010 年净增人口 56.7 万;2012 年常住人口为 2069.3 万,实际增长率近 2.51%,比 2011 年净增人口 50.7 万;2013 年常住人口为 2114.8 万,实际增长率近 2.20%,比 2012 年净增人口 45.5 万[1],常住人口保持持续增长态势。

(2) 常住人口分布情况。第一,近一半的常住人口分布在城市功能拓展区。从常住人口的地区分布看,城市功能拓展区的常住人口最多,2013 年为 1032.2 万,占全市常住人口的 48.81%;城市发展新

---

[1] 北京市统计局:《常住人口增长趋缓 人口分布向新区集聚——北京市 2015 年全国 1%人口抽样调查系列分析之一》,http://www.bjstats.gov.cn/zt/rkjd/sdjd/201603/t20160322_340774.html,2016 年 1 月 28 日。

区次之,为 671.5 万,占 32.45%。这两个功能区集中了全市 80.6% 的常住人口。首都功能核心区和生态涵养发展区常住人口较少,分别为 221.2 万和 189.9 万,所占比重分别为 10.46% 和 8.98%。分区县看,16 个区县中,朝阳区的人口最多,常住人口为 384.1 万,其次是海淀区,常住人口为 357.6 万;门头沟区的人最少,只有 30.3 万(见表 6-1)。但从常住人口密度来看,核心区人口最稠密,每平方千米超过了 2 万,西城区为 25787 人/平方千米,东城区为 21715 人/平方千米。

表 6-1　　2012—2013 年北京市各区县常住人口数及占全市常住人口比例　　单位:万人,%

地区	2012 年 常住人口	2012 年 比例	2013 年 常住人口	2013 年 比例
全市	2069.3	100.00	2114.8	100.00
首都功能核心区	219.5	10.61	221.2	10.46
东城区	90.8	4.39	90.9	4.30
西城区	128.7	6.22	130.3	6.16
城市功能拓展区	1008.2	48.72	1032.2	48.81
朝阳区	374.5	18.10	384.1	18.16
丰台区	221.4	10.70	226.1	10.69
石景山区	63.9	3.09	64.4	3.05
海淀区	348.4	18.58	357.6	16.91
城市发展新区	653.0	31.56	671.5	32.45
房山区	98.6	4.76	101.0	4.78
通州区	129.1	6.24	132.6	6.27
顺义区	95.3	4.61	98.3	4.65
昌平区	183.0	8.84	188.9	8.93
大兴区	147.0	7.10	150.7	7.13
生态涵养发展区	188.6	9.11	189.9	8.98
门头沟区	29.8	1.44	30.3	1.43

续表

地区	2012 年		2013 年	
	常住人口	比例	常住人口	比例
怀柔区	37.7	1.82	38.2	1.81
平谷区	42.0	2.03	42.2	2.00
密云县	47.4	2.29	47.6	2.25
延庆县	31.7	1.53	31.6	1.49

资料来源：http://www.bjstats.gov.cn/nj/main/2013—tjnj/index.htm。

第二，城市发展新区常住人口增长最快。四大功能区中，城市发展新区常住人口增长最快。第六次人口普查数据显示，与上一次人口普查（2000 年）相比，该功能区常住人口年均增长率为 5.9%，城市功能拓展区人口年均增长率为 4.1%，生态涵养发展区年均人口增长率为 1.2%，首都功能核心区人口年均增长率仅为 0.2%。2013 年数据显示，首都功能核心区常住人口为 221.2 万，城市功能拓展区为 1032.2 万，城市发展新区和生态涵养发展区分别为 671.5 万和 189.9 万。与 2012 年相比，首都功能核心区人口增加 1.7 万，增速为 0.8%；城市功能拓展区和城市发展新区，增速分别为 2.4% 和 2.8%；生态涵养发展区人口变化较小，增加 1.3 万，增长 0.6%。由此可见，城市发展新区常住人口增长最快。

2. 外来人口情况

随着北京市经济快速增长和城市建设的不断推进，再加上奥运经济的强劲拉动，北京市为外来人口提供了大量适宜的就业岗位，这促使北京市形成新一轮外来人口增长的高峰。

数据显示，九年来北京市外来人口呈持续大规模增长态势。从规模来看，2005—2013 年北京市外来人口总量加速膨胀，2005 年为 357.3 万，2010 年突破 700 万，2013 年增长到 802.7 万，九年间增长了 445.4 万，年均增加约 50 万。以 2010 年第六次人口普查数据为例，外省份来京人员为 704.7 万，占常住人口的 35.92%。与 2000 年人口普查相比，外来人口增加 447.7 万，平均每年增加 44.8 万，年均增长率为10.6%，远远高于常住人口3.8%的年均增速。十年增加的常住人口中，外来人口占74.1%。外来人口在常住人口中的比重也由2000年的18.9%提高到2010年的35.92%。从比例来看，2005年北京市每5个常住人口中约有1个外地人，2012年每3个人中就有1人来自外地。外来人口的大量增加成为北京市人口增加的主要原因（见表6－2）。

表6－2　　　　2004—2013年北京市外来人口占常住人口比例

单位：万人，%

年份	常住人口	外来人口	外来人口比例
2004	1492.7		
2005	1538.0	357.3	23.23
2006	1581.0	383.4	24.25
2007	1633.0	419.7	25.70
2008	1695.0	465.1	27.44
2009	1755.0	509.2	29.01
2010	1961.9	704.7	35.92
2011	2018.6	742.2	36.77
2012	2069.3	773.8	37.39
2013	2114.8	802.7	37.96

资料来源：《北京统计年鉴》(2005—2013)、北京市统计局年度数据(2013)。

外来人口大量增加主要有四个原因：一是城市建设和经济发展为外来人口提供了大量适宜的就业岗位；二是城市基础设施不断改善，居住环境进一步优化；三是政府加强了对外来人口的服务与管理，社会保障逐步完善；四是外来人口在京长期居住的趋势更加明显，离开户口登记地半年以上的外来人口在全部外来人口中的比例不断上升，由2000年的83.3%提高到2010年的90.8%。

3. 人口分布与城镇化率情况

随着经济的发展和城镇化进程的快速推进，北京市城镇化率也稳步上扬，人口分布逐步形成新特点。

（1）区域人口增长格局分化明显。2009—2013 年这五年来，人口变动的区域差距性最为显著也最具有代表性。具体来看，首都功能核心区人口增加 10 万，拓展区人口大幅增加 163.3 万，发展新区增加 179.8 万，生态涵养区人口整体增加 6.6 万。

分功能区看，城市功能拓展区人口最多，到 2013 年，该功能区常住人口达到 1032.2 万，占 48.8%；其次是城市发展新区，常住人口为 671.5 万，占 31.7%，首都功能核心区和生态涵养发展区人口相对较少，分别为 221.2 万和 189.9 万，所占比重分别为 10.5% 和 9%。根据相关数据可以明显看出，北京市人口区域分布有如下特点：拓展区人口最多，核心区人口最稠密。

（2）城市发展新区人口承载能力强。2013 年年底，全市常住人口总量为 2114.8 万。其中首都功能核心区人口为 221.2 万，占全市人口的 10.46%，与 2005 年相比降低 2.88 个百分点。城市功能拓展区人口为 1032.2 万，占全市人口 48.81%，与 2005 年相比增加 0.18%，增幅较小。城市发展新区常住人口占全市常住人口的 32.45%，与 2005 年相比提高 5.69 个百分点。2005 年以来增加的常住人口中，45.06% 集中在城市发展新区。生态涵养发展区 189.9 万，占全市常住人口的比重与 2005 年相比下降了 2.28%。这表明，城市发展新区的人口承载功能不断加强。

（3）城镇化进程加快，人口向城镇移动。近几年，随着北京市经济的快速发展和城镇化战略的实施，城市的功能不断完善，人口的空间分布也逐渐向城市功能拓展区和城市发展新区聚集，北京市城镇化水平逐年稳步提高。

从数据来看，北京市人口城镇化已达到世界发达国家水平。自 2005 年北京市城镇人口比例首次突破 80% 以来，2012 年升至 86.20%，2013 年城镇化率再创新高，达到 86.31%，九年间增加 6.31%。

表6-3　　2013年北京市各县区常住人口及城镇化率　　单位：万人,%

地区	常住人口	城镇人口	城镇化率
全市	2114.8	1825.1	86.31
首都功能核心区	221.2	221.2	100.00
东城区	90.9	90.9	100.00
西城区	130.3	130.3	100.00
城市功能拓展区	1032.2	1022.4	99.05
朝阳区	384.1	383.1	99.74
丰台区	226.1	224.6	99.34
石景山区	64.4	64.4	100.00
海淀区	357.6	350.3	97.96
城市发展新区	671.5	464.5	69.17
房山区	101.0	70.4	69.70
通州区	132.6	84.5	63.73
顺义区	98.3	53.2	54.12
昌平区	188.9	154.4	81.74
大兴区	150.7	102.0	67.68
生态涵养发展区	189.9	117.0	61.61
门头沟区	30.3	26.0	85.81
怀柔区	38.2	26.2	68.59
平谷区	42.2	22.9	54.27
密云县	47.6	26.3	55.25
延庆县	31.6	15.6	49.37

资料来源：http://www.bjstats.gov.cn/nj/main/2013-tjnj/index.htm。

从表6-3中不难看出：北京城镇化呈现出受城市中心区辐射的环形多中心发展特征以及小城镇带动的就地城镇化特点。首都功能核心区为中心城区，已全部实现城镇化，城市功能拓展区以中心城区辐射为主，基本实现了城镇化；城市发展新区以新城辐射以及就地城镇化为主，处于城镇化完善阶段；生态涵养发展区则以小城镇发展带动和自主城镇化为主，城镇化水平相对较低。

根据 2013 年北京市 1% 人口抽样调查推算的数据，2013 年，北京市居住在城镇的人口为 1825.1 万，与上年相比，增加 41.4 万；全市城镇化率为 86.31%，与上年相比，上升 0.13 个百分点。

4. 人口年龄构成与学龄人口分布情况

2013 年常住人口中，0—14 岁人口 200.1 万，占 9.5%；15—64 岁人口 1720.2 万，占 81.3%；65 岁及以上人口 194.5 万，占 9.2%。60 岁及以上老年人口 292.9 万，占 13.9%。全市总抚养比为 22.9%，即每 100 名劳动年龄人口要负担近 23 名非劳动年龄人口；其中，少儿抚养比为 11.6%，老年抚养比为 11.3%。

表 6-4　　　　　　　　北京市学龄人口情况　　　　　　　　单位：人

年份	幼儿园 招生数	幼儿园 在校生数	小学 招生数	小学 在校生数	普通初中 招生数	普通初中 在校生数	普通高中 招生数	普通高中 在校生数
2003	86465	199390	82631	546530	123666	453446	94894	250959
2004	86672	205532	73577	516042	100490	386511	93519	274803
2005	82485	202301	71020	494482	93048	321585	88605	278358
2006	68299	197546	73138	473275	90722	288298	76375	259414
2007	83969	214423	109203	666617	111772	332959	71590	243818
2008	85938	226681	110440	659500	107494	325117	68397	219163
2009	89761	247778	102414	647101	105930	318874	65983	203477
2010	105048	276994	113728	653255	102360	309912	65649	198415
2011	115539	311417	132719	680457	100636	302269	64146	195072
2012	115248	331524	141738	718655	108133	305510	63381	193505

资料来源：《北京统计年鉴》（2005—2013）。

由表 6-4 可以看出，幼儿园阶段和小学阶段的学生人数呈持续上涨的态势，平均年增长 2.21%；变化过程中波动较大，峰谷之间差值明显；普通初中学生人数增长较为缓慢，普通高中的学生人数则呈现出不断下降的趋势。这表明,北京市0—14岁人口占总人口比例不断增大。

5. 北京市学龄人口变化预测

以第五次人口普查数据为基数,按照生育率中方案(2010—2020年 TFR = 1.0;2021—2030 年 TFR = 1.5;2031—2050 年 TFR = 1.8)对北京市人口中学龄人口和各学段入学人口数量进行预测,结果见表6-5。

表6-5　　　　　北京市未来学龄人口变动的预测　　　　单位:万人

年份	常住人口				户籍人口				流动人口			
	小学学龄	初中学龄	高中学龄	大学学龄	小学学龄	初中学龄	高中学龄	大学学龄	小学学龄	初中学龄	高中学龄	大学学龄
2020	91.9	35.8	45.3	128.4	76.1	31.6	26.8	37.6	15.7	4.2	18.5	90.9
2025	88.0	43.1	53.9	130.6	72.3	38.9	35.4	39.7	15.7	4.2	18.5	90.9
2030	70.2	39.9	57.6	142.0	54.5	35.7	39.1	51.1	15.7	4.2	18.5	90.9
2035	57.5	30.4	50.5	142.3	41.8	26.2	32.0	51.5	15.7	4.2	18.5	90.9
2040	54.8	24.6	41.8	130.7	39.1	20.4	23.3	39.8	15.7	4.2	18.5	90.9
2045	59.4	23.7	38.0	120.9	43.7	19.6	19.5	30.0	15.7	4.2	18.5	90.9
2050	62.6	26.4	39.0	117.8	46.8	22.3	20.5	27.0	15.7	4.2	18.5	90.9

资料来源:王金营、石玲:《北京市未来人口发展下的教育需求预测》,《北京行政学院学报》2007年第4期。

从表6-6中可以看出,北京人口增长趋势将在一段时间内继续保持,其中适龄儿童入学需求在2015年前后会出现一次明显增加,其后再逐步得到控制并适度下降。由此推测可知,北京市现有的教育资源供给量需要不断增加。如果考虑人口流动因素,随着经济发展的增速,适龄流动儿童的入学需求会与人口自然增长带来的入学需求叠加,其教育资源需求量会进一步提升。

表 6-6　　　　　　　各级入学学龄人口数量预测　　　　　单位：人

年份	小学入学人口（6 岁）	初中入学人口（12 岁）	高中入学人口（15 岁）	大学入学人口（18 岁）
2020	165880	124649	121538	297617
2030	112175	125964	157403	343141
2040	102935	78635	102236	299881
2050	111899	88903	98782	277912

资料来源：王金营、石玲：《北京市未来人口发展下的教育需求预测》，《北京行政学院学报》2007 年第 4 期。

（二）北京人口变动下的教育应对措施

1. 北京市人口发展的特点及其教育需求

北京市作为国家的政治和经济中心，人口数量众多，人口的流动变化较快。从前文对于北京市人口变动情况的分析可知，北京市人口的发展变化具有两个显著特征：一是人口基数大，人口数量持续增加，城镇发展起步早，城镇化率高；二是流动人口数量多，增速快。人口数量、构成和分布的变化，对其所生活的城市提出了诸多需求。教育作为一项基本的生存和发展权利，也需要顺应人口变动的需求，及时做出调整。具体来看，其需求表现为：

第一，现有教育资源分布不均，新兴城镇区域教育资源配置不足。

由于城镇化进程不同，北京市各不同区县的中小学校数量差异较大，2012 年首都功能核心区所占小学教育资源占全市总数量的 12.49%，中学占比 14.92%；城市功能拓展区所占小学教育资源占全市总数量的 32.66%，中学占比 35.56%（这其中又以朝阳区所占比重最大），但人口却占到了全市近一半的比例。两区域相加已占据全市近半数的教育资源。而其他两大区域共计 10 个区县则在资源保有量上明显处于劣势（见表 6-7）。

表 6-7　　　　　　　　北京市教育资源分布情况　　　　　单位：所

地区	小学校数 2012年	小学校数 2011年	普通中学校数 2012年	普通中学校数 2011年
全市	1081	1090	630	632
首都功能核心区	135	135	94	95
东城区	63	63	43	44
西城区	72	72	51	51
城市功能拓展区	353	358	224	221
朝阳区	128	134	80	77
丰台区	87	86	44	44
石景山区	31	32	25	25
海淀区	107	106	75	75
城市发展新区	415	403	210	213
房山区	108	106	47	48
通州区	81	81	40	40
顺义区	39	43	38	41
昌平区	99	85	44	43
大兴区	88	88	41	41
生态涵养发展区	178	194	102	103
门头沟区	35	35	17	17
怀柔区	25	26	22	22
平谷区	44	49	20	20
密云县	40	40	23	22
延庆县	34	44	20	22

资料来源：北京市教委。

第二，人口数量波动明显，峰谷之间差距较大，为教育资源调整增加困难。

根据预测数据显示，未来北京市小学学龄人口波动幅度较大，即先减少后增加再减少；初中的需求量也是如此。这种剧烈波动对小学教育的建设、规划以及师资培养、使用均将产生不利影响。

第三，流动儿童数量增加加快，并且主要分布于新兴城区，加剧了教育资源短缺和不均衡特征。

外来学龄儿童数量增长较快,2010年北京市常住外来人口为704.7万,其中6—14岁的外来学龄儿童为24.9万,占常住外来人口的3.5%。全市常住人口中,6—14岁学龄儿童为88.8万,外来学龄儿童占全市学龄儿童的28%。与2000年人口普查相比,全市学龄儿童减少41万,外来学龄儿童增加13.4万多,外来学龄儿童在全市学龄儿童中的比重上升19.1个百分点。这其中低龄儿童较多;6岁儿童最多,为3.7万,占外来学龄儿童的14.9%;7—10岁每一岁的外来儿童在3.1万左右,11—14岁每一岁的外来儿童为1.9万—2.5万,外来学龄儿童以低龄儿童为主。

从地区分布看,外来学龄儿童集中分布在城市功能拓展区和城市发展新区。2010年,北京市外来学龄儿童居住在城市功能拓展区的有12.8万,占51.3%;在城市发展新区的有8.8万,占35.3%;在首都功能核心区的有1.8万,占7.3%;在生态涵养发展区的有1.5万,占6.1%。各区县中,朝阳区外来学龄儿童最多,为4.6万;其次是丰台区,为3.6万;第三是海淀区,为3.5万;昌平区、大兴区、通州区的外来学龄儿童也较多,分别为2.6万、2.5万和1.5万。

2. 北京市的教育应对措施

(1) 应对教育资源布局调整的措施。教育资源配置与城市的发展应相互协调一致。城镇化进程中必须对教育资源配置情况给予相应考量,教育资源的配置在一定程度上也会引导人口的分布和流向。随着城市化进程的加快和人口分布的变化,北京市原有中小学的布局已不能适应新的教育需求,呈现出结构性失衡。为适应首都经济社会发展的新要求,北京市在2012年依据《北京市中长期教育改革和发展规划纲要(2010—2020年)》制定了《北京市中小学建设三年行动计划(2012—2014年)》,以期满足适龄儿童人口高峰的入学需求,并进一步优化中小学教育资源配置和学校布局,全面提升中小学办学条件和现代化水平。以建设促发展,以发展促均衡,着眼于城市发展,立足于适度增加公共教育资源总量,并在增加总量过程中,针对城市布局和人口迁移趋势,同时调整和优化中小学布局,重点在城市发展新

区、功能区等学位紧缺地区增加教育设施。其具体措施包括:

第一,城乡新区中小学建设工程。2012—2014 年,通过新建、改扩建、接收居住区配套学校等方式,按照本市中小学校办学条件标准,完成建设 200 余所现代化中小学的分解目标。其中,新征占地项目学校 70 所左右,现址改扩建项目学校 100 所左右,接收小区配套项目学校 30 所左右。

加大对教育薄弱区县、资源紧缺地区的投入支持和政策倾斜力度,支持区县集中财力和精力加快推进小学建设,优先保障小学学位扩充。调整教育经费转移支付结构,对小学建设任务繁重的区县加大支持力度。建立对新建小学的财政专项补贴制度,加快充实设施设备。2012—2014 年,利用市级土地出让收益计提教育资金、地方教育费附加等,在城市功能拓展区和城市发展新区每年重点支持 15 所学校的基本建设。

第二,中小学数字化教育资源共享工程。依托信息技术,组建名师队伍,推进优质教育资源数字化建设,创新优质教育资源均等化配置,形成覆盖小学、初中、高中的名师同步课程资源,通过多种传输途径和应用模式,促进优质教育资源共享。市教育部门为全市中小学提供数字化名师同步课程资源,开展 100 所左右优质同步课程资源应用学校试点。2012 年重点在义务教育阶段提供 21 个学科、9500 节同步课程资源,并排出课表供学校和学生以及家长选用。2012—2014 年通过教育信息网、数字电视、光盘、报纸等多种形式,传播名师同步课程,支持在线学习和泛在学习,分享优质教育资源,城乡一体,借助现代教育技术调整优质教育资源配置和分布,从软件和硬件两个方面实现教育资源均衡化配置。

(2) 顺应流动儿童教育需求的措施。北京市作为全国政治和经济发展的中心,吸引了大量外来人口。随着流动人口的进入,与之相伴随的教育等涉及公共资源分配的问题接踵而至。从全国范围来看,北京市属于流动人口随迁子女教育问题凸显较早的地区之一。在 2000 年后北京市教委等相关部门就不断出台解决流动儿童教育问题的政策,这其中又以解决随迁子女义务教育问题最为突出。

第一，招生与就读政策。招生与入学就读这两个环节在随迁子女义务教育问题中是最为核心的，这两项政策直接关系到随迁子女能否在流入地完成义务教育阶段的学习，是随迁子女义务教育的基本保障。北京市多年来在招生与就读政策制定方面取得了积极的进展，义务教育学龄流动儿童"入学难"问题在很大程度上得到了解决。

确保适龄随迁子女接受义务教育。2002年4月北京市政府批准了北京市教委制定的《北京市对流动人口中适龄儿童少年实施义务教育的暂行办法》，该办法作为应对21世纪以来日益突出的流动人口随迁子女数量迅速增长及其迫切教育需求的教育政策，为北京市解决随迁子女教育问题定下基调，并一直以来成为保障北京市流动儿童受教育权利的基本依据。

接受义务教育既是流动人口中适龄儿童的基本权利，也是家长、儿童和社会应尽的义务。在《北京市对流动人口中适龄儿童少年实施义务教育的暂行办法》中规定"凡随父母来京，年龄在6至15周岁，未完成九年义务教育的儿童少年，都应当入学接受义务教育"。不论儿童是在户籍地还是流入地，他们接受基本教育的权利都应得到保障。家长"应依法送子女回原籍接受义务教育或按本办法规定办理在本市借读手续，保证流动儿童少年接受规定年限的义务教育"。流入地"各级政府和有关部门应当创造条件，采取多种形式"为这些儿童提供接受义务教育的基本条件，"依法保障流动儿童少年接受义务教育的权利"。

这一暂行办法以政策的形式明确了在流动人口随迁子女义务教育问题上北京市政府作为流入地责无旁贷，使得流动人口随迁子女教育问题有了明确的发展方向，确定了随迁子女的受教育形式为"借读"，具体实施和管理职责主要由北京市教委、暂住所在地的街道办事处或乡（镇）人民政府及其他相关部门负责。

小升初同等待遇、统一管理。"借读"政策保障了随迁子女接受义务教育的基本权利，从政策层面解决了"好上学"的教育需求。随着北京市小升初政策的调整，特别是取消小升初入学考试后，流动儿童与所在借读学校本市户籍学生享有同等待遇，可以直接在北京市升入初中继续借读,避免了小学毕业后的暂时失学和借读手续二次重复办理的弊端。在具体措施方面,保障随迁子女在参加学校的学生活动、社团组织、评优选先和受奖励与处分等方面,与其他在校有正式学籍的学生一样,享有同等的权利和义务;把随迁子女纳入"电脑派位",就近按片入学,优秀学生可参加"推优"。从根本上解决了流动人口随迁子女九年一贯制连续就读的教育需求。

以公立学校为主接收流动儿童。对于来京务工人员随迁子女,北京市坚持以公办校为主的接收原则。截至2012年,在北京市义务教育阶段就读的随迁子女达到41.9万,占学生总数的40.9%,同时74.7%以上的随迁子女就读于公办学校。在具体政策方面一是增加财政投入和支持,二是挖掘公办学校潜力,增加学位。

北京市政府规定接收随迁子女超过在校生总数50%的680所公办校,每年将得到市财政的经费支持。来京务工人员随迁子女较多的区县,市级财政还将支持其改扩建校舍。除财政支持外,各区县充分挖掘潜力,增加学位接收流动人口随迁子女,比如东城区实施"扩班额"计划,在随迁子女入学集中校将停止小班教学,突破30人的班额,达到40人规模。海淀区把随迁子女纳入"电脑派位",随迁子女在公办校就读的比例达到85%,所有借读生与户籍学生享有同等待遇。

另外,北京市政府作为接受随迁子女的主力,为了促进随迁子女在学习、生活和心理等方面与同学、班级、学校、城市更好地融合,实现全面、和谐发展,开展了"外来务工人员随迁子女融入教育项目"。项目实施也称"同行教育计划",通过充实学校教育、完善家庭教育、利用社会支持系统的力量,充分挖掘和利用各方面教育资源,促进随迁子女养成良好习惯、提升学业水平、接受艺术熏陶,解决文化差异带来的困扰,真正融入首都这座城市。

建立随迁子女义务教育经费筹措保障机制。教育的发展有赖于经济基础的支撑,义务教育权利的保障需要以校舍、师资等教育资源的投入为基础前提。而我国目前的义务教育经费投入是以户籍所在地适龄入学儿童人数为基础定向投入,这就使得流动人口随迁子女在流出地未主张受教育权利，流入地政府又无直接对应义务教育国家投入。教育资金问题成为制约流动儿童接受义务教育的一个重要阻碍。对于这一问题，北京市政府从政策上予以高度重视，积极筹措资金保障流动儿童义务教育投入，据不完全统计，2006—2011年，针对来京务工人员随迁子女教育，市、区两级财政投入约164.4亿元，加上自2004年以来投入的各种专项资金，累计总投入已超过170亿元。针对接收随迁子女较多的区县和学校，北京市设立专项经费予以补助。先后投入750万元在朝阳、丰台、大兴、昌平等随迁子女较集中的地区建设了五所流动学校。对民办学校义务教育阶段学生和经审批合格自办学校学生予以杂费补助，并投入1300万元对已批自办学校配备黑板、课桌椅、教室照明等基础教学设施[①]，通过提高硬件设施条件，充分保障随迁子女"好上学"的基本需求。

第二，学籍管理政策。学籍是学生就读于某所学校所获取的法律身份或者资格，随迁子女的学籍隶属于流出地学校，为随迁子女教育管理带来诸多不便。北京市教委2010年公布了《关于认真做好来京务工人员随迁子女入学登记和宣传工作的通知》（京教基〔2010〕11号），针对已经批准自办学校和未经批准自办学校所有在校学生率先采取随迁子女入学登记政策。登记卡由各区县教委负责民办教育科室牵头，组织专门人员逐校逐人登记，并将学生基本信息统一录入《来京务工人员随迁子女临时学籍登记表》。登记卡编号即学生编号（临时学籍卡号），编号具有唯一性。2013年9月1日起，全国已经初步建立了中小学籍的信息管理系统。这对解决随迁子女异地就学管理问题提供了极大便利。

第三，升学考试政策。2012年北京市教委等四部门公布了《进城务工人员随迁子女接受义务教育后在京参加升学考试工作方案》，以政策的形式解决了随迁子女在京义务教育阶段一贯制问题。但是在中考后教育方面其条件逐渐严格，为防止高考移民和城市人口过快增长，这一方案仍然以堵为主。但是对于流动人口而言只要流入地的经

---

① 截至2011年10月统计数据。

济优势存在就不会阻止他们流动的步伐。同时，教育体制内部不同类型教育在招生和培养方面存在诸多差异，涉及多项现实利益因素。

作为北京市放开异地高考政策的第一步，2013年北京首先放开"异地中考"，符合条件的随迁子女可报考北京的中职学校，但报考条件却异常严格，被外界称为"有限放开"。

根据报考条件，凡是想在北京就读中职学校的非京籍学生必须符合"三个三"的政策。即进城务工人员持有有效北京市居住证明，有合法稳定的住所、合法稳定职业已满3年，在京连续缴纳社会保险已满3年，其随迁子女具有北京市学籍且已在京连续就读初中3年学习年限的，才具备报考中职学校条件，而真正能达到要求的学生十分有限。

数据显示，2013年北京有8.6万名考生参加中考，仅有3000名左右非京籍考生符合条件可以报考北京中职学校。全市2.43万非京籍初中毕业生中，有2万多学生选择了借考、借读、回老家或者留在北京没有学上。在石景山区，2013年有700多名随迁子女初中毕业生，符合政策的只有50多人。北京中心城区的一所职业学校负责人透露，该区通过审核学生不足70人，严重影响了学校招生。中职学校最大的招生群体是随迁子女，真正北京户籍的生源非常少。学校以往每年有1/3的外地生源，2013年可招的这部分生源杯水车薪。①

如何变堵为疏，结合城市发展区域规划格局②调整、疏导人群，促进各级各类教育和谐发展，是北京市在未来制定解决流动人口教育问题政策时需要着力解决的。

（三）北京应对人口变动的教育政策建议

在应对人口变动带来的教育需求方面，近年来北京市在教育资源调整和流动儿童教育方面采取了诸多具体措施，并取得了初步的成效。但从客观上看，其教育政策调整仍滞后于人口变动的速度。应尝

---

① 赵媛媛、安苏：《异地中考后中职招生荒?》，《北京青年报》2013年7月19日第12版。

② 四大城市功能区域，即首都功能核心区、城市功能拓展区、城市发展新区和生态涵养发展区。

试突破教育系统局限，加强合作，夯实基础，增强政策的前瞻性和实效性。

1. 完善人口监测体系，建构不同部门的协同工作机制

教育政策的调整应以学生数量、分布和发展等人口预测数据为依据，并为城市规划发展提供参考。但长期以来教育部门与人口监测部门、规划部门等分属不同的工作领域，彼此之间缺乏有效的信息交流共享，影响了政策决策过程的科学性。人口监测部门有着相对成熟完善的人口调查系统，掌握着权威的人口基数及预测数据，对人口流动变化的数据跟踪较为及时。如果能够建立长期稳定的数据交流机制，既避免了不同部门之间工作内容的重复浪费，又可以为教育行政部门及时掌握人口变动信息、科学制定教育政策提供有效保障。可以在人口调查中设立专门的学龄人口监测子系统，由教育部门建构监测指标体系，人口部门提供监测技术支持，并与城市规划等部门共同建立资源共享平台，共同完成科学有效的人口监测与教育资源配置。依据北京市的实际情况，人口变动监测体系可以分为两级：一是由各区县完成具体监测工作，随时跟踪监测人口发展变动情况，特别是流动人口的及时监测；二是市级资源共享平台所涉各部门共同实施学龄人口的变动和预测工作，完成教育资源科学配置和教育政策前瞻性科学决策。

2. 提升学校质量，均衡教育资源

城市功能拓展区和城市发展新区目前已成为外来人口的主要聚集地。2005—2013年，城市功能拓展区新增外来人口217万，占北京市新增外来人口的48.76%；城市发展新区新增外来人口195.2万，占北京市新增外来人口的43.82%。两区总外来人口占全市外来人口的90%以上，这种人口过于集中的状况对新兴城镇化地区的教育资源数量和质量均提出了更高的要求。

（1）优化学校布局。在学校数量和布局调整的过程中，既要考虑常住人口数量的波动，也要同时考虑流动人口子女就学的需要。在2000—2004年，北京市中小学学校数量按平均每年调整100余所的速度在减少，全市中小学校从3100多所调整到2400多所。但是，考虑

到 2020 年后学生数量可能反弹，所以在学校布局调整中不能一味采取撤并策略，要确保一定数量的学校和师资。将存量的学校和师资进行合理布局，可以立足长远为名校提供更高广阔的地域易址办校，一校多址办校；立足新兴城区，名校分校进驻新建小区，扩大名校辐射区域，协调新兴城区优质教育资源配置；强弱联手，将名校与薄弱区县学校共建，提升薄弱区县教育资源水平。通过多种手段，快速提升城镇化进程中薄弱区县的教育资源质量，均衡教育资源配置。

（2）建立基于学区的师资流动。教育资源优质均衡，不是简单的、低层次上的均衡，是追求教育质量和办学水平不断提高的动态均衡。教师是教育资源中最为活跃的因素，优质师资流动是加速教育资源均衡配置的快捷途径之一。但是，考虑到教师的现实需求，优质师资的流动会受到工资福利待遇、住房、交通、迁移、子女教育等诸多具体问题的制约，考虑到北京市教育发展的现实情况，可以借鉴国外经验，在有限范围内进行师资定期流动，即基于学区的师资定期流动。学区是根据教育教学的实际需要，打破现有行政区划界线，在一定的地理空间范围建立的，为儿童提供公共教育的区域单位。在学区内可以围绕名校建立若干教育集团，首先实现教师在本教育集团内部的定期流动，其次在此基础上再构建适量的跨集团交流促教机制，以满足本区域内提升学校质量、促进优质教育资源均衡配置的需要。

3. 转变工作思路，促进流动儿童教育公平权利的实现

北京市在随迁子女招生与就读政策执行方面已经采取了多项措施，但仍存在诸多困难，其中户籍管理制度的制约依然是解决随迁子女义务教育问题的最大掣肘。户籍制度本身只是一种身份管理制度，但由于众多的社会资源、公共服务与其相挂钩，导致随迁子女义务教育生存在流入地与流出地的夹缝之中。随着北京市经济的进一步发展，预计流动儿童的数量仍会持续快速增加，为了保证他们公平的受教育权利，需要教育政策的制定能够转变已有工作思路，打破地域界线和公办民办等思想桎梏。

（1）加强政府部门跨地区协作，简化借读手续办理流程。申请在京中小学借读接受义务教育的流动人口随迁子女，按照《北京市对流

动人口中适龄儿童少年实施义务教育的暂行办法》（京政办发〔2002〕19号）和《关于贯彻落实〈北京市对流动人口中适龄儿童少年实施义务教育的暂行办法〉的通知》（京教基〔2002〕31号）规定办理借读手续。办理程序主要是由其父母持申请借读者户籍所在地乡（镇）级人民政府出具的该儿童、少年及其父母的户籍证明，其父母的身份证，在本市的居住证和外来人员就业证等有关证明，向暂住地所在的乡镇人民政府、街道办事处提出申请，再持其为学生开具的"在京就读批准书"，到暂住地管片学校申请借读。学校按照区县规定的办法安排学生。

　　按照这些政策规定，随迁子女义务教育入学涉及流入地与流出地两地政府共计"五证"，即家长身份证、居住证、子女无监护证明、工作单位证明和借读证，办齐"五证"孩子才能上学。这其中最麻烦的是子女无监护证明，必须要回流出地民政局办理。这就直接导致流入地政府对接不同流出地政府，由于不同地区对于办事流程和认证标准执行政策不同，北京市政府只规定需要怎样的手续，而手续如何办理、需要两地政府之间沟通、协调。如若两地政府部门之间行政作为的区域协调不畅，必然会导致随迁子女家长多次往返、疲于奔波的结果，客观上会延误随迁子女入学，导致其暂时失学和应考不便，出现随迁子女降级入学问题及其他社会问题。北京市教委作为流入地直接管理部门，下一步所面临的挑战主要是跨区域协调合作（流入地政府与流出地政府部门之间实现信息共享、及时更新、权责明确、共同管理），跨部门管理（教育部门、公安部门以及流动人口居住地居委会明确分工、合作完成随迁子女摸底和义务教育监督职能），保障流动人口随迁子女能够及时登记信息不至流失辍学。解决这一问题需要行政部门转变工作思路，从服务角度出发，加强流入地与流出地之间跨区域跨部门的协同工作，统一工作要求，明确办事流程和标准，简化办事手续，才能确保流动儿童受教育权利得到及时保障。

　　（2）鼓励扶持民办学校发展壮大，形成特色校园文化。面向流动人口随迁子女的民办学校的出现是流动人口体量不断增大以及新生代流动人口家庭迁移背景下的客观需求。从它诞生之初对其评价就是褒贬不一。一方面它极大地缓解了公立学校接收能力有限的现实困难、为流动人口随迁子女提供了更多的上学机会，同时由于民办学校招生对象的针对性，其校园文化更易于为随迁子女悦纳融入；但另一方面它的发展又受资金短缺、师资水平低、教学环境差等诸多不利因素的制约，为人们所诟病。面对自发形成的民办教育力量，应当在具体政策上采取分类对待，办学基础差、社会效益不良的非法学校予以坚决取缔；办学基础好、切实解决流动人口需求的合法学校，则采取多项措施支持、鼓励其发展壮大。教育部门将专门接收随迁子女的民办学校纳入统筹管理，对各民办学校聘任教师、设置课程、配备设备设施等方面提出更高要求；积极探索以政府主导、委托民办的方式，利用公办校舍、聘请优秀退休校长办学，聘请合格教师任教，开办专门接收随迁子女的民办学校；针对委托办学学校，在教学设备设施、干部教师培训、专项经费投入等方面给予保障，全面提升学校的办学条件和办学质量，确保学校校园安全，确保教师队伍稳定，确保教育教学质量。

（3）应对人口流动的同时，发挥教育对人口流动的调节作用。教育作为城市的公共服务之一，其发展需要与城市经济社会资源状况相适应。在教育政策科学决策的过程中，既要保障流动儿童受义务教育的权利，又要充分考虑教育政策与城市功能定位、产业结构布局和城市资源承载能力之间的协调发展，统筹规划协调流动儿童教育与城市发展。由于经济因素是外来流动人口流动方向的第一导向因素，通过划定城市区域功能定位，引导产业结构布局调整，可以引导外来人口随着产业布局调整自发形成流动。与此相应，在解决随迁子女义务教育政策制定过程中，无论是新建学校、资金投入还是招生考试政策等均应充分考虑北京市作为特大城市的人口、资源、环境的承载能力和教育服务的供给能力，整体规划北京市各级各类教育发展，稳妥地分阶段解决新增外来流动人口随迁子女的接收与升学考试问题，协调推进就业、住房、人口、社保、学籍等社会管理服务系统建设，提高服务水平。

二　上海应对人口变动的教育政策分析

上海市作为我国经济发展的中心城市，其人口发展有着显著的城市特点。从人口数量来看，目前上海市是我国人口总量最多的城市，且人口增长速度非常快。2010 年第六次人口普查结果显示，上海市常住人口是 2301.9 万人，与 2000 年"五普"时的 1640.8 万人相比，十年增加 661.1 万人，增长 40.29%。上海市人口数量的增加主要源于外来人口的增加。2010 年上海市市外来常住人口达到 897.7 万人，占常住总人口的比重由"五普"时的 23.59% 增加到"六普"时的 39.0%。从人口质量来看，随着上海市经济的不断发展，人口素质得到显著提升。就文化程度而言，上海市常住人口中大专及以上人口规模从 2000 年的 13.4% 提高到 2010 年的 22.82%，常住人口受教育程度也有较大的提升，人均受教育年限为 10.5 年。从人口结构来看，上海市人口结构也发生了巨大的变化。人口年龄结构上，上海市人口老龄化速度快，60 岁及以上老年人口已经从 2000 年的 245.76 万人增加至 2010 年的 346.97 万人。从职业结构上看，2010 年从事各类专业工作的外来人口比重为 8.3%，与"五普"的 3.2% 相比，上升 5.1 个百分点；而从事农林牧渔业的比重为 2.2%，与"五普"的 7.9% 相比，下降 5.7 个百分点。也就是说，外来人口中从事高端职业的人口比重在增加，而从事低端职业的人口比重在降低。[1] 从人口迁移方面来看，上海市人口总量的持续增多主要源于外来人口的迁移。从人口分布情况来看，上海市人口呈现出由中心城区与周边城区向近郊区和远郊区迁移的趋势。[2] 尽管人口分布郊区化趋势明显，但核心区人口密度依然很高。

---

[1] 国务院发展研究中心社会发展研究部课题组：《上海市城市人口总量控制与结构优化研究》，《科学发展》2014 年第 5 期。

[2] 郭秀云：《上海市人口时空演化与公共资源配置的区域差异研究》，《西北人口》2013 年第 6 期。

上海市突出的人口变动对教育、医疗卫生、公共建设等社会公共服务资源提出了更高的要求与挑战。在教育领域，突出的人口变动给教育服务体系增添了巨大的压力。尤其是上海市流动人口数量持续增长，迫切需要与之相应的教育资源和教育相关政策予以支持。为应对人口的变动，上海市也相应地出台了一系列的教育政策，如《关于来沪人员随迁子女就读本市各级各类学校的实施意见》《进城务工人员随迁子女接受义务教育后在沪参加升学考试工作方案》等。这些教育政策的出台对人口变动下的上海市教育发展起到了规范、指引与保障的作用。上海市的做法具有示范和引领作用，研究上海市应对人口变动的教育政策，对于其他省份乃至我国优化教育的区域资源配置、提升教育应对人口变动的相关问题具有十分重要的理论意义和实践价值。

（一）上海应对人口变动的教育政策基本情况分析

1. 依照国家教育政策，结合本地人口变动的特点出台相关政策

人口数量、质量、迁移等方面的变动深深地影响了我国的现代化进程。30多年来，国家相继出台了《关于教育体制改革的决定》《国家教育改革与发展规划纲要》《关于深化教育改革全面推进素质教育的决定》《关于进一步做好进城务工就业农民子女义务教育工作的意见》《流动儿童少年就学暂行办法》《国家中长期教育改革和发展规划纲要（2010—2020年）》《关于做好进城务工人员随迁子女接受义务教育后在当地参加升学考试工作的意见》等一系列教育政策。从其名称、内容等的大体沿革中我们可以看到，人口变动越来越成为影响我国教育政策的重要变量，而且越来越突出、越来越受到重视。

作为我国人口数量最多的现代化大都市，上海市以国家层面的教育政策为指导，结合地方人口变动的特点，制定了一系列相关教育政策。这些教育政策主要表现在对人口素质的整体规划和提升、对外来人口随迁子女在沪接受教育等方面。上海市颁发了《上海市中长期教育改革和发展规划纲要（2010—2020年）》《上海市实施中华人民共和国义务教育法办法》《上海市居住证积分评分规则》《上海市职业教育条例》《上海市未成年人保护法》《上海市教育督导条例》等与

人口变动相关的教育政策,这一系列教育政策的出台都结合了上海市人口变动的实际,在一定程度上促进了人口变动面临的一些教育问题的解决。《上海市教育委员会关于2015年本市义务教育阶段学校招生入学工作的实施意见》其指导思想及原则就是根据"十二五"期间区域教育布局调整和常住人口的变化,对本地区教育事业发展作出整体规划。根据区域内常住人口分布情况,按照公办学校"免试就近入学"原则和本地区的实际情况制定招生计划和相关政策,确定各校对口招生入学范围等工作,确保符合规定的适龄儿童都有相应的学校可上。2012年12月上海市制定了《进城务工人员随迁子女接受义务教育后在沪参加升学考试工作方案》,对符合一定条件的随迁子女可参加普通高等职业学校自主招生考试。为切实贯彻国家关于做好进城务工人员子女的教育政策,2013年12月出台《关于来沪人员随迁子女就读本市各级各类学校的实施意见》,结合上海市自身教育资源的人口承载能力,针对随迁子女在上海市接受各类教育提出了具体的要求,并与上海市的人口户籍制度密切配合。

2. 教育部门为主,多部门配合,制定与人口变动相关的教育政策

人口变动带来的问题是复杂的,教育只是其中的一个方面,教育问题的解决需要与其他方面问题的解决协调配合才能真正落到实处。从上海市应对人口变动的相关教育政策的制定单位来看,主要包括市教委、市发展改革委、市人力资源和社会保障局、市公安局四部门,如《进城务工人员随迁子女接受义务教育后在沪参加升学考试工作方案》《关于来沪人员随迁子女就读本市各级各类学校的实施意见》等都是这几个部门共同制定的。应对人口变动的教育政策由相关部门联合发布或由市人大常委会发布,这对于教育政策的执行起到了至关重要的作用,只有各个部门相互配合、相互协作、共同努力,才能将具体的教育政策落到实处。比如上海市居住证积分制度的制定,需要将居住证计分和随迁子女就读各类学校结合起来,需要明确随迁子女就读各类学校的具体条件,这样才能成为可以落实的教育政策。而这样一个教育政策的出台仅靠教育行政部门是做不到的,需要市发展改革委、市人力资源和社会保障局、市公安局等多个部门的支持与配合。

3. 政策制定旨在服务于本市人口的管理战略，提升人口素质

从上海市制定的教育相关政策来看，虽然不同的教育政策应对的是不同的教育问题，其侧重点也有一定的差异性，但其共同关注的核心都是要服务于本市人口的管理战略，最终全面提升地区内的人口素质。在人口管理的战略上，对拥有上海市户籍的人口享有上海市各种福利待遇，包括子女接受各级各类教育及升学就业等；对外来人口，上海市出台了居住证制度，根据来沪人员"合法稳定就业、合法稳定居住"及其实际贡献情况，完善权责对等、梯度赋权的随迁子女公共教育服务制度，将基于户籍的公共教育服务政策逐步向符合条件的常住人口覆盖。这无疑对具有一定条件的外来人口接受教育、享受一定的公共服务提供了机会和条件。上海市人口素质的提升不仅仅包括上海市户籍人口素质，还包括外来人口素质，只有上海市户籍人口素质与外来人口素质的共同提高，才能使得上海市地区人口素质得以全面提升。上海市居住证积分制度的出台，对外来人口素质的提升起到了极大的推动作用。

在相关教育政策中，对人口素质的提升与上海市教育发展的关系做过全面论述的是《上海市中长期教育改革和发展规划纲要（2010—2020年）》，其中提出总体目标是形成终身学习的教育新体系，形成激发受教育者潜能的教育新模式，形成多元化的教育新格局，形成均衡协调可持续发展的教育新布局。教育发展与人口的总量、结构变化相适应，与经济结构调整相衔接，与城市功能定位布局相匹配，教育资源配置向最需要的地方倾斜，促进教育事业的科学发展。人口素质既是影响教育事业发展的重要因素，同时又是教育事业发展的目标所在。《关于来沪人员随迁子女就读本市各级各类学校的实施意见》《上海市教育委员会关于2015年本市义务教育阶段学校招生入学工作的实施意见》等教育政策对外来人口子女在上海接受教育做了具体规定，既满足了外来人口子女基本的义务教育需要，也让外来人口看到了进一步接受高层次教育的希望。总之，上海市与人口变动相关政策的制定主要是服务于本市人口的管理战略，最终目的是提升全体上海市人口的素质。

4. 相关政策对流动人口子女在沪接受教育设置了"门槛"

对于流动人口，尤其是外来人口的教育问题，上海市出台了一系列的教育政策，最具代表性的是《关于来沪人员随迁子女就读本市各级各类学校的实施意见》（以下简称《实施意见》）。其对外来人口就读各级各类学校的条件做出了明确的规定。学前教育阶段，区县教育部门可依据持《上海市居住证》且积分达到标准分值、持《上海市居住证》年限等条件，设定先后顺序，在妥善安排本市户籍适龄幼儿入园的基础上，统筹安排随迁子女进入公办幼儿园就读。来沪人员也可选择让其随迁子女进入民办学前教育机构就读。义务教育阶段，持《上海市居住证》人员，或连续3年在街镇社区事务受理服务中心办妥灵活就业登记（逐步过渡到3年）且持有《上海市临时居住证》满3年（逐步过渡到3年）人员，其随迁子女在本市接受义务教育，可向《上海市居住证》或《上海市临时居住证》登记居住地所在区县教育主管部门申请。各区县教育主管部门根据区域内教育资源配置情况，统筹安排随迁子女进入义务教育阶段学校就读。高中阶段教育，持《上海市居住证》且积分达到标准分值人员随迁子女，可在《上海市居住证》登记所在区县或就读学校所在区县，参加本市中等学校高中阶段招生考试。高等教育阶段，持《上海市居住证》且积分达到标准分值人员随迁子女在本市参加中等学校高中阶段招生考试并具有本市高中阶段完整学习经历的，可在本市参加普通高等学校招生考试。持《上海市居住证》且积分达到标准分值人员连续持有《上海市居住证》3年，其子女为本市高中阶段毕业生的，可在本市参加普通高等学校招生考试。

从《实施意见》中可以发现，外来人口就读上海市各级各类学校都有一定的条件限制，相对于非义务教育阶段而言，接受义务教育阶段的条件较为宽松。外来人口就读各级各类学校与上海市居住证积分密切联系起来，只有达到一定的积分标准，才能就读或参加考试。2014年起，来沪人员持《上海市居住证》、积分达到标准分值（120分）且满足其他相关条件的，随迁子女可在学前教育、义务教育和高中阶段招生考试方面,享受与本市户籍居民同等的公共教育服务。①此外,居住证计分也规定了减分指标和一票否决。减分指标:持证人3年内申请积分时有提供虚假材料的,每次扣减150分。持证人5年内有行政拘留记录的,每条扣减50分。持证人5年内有一般刑事犯罪记录的,每条扣减150分。一票否决指标:持证人有违反国家及本市计划生育政策规定行为记录或严重刑事犯罪记录的,取消申请积分资格。②

从积分指标来看,居住证计分更倾向于高学历、技能型、有实际贡献的外来人口,这有利于进一步吸引外来人才,提高上海市整体人口质量。同时,与过去人才引进相比,更突出了能力和贡献的指标,为普通劳动者享有各级各类教育、参与升学考试提供了机会和可能。

(二) 上海应对人口变动的教育政策存在的问题

1. 主动全面应对人口变动的教育政策还不够系统

为了应对人口的变动,虽然上海市出台了一系列的教育政策,有宏观整体层面的政策,如《上海市中长期教育改革和发展规划纲要(2010—2020年)》《上海市实施中华人民共和国义务教育法办法》等,也有针对外来人口在沪接受教育的政策,如《关于来沪人员随迁子女就读本市各级各类学校的实施意见》《进城务工人员随迁子女接受义务教育后在沪参加升学考试工作方案》等。但总体而言,针对人口变动的专门性政策还不够系统。在上海市这样一个人口总量大、外来人口众多、总体人口构成复杂、人口结构变动突出的城市,人口问题已经成为上海市教育发展必须关注的核心议题。一个问题之所以能够成为教育政策问题,在一定程度上反映了该问题本身的广泛性和影响力。同时,一个问题成为教育政策问题,也表明了问题对社会安定、经济发展、文化繁荣、人民生活水平提高以及素质提升等一系列

---

① 《2014年来沪人员随迁子女就读本地学校实施意见》,http://news.xinhuanet.com/2013-12/23/c_118675426.htm。

② 参见上海市人力资源和社会保障局公布的《上海市居住证积分管理试行办法》;上海市人力资源和社会保障管理局《上海市居住证积分管理办法实施细则》,http://www.12333sh.gov.cn/newapp/07/201703/t20170307_1252506.shtml,2015年7月31日。

问题的重要意义和价值。① 因此，要成为率先实现现代化的社会发展目标的大都市，上海市应出台系统的专门应对人口变动的教育政策。人口变动包括人数量、质量、结构、迁移等方面的变动。已出台的相关政策主要是对国家相应政策的执行和落实，尽管也结合自身的实际情况，但主动全面从人口数量、质量、结构、流动等方面系统应对的政策还不够。另外，上海市的人口变动也不仅仅是外来人口的变动问题，也有上海市户籍人口自身变动所带来的问题，如生育率低的问题、老龄化问题等。只有出台专门应对人口变动的教育政策，才能切实解决这些问题。

2. 存在模糊性、难执行等问题

上海市应对人口变动的教育政策的不足，还表现在某些政策规定上的模糊性、难执行以及某些政策精神、政策条款的矛盾性与冲突性上。如一方面相关教育政策强调教育要公平、平等，另一方面外来人口接受教育却存在一定的条件限制。诚然，人口流入压力较大，各种教育移民问题严峻，教育资源和地区教育服务承受能力有限，采取居民证积分的政策，让有条件的外来人口享有一定的教育服务，是目前实际条件使然，完全理想的公平不存在。然而，对大多数外来人口而言，更为重要的是立足当下的教育实际，切实提升其能接受教育的学校的质量，并为义务教育后的教育出路提供帮助。既要考虑到让外来人口子女有学上，还要进一步考虑如何让他们上好学。毕竟他们的未来素质也是上海人口整体素质的一部分。

3. 政策的社会共识度有待进一步凝聚

教育政策的制定需要基于社会共识，最大限度地满足各个社会主体的利益需求。所谓社会共识就是指全体社会成员对某个目标、某种价值观、某种判断的认同，它应该是全体社会成员的共识，而不是某些社会成员之间的共识。从宏观上看社会共识是在各个阶级、阶层之间，政府与民众之间，政党与政党之间达成的；从微观上看是在每个

---

① 王平：《文化视角下的教育政策问题形成过程分析》，《现代教育管理》2014年第5期。

社会成员之间达成的。① 从上海市关于应对人口变动的教育政策文本及实施的状况来看，社会并未对其形成广泛的共识。尤其是对于外来人口的教育政策方面，上海市户籍人口与外来人口之间还存在认识上的显著差异，这种差异主要源于社会主体的利益。上海市户籍人口往往认为，如果在沪接受教育及升学考试的条件设置过低，就会对其在教育、就业等方面造成更大的压力，教育资源也会出现短缺。外来人口迫切希望降低接受教育及升学考试的条件限制，以期更好地融入社会，享受更优质的教育资源。这两种利益主体如果不能理性地看待这一问题，出台怎样的教育政策都不能使得各方都满意。只有最大限度地凝聚社会共识，彼此放弃一定的短期利益，才能实现教育政策的最终目标。

缺乏一定的社会共识不仅仅表现在各个社会主体的利益矛盾所做出的认识上，还表现为在相关教育政策出台的过程与实施的效果上。首先，从上海市相关教育政策出台的过程来看，虽然上海市面向社会公开征求了意见，但未能就意见形成一个统一的认识或共识。在未形成一定的社会共识的基础上出台教育政策，就会造成社会主体对教育政策的不认同和不满意。其次，从上海市相关教育政策实施的效果来看，无论是对于外来人口的教育政策，还是对于提升上海市户籍人口素质、优化人口结构的教育政策，虽然取得了一定的成效，但这种成效并不显著，而随着人口问题的不断加大，新矛盾、新任务、新问题又会出现，进而阻碍了上海市教育的发展进程。

4. 人口变动带来的关键性教育问题未能得到有效解决

人口变动所带来的关键性教育问题表现为：一是人口数量多、构成复杂所造成的教育问题；二是人口素质差异大、提升人口整体素质过程中所造成的教育问题；三是人口结构问题，年龄结构、职业结构、产业结构、城乡结构等所造成的教育问题；四是人口迁移包括迁入与迁出两个方面所造成的教育问题。这些关于人口变动的关键性教育问题并没有得到有效的解决。就外来人口在沪接受义务

---

① 郑广永：《社会共识与建设社会主义和谐社会》，《党政干部学刊》2010年第1期。

教育而言，虽然《实施意见》对外来人口接受各级各类教育做出了规定，但这并没有有效解决外来人口的教育问题。一方面，要在沪接受教育需要一定的条件限制，部分人口不满足条件就不能接受教育；另一方面，即使能够在沪接受教育，其教育的质量也并不能得到充分的保障，接受优质教育资源的可能性更是微乎其微。外来人口在沪参加高考，其门槛过高，只有很少一部分人口能够满足条件参加考试，外来人口接受完义务教育后的出路也没有得到有效的解决。就人口素质而言，上海市相关教育政策也未能全面提升上海市人口的整体素质。在人口结构优化方面，如老龄化问题、职业结构失衡问题等，相关教育政策的关注度不高，更谈不上切实解决这些问题。只有将人口变动作为教育政策的核心议题，关注到人口变动的方方面面，提出有针对性的解决方案，才能真正解决人口变动所带来的关键性教育问题。

（三）上海应对人口变动的教育政策调整建议

1. 深入研究人口变动产生的教育问题，出台系统的专门教育政策

教育专项政策是为专门应对某一类重大问题所制定的教育政策，其针对性强，在教育问题的解决上能够发挥针对性作用。就人口变动所带来的教育问题而言，人口会发生怎样的变动，这样的人口变动会带来怎样的教育问题，需要通过系统深入的研究，出台专门的教育政策来加以解决。比如，针对上海市人口数量变化所引起的教育问题应如何应对，针对上海市人口结构的变化所引起的教育问题应如何应对，人口流动带来的教育问题应如何应对，等等。通过系统研究，形成关于人口变动的教育政策体系，才能切实解决好上海市教育所面临的人口变动问题。首先，要深入系统研究上海市人口发展状况，进行科学预测，准确把握上海市人口变动的特点；其次，要紧紧围绕着提升上海市全体人口质量这一主题制定政策，要围绕不断提升上海市教育质量来谋划；最后，要指向教育公平，优化上海市教育资源的配置，平衡上海市区域性的教育发展需求，并向弱势区域和弱势人口提供一定的倾斜与帮扶。

2. 提升政策制定的社会参与度，构建凝聚社会共识的教育政策

一项让人满意的教育政策往往会照顾到社会各主体的利益与需求，这就需要在教育政策的制定中充分提升政策的社会参与度，增进人们之间对教育政策问题的交流与探讨，深化不同社会主体的政策认同。就上海市应对人口变动的相关教育政策的制定而言，要加大各方主体的教育政策的知情权，让人们知道政策本身制定的背景、过程，及预期达到的成果，同时，能够让各相关利益主体都参与政策的制定过程。通过真正参与政策制定的过程，让人们更深入理解、体会并最终认同教育政策。提升政策的社会参与度的目的就是要凝聚社会共识，构建出具有社会共识的教育政策。社会共识的形成不是一蹴而就的，需要人们长期不懈的努力。在教育政策的制定中形成社会共识，需要各主体放弃自身的短期利益，从长远利益出发看待教育政策。以外来人口在沪接受教育及参加升学考试为例，对上海市户籍人口而言如果其提出的建议对外来人口在沪接受教育条件过于苛刻，势必影响到上海市社会服务的稳定，也就会影响到其自身的利益。同样，外来人口对于其在沪接受教育如果提出过于宽松的要求，以至于超越了上海市教育资源能够承受的上限，就会影响整体的教育秩序和质量，这样对其自身的发展也是不利的。所以，构建凝聚社会共识的教育政策需要化解社会各主体的利益矛盾，满足社会各主体的教育需求，实现上海市教育的和谐发展与进步。

3. 抓住人口变动产生的关键性教育问题，有针对性地制定政策

上海市户籍人口与外来人口共同构成了上海市人口的整体，抓住关于上海市人口变动的关键性问题，就需要抓好关于上海市户籍人口变动的问题以及上海市外来人口变动的问题。上海市户籍人口面临的主要问题不是子女能否入学的问题，而是对优质教育的强烈需求，这种需求得不到满足时，部分家长会选择送子女出国接受教育。为应对上海市户籍人口对教育的需求，出台提升上海市教育质量的政策就尤为关键。尽管上海市出台了一系列关于提升上海市教育质量的政策，如《上海市中长期教育改革和发展规划纲要（2010—2020年）》，但就如何具体落实教育质量的提升还存在一定的不足。此外，针对上海

市户籍人口老龄化问题,逐步完善上海市各区域教育的服务,形成终身教育的体系,为老龄人口提供教育与学习的场所、资源与平台,都应是教育政策关注的关键性问题,需要有针对性地加以解决。

对上海市外来人口而言,其关键性教育问题在于入学问题和升学考试的条件限制问题。关于义务教育阶段外来人口的入学问题,基于国家的"两为主"政策即以流入地区政府管理为主,以全日制公办中小学为主,需进一步开放入学条件的限制,在外来人口居多的区域大力开办公办学校,以满足外来人口对义务教育的需求。升学考试的条件限制问题,尤其是外来人口在沪参加高考的问题,应进一步放宽条件限制,让更多的外来人口能够参加高考。对于不符合条件的随迁子女,流出地和流入地政府应积极配合做好政策衔接,保障考生回流出地参加升学考试。① 总之,对上海市外来人口放宽各种限制,让其享有基本的受教育权利,有更多能够进一步求学的机会,有利于其更好地融入社会,为上海市做出更多更大的贡献。

4. 提升应对人口变动的教育政策执行力,让教育政策发挥出真正的效力

解决人口变动所带来的教育问题,不仅需要科学制定教育政策,更需要落实教育政策,提升教育政策的执行力。政策执行是指政策执行者通过建立组织机构,运用各种政策资源,采取解释、宣传、实施、协调与监控等各种活动,将政策观念形态的内容转化为实际效果,从而实现既定政策目标的活动过程。② 教育政策的执行就是教育政策的执行者将教育政策观念形态内容转化为实际效果,实现教育政策目标的过程。教育政策执行具有重要的价值。正如美国政策学者艾利森所说:"在实现政策目标的过程中,方案确定的功能只占10%,而其余的90%取决于有效地执行。"③ 由此,提升应对人口变动的教

---

① 吴霓、朱富言:《流动人口随迁子女在流入地升学考试政策分析》,《教育研究》2014年第4期。
② 陈振明:《政策科学——公共政策分析导论》,中国人民大学出版社2003年版,第50页。
③ 丁煌:《政策执行》,《中国行政管理》1991年第11期。

育政策的执行力极为重要。提升应对人口变动的教育政策的执行力，需要对影响政策执行力的因素进行科学的分析。对政策执行因素的分析和控制是决定政策执行效果的关键。① 影响上海市应对人口变动教育政策执行力的因素有很多，也很复杂，有教育政策文本自身的问题，也有社会制度的局限性问题，有教育政策执行部门的问题等。基于以上问题，首先，应科学制定教育政策文本，增强政策文本对人口变动问题的针对性、前瞻性、有效性；其次，提升教育政策执行部门人员的素质，深入学习领会政策文本的精神，制定规范的执行计划，完善各环节的衔接等；最后，优化教育政策执行的环境，营造和谐、有序的社会氛围，共同为教育政策的落实做出贡献。

三 重庆应对人口变动的教育政策分析

重庆是一个集大城市、大农村、大山区、大库区于一体的直辖市，自直辖后，人口变动加剧，对重庆的教育产生了深刻影响，对此，重庆市做出相应的解决对策。

（一）重庆人口变动情况

直辖十多年来，重庆经济持续发展，在基础建设、城市规划等各方面都得到了前所未有的优化，社会事业也取得了新的成就，人们的生产和生活方式也有了明显的改善。同时，重庆的人口发展也呈现出较大的变动。

1. 常住人口规模情况

由于未来十年是重庆市工业化、城镇化的加速发展期，受产业带动影响，外来人口将大量增加，由此也会带来常住人口规模迅速扩大。2009 年常住人口 2859 万，实际增长率为 0.7%，比 2008 年净增人口 20 万；2010 年常住人口为 2884 万，实际增长率近 0.9%，比

---

① 吴志宏、陈韶锋、汤林春：《教育政策与教育法规》，华东师范大学出版社 2003 年版，第 75 页。

2009年净增人口25万;2011年常住人口为2919万,实际增长率近1.2%,比2010年净增人口35万;2012年常住人口为2945万,实际增长率近0.9%,比2011年净增人口26万。常住人口继续保持增长态势。

按2010—2015年每年一个千分点递增,2015年后每年两个千分点递增进行测算,2020年可能在3345万左右。人口密度由2009年的347人/平方千米增加到2020年的410人/平方千米,增长18%左右。[①]

2. 人口分布与城镇化率情况

直辖以来,随着经济的发展和城镇化进程的快速推进,城镇化率也稳步上扬,人口分布进一步聚集。

(1) 常住人口分布呈现明显的聚集态势。根据2012年重庆市1%人口抽样调查推算的主要数据,分"一圈两翼"来看,2012年一小时经济圈常住人口为1837.14万,比上年增长1.8%,占全市常住人口的62.4%;渝东北翼常住人口为827.43万,比上年下降0.6%,占全市常住人口的28.1%;渝东南翼常住人口为280.43万,比上年下降0.5%,占全市常住人口的9.5%。[②]

(2) 城镇化进程加快人口向城镇移动。近几年,随着重庆市经济的快速发展和城镇化战略的实施,城市的功能不断完善,人口的空间分布也逐渐向城镇聚集,重庆市城镇化水平逐年稳步提高。

表6-8　　　2012年重庆市各区县常住人口及城镇化率　　单位:万人,%

地区	常住人口	城镇人口	城镇化率
全市	2945.00	1678.11	56.98
一小时经济圈	1837.14	1249.95	68.04
渝中区	64.93	64.93	100.00
大渡口区	32.65	31.44	96.29

---

① 《未来10年将是重庆市常住人口的高速增长期》,http://www.cqrk.gov.cn/Article/ShowArticle.asp?ArticleID=14366。

② 资料来源:http://www.cqtj.gov.cn/html/tjsj/tjgb/13/02/6578.html。

续表

地区	常住人口	城镇人口	城镇化率
江北区	81.02	76.27	94.14
沙坪坝区	108.07	100.84	93.31
九龙坡区	114.77	103.14	89.87
南岸区	81.46	75.94	93.22
北碚区	74.52	57.66	77.38
渝北区	143.32	110.29	76.95
巴南区	94.62	72.04	76.14
涪陵区	109.84	65.11	59.28
长寿区	78.72	44.84	56.96
江津区	125.35	74.07	59.09
合川区	131.61	77.98	59.25
永川区	105.06	63.37	60.32
南川区	54.26	27.78	51.20
綦江区	107.87	56.26	52.16
大足区	73.33	34.70	47.32
潼南县	64.40	27.05	42.00
铜梁县	60.37	27.09	44.87
荣昌县	66.97	29.80	44.50
璧山县	64.00	29.35	45.86
渝东北翼	827.43	334.61	40.44
万州区	158.31	92.60	58.49
梁平县	67.95	25.59	37.66
城口县	19.30	5.54	28.70
丰都县	62.86	23.83	37.91
垫江县	69.68	26.24	37.66
忠县	74.19	26.93	36.30
开县	116.16	45.60	39.26

续表

地区	常住人口	城镇人口	城镇化率
云阳县	90.69	32.22	35.53
奉节县	80.02	28.53	35.65
巫山县	47.85	15.95	33.33
巫溪县	40.42	11.58	28.65
渝东南翼	280.43	93.55	33.36
黔江区	44.91	19.10	42.53
武隆县	34.97	12.65	36.17
石柱县	41.21	14.72	35.72
秀山县	49.48	16.53	33.41
酉阳县	56.82	15.41	27.12
彭水县	53.04	15.14	28.54

资料来源：http://www.cqtj.gov.cn/html/tjsj/tjgb/13/02/6578.html。

从表6-8中不难看出：城镇化水平率高的地方，经济相对发达，因而聚集了较多的人口。根据2012年重庆市1%人口抽样调查推算的数据，2012年，重庆市居住在城镇的人口为1678.11万人，与上年相比，城镇人口增加72.15万人；全市城镇化率为56.98%，上升1.96个百分点。居住在乡村的人口为1266.89万人，占常住人口的43.02%，乡村人口减少46.15万人。1%人口抽样调查推算数据还表明，2012年，重庆市外出（跨乡镇、街道）人口为1019.56万人，比上年增加15.04万人，其中外出至市外的人口533.94万人，占全部外出人口的52.4%，比上年增加2.13万人；市内外出人口为485.62万人，占47.6%，比上年增加12.91万人。随着城乡经济发展水平的加大以及城镇化进程的加快，城乡之间的这种人口变动有加速的趋势。

3. 学龄人口变化及分布情况

随着人口出生率的下降，少儿人口规模的缩小，学龄人口也在发生着变化。具体情况详见表6-9。

表6-9　　　重庆市1999—2009年学龄人口整体变化情况　　　单位：人

年份	小学 招生数	小学 在校生数	普通初中 招生数	普通初中 在校生数	普通高中 招生数	普通高中 在校生数
1999	452845	2802741	472596	1095743	70488	186856
2000	466086	2761308	463604	1267003	82011	210858
2001	475585	2777859	418178	1284945	113424	255372
2002	480050	2795775	428269	1240367	150501	333990
2003	444276	2779441	445833	1255823	157825	407905
2004	410479	2718999	427650	1254784	162613	452705
2005	365028	2609754	435286	1253778	182950	481388
2006	362368	2523824	459707	1288052	184239	506077
2007	348940	2384527	463035	1316698	186325	517666
2008	347639	2243916	473329	1350451	215513	557405
2009	321333	2081367	439979	1328175	220899	591983

资料来源：重庆市教育委员会编印：《重庆市教育事业统计分析资料二〇〇九年》，第8—9页。

由表6-9可看出，小学阶段的学生人数呈现出不断下降的趋势，普通初中的学生人数呈现出缓慢上升的趋势，而高中阶段的学生人数则呈现出明显的不断上升的趋势。随着高中教育的普及，这种上升势头必将进一步加快。而我们通过对教师的实际调查，也证明了这一发展态势。具体见表6-10。

表6-10　　　所教学段对学生人数变化趋势的影响　　　单位：%

		增加很多	略有增加	基本持平	略有减少	减少很多	总计
所教学段	小学	10.5	20.2	31.0	31.0	7.3	100.0
	初中	13.9	18.4	28.1	26.2	13.4	100.0
	高中	11.3	38.4	38.4	8.9	3.0	100.0
总计		11.9	25.3	32.3	22.5	8.0	100.0

表 6-10 说明了三种不同学段的教师对学生人数变化趋势的回答情况，表格显示"增加"选项共计 37.2%，"持平"占 32.3%，"减少"的比例总计 30.5%。

总体上，三种不同学段的教师对学生人数变迁状况意见比较分散，认为"增加""持平"和"减少"的比例各占 30% 左右，认为"增加"的比例高于"减少"的比例。小学教师在"增加"选项上的比例占 30.7%，"持平"的比例占 31.0%，"减少"占 38.3%；初中教师在"增加"选项上的比例占 32.3%，"持平"的比例占 28.1%，"减少"占 39.6%；高中教师在"增加"选项上的比例占 39.7%，"持平"的比例占 38.4%，"减少"占 11.9%。

通过对三种不同学段的教师对学生人数变化趋势回答情况的卡方检验，结果显示，三种不同学段的教师对学生人数变化趋势情况的回答差异极其显著，$\chi^2 = 1.070$，$df = 8$，$p < 0.001$。总体上，三年来在学生人数变化趋势方面，在"增加"选项上，高中教师的比例高于初中，初中又高于小学；在"持平"选项上，高中高于小学，小学又高于初中；在"减少"选项上，初中略高于小学，小学又显著高于高中。因此，可以说，近三年来，高中人数增加情况高于初中，初中又高于小学；初中的学生人数减少情况略高于小学，小学又显著高于高中。

在不同的区域，不同学段的学生分布情况如何呢？我们对 2008 年和 2009 年的数据进行了统计分析，具体情况见表 6-11。

表 6-11　　重庆市普通中小学在校学生城乡分布情况　　单位：人，%

地域	学段	2008 年（人数及所占百分比）	2009 年（人数及所占百分比）
城市	小学	242192（10.79）	225215（10.82）
	普通初中	135930（10.07）	132514（9.98）
	普通高中	114216（20.49）	114296（19.31）
县镇	小学	929012（41.40）	915220（43.97）
	普通初中	905806（67.07）	906350（68.24）
	普通高中	403631（72.41）	443975（75.00）

续表

地域	学段	2008年（人数及所占百分比）	2009年（人数及所占百分比）
农村	小学	1072712（47.81）	940932（45.21）
	普通初中	308715（22.86）	289311（21.78）
	普通高中	39558（7.10）	33712（5.69）

资料来源：重庆市教育委员会编印：《重庆市教育事业统计分析资料二〇〇九年》，第105页。

从表6-11中可看出，在城市，与2008年的数据相比，小学阶段的学生所占比例有缓慢上升，普通初中和普通高中的学生所占比例有所减少。在县镇，与2008年的数据相比，无论是小学，还是普通初中和普通高中，学生所占比例都在上升。在农村，与2008年的数据相比，无论是小学，还是普通初中和普通高中，学生所占比例都在下降，尤其是小学阶段所占比例下降较快。这一发展趋势也与我们对教师的调查结果大体相吻合，具体见表6-12。

表6-12　　学校所在地对学生人数变化趋势的影响　　单位：%

		增加很多	略有增加	基本持平	略有减少	减少很多	总计
学校所在地	城区	18.7	30.2	38.0	9.2	3.9	100.0
	农村	7.7	21.2	30.0	31.5	9.6	100.0
总计		12.2	24.9	33.3	22.3	7.3	100.0

表6-12说明了城区（包括县镇，下同）和农村地区的教师对学生人数变化趋势的回答情况，表格显示"增加"选项共计37.1%，"持平"占33.7%，"减少"的比例总计29.6%。总体上，城区和农村地区的教师对学生人数变迁状况意见比较分散，认为"增加""持平"和"减少"的比例各占30%左右，认为"增加"的比例高于"减少"的比例。城区教师在"增加"选项上的比例占48.9%，"持平"的比例占38.0%，"减少"占13.1%；农村地区的教师在"增

加"选项上的比例共计 28.9%，在"持平"上 30.0%，在"减少"上 41.1%。

通过对城区和农村地区的教师对学生人数变化趋势回答情况的卡方检验，结果显示，城区和农村地区的教师对学生人数变化趋势情况的回答差异极其显著，$\chi^2 = 1.063$，df = 4，$p < 0.001$。

总体上，三年来在学生人数变化趋势方面，在"增加"选项上，城区教师的比例显著高于农村教师；在"持平"选项上，城区教师的比例高于农村教师；在"减少"选项上，农村地区教师的比例显著高于城区教师。也就是说，近三年来，城区学校的学生数在不断增加，农村学校的学生数在不断减少。

（二）重庆应对人口变动的教育政策建议

面对上述人口变动形式，教育也应积极应对，以使其更好地适应人口变动的实际，更好地服务于社会发展。

1. 加强人口变动理论研究，进行科学预测

没有以实践为基础的理论是空洞的理论，同样，没有理论指导的实践是盲目的实践。因此，必须加强理论研究，重视前瞻性研究；否则，就可能出现决策失误。如以前一些省份为了完成"普九"新建了不少校舍。但随着学龄人口的减少，不少新建的校舍开始大量闲置，造成了教育资源的大量浪费。因此，加强理论研究，做好人口的预测工作必不可少。对此，有研究者指出："以往的问题在于，教育学家一般不会将人口自身发展的规律性纳入其研究的视野，而人口学家对人口发展的新形势对教育发展的实质影响又关注不够，由此产生决策的科学性不够。今后应加强教育学与人口学二者的联合，尤其是人口学家应该而且能够在这一方面大有作为，为教育发展的科学规划、科学决策提供理论依据。"[①] 对人口进行精确预测，才能未雨绸缪，提前做好教育安排与规划。

对于重庆市来说，有研究者根据 2000 年第五次人口普查与 2007 年重庆市 1% 人口抽样调查数据，利用 CPPS 人口预测软件对重庆市

---

① 石人炳：《我国人口变动对教育发展的影响及对策》，《人口研究》2003 年第 1 期。

未来抚养比进行了预测。分别采取总和生育率（TFR）为1.26、1.5、1.8三种方案，进行预测。结果如表6-13。

表6-13　　　　三种方案预测的重庆市人口抚养比　　　　单位：%

年份	低方案 TFR=1.26 少儿抚养比	低方案 TFR=1.26 老年抚养比	低方案 TFR=1.26 总抚养比	中方案 TFR=1.5 少儿抚养比	中方案 TFR=1.5 老年抚养比	中方案 TFR=1.5 总抚养比	高方案 TFR=1.8 少儿抚养比	高方案 TFR=1.8 老年抚养比	高方案 TFR=1.8 总抚养比
2017	17.8	21.2	39.1	21.1	21.1	42.2	25.1	21.0	46.1
2018	17.8	22.4	40.2	21.0	22.2	43.2	24.9	22.0	46.9
2019	17.8	23.7	41.5	21.0	23.4	44.4	24.9	23.1	47.9
2020	18.0	24.8	42.7	21.1	24.4	45.5	24.9	24.0	48.9
2021	18.1	25.6	43.7	21.2	25.2	46.4	24.9	24.6	49.6
2022	18.3	26.3	44.6	21.4	25.8	47.2	25.1	25.2	50.3
2023	18.5	26.6	45.1	21.6	26.0	47.6	25.2	25.4	50.6
2024	18.6	26.1	44.7	21.6	25.5	47.2	25.3	24.8	50.1
2025	18.7	25.6	44.3	21.7	25.0	46.7	25.3	24.2	49.5
2026	18.8	24.9	43.6	21.8	24.2	45.9	25.3	23.4	48.7
2027	18.9	25.0	43.9	21.9	24.2	46.2	25.5	23.4	48.8
2028	19.3	27.1	46.4	22.3	26.2	48.6	25.8	25.3	51.1
2029	19.6	28.8	48.3	22.6	27.8	50.4	26.3	26.6	52.9
2030	19.7	30.2	50.0	22.9	29.1	51.9	26.6	27.7	54.3

资料来源：https://www.jinchutou.com/p-119964706.html。

从以上抚养比的预测可以看到，三种不同方案总抚养比大致在2011—2013年出现拐点，然后持续上升，在2022—2030年后超过50%。2007年重庆市总和生育率为1.51，若按此标准，中方案（TFR=1.5）更符合目前实际。按照TFR=1.5预测显示：少儿抚养比持续下降，到2019年下降至21.0%后开始逐步回升，老年抚养比逐步攀升，由于2012年前少儿抚养比下降速度大于老年抚养比上升速度，总抚养比呈持续下降趋势，2012年后总抚养比由下降转为逐步走高，到 2029 年超过 50%。若按照一般标准，总抚养比小于 50% 为人口红利期，那么重庆市的人口红利将延续到 2028 年。

另外，从出生率看，1965—1975 年是重庆市出生高峰期，出生率维持在 28%—38%；大致在 2025—2030 年，他们将全部进入退休年龄，这也正与之前预测的红利结束时间基本吻合。可见，从现在起未来 20 余年内既是重庆市社会经济发展的黄金时期，也是更好地应对人口红利结束到来的关键准备时期。

2. 建立人口与教育资源信息监测系统

人口与教育资源信息监测系统在充分利用人口资源为教育服务方面具有重要作用。教育行政部门可以利用人口与教育资源信息监测系统提供的人口及其变动信息，制定或调整相关的教育法规与教育政策，调整学校布局，优化教师资源以及相应的财力资源、物力资源的配置，以使资源配置最优化。人口与教育资源信息监测系统可设二级：一是市级的人口与教育资源信息监测系统，预测与监控全市范围内的人口、学龄人口变动情况，发掘市内教育资源优化配置的可行性，为教育的可持续发展提供服务；二是区县级的人口与教育资源信息监测系统，预测与监控区县地域内的人口总量、流动人口情况特别是学龄人口变动等情况，发掘并统筹区县教育资源优化配置的可行性及方案，为教育的可持续发展提供服务。同时，可在各级人口与教育资源信息监测系统的基础上，与计划生育部门、规划部门以及财政部门等相关部门在协商的基础上，共同打造信息资源共享平台，定期将信息提供给相关部门，由此达到预测、监控学龄人口的规模与流动趋势的目的，为基础教育发展服务。

3. 优化中小学布局

中小学布局调整的目的就是要使中小学布局合理，因此，要对中小学布局调整进行总体性评价。必须首先了解判断和评价中小学布局是否合理通常有哪些标准。从一定意义上讲，判断和评价中小学布局是否合理的标准，就是对中小学布局调整进行总体性评价的标准。中小学教育布局既要受经济社会发展的影响，又要受地理环境、人口密度、空间分布及增长速度等多种因素的制约。但一般来讲，判断和评价中小学布局是否合理的主要标准是学校规模、服务人口和服务范围等。

所谓学校规模是指学校所拥有的班级数和学生人数，主要是学生人数。由于教育资源具有整体性和不可分割性，不论学校规模大小，都会因为教育功能的需求而投入大量资源。即使只有一位学生入学，也必须配置全套资源，从土地、校舍、教学设备等物质资源到教师、管理人员等人力资源，都应予以保证。在这种情况下，已投入的资源无法充分利用，生均成本也极高。如果扩大办学规模，增加学生人数，资源利用率自然就会提高，生均成本也将随之降低。但是，一味追求生均成本的降低，不断增加学生人数，又会造成对资源的过度使用，同时也会产生新的问题。因此，学校规模的扩大应在不影响教育功能的前提下实现教育资源最有效的利用。既要达到一定的规模，又要实现教育资源最有效的使用，而又不影响教育功能的实现，学校规模就应适度。

普通中小学教育的对象是未成年人口，也就是学龄人口。人口中学龄儿童的数量对普通中小学布局的影响是显而易见的。如果一个地区6—17岁的人口比例大，特别是6—14岁年龄段学龄人口比例大，就必须扩大普通中小学的规模，或是设立新的中小学，以满足学龄人口求学的需要；反之，就要撤并学校，或缩小学校规模。人口中6—17岁年龄结构的人数多少受地域、人口密度、人口分布、人口增长等因素的影响。作为地方公共服务设施的普通中小学，其布局必须与人口的空间分布相适应，且要随着人口的变化及由此形成的人口地区结构变化而改变。

所谓服务范围，是指一所学校的服务半径，或者说是学生的入学距离。有学者把儿童入学距离用三种方法衡量：一是物理距离（Physical Distance），即实际的空间距离，用千米来衡量；二是文化距离（Cultural Distance），当儿童不得不离开自己的社区到另一个把他们当作外人并对他们不友好的社区上学，导致辍学的距离；三是时间距离（Time Distance），考虑诸如山地、河流、森林等自然条件的阻碍而延长上学途中的时间。① 在普通中小学校的规模设置上，受人口分布、密度的影响，城镇和农村的学校设置，小学、初中、高中等不同学龄教育阶段的学校设置是有差别的。在学校布局方面，城镇人口密度大，分布均匀，因而城镇学校服务人口群大，服务范围也要小一些，这样学校的布点就会多一些。相对来说，农村地区人口密度小，地域分布也不平衡，中小学的服务范围就要大一些，而服务人口则会少一些，学校的布点则会稀一些。这种布点，小学比初中、高中要密一些，因为小学阶段的学龄儿童年龄小，为了就近入学，其服务半径不能太大，这样小学的布点就会多于初中和高中。在不同地区，自然环境、交通条件都存在着差异。如人口集中的城镇和平原地区，其交通便利，中小学生就不存在交通问题，因此，普通中小学的服务范围或服务半径就会大一些，办学规模也大一些。而在交通不便的地区，如果不考虑交通情况，就会给学生入学带来不便，增加学生的困难，影响学校的入学率和巩固率，势必影响九年制义务教育的普及。在交通不便利的情况下，考虑到普及义务教育和当地经济社会发展的需要，就应缩小学校规模，即使学生数量少，也得考虑设置一所学校。这样一来，交通情况就会使普通中小学的服务范围或服务半径减小。② 在考虑物理距离（即路程远近）的同时，还应重视时间距离、文化距离、不同年龄学生的情况及各群体对学生上学距离的反映，以免产生偏远地区学生上学远、上学难等问题，从而与学校布局调整政策的初衷背道而驰。

综合考虑上述三个方面的因素，结合重庆市的实际情况，重庆农村地区的学校布局结构调整可从以下五个方面入手。

其一，在人口密集的地方对薄弱学校进行撤并。

在农村人口居住较为密集的乡镇、行政村，通过对薄弱学校进行撤并，对教育资源进行优化重组，实现教育的规模效益，提高教育质

---

① Douglas Lehman: Bringing the School to the Children: Shortening the Path to EFA, http//www.worldbank.org/education/notes.asp, August, 2003.

② 郭清扬、王远伟：《我国农村中小学布局调整的总体评价》，《河北师范大学学报》（教育科学版）2008年第3期。

量。需要注意的是：小学低年级应适当分散，小学高年级和初中应相对集中。

其二，在人口较为分散或人口较少的地方保留教学点或建立社区学习资源中心。

在农村人口较为分散或人口较少的地方，应该保留必要的教学点或建立社区学习资源中心。可以通过单式教学、复式教学和远程教育相结合的方式实施小学阶段或小学部分阶段的义务教育，并依据当地实际情况灵活应对：在农村人口较为分散但地理环境较好的（如平原、丘陵）地方，可以采取以教学点为主，以开展远程教育为辅的教育形式；在农村人口较为分散、人口较少、地理环境恶劣且不具备实施远程教育条件的山区，应该主要依靠设立教学点来开展教育活动。教学点的运作，形式可以灵活多样，如：可以通过隔年招生的方式来解决学生人数少的问题；可以通过推迟上课时间、提早放学时间的方式来解决家校之间路途遥远的问题；可以通过鼓励家长建立轮流接送制来解决儿童上学途中的安全问题；等等。

其三，在交通不便的地区和山区开办小学高年级寄宿制学校。

为了尽可能地避免或减少因学校布局调整而造成的义务教育阶段适龄儿童的失学、辍学。国家应加大对农村教育的经费投入，设立农村寄宿制学校建设的专项经费，尽可能地在交通不便的地区和山区举办小学高年级寄宿制学校，以方便处境不利群体的儿童就学，并加强寄宿制学校安全、卫生、医疗、生活、管理等保障制度建设，以解除家长的后顾之忧。

其四，加强中小学教师队伍建设。

由于重庆市学龄人口的发展趋势是小学生在不断减少，中学阶段尤其是高中阶段的学生人数在不断增加，在师资队伍建设方面，应注意以下几点。

（1）补充新教师，实现农村教师增量补给。目前重庆市教师资源配置失衡的问题较为突出，严重制约了义务教育的均衡发展。教师资源分布不均的问题尤其表现在农村教师数量相对不足，尽管在一些农村学校存在超编现象，但这里涉及城乡学校编制标准不统一、农村教师中待转公教师比例大等多种因素导致的虚假性超编。总体而言，农村地区尤其是县镇中小学教师数量相对不足的问题十分突出，尤其是偏远地区、农村地区的音乐、体育、美术、英语、计算机等专职教师缺乏的问题突出。因此，在教师资源配置方面应首先考虑充实农村教师队伍的问题，实现农村教师的增量补偿，解决农村地区教师数量不足的问题，目前一个最有利的解决途径就是吸收大量优秀的免费师范生到农村学校任教。2007年全国六所部属师范大学实行师范生免费教育正式启动。地处重庆市的西南大学率先承担了几千名免费师范生教育任务，历经近四年的学习，第一批免费师范生已走上工作岗位，成为农村教育的新生力量。随着免费师范教育政策的持续实施和拓展，将为重庆市农村地区中小学输送更多的新教师，这无疑是重庆市解决农村地区教师数量不足的一个良好契机。只是对免费师范生服务农村教育的年限规定可适当缩短，以6—9年为宜，不必硬性要求10年。另外，针对农村地区音乐、体育、美术、英语、计算机等专职教师配备不齐全的现状，除继续实施中小学艺体兼职教师（非艺体专业毕业）市级专项培训工作以及开展田家炳基金会扶助重庆贫困地区中小学英语教师培训项目工作外，更要加大力度，采取各种有效措施吸引相关方向的优秀师范毕业生，充实到农村中小学教师队伍中。

继续落实建立"定向招生、定向招聘"制度，按照"削减一批、整合一批、办好一批"的原则，重点办好区域性师范学校，并在办学水平较高的师范学校和所在区县，配套开展"定向招生、定向招聘"试点工作，为农村边远贫困地区培养一批"用得上，留得下，靠得住"的师资力量。

除此而外，继续实行现行的统一的公开选拔等措施引进新教师。抓住目前国家大力发展专业学位研究生的契机，采取有效的吸入机制，如提高中小学教师的地位和待遇，对偏远地区予以特殊津贴等，以吸引大批硕士研究生充实到普通中学教师队伍中，尤其是农村地区高中教师队伍中。只是应取消以往的新教师必须到农村任教一定年限的规定，新教师刚从事教育工作，缺乏经验，不成熟，在农村学校任教，不仅对农村学生不公平，而且对农村学校也不公平，使农村学校成为教师成长的试验田,并且成长一批被抽调走一批,对农村学校的发展极为不利。因此,应改革现行的新教师必须到农村学校任教的政策规定,相反,应让新教师在城区学校成长,待其成熟后交流到农村学校任教。

通过近几年的探索和实践,大学生顶岗实习已积累了相当丰富的经验,为农村学校提供了大量的教师资源,缓解了薄弱学校的教师资源匮乏问题,成为缓解农村教师数量不足问题的一个有效途径。为此,重庆市教育行政部门可继续推行师范院校大学生、研究生"顶岗实习"的措施,每年统筹安排1000名师范院校学生到城乡各级各类学校顶岗实习支教。基于教育公平的考虑,为避免因师范生教学经验不足给农村学校和学生带来的不必要的影响,"顶岗实习"生不一定全部到农村学校任教,也可到一些城市学校或重点学校,在相对较优的教学环境中历练,迅速成长,也可置换出城市学校或重点学校的教师去农村地区学校支教,既缓解农村地区教师数量不足的问题,也可发挥这些教师的辐射作用。不过针对顶岗实习存在的问题,要建立健全师范生顶岗实习支教各项制度。重庆市教育行政部门和高校要结合实际情况规划好支教方案,制定顶岗实习学生的选拔、岗前培训、实习中期指导与管理、实习后考核和奖励等方面的制度。有关高校要切实做好师范生顶岗实习支教前的专业思想教育和教学技能培训,并组织好岗前强化培训,加强对顶岗实习支教师范生的全程指导和跟踪管理,努力选拔优秀的师范生参加顶岗实习支教工作。

(2)促进教师合理流动,建立教师流动机制。目前重庆市实现师资均衡配置,促进教师合理流动主要采取优秀"送教下乡"和"对口支援"等方式,这些措施固然在均衡教师资源方面起到了一定的作用,但也存在一系列问题,如派出学校是否真正派出优秀教师进行交流是个疑问;同时派出教师支教的时间太短(一两个月),多数教师并不安心支教学校工作,其作用并不明显且难以进行绩效考核;另外,流动教师比例太小,致使活动基本上流于形式,很难也不可能真见实效。因此,这类模式不可能真正实现教师资源的均衡配置,最多只能作为一种辅助形式。

重庆市教师流动应以全员流动模式为主,即教师定期轮换制度。教师定期轮换制度是以制度的形式刚性地要求符合一定条件的教师限期在不同学校轮岗执教,以促进教师资源在一定范围内均衡配置的一种教育人事制度。

在具体实施方面,首先,应制定相关政策与法规,保证教师流动的规范化和制度化。尽管在新修订的《义务教育法》第三十二条第二款规定了"县级人民政府教育行政部门应当均衡配置本行政区域内学校师资力量,组织校长、教师的培训和流动,加强对薄弱学校的建设",但缺乏具体的法规及实施细则,《教师法》也尚未体现这一制度,国家应就此制度制定相应的法律法规,强调教师流动的强制性,尤其要强调教师流动的义务性;重庆市政府应根据重庆市的具体情况,制定相应的实施纲要,就教师流动区域、对象、年限、频率、实施程序、条件保障等方面进行详细的规定。教师定期流动制,必须要有相关的政策和法律法规确定教师流动的义务性、流动的定期性、流动者的待遇等,并进行规范化、制度化的操作,以保障教师流动的公平、公正和有效。

其次,制定相应的政策。第一,关于流动区域范围:借鉴国外经验,并从重庆市所辖区域多、覆盖范围广的实际,也考虑到教师流动涉及住房、交通、迁移、子女教育等诸多问题,我们认为重庆市中小学教师定期流动的区域范围不宜太大,以就近为主,也即以区(县)内的流动为主,不宜全市大范围的流动。第二,流动对象:重庆市教育行政部门应作详细规定,凡是在同一所学校连续任教8—10年及以上的教师以及新教师在同一所学校任教6年以上者都必须交流到其他学校任教;在区(县)范围内,如教师队伍在结构上如专业、年龄、职称、学历、男女比例等不尽合理以及超编的学校,有必要调整流动的。当然55岁以上的教师、妊娠或休产假期间的女教师可不在流动对象之内。第三,流动周期:从我国学制来看,小学一般为6年(分低、高年级段各3年),初中、高中各3年。根据教育影响的一致性、连贯性规律,在每一个教育阶段内不宜频繁更换教师。同时,我国教师聘任制是实行三年一届的聘期。从国外看,日本教师平均每6年轮换一次，韩国教师每 2—4 年流动一次。因此，综合考虑，中小学教师每 6 年实行一次轮换流动应最为适宜。6 年正好是小学从一年级到六年级一次大轮换的周期，也是中学由初中到高中的一次轮换周期或初中、高中分段的两个轮换周期，这样可避免因教师轮岗而带来教学中断给学生造成的不适应问题。

除学校教师实现定期流动外，区（县）教育行政部门还要组织校长的定期流动，以避免校长出于私利不交流出真正高水平教师的问题，确保教师定期流动不流于形式。校长的定期流动一般以两届任期为一个周期进行。每流动一次签订一次工作合同，由国家提供统一的福利保障。

教师定期流动操作起来，目前有一定困难，也会遭遇学校及教师的阻抗，但只要制度性保障措施得力，在区（县）域内实施还是具有可操作性。要根本解决教师资源均衡配置问题，这是一明智选择。

（3）建立与中小学生源变化相适应的教师教育体系。伴随着重庆市小学和初中生源相对减少的趋势，教师教育也应随之发生变化，主要体现在两个方面：一个是"结构重心上移"，另一个是"重点后移"。

"结构重心上移"是指由中小学教师原来主要是由中师、师专为主转变为以师范本专科院校为主。随之而来的是我国的教师教育体系由三级体系（中师、师专和师范本科院校）向二级体系（师专和师范本科院校）的过渡与转变。根据重庆市学龄人口年龄结构重心上移的趋势和高中阶段教师缺乏的现状，当前要加大对高中阶段教师培养的力度。

"重点后移"是指教师教育从"职前培养"为主转向"职后培训"为主。其原因同样是学龄人口数量的变动使得中小学对师资的需求从"数量型"向"质量型"转变。尤其是随着小学阶段入学人数的减少，对教师的需求也在不断降低。因此，对于小学阶段的教师应大力抓好"职后培训"，建立经常性的培训制度，以不断提高教师队伍的整体素质。

其五，积极开展社区教育，为老年教育提供机会。

我国已慢慢步入了老年社会。老年人口在规模不断增大的同时，由于社会经济的发展和医疗卫生条件的改善，老年人口的健康条件大为改善，他们对继续教育的需求可能会大幅上升，成人教育必将得到较大的发展。同时，受老年人活动范围的限制，社区教育必将是他们的理想选择。因此，优化社会教育资源，改善社区教育条件，必将是未来教育面临的一大选择。同时，那些受到较好教育，有事业心、身体健康的老年人可以到社区学院做志愿者，分享他们的成功经验与人生体会。对此，美国的一些做法值得我们借鉴。美国的人口年龄结构已完成了从年轻型人口向老年型人口的转变，各类大学和一些州正在发展旨在鼓励在教育中第二次就业的新项目。比如，弗吉尼亚州的社区大学率先在全州范围内开展了"更换职业"的项目。①

四　广州应对人口流动的教育政策分析

随着我国工业化和城镇化进程的加快，势必伴随着大规模的人口流动。据国家统计局统计数据显示，2012年全国人户分离的人口为2.79亿人，其中流动人口为2.36亿人。② 庞大的流动人口在促进经济发展的同时，也会对流入地的基础设施、资源环境以及政府的社会管理和公共服务构成巨大的压力。广州，中国改革开放的前沿阵地、国家门户城市和特大型中心城市，凭借其得天独厚的地理优势、改革开放优先发展的政策优势、市场经济快速发展的经济优势、城市博大的包容性优势，不断地吸引着全国各地的流动人口，属我国最前列的流动人口集中地之一。

---

① 苏文：《人口变动对当今美国学校教育的影响》，《当代教育科学》2008年第23期。
② 国家统计局：《中华人民共和国2012年国民经济和社会发展统计公报》，http://zhidao.baidu.com/link?url=QA8NaLzJV15SBY8qnE97hMQgjLiWteJ8P8uCMHeSpEzuIFqjP1v2R2Nel4fTZWpV-muzhlkU5Ti6LuKp3QGbtK，2013年2月22日。

(一) 广州人口流动情况

作为中国改革开放的前沿阵地,广州人口流动频繁,且极具地方特色。

1. 广州流动人口增加迅速,且已反超常住人口

据全国人口普查数据显示,2000 年 11 月 1 日第五次人口普查,广州市常住人口为 994.30 万人,比 1990 年 7 月 1 日全国第四次人口普查增加了 364.30 万人,增长了 57.83%[①];第六次全国人口普查数据显示,广州市在 2010 年 11 月 1 日 0 时(普查标准时点)的常住人口为 1270.08 万人[②],较"五普"增加了 275.78 万人,增长了 27.74%,广州市人口持续增长。

广州市统计局印发的《广州统计年鉴(2013)》,对主要年份广州全市及市区年末户籍总户数、总人口数进行了统计,具体数据见表 6-14。从中可以清晰地看到广州市户籍人口持续增长的态势。

表 6-14 广州市全市及市区年末户籍总户数、总人口

年份	总户数(户) 全市	总户数(户) 市区	总人口(人) 全市	总人口(人) 市区
1978	1145925	706489	4828961	2831152
1979	1166403	730562	4933902	2936562
1980	1162717	738713	5018638	3026616
1981	1200308	758943	5104805	3077018
1982	1236713	788414	5188285	3121292
1983	1274050	817347	5267325	3170029
1984	1319048	849298	5355988	3221590
1985	1369661	883946	5449820	3288825
1986	1414794	918079	5554073	3359183

---

① 《广州统计局公布人口普查主要数据 广州人口 994.3 万》,http://news.sina.com.cn/c/234465.html,2001 年 4 月 18 日。

② 广州市统计局:《广州市 2010 年第六次全国人口普查主要数据公报》,http://www.gzfb.gov.cn/sites/portal/brower.html?id=117&name=人口信息,2011 年 5 月 11 日。

续表

年份	总户数（户）		总人口（人）	
	全市	市区	全市	市区
1987	1462530	953833	5650761	3417112
1988	1514705	993598	5769101	3490927
1989	1565517	1025382	5854265	3543943
1990	1641840	1054065	5942534	3579360
1991	1675951	1071417	6022186	3620203
1992	1722833	1097483	6122016	3672099
1993	1825541	1132152	6236647	3726270
1994	1832571	1155033	6370241	3803148
1995	1871894	1172637	6467115	3853751
1996	1905998	1193230	6560508	3901840
1997	1945905	1211123	6664862	3956521
1998	2007082	1229851	6741400	3993008
1999	2044756	1248357	6850024	4054958
2000*	2100434	1272083/1734902	7006896	4139045/5666812
2001	2135837	1765120	7125979	5769691
2002	2162532	1796157	7206229	5838920
2003	2202851	1832288	7251888	5882553
2004	2259730	1876081	7376720	5999184
2005	2302890	1927850	7505322	6172839
2006	2346536	1969169	7607220	6253289
2007	2382491	1998038	7734787	6367621
2008	2425582	2036487	7841695	6458299
2009	2474396	2079996	7946154	6546788
2010	2526804	2132479	8061370	6642840
2011	2595686	2197876	8145797	6713181
2012	2646091	2240751	8222969	6779677

注：*表示2000年广州市行政区划调整，由八区调整为十区，表格中本年度市区数据即八区／十区统计数据。

在户籍人口逐年增加的同时，广州市流动人口的增加速度更是值得关注。1982 年第三次全国人口普查时，广州市只有 8.3 万人的外来人口；到 1990 年第四次全国人口普查时，广州市的外来人口增加到 48.7 万人；2000 年第五次全国人口普查时，广州市非户籍常住人口规模为 331.3 万人，占广州市人口总量 33.32%[①]；据 2010 年年末统计显示，广州当年录入全员流动人口数据库的流入人口为 638.2 万人[②]。也就是说，在 2000—2010 年，每三个广州人就有一个是外来人口即非户籍常住人口。近几年，广州市的流动人口数更是直逼常住人口数。2011 年，广州市登记在册的流动人口数量为 726 万人，与常住人口数量已基本持平[③]；据广州市来穗人员服务管理局局长陈绍康通报，截至 2013 年年底，广州登记在册的流动人口 686.7 万人，按照一定的漏登率计算，广州实际居住的流动人口为 837 万人左右，而最新数据表明，广州常住人口为 832 万人，因此，流动人口已经反超常住人口。[④]

广州市发改委牵头向社会公开征求人口调控意见时透露的数据显示，到 2015 年，广州市户籍人口将力争控制在 860 万人以内，常住人口控制在 1500 万人左右；到 2020 年，户籍人口控制在 1050 万人以内，常住人口控制在 1800 万人左右。[⑤] 由此可见，大规模流动人口的存在，将是广州未来很长时间内非常重要的人口现象。

2. 广州流动人口空间分布不均衡

国外关于人口迁移的"推拉理论"认为，人口流动是迁出地的推力和迁入地的拉力交互作用的结果。"推"的力量一般是指原住地的失业、就业不足、缺乏机会、耕地不足以及气候条件恶劣、居住条件

[①] 梁宏：《广州市非户籍常住人口的变化分析》，《南方人口》2012 年第 4 期。
[②] 广州市人口和计划生育局：《2010 年广州市人口和计划生育形势分析与 2011 年预测》，http：//www.gzfb.gov.cn/sites/portal/brower.html?id=117&name=人口信息，2013 年 3 月 31 日。
[③] 陈翔：《广州一半人是流动人口》，《广州日报》2011 年 3 月 31 日第 A1 版。
[④] 《流动人口比常住多了 5 万》，《广州日报》2014 年 4 月 23 日第 A2 版。
[⑤] 皮泽红：《广州市人口调控突出以人为本理念》，http：//www.ceh.com.cn/shpd/2013/10/253544.shtml，2013 年 10 月 24 日。

不好等;"拉"的力量一般是指迁移的目的地具有丰富的就业机会、更高的工资收入、更好的教育、更好的发展前程以及适宜的气候、吸引人的生活方式等。广州各区、县级市的发展各有侧重,并呈现出各自的特色,因此对于流动人口的拉力大小存在差异。荔湾、越秀、海珠作为老城区,相对来说有比较好的基础;天河区作为新城区的核心,是未来广州的新中轴线,是广州最出名的商务区,外地来广州投资的企业一般都会以此区为华南总部的运营基地,因此集中了大量的白领商务人群,从而带动了高档消费市场,另外IT电脑城也多集中在天河区,发展程度相当高;白云区集中了大量的商业区、工厂区和出租屋,且生活成本相对较低,这里自然成为低端流动人口的聚集区;根据广州的发展规划,位于广州南部的番禺区是"南拓"的核心,是目前广州最大的房地产开发中心,有人口、资金和政府规划上的优势,因此未来的发展前景最被看好,发展潜力最大;萝岗区里有广州经济技术开发区,其中心(开发区)工业发展水平相对比较高,诸多著名的跨国企业在开发区设厂;南沙区目前相对市区来说比较落后,但南沙拥有优良的海港,是未来广州发展的另一核心,主要是汽车产业和重工业;而增城和从化由于包括较多的农村地区,因此相对落后。鉴于各区对流动人口的拉力不同,广州流动人口的空间分布非常不均衡。

表6-15是基于广州市统计局发布的《广州统计年鉴(2013)》整理出的2012年广州各区、县级市各类人口数。[①] 数据显示,广州市流动人口最为集中的区依次是白云区、天河区、番禺区、海珠区,这与这些区具有较大拉力有着紧密的关系。例如,白云区有很多流动人口聚集区,且具有相对较好的工作条件、发展前景,因此吸引了大批流动人口来此生活、就业。

3. 广州流动人口以青壮年为主,且文化程度普遍偏低

第六次人口普查数据显示,广州市非户籍常住人口的年龄构成中,

---

① 表中年末常住人口和户籍人口是年鉴提供的数据,年末流动人口数是由前二者之差所做的估算。

表 6-15　　2012 年广州各区、县级市各类人口统计情况　　单位：万人

地区	年末常住人口	年末户籍人口	年末流动人口
全市	1283.89	822.30	461.59
市区	1118.56	677.97	440.59
荔湾区	89.31	71.20	18.11
越秀区	114.95	117.21	-2.26
海珠区	157.58	97.74	59.84
天河区	144.66	79.63	65.03
白云区	225.20	86.31	138.89
黄埔区	46.47	20.42	26.05
番禺区	143.75	80.81	62.94
花都区	95.64	67.71	27.93
南沙区	62.33	36.74	25.59
萝岗区	38.67	20.20	18.47
县级市	165.33	144.33	21.00
增城市	104.92	84.77	20.15
从化市	60.41	59.56	0.85

15—59 岁人口占非户籍人口的 91.11%，其中，20—24 岁、25—29 岁、30—34 岁、35—39 岁的青壮年分别占 22.62%、17.02%、13.29% 和 11.95%，四者合计高达 64.87%；而且，不同性别的非户籍常住人口的年龄构成具有较大的相似性。[①] 由此可见，广州市流动人口以青壮年为主，这些劳动年龄人口的进入，正好与广州经济快速发展对大量劳动力的需求相契合。且据有关研究预测，未来广州迁移和流动人口的主体依然是劳动力年龄人口，其占常住劳动力年龄人口的比例将逐年持续上升，将从 2008 年的 26.15% 上升到 2050 年的 60.65%，使得广州常住人口的劳动年龄人口始终保持在 800 万—900 万人。[②] 因此，广州流动人口在未来很长时间也将依然以青壮年劳动

---

① 梁宏：《广州市非户籍常住人口的变化分析》，《南方人口》2012 年第 4 期。
② 王建设、高峰、高平、杨映池：《广州市近中期常住人口发展对策研究》，http://www.gzfb.gov.cn/sites/portal/brower.html?id=117&name=人口信息。

力人口为主。

虽然广州流动人口以青壮年劳动力人口为主,但总体而言,流动人口的素质偏低,大多都是文化程度不高的劳动力型人口。有调查显示,流动人口多为高中以下学历,大专以上学历的流动人口仅占一成。从事第三产业的流动人口数量超过一半,为56.3%,较多的人从事制造业、居民服务和其他服务业、批发和零售业、住宿和餐饮业。[①] 这些流动人口的进入,对促进广州产业结构调整,实现生产要素的优化组合,保障城市生产、生活的正常运行,具有十分积极的作用。因此,在未来很长一段时间内,一方面,专业化、素质高的优秀人才将持续流入广州,从而继续增大人口规模,给广州的社会经济发展带来丰富的劳动力资源,改善人口结构;另一方面,低端劳动力,尤其是已经在广州多年且有些根基的长期居住流动人口,依然将继续存在。

(二)广州应对人口流动的教育政策分析

流动人口的教育需求,是摆在流入地政府面前一道棘手的难题,尤其对于人口流入大省(市),压力之大可想而知。广州为应对大规模流动人口的教育需求,制定了相应的教育政策。有研究显示,2011年,广州市义务教育阶段中小学生170万人,其中流动人口子女就达到52万人,有些城区流动人口子女数量甚至与本地户籍儿童持平。[②] 因此,伴随广州市流动人口的逐年增加,尤其是近年"家庭式迁徙"规模不断扩大,流动人口子女在广州市接受义务教育的需求与广州市中小学教育资源相对短缺的矛盾日益激化,成为广州市在应对人口流动过程中最急需解决的问题。因此,广州市应对人口流动的教育政策,主要集中在解决流动人口子女义务教育问题。通过对相关政策文件的解读可以看出,广州市应对大规模流动人口子女义务教育需求的教育政策,存在如下值得关注的几个方面。

---

① 万蜜:《流动人口中大专以上学历者仅占1成,外省人以湖南人最多》,《南方都市报》2013年7月12日第A18版。

② 李伟成:《对流动人口子女义务教育"两个为主"政策的反思》,《民主》2011年第8期。

1. 形成了一个自上而下的教育政策体系

很显然，国家的有关政策文件居于此体系的最高层。国务院2001年5月颁布的《关于基础教育改革与发展的决定》第12条规定：要重视解决流动人口子女接受义务教育问题，以流入地区政府管理为主，以全日制公办中小学为主，采取多种形式，依法保障流动人口子女接受义务教育的权利。这通常被简称为"两个为主"政策，成为广州解决流动人口子女义务教育问题的最为重要的指导性政策。另外，对于流入地政府承担流动人口子女的教育职责，2006年修订的《义务教育法》第12条也予以了明确规定：父母或其他法定监护人在非户籍所在地工作或者居住的适龄儿童、少年，在其父母或者其他法定监护人工作或者居住地接受义务教育的，当地人民政府应当为其提供平等接受义务教育的条件。

以"两个为主"和义务教育法的相关规定为指导，广东省制定了相应的政策，主要有广东省人民政府办公厅《转发国务院办公厅转发教育部等部门关于进一步做好进城务工就业农民工子女义务教育工作意见的通知》（粤府办〔2004〕69号）、广东省人民政府《关于进一步加强农民工工作的意见》（粤府〔2006〕97号）、《广东省流动人口服务管理条例》（2010年1月1日起施行）、广东省人民政府办公厅《关于做好进城务工人员随迁子女义务教育工作的意见》（粤府办〔2011〕45号）等。这成为广州市应对此问题的教育政策体系的第二层，对广州市的政策起到十分直接的指导作用。

结合广东省上述文件精神，广州市也制订了独具广州特色的应对流动人口子女教育问题的政策。其中最为主要的是由市政府有关部门联合下发的《关于进一步做好优秀外来工入户和农民工子女义务教育工作意见的通知》（穗发改社〔2010〕10号），另外，广州市还出台了《广州市中小学招生考试工作意见》，明确要求各区要积极稳妥地做好来穗务工就业农民工子女义务教育工作。各区、县级市教育局高度重视外来工子女义务教育工作，统一规划，规范管理，保障其接受义务教育的权利。广州市还在《广州市中长期教育改革和发展规划纲要（2010—2020）》中，提出加速外来工子女享受免费义务教育，进一步完善进城务工人员随迁子女入学政策，探索进城务工人员随迁子女教育保障机制试验，探索义务教育阶段实行免费教育的措施，探索建立与居住证制度相适应的进城务工人员子女义务教育阶段的教育机制。

《关于进一步做好优秀外来工入户和农民工子女义务教育工作意见的通知》中明确指出："各区根据当地区域经济发展情况、来穗务工人员子女人数、学校数量和承载能力等情况，制定来穗务工就业农民工子女义务教育阶段工作细则"。因此，各区针对各自实际情况，相继出台促进外来工子女义务教育的文件和措施，如越秀区出台了《越秀区来穗务工农民工子女义务教育工作实施细则》，萝岗区出台了《萝岗区义务教育阶段招生工作意见》和《广州开发区萝岗区外来务工人员子女接受义务教育暂行办法》、番禺区出台了《解决外来务工人员子女在番禺区接受义务教育暂行办法的通知》、黄埔区出台了《广州市黄埔区外来务工人员随迁子女接受义务教育暂行办法》，等等。这些政策文件围绕外来工子女积分入学、积分申请等焦点问题进行研究，作出规定，成为该政策体系中最接地气的一层，与本区实际紧密结合，直接发挥着指导流动人口子女接受义务教育的实践操作的作用。

总体而言，广州市在应对流动人口子女义务教育问题方面，形成了国家、省、市、区自上而下的教育政策体系。从教育经济学角度衡量，流动人口子女义务教育的全国性跨区域准公共产品的性质，要求从中央到区县的各级政府都应该分担其经费。[①] 然而，就目前广州市形成的这一政策体系而言，分担也就止于市、区（县级市）两级，且存在明显的权利和义务不相称的现象。

2. 体现出对优秀流动人口的政策倾斜

本着突出技能、优化广州市劳动力结构的原则，广州市对于优秀流动人口实施了很多优惠教育政策。

首先，鼓励和吸引知识型、技能型优秀外来工积分入户。广州市

---

① 马晖：《"流动儿童"生根策》，2009年12月29日。

实行积分入户政策开始于2010年,今年已是第五个年头,这项政策对于广州的优秀流动人口极具吸引力。很多流动人口积分入户的主要原因就是为解决子女的教育问题,因此,积分入户政策成为广州市解决流动人口子女义务教育问题的一项极具特色的教育政策。

表6-16是广州市2014年积分制入户指标及分值表①,从中我们可以看到,广州市积分入户旨在吸引高学历、技能型人才,体现出政策对优秀流动人口的倾斜力度。

表6-16　　2014年广州市积分制入户指标及分值情况

序号	指标	指标内容及分值	说明
1	文化程度	本科(60分),大专或高职(40分),中技、中职或高中(20分)	只取最高分,不累计加分。高中以下学历不计分
2	技术能力	中级职称(60分),高级工、事业单位工勤技术工岗位三级(40分),中级工、事业单位工勤技术工岗位四级(20分)	只取最高分,不累计加分
3	职业资格或职业工种	专业技术类职业资格或职业工种符合广州市积分职业资格及职业工种目录(20分)	以广州市积分职业资格及职业工种目录为准
4	社会服务	近5年内,参加献血(每次积2分)或志愿者(义工)服务(每满50小时积2分)。以上各项一年内积分不超过2分,单项累计最高不超过10分	
5	纳税	申请当年的上三个纳税年度,在广州市依法缴纳个人所得税净入库税额累计达到10万元或以上(20分)	一个纳税年度指当年的1月1日至12月31日

---

① 广州市发改委:《2014年广州市积分制入户指标及分值表》,2013年10月23日。

其次，优秀外来工子女享受更加优越的入学条件。《关于进一步做好优秀外来工入户和农民工子女义务教育工作意见的通知》中明确指出：凡获得广州市及各区（县级市）政府授予优秀称号的外来工，其子女可优先申请在公办义务教育学校就读，享受本市户籍学生义务教育免学杂费和课本费的政策，就读学校不得收取借读费，其他需缴费标准与本市户籍学生相同。① 在公办学位十分紧张的广州，这无疑是对优秀外来工极大的肯定，也将为更多的流动人口树立榜样，为优化广州的劳动力结构发挥间接的作用。

另外，历年来，广州市义务教育阶段实行的政策性照顾借读生政策，也充分体现了教育政策对优秀流动人口的倾斜。该政策明确规定：监护人获得"广州市优秀外来务工技能人才""广州市优秀外来务工人员"或相应区（县级市）政府授予优秀称号的优秀外来工子女，可享受政策性借读生的待遇。②

综上，通过解决子女的教育问题，吸引优秀人才，优化劳动力结构，是广州在应对流动人口教育政策中一个十分突出的特点。

3. 形成了公办与民办配合解决流动人口子女义务教育问题的局面

广州流动人口规模巨大，其子女的数量也十分惊人，就目前广州市公办学校所能提供的学位而言，根本无力容纳所有流动人口子女进入公办学校就读。市人大代表在市十四届人大一次会议上回复有关非户籍人员接受义务教育问题时指出，2011年9月初的统计数据显示，全市义务教育阶段非广州市户籍在校学生达53.58万人，其中21.90万人在公办学校就读，占非广州户籍学生总数的40.87%。③ 另外，还有学者曾作过一项调研，在2005—2010年，如果广州的公办学校逐步接纳所有流动人口子女接受义务教育，全市的初中和小学总学位

---

① 广州市教育局：《关于进一步做好优秀外来工入户和农民工子女义务教育工作的意见（穗教办转）》，2010年2月10日。

② 广州市教育局：《2014年广州市义务教育阶段学校招生工作意见》，2014年4月1日。

③ 广州市教育局：《关于市人大代表在市十四届人大一次会议上有关具体意见和建议的回复（非户籍人员接受义务教育）》，2012年4月18日。

数将需约 160 万个。全部纳入公办学校就读的话，比 2005 年的 101 万个学位要新增约 65 万个学位。这意味着在这五年中平均每年要增加 13 万个学位、教师年均增加 6000 人；按平均每所初中容纳 1000 人、小学容纳 620 人计算，需平均每年新建初中 22 所、小学 175 所；每年需追加当年新增公立学校投入的经费 24 亿多元，五年累计需追加财政投入约 123 亿元。但是，2006—2010 年广州市政府教育经费支出合计仅约为 491 亿元，扣除预算中公办初中、小学的需要，五年合计实际新增经费约为 51 亿元。很显然，这绝对不足以支持广州市公办学校一次性接纳所有适龄少年儿童或分五年逐步接纳所有适龄少年儿童。[1] 面对如此巨大的公办学校学位的缺口，按目前广州市的财力物力，要真正落实中央提出的"两个为主"的要求，几乎是无法实现的。更不用说，还将面临新增学校或扩建学校的用地、流动人口子女过快的增速等问题。这对于像白云区、天河区等几个流动人口特别集中的城区而言，更是难上加难。

广州市在艰难的前行中形成了极具广州特色的解决流动人口子女义务教育问题的方式，有学者将其总结为"广州模式"，其显著特点是"公办学校接纳的农民工子女比例低于 50%，多数就读于民办学校；政府对于农民工子弟学校提供较少的财政补助"。[2] 很显然，由于流动人口子女基数过于庞大，而且增速过快，直接导致地方财政压力过大，"广州模式"的形成也实属无奈之举。因此，在无法短期内完全实现"以公办学校为主"接纳流动人口子女的前提下，民办教育自然可以也应该成为公办教育的有益补充。那么，提高民办教育质量就显得尤为关键。

广州市在《关于进一步做好优秀外来工入户和农民工子女义务教育工作意见的通知》提出：一方面，按照"以全日制公办中小学为主"的要求，根据区域经济社会发展和城镇建设情况，预测本区（县级市）未来几年学龄人口的分布情况，特别是来穗务工就业农民子女

---

[1] 李伟成：《对流动人口子女义务教育"两个为主"政策的反思》，《民主》2011 年第 8 期。

[2] 马晖：《"流动儿童"生根策》，2009 年 12 月 29 日。

的流入和分布情况，多渠道增加义务教育阶段学位，充分挖掘公办中小学的潜力，提高公办学校接收来穗务工就业农民子女的比例；另一方面，依法审批并规范管理以接收来穗务工就业农民子女为主的民办学校，并给予一定比例的补助。广州市各区、县级市流动人口规模及财政差异较大，因此各区承担比例不尽相同，具体承担比例如下：萝岗区、南沙区，由市负担20%，区负担80%；荔湾区、越秀区、黄埔区、花都区、番禺区，由市负担40%，区负担60%；海珠区、天河区、白云区、增城市，由市负担60%，区（县级市）负担40%；从化市由广州市负担80%，从化市负担20%。[①] 由此可见，公办与民办配合解决流动人口子女义务教育问题的局面，将在广州市长期存在。正如市人大代表在市十四届人大一次会议上回复有关非户籍人员接受义务教育问题时谈到的：各级行政部门通过积极引导、大力扶持，促进民办中小学规范办学、提升质量、创品牌，以此解决非户籍学生入学需求。[②] 因此，公办和民办学校相配合，也将是广州在今后比较长时间解决流动人口子女义务教育问题的对策。

（三）广州应对人口流动的教育政策调整建议

如前文所述，大规模的人口流动，将是广州未来很长时间非常重要的人口现象。因此，必须制定或优化教育政策，以积极应对大规模人口流动对教育的挑战。结合前述广州市人口流动的基本状况，和对广州现有教育政策的分析，我们认为，为有效应对大规模人口流动，广州市需在如下方面制定或优化教育政策。

1. 加强人口流动理论研究，科学预测人口流动趋势，制定教育政策

要有效应对大规模流动人口的教育需求，制定科学的教育政策必

[①] 广州市教育局：《关于进一步做好优秀外来工入户和农民工子女义务教育工作的意见（穗教办转）》，http://www.gzedu.gov.cn/gov/GZ04/201002/t20100225_6745.html，2010年2月10日。

[②] 广州市教育局：《关于市人大代表在市十四届人大一次会议上有关具体意见和建议的回复（非户籍人员接受义务教育）》，http://www.gzedu.gov.cn/gov/GZ04/201205/t20120504_19099.html?keywords＝流动人口，2012年4月18日。

不可少；而科学的教育政策的制定，离不开对人口流动理论的深入研究。然而，有研究者指出："以往的问题在于，教育学家一般不会将人口自身发展的规律性纳入其研究的视野，而人口学家对人口发展的新形势对教育发展的实质影响又关注不够，由此产生决策的科学性不够。今后应加强教育学与人口学二者的联合，尤其是人口学家应该而且能够在这一方面大有作为，为教育发展的科学规划、科学决策提供理论依据。"① 因此，必须加强人口流动的理论研究，在对广州市人口流动趋势进行科学预测的基础上，制定相应的教育政策。

首先，加强人口流动的理论研究。可以说，人口学家依然是人口流动理论研究的生力军，因此，必须发挥他们在这个领域的独特价值，以实现人口流动理论的长足发展。另外，积极鼓励教育研究者，以教育为研究视角，展开对人口流动的理论研究，以促进人口流动理论与教育发展的有机结合，也是今后教育研究者应有的担当。当然，更应该积极鼓励和促成人口学家和教育研究者的合作，这对人口流动理论的发展，以及人口流动理论用于教育，至关重要。

其次，对广州市人口流动趋势进行科学预测。科学的人口流动理论必须服务于实践，对人口流动的趋势进行科学的预测，是指导社会有序发展的关键。如广州市规划局制定的《广州城市总体规划（2011—2020）》，对广州市的人口进行了预测，预计到2020年，广州常住人口将达1800万人，管理服务人口则达2000万人。② 基于政府部门对广州未来人口规模的预测，学者们可以细化和深化此项研究，分阶段、有重点地进行研究。比如，可以从时间的角度，分为近期、中期和远期进行研究，也可以就流动人口趋势进行有重点的研究。总之，建立在科学预测基础上的人口流动的趋势研究，是广州市发展过程中不可或缺的。

最后，以科学的流动人口预测数据为依据，制定相应的教育政策。也只有这样，教育政策才能有的放矢，也才可以做到防患于

---

① 石人炳：《我国人口变动对教育发展的影响及对策》，《人口研究》2003年第1期。
② 广州市规划局：《广州城市总体规划（2011—2020）》，2012年3月30日。

未然。

2. 制定更加全面的教育政策，满足各类流动人口的教育需求

如前文所述，目前广州市针对流动人口的教育政策绝大多数集中于义务教育阶段。这显然是对现实的回应，但教育政策必须具有前瞻性、指导性，所以，科学分析广州市流动人口的教育需求，制定更加全面的教育政策体系，可以更好地满足各类流动人口的教育需求。

通常情况下，流动人口的教育需求往往体现在两个群体，一是流动人口子女，另一个自然是流动人口自身。目前，广州市的教育政策已经关注到了流动人口子女的教育需求，并制定了相应的教育政策，但流动人口自身可能存在的教育需求，却被广州的教育政策制定者们所忽视。我们看到，广州市流动人口的素质偏低，为优化劳动力结构，广州市现有教育政策充分体现出对优秀人才的倾斜力度，但换个视角，是否可以以更加积极的态度去提升流动人口的素质。而且，随着新生代农民工逐渐成为城市流动人口的主体，他们会比他们的父辈更渴望接受更多的教育，从而改善自己的生存境遇，加之他们的文化程度有所提高，具备了进一步接受各类培训的条件。因此，我们认为，应该制定流动人口职业教育的相关政策，为提升流动人口的素质服务，更是可以有效改善广州市劳动力素质结构，最终促进广州市经济、社会等快速发展。

另外，随着近年家庭式迁徙规模的不断扩大，流动人口子女的学前教育以及高中阶段教育、异地高考等问题，也将逐渐浮出水面，成为政府必须面对的问题。因此，未雨绸缪，提前研究，针对这些问题制定相应的教育政策，也是广州市在应对人口流动时必须关注的。

总之，基于对流动人口教育需求的科学分析，关注各类流动人口的教育需求，制定更加全面、系统的教育政策，是促进广州市经济、社会、教育等快速发展所必需的。

3. 加强流动人口子女的义务教育问题研究，制定更加合理的教育政策

从上文我们看到，由于广州市流动人口规模巨大，流动人口子女

的义务教育问题，成为摆在广州面前一道十分棘手的难题，要实现中央"两个为主"的要求，几乎是不可能的。虽然广州市已经做了很多工作，也制定了相应的教育政策，但公办学校学位有限，民办学校教育质量堪忧，依然困扰着大量有义务教育需求的流动人口和相关政府部门。如何破解此项难题，是一个值得深入研究的问题。

对此，学者们纷纷提出了自己的观点，如李伟成认为：要解决流动人口子女义务教育问题，应该要以中央政府为主，实行全国一盘棋的策略，通过税收、转移支付或专项经费划拨等手段，统筹解决流动人口子女义务教育问题。应为每个适龄儿童建立一个统一的义务教育经费账户，该账户随人而走，按需划扣，账户为虚拟账户，由国家、省级政府财税部门掌控，并通过数字平台进行信息处理和经费划拨业务。[1] 袁连生教授提出：应该区分跨省（自治区、直辖市）和省内流动的农民工子女，建立相应的各级政府共同分担、以省市政府为主的农民工子女义务教育经费的分担机制，跨省流动到非直辖市的农民工子女的义务教育经费，应该由中央、省、市、区县四级政府分担。[2] 另外，马晖提出实行教育券制度，明确国家是农民工子女接受义务教育的主体地位，完善户籍制度和义务教育法，以及大力扶持和鼓励民办教育的发展，规范对民办学校的管理等建议，来解决流动人口子女义务教育问题。[3]

对于广州而言，要切实做好流动人口子女义务教育工作，除了合理借鉴学者们已有的研究成果外，结合广州的实际，如流动人口规模巨大、流动人口空间分布不均衡等，进行有针对性的研究，是制定更加合理的教育政策的前提。因此，必须就这些问题展开专项研究，在科学研究的基础制定或优化流动人口子女义务教育政策。

---

[1] 李伟成：《对流动人口子女义务教育"两个为主"政策的反思》，《民主》2011年第8期。

[2] 马晖：《"流动儿童"生根策》，http://zhufangfang040214.blog.163.com/blog/static/43124859200911293435631 2/21，2009年12月29日。

[3] 同上。

五 兰州新区应对人口流动的教育政策分析

2012年8月20日,国务院发函批复同意设立兰州新区。作为西北地区第一个国家级新区,兰州新区将成为西部地区重要的增长极,对带动西部开发开放、拉动西部经济发展具有重要作用。研究表明,经济发展的高潮势必伴随大规模人口流动的高潮[1],兰州新区的发展繁荣,必然伴随着大规模的人口流动。

据2012年统计数据显示,兰州新区总人口为10万人[2]。按照新区的人口与用地规模,《兰州新区总体规划》指出:2015年新区城市人口规模将达到30万人,2020年达60万人,2030年达百万。[3] 由此可见,未来十几年,兰州新区将面临持续大规模的人口流动。大量流动人口进入兰州新区,在带给新区源源不断的人力资源的同时,也会对新区的教育事业提出前所未有的挑战。应对将要出现的大规模的人口流动,兰州新区制定了相应的教育政策,对新区教育事业进行超前谋划。教育政策,作为与人们获取知识和职业技能的过程有关的政府法规和程序[4],不仅深刻影响着教育的发展,也会对整个社会政治、经济等产生深远的影响。因此,为进一步推动兰州新区教育事业的健康、快速发展,促进兰州新区的经济建设、文化发展以及社会稳定,有必要对新区已有教育政策进行系统的考察与分析。另外,兰州新区在应对人口流动的教育政策制定中的经验与不足,也能够对其他地区教育事业的发展起到很好的借鉴作用。

---

[1] 彭启彪、左晗:《人口流动对我国社会的影响》,《社会科学家》1990年第2期。
[2] 2013年统计数据未公布,2012年数据转引自兰州新区党工委、管委会:《兰州新区概况》,2012年5月15日。
[3] 《兰州新区总体规划》,http://www.gs.xinhuanet.com/xinqu/2012 - 05/15/c_111952709.htm,2012年5月15日。
[4] E. R. 克鲁斯克、B. M. 杰克逊:《公共政策词典》,上海远东出版社1992年版,第97页。

（一）兰州新区现有教育政策考察

应对大规模人口流动的趋势以及新区社会发展的需要，自 2010 年兰州新区建设之初至今，省市相关部门相继出台了《兰州新区教育事业发展专项规划》（以下简称《规划》）[①]、《甘肃省教育厅关于支持兰州新区教育发展的意见》（以下简称《意见》）[②]、《甘肃省教育厅落实"3341"项目工程行动计划》（以下简称《计划》）[③]，对兰州新区的教育发展进行了谋划。

通过对以上教育政策文件的系统考察发现，已有教育政策对兰州新区的学校布局、学校建设、资金投入、政策保障、师资引进与培养等多方面问题进行了较为全面的规划与设计，体现出一定的特色。

1. 逐步构建了以基础教育和职业教育为重点的教育政策体系

2010 年 10 月，由兰州市教育局牵头颁布的《规划》，是指导兰州新区教育事业发展最为重要和详细的政策文件。该文件对兰州新区教育发展总体目标的设计是：形成"学前教育普及化、义务教育均衡化、职业教育规模化、终身教育一体化"的办学格局，基本形成以学前教育和九年义务教育为主体，以普通高中教育为拉动，以职业教育和成人教育为两翼的现代国民教育体系，成为全市优质教育资源的集聚区、素质教育的示范区、职业教育的先导区。[④] 在将总体目标转化为具体目标时，充分体现出对基础教育和职业教育的重视，构建了从幼儿园到高中的一套较为完整的基础教育体系[⑤]，并对各级学校数量进行了规划。另外，还对中等职业学校进行了规划。

至 2012 年，甘肃省教育厅颁布的《意见》中提出：到 2020 年，基本建成功能完备、机制高效、特色鲜明的"现代教育体系"，其中

[①] 2010 年 11 月由兰州市教育局颁布。
[②] 甘肃省教育厅于 2012 年 10 月颁布。
[③] 甘肃省教育厅于 2013 年 3 月颁布。
[④] 《兰州新区教育事业发展专项规划》，http://www.doc88.com/p-706869234028.html。
[⑤] 以往基础教育的起点被公认为是小学阶段，但随着社会的发展，学前教育日益与基础教育接轨，因此幼儿园逐渐被纳入到基础教育阶段。

专条论述了"构建与现代产业体系融合发展的现代职业教育体系"。[①]该政策文本明确提出了建设现代职业教育体系,体现出对职业教育的关注;而在"现代教育体系"建设中,基础教育毫无疑问是其主体,但职业教育、高等教育、成人教育等是否包含其中,并未提及,这体现出政策处理上的模糊性。但透过对这份政策文件具体内容的解读可以看出,基础教育依然是政策规划中的重点,在建设力度、资金投入、教师素质提升、政策保障等方面都更多地关注了基础教育领域。因此,基础教育和职业教育毫无疑问成为新区教育政策规划的重点。

2013年颁布的《计划》中,兰州新区教育发展的思路被表述得更加简单明晰,直接将兰州新区教育现代化建设分解为兰州新区基础教育现代化建设和职业教育现代化建设两大方面,并对其进行了目标规划。[②] 自此,兰州新区教育发展的重点从政策规划的角度,被明确在基础教育和职业教育两大领域。

2. "名校建分校"策略引领新区集聚优质教育资源

针对"现代化新城建设呼唤迅速打造教育优质资源的压力",《规划》将"名校带动"策略作为兰州新区教育规划的指导思想之一,主张以发挥优势、示范带动为原则,充分发挥省会城市优质教育资源聚集的优势,积极引导名优学校到新区创办分校,充分发挥名校效应,为新区聚集人气。[③] 以此为指导,2011年9月,开始筹建包括"一中心、四分校、五基地"的兰州新区教育集群项目,[④] 兰州市教育局与兰州新区管委会于2012年5月18日正式签署兰州新区教育集群项目签约仪式,预计五年内全面完成项目的建设任务。根据合同,将在三年内建设"一中心",即建设国家中小学示范性综合实践中心;"四分校",即在兰州新区建设兰州市实验幼儿园、兰炼一小、兰州十一中、兰化一中四所名校的分校;"五基地",即建设兰州职业技术学院、兰州女子中专、兰州理工中专、兰州旅游职校、兰州商贸职校五

[①] 甘肃省教育厅:《关于支持兰州新区教育发展的意见》,2012年10月27日。
[②] 甘肃省教育厅:《落实"3341"项目工程行动计划》,2013年4月1日。
[③] 兰州新区教育事业发展专项规划,http://www.doc88.com/p-706869234028.html。
[④] 侯若志:《兰州新区教育集群项目奠基》,《甘肃日报》2012年10月11日第1版。

所职业院校实训基地,将其与新区和兰州、甘肃的石油化工、先进制造业、新能源、新材料、生物医药、电子信息、现代农业、现代服务业等产业相结合,建成高标准、高规格的开放共享型公共服务平台。① 这一政策在《意见》中进一步得到了重申,成为一项重要的政策保障,支持兰州新区以"名校建分校"的模式择优整合省内中小学、高中名优资源在新区创办分校引领新区教育发展。②

把最好的学校建在新区,通过兰州市现有名校的"品牌"带动效应,弥补新区优质教育资源短缺,引领兰州新区教育向优质、内涵、特色发展,促进招商引资项目落地,增强兰州新区的吸引力和综合竞争力,是兰州新区一项极具特色的教育政策。

3. 分阶段、科学规划学校设置

按照兰州新区人口预测数据,2015 年达 30 万人,2020 年达 60 万人,2030 年达百万人,《规划》对新区学校的层次结构布局进行了谋划。以国家、省有关学校建设的规范、标准和要求为依据,使用按学生占人口比例的科学测算方法,分阶段确立了具体需设置的各类学校数。所谓按学生占人口比例的测算方法,即小学生按总人口的 8% 测算,初中生和幼儿园学生分别按总人口的 4% 测算,高中和职业学校分别按总人口的 2% 测算,然后按照学生数,依据国家现行中小学校舍建设标准,最大规模设置学校。③

在具体测算中,兰州新区兼顾了全市小学在校生占全市总人口的比例(为 6.8%)和流动人口因素,确定了各级学校设置的比例。最后确定,"十二五"期间,新建 12 所小学、6 所初中、22 所幼儿园、3 所高中、1 所特殊教育学校、4 所中等和 1 所高等职业学校兰州新区分校;"十三五"期间再建 36 所小学、16 所初中、63 所幼儿园、7 所高中中等专业学校兰州新区分校 4 所。按以上规划和测算,在 2020

---

① 侯若志:《把最好的学校建在兰州新区——本报记者就兰州新区教育集群项目建设访兰州市教育局局长何泳忠》,《甘肃日报》2012 年 9 月 10 日第 4 版。
② 甘肃省教育厅:《关于支持兰州新区教育发展的意见》,2012 年 10 月 27 日。
③ 《兰州新区教育事业发展专项规划》,http://www.doc88.com/p-706869234028.html。

年前，兰州新区需新建 175 所中小学、幼儿园和职业院校，需要土地 693.4 万平方米，折合 10396 亩。①

政策中对学校设置的规划，紧密结合对新区人口变动趋势的预测，按人口变动的阶段性预测，对学校设置进行了任务的分解，学校数量及建设用地的计算既依据一定的科学标准，又考虑了新区流动人口等因素。

4. 设计了引进加重点培养的教师培养模式

教师素质深刻影响教育质量，兰州新区现有教育政策对教师素质的提升进行了规划设计。《意见》明确指出：创新教师培养模式，提高教师专业素质。兰州新区教育政策中对于教师培养模式的设计主要包括三条途经：一是引进，即每年面向全国招聘一定数量的特级教师和青年骨干教师，让其充分发挥引领带动作用，带动新区中小学师资队伍整体素质的提升；二是吸引，即通过改善教师工作、学习和生活条件，吸引更多优秀人才加入新区教师队伍，为新区教育事业的发展输送新鲜血液；三是培养，即通过培训、评优等鼓励、激励机制，多渠道培育名教师、名校长，打造名学校，为新区教师素质的提升营造氛围、创造条件，并积极发挥名教师、名校长、名学校对教师素质提升的引领带动作用。另外，鉴于职业教育的特殊性，为培养师资，《意见》专门提出，引进有实践技术经验的专业技术人员担任专兼职教师，提升职业院校"双师型"教师比例，为新区职业教育的长足发展奠定坚实的师资基础。

5. 打造与兰州新区发展相适应的现代职业教育体系

职业教育可以说是兰州新区教育发展的重要一翼，相关教育政策对职业教育的发展进行了规划，致力于打造与兰州新区发展相适应的现代职业教育体系，全面提高职业教育服务新区经济社会发展和人的全面发展的能力。

对于现代职业教育体系的构建，兰州新区相关教育政策进行了多

---

① 《兰州新区教育事业发展专项规划》，http://www.doc88.com/p-706869234028.html。

方面的规划。第一，从目标的角度看，将构建现代职业教育体系的目标确定为，加快培养适应产业结构调整需要的各类技能型人才；第二，将建设兰州新区职业教育园区作为新区职业教育体系构建的重点工作，规划未来五年，在兰州新区建成占地 2 万亩、规模 20 万人的职业教育园区，到 2020 年，建成占地 3 万亩、规模 30 万人的职业教育园区[①]；第三，优先发展与兰州新区支柱产业配套的综合性职业教育；第四，整合省内职业教育资源，引进和建设一批产学研用相结合的高等职业院校和中等职业教育机构；第五，针对新区产业结构调整和升级，紧密结合行业企业用人需求，共同制定职业教育培养目标，开发特色专业、精品课程，共建"双师型"教师培养培训和实习实训基地，逐步健全行业企业参与职业教育的多渠道投入机制，激励行业企业参与职业教育，加强校企合作。

在对兰州新区现有教育政策的基本状况有了比较清晰的认识的基础上，对其进行更加深入、理性的分析，梳理现有教育政策在应对大规模的人口流动时有效而值得进一步加强或推广的政策，以及有待进一步调整或改进的方面，对于促进新区教育乃至经济、社会发展都具有十分积极的作用。

（二）兰州新区应对人口流动的教育政策分析与建议

由于特殊的地域特点以及薄弱的教育发展的基础，《规划》指出：兰州新区的教育面临三方面的沉重压力，一是区划调整导致原有教育资源严重不足，二是快速城市化发展催生流动人口子女增加致使义务教育资源严重不足，三是现代化新城建设呼唤迅速打造教育优质资源。[②] 由此可见，人口流动是影响兰州新区教育发展的重要因素之一。然而，正如有研究者所言："以往的问题在于，教育学家一般不会将人口自身发展的规律性纳入其研究的视野，而人口学家对人口发展的

---

① 甘肃省教育厅：《落实"3341"项目工程行动计划》，http://www.gsedu.gov.cn/Article/Article_16069.aspx，2013 年 4 月 1 日。

② 《兰州新区教育事业发展专项规划》，http://www.doc88.com/p-706869234028.html。

新形势对教育发展的实质影响又关注不够，由此产生决策的科学性不够。"[1] 因此，二者的结合势在必行，兰州新区的教育政策，也必须充分考虑人口流动的因素。

1. 关注流动人口教育需求，构建以基础教育和职业教育为重点的教育政策体系

按照兰州新区总体规划对新区人口的预测与规划，兰州新区人口规模增长迅速，受教育群体规模也会不断壮大，这其中尤以基础教育和职业教育领域最为突出。

基础教育受众最广，且由于兰州新区基础教育发展的基础十分薄弱，核心区的学校存在数量少、规模小、校舍危房多等突出问题[2]，更增加了大力发展新区基础教育的紧迫性。从另一个角度看，只有具备了良好的基础教育资源，能够满足流动人口子女接受基础教育的需求，才能吸引更多流动人口来到新区，为新区的建设做出贡献。因此，兰州新区教育政策对大规模新建、扩建各级基础教育学校，扩大新区基础教育的办学规模，给予了较多的关注，这充分体现了政策制定者应对大规模流动人口进入新区，从基础教育发展的角度，做好了充分的准备。

另外，按照兰州新区建设规划，通过 5—10 年的努力，要把兰州新区打造成为战略性新兴产业、高新技术产业和循环经济的密集区，国家经济转型和承接东中部装备制造业转移的先导区，传统优势产业和现代化服务业的扩展区，向西开放的战略平台[3]，因此新区将发展形成包括战略性新兴产业、高新技术产业、石油化工、装备制造、新材料、生物医药、现代农林业、现代物流仓储和劳动密集型产业等十大主导产业。[4] 由此可见，兰州新区经济发展的高潮不仅需要大规模

---

[1] 石人炳：《我国人口变动对教育发展的影响及对策》，《人口研究》2003 年第 1 期。
[2] 《兰州新区教育事业发展专项规划》，http://www.doc88.com/p-706869234028.html。
[3] 兰州新区官方门户：《兰州新区概况》，http://www.gs.xinhuanet.com/xinqu/2012-05/15/c_111952609.htm，2012 年 5 月 15 日。
[4] 同上。

流动人口的进入，更需要大量具备一定职业技能的劳动力。然而，通常情况下，流动人口的职业转换频率普遍较高，因此对其进行职业技能培训必不可少。目前，对于劳动力人口职业技能的培训，除相关企业承担外，大力发展与经济建设相配套的职业教育体系已成为职业技能培训的一大趋势。因此，兰州新区经济要发展，必须大力发展职业教育。这也是兰州新区应对大规模人口流动，教育发展的必然选择。

综上，兰州新区流动人口教育需求的重点，比较集中地体现于基础教育和职业教育领域。在此方面，新区教育政策的重点与流动人口的教育需求也是相契合的。因此，今后一段时间，新区教育政策依然需要保持这个重点。

2. 加强人口流动理论研究，科学预测新区人口发展趋势，分层次、分阶段规划各类学校的设置

如前文所述，兰州新区以国家、省有关学校建设的规范、标准和要求为依据，使用按学生占人口比例的科学测算方法，按人口变动的阶段性预测，分阶段确立了具体需设置的各类学校数，体现出兰州新区教育政策制定者对人口变动趋势的关注，这是十分值得提倡和推广的。

然而，由于兰州新区的建设刚刚起步，流动人口发展趋势还存在很多变数，导致人口变动的趋势还不清晰，这无疑加大了新区人口预测的难度，因此兰州新区对未来十几年人口规模的预测，比较粗线条，且带有一定的主观性，这对教育政策的制定是极其不利的。另外，由于人口流动隐含很多不确定的因素，其中流动人口可能会出现的较为频繁的流动，对教育的发展影响最大。人口流动通常划分为户口移动式流动和人户分离式流动[①]，其中户口移动式流动指流动当事人能取得流入地永久居住的认可，并享受流入地的各种相应待遇，很容易融入流入地的主流社会之中，因此，以这种方式流动的个人或家庭很少频繁地发生流动，其对教育的影响较小；但人户分离式流动，由于流动当事人无论在工作方式、生活方式上与当地人都有明显的异

---

① 钟水映：《人口流动与社会经济发展》，武汉大学出版社2000年版，第154页。

质性，而且即使在一个地方居住多年，也很难与当地人互相认同，这就导致以这种方式流动的个人或家庭会出现比较频繁的流动。《中华人民共和国义务教育法》规定："父母或者其他法定监护人在非户籍所在地工作或者居住的适龄儿童、少年，在其父母或者其他法定监护人工作或者居住地接受义务教育的，当地人民政府应当为其提供平等接受义务教育的条件。"因此，人户分离式流动人口，在进入流入地期间的教育需求和频繁的流动倾向，对新区教育的规划和发展是一个不小的挑战，如何在流动人口可能会出现的频繁的去留中寻找平衡点，合理规划兰州新区教育资源，做到既能保证每一个进入新区、有教育需求的人，都能接受到平等的教育，又不致出现过大班额或者教育资源闲置、浪费的现象。真正要解决这些问题，离不开科学的人口流动的理论研究成果的指导。

综上，兰州新区教育的有序发展，离不开科学的人口理论的指导，因此，必须加强兰州新区人口流动的理论研究，以理论研究的科学性，引领新区人口流动趋势的科学化预测，以便能够提前做好教育的安排和规划，对已有教育政策进行相应的调整或细化。

3. 以国家教育政策为指导，充分发挥优质教育资源的作用，增加兰州新区对流动人口的吸引力

随着社会的发展，教育的重要性越来越被更多人所认识，人们的教育需求也逐渐由以往的"有学上"过渡为"上好学"，优质教育资源成为人们追逐的对象。新区要发展，人才、人力是关键，而教育作为重要的社会服务机构之一，其质量往往深刻影响人口流动的数量和质量。因此，兰州新区提出"把最好的学校建在新区"，多管齐下集聚优质教育资源，增加新区对流动人口的吸引力。

首先，兰州新区通过加强学校的硬件建设，进行标准化学校建设，提升新区教育的硬实力，为兰州新区教育事业的快速发展奠定坚实的物质基础。其次，依托省会城市优质教育资源，积极促成兰州市区名校到新区办分校，将先进的办学理念、学校文化、管理体制等带到新区，带动新区学校的发展。最后，创新教师培养模式，加大优秀师资引进和培养力度，力图使教师不仅"能教书"，而且能够"教好

书",提升新区教育软实力。

毫无疑问,兰州新区现有的"名校建分校"以及名校长、名教师培养、引进等相关教育政策,在集聚新区优质教育资源、促进新区教育发展方面起到十分重要的作用,它也是兰州新区积极应对流动人口对优质教育需求的产物。但这些政策若操作不当,极易使新区学校之间产生差距,形成事实上的重点校,导致择校现象在新区上演。

党的十八大三中全会做出的《中共中央关于全面深化改革若干重大问题的决定》指出,大力促进教育公平,逐步缩小区域、城乡、校际差距,不设重点学校重点班,破解择校难题。关注教育公平,促进教育均衡发展,是今后兰州新区制订或调整教育政策时必须遵循的。因此,兰州新区教育政策的制订或调整,必须以国家教育政策为指导,在发挥已有政策优势的同时,对诸如如何有效发挥名校所建分校的辐射带动作用、促进区域教育均衡发展,如何有效规避名校所建分校可能引发的新区的择校热,如何有效发挥名校长、名教师在新区教育发展和师资培养方面的引领带动作用,如何合理落实名校长、名教师的交流机制等问题进行系统考察研究,制定相应教育政策,指导兰州新区教育健康、快速发展。

另外,兰州新区是继上海浦东新区、天津滨海新区、重庆两江新区、浙江舟山群岛新区之后,国务院批复建设的第五个国家级新区。其他各新区在应对人口流动,促进教育发展方面积累的经验,抑或是教训,都应该成为兰州新区制定教育政策时,可资参考的宝贵资源。

第七章 应对我国人口变动的教育政策取向与对策

人口与教育的密切关联决定了教育政策的制定、调整与执行必须系统考虑人口变动问题。20世纪70年代初我国开始实施计划生育政策，由此引起的人口变动在20世纪90年代中后期的教育领域开始产生效应。随着出生人口的逐渐减少，一些大中城市陆续制定、出台了小班化教育的政策。进入21世纪以来，随着我国现代化、工业化、信息化、城市化进程的快速推进，城乡发展、规划调整、人口流动加大加快等，一系列的社会发展与变动使得人口变动与教育的关联度越来越紧密。可以说，当前我国教育领域出现的很多问题都与人口的变动相关联，如城市规划中的中小学布局调整问题、义务教育择校问题、农村学校布局调整问题、农民工进城带来的随迁子女就学和升学问题、幼儿园入学难问题、流动人口子女就学问题、中小学校车问题、高教大众化问题、普通教育与职业教育结构问题等。应对人口变动给教育提出的新要求，教育资源配置标准、教育结构、教育投入、教育规划等方面的政策可能都需要及时进行相应的调整，才能适应我国经济社会变革的要求。因此，面对人口变动带来的新问题，我国的教育政策也需明确新的政策取向，并切实采取有效的策略加以应对。

一 应对人口变动的教育政策产生的问题剖析

近年来，我国伴随人口变动产生了大量的教育热点问题，教育行政部门也相继出台了一些应对措施，有的产生了较好的效果，如小班化教育政策。但也有的教育政策则不尽如人意，又引发了新的问题，如农村撤点并校引发的校车问题、学生安全问题等。一些新的问题出现，随着城镇化的推进，农民及其子女如何尽快转变化为市民，如何培养城市意识，并获得城市生存与发展技能，等等，都对教育提出了新的挑战。基于对应对人口变动而实施的有关教育政策的现实审视，发现之所以存在上述政策问题，主要在于教育政策内容的制定与人口变动带来的教育问题存在不对接、不匹配的真空地带。

（一）"就近入学"与人口户籍制的壁垒问题

我国现行的教育体制跟典型的城乡二元管理模式的户籍制度相挂钩。《义务教育法》第十二条明确规定"适龄儿童、少年免试入学。地方各级人民政府应当保障适龄儿童、少年在户籍所在地学校就近入学"，从法律的角度保障了适龄儿童接受义务教育的权利。但也明确了户籍是学龄人口享受义务教育的主要依据，学龄儿童入学由户籍所在地政府负责，成为流入地政府不愿意无条件接纳进城务工人员随迁子女就读公办学校的法律依据。各地方政府主要为本地区有户籍的学龄儿童提供教育服务，在教育规模的规划、中小学校的布局等都是以满足当地户籍人口的教育需求为依据的。为了便于管理，往往实行按户口划分学区，实施就近入学。然而，随迁子女具有明显的居住地与户籍所在地相分离的特点。绝大多数务工人员未在城市置业，户籍都在原地，所以其子女入学总被学区就近入学制度隔离在外。由于户籍制度、义务教育经费投入制度的稳定不变，现阶段的系列政策措施对进城子女义务教育问题的解决效果并不明显。[1]

在具体的政策落实过程中，受城乡户籍二元思维模式影响，在教育政策领域中，解决进城务工人员随迁子女教育问题，也以户口将适龄儿童分为户籍学生及非户籍学生两大类别。最典型的二元思维模式是区别对待两个政策对象群体：进城务工人员子女与城市户籍子女，导致教育对象的二元主体划分。这种思维模式首先来源于户籍制度和

---

[1] 岳伟、于利晶：《"两为主"政策执行失真的原因及对策研究》，《教育理论与实践》2013年第17期。

学籍制度的限制，认为农民工子女没有城市户籍和城市学籍，不能无条件享受城市优质教育。其次是政府本位主义的影响，流入地政府认为农民工子女教育经费在其家乡所在地，自己没有义务解决其受教育问题。① 于是，部分地区为缓解数量庞大的入学压力，对进城务工人员随迁子女的义务教育入学设置了较高的门槛，提出了诸多限制性条件（如父母的户籍、父母在所在城市工作的时间、高额"赞助费"等），以此来均衡教学资源配置，更是人为地增加了进城农民工子女的入学难度，导致进城务工人员随迁子女在教育公平的起点，便面临着不公。

（二）义务教育经费管理体制限制问题

我国义务教育阶段，财政制度实行地方负责分级管理。"以县为主"的管理体制下，义务教育所需经费主要是通过政府财政制度进行配置，配置主体是乡镇和区县一级地方政府，每年义务教育拨款也主要依据本地区户籍人口中适龄儿童的数量而定。中央根据适龄儿童的户籍学生数下拨教育经费，这种方式决定了随迁子女义务教育投入属于国家教育投入的盲区。中央及省级政府在计算义务教育拨款时仅以"户籍人口"为统计口径，流入地政府负担流动儿童义务教育的拨款则缺少统计支持。随迁子女流动到城市后，自然就放弃了接受户口所在地义务教育的权利。一旦离开原户籍所在地，其应该享受的教育经费并不会跟随他的流动而流转。尽管进城子女已离开户籍所在地到流入地就读，但相应的经费尤其是中央财政负担的部分经费仍然拨付到流出地政府。到了流入地后，由于没有当地户口，流入地政府既无义务也不可能投入大笔教育经费额外承担外来人口子女就学的责任。在当地政府的财政支出里，也不会划拨有关教育经费的补贴，因而造成随迁子女义务教育经费两地无着落的无奈局面。另外，大量随迁子女流入城市后，流入地政府既要保证当地义务教育已有的教育质量并争取达到更高一级水平，又要满足随迁子女接受义务教育的需求，城市教育资源不足与随迁子女入学需求之间的矛盾日益突出，也给流入地

---

① 李红岩、刘海燕：《制度塑造政策的经验分析》，《经济问题》2014年第3期。

的义务教育带来了很大压力。

依据我国现有政策规定，普及义务教育所需的资金由地方负责筹措与分配，但对于流入地与流出地政府在现有义务教育体制下对随迁子女教育经费所应承担的具体责任并不明确。2008年8月，国家开始在全国范围内实施免除城市义务教育阶段学杂费等措施，并相继出台了一系列制度和政策来保障进城农民工子女的入学。《国务院关于做好免除城市义务教育阶段学生学杂费工作的通知》规定对进城子女免除学杂费，不收借读费，要求强化省级统筹，划分了省及市县政府的经费责任。2010年，《国家中长期教育改革和发展规划纲要（2010—2020年）》又一次重申了"两为主"政策内容，但是，"两为主"政策尽管明确了流入地政府的经费责任，却没有规定中央政府的财政责任。由地方政府自行负担随迁子女的义务教育经费，既加重了流入地政府的财政压力，又加剧了各地义务教育经费享用的不一致。有些流入地政府在经费不足的情况下，不愿承担风险去开办专门接纳随迁子女的学校，一则，他们的教育基础较差，社会效益差；二则，在国家规范教育收费制度的社会大背景下，开办此类学校亦无经济效益而言。因此，在这种制度下，流入地政府宁愿将教育经费用于提高本地区教育质量，也不愿接收农民工子弟入学。

（三）留守儿童义务教育配套机制不完善问题

当前，如何保证农村留守儿童公平接受教育，并为他们健康成长创造良好的条件，已成为我国社会转型期的一个独特的问题。自21世纪初期开始，我国就陆续出台了一系列保障留守儿童教育的政策、法规，并积极采取相应的措施。2004年6月，教育部在关于学习贯彻《中共中央　国务院关于进一步加强和改进未成年人思想道德建设的若干意见的实施意见》中，对农村留守儿童的教育问题提出了指导性的意见。随后，各级政府及其相关部门对留守儿童的教育问题又作出了一系列规定并制定了一系列政策。2005年7月，教育部出台《关于进一步推进义务教育均衡发展的若干意见》中，对农村留守儿童的教育问题作了专门规定，要求"地方各级教育行政部门和学校要有针对性地采取措施，及时解决进城务工农民托留在农村的'留守儿童'

在思想、学习、生活等方面存在的问题和困难"。2006年8月28日，公安部专门发布《关于做好留守儿童有关工作的通知》，明确要求"各级公安机关要针对留守儿童监护权的缺失导致合法权益特别是人身安全易于受到侵害的实际状况，加大对留守儿童安全保护的力度，严密防范、严厉打击侵害留守儿童合法权益的违法犯罪活动，切实保障他们的人身安全"。《国家中长期教育改革和发展规划纲要（2010—2020年）》则进一步要求"建立健全政府主导、社会参与的农村留守儿童关爱服务体系和动态监测机制。加快农村寄宿制学校建设，优先满足留守儿童住宿需求。采取必要措施，确保适龄儿童少年不因家庭经济困难、就学困难、学习困难等原因而失学，努力消除辍学现象"。这一系列举措对保障留守儿童公平接受教育和健康成长都起到了十分重要的作用，但现有这些政策和规定，对留守儿童的教育问题宏观层面关注居多，对实质性的问题则重视不够。

　　伴随着我国城镇化速度的加快，留守儿童问题在一定时期内仍将持续存在。留守儿童普遍存在家庭功能不健全的情况，由此，学校便成为留守儿童社会化过程中一个极其重要的场所。农村学校不仅是留守儿童的教育主体，还应全面承担起留守儿童的关爱与管理责任，这就对农村教育改革与发展提出更高的要求与挑战。然而，在城镇化加快发展的背景下，农村留守儿童受教育的诸多配套机制很不健全。比如，从目前来看，要弥补留守儿童家庭教育上的缺憾和保证他们公平接受教育，搞好农村寄宿制学校建设不失为一种最佳选择。一方面可以解决留守儿童照看、学习和安全得不到保障的问题；另一方面学校寄宿的集体生活，可以增强师生、同伴之间的交往，在一定程度上能消解留守儿童的心理问题，提高他们生活自理能力和与人合作的能力，对留守儿童的健康成长无疑具有积极的作用。但是，由于长期受城乡二元结构的影响，我国在教育资源配置上，城市占有了绝大部分优质教育资源，农村中小学教育资源相对匮乏。虽然近年来我国非常重视城乡教育一体化，关注城乡义务教育均衡发展，但城乡经济差距的拉大在一定程度上也制约了义务教育的公平性。教育上的"二元结构"甚至比经济上的"二元结构"还要严重。[1]

农村地区义务教育投入严重不足,办学经费捉襟见肘,师资质量和硬件设备根本无法保障,很多农村学校校舍破旧不堪,更不要谈拥有条件较好的寄宿制学校。一些农村寄宿制学校,由于经费投入不足,办学条件一般都较差,办学质量也普遍不高。许多家长宁可将孩子寄养在亲戚家,也不让其住校,而这些孩子也认为寄养在亲戚家里比住校自由。这样一来,这部分孩子在学校和亲戚之间就形成了一种管理上的失控区。在这个失控区间,留守儿童自然很容易沾染社会上的不良习气,例如乱花钱,泡网吧,赌博,打架斗殴,与社会上的小混混搅在一起,等等。[2]

此外,农村中小学的师资力量依旧薄弱,教育水平相对低下。教师教育教学理念更新较慢,对待留守儿童未能给予更多的关注、关爱和帮助。在日常学校管理和教育教学过程中,学校缺乏针对留守儿童的有效教育措施。加之由于农村教师编制的限制,农村中小学对于寄宿生一般都没有配备专门的生活教师,住校生的管理基本上是由任课教师和班主任负责,导致寄宿制学校教师除了教学任务之外,还要承担学生的生活管理及治安工作,一方面加大了教师的工作压力,另一方面也不利于与寄宿生的情感沟通。

最后,课程是教育的核心和基础,在一定程度上决定着教育的质量。但是,当前我国义务教育的课程设置,在目标价值上存在"去农化取向",城市化取向的课程内容编排和课程资源开发,使留守儿童并未在农村学到有关农村的丰富知识,极易在心中树立起崇拜城市的心理,这种心理上的矛盾于无形中助长了留守儿童的厌学情绪。[3]

(四)各个层面教育政策的不系统、不协调

为了积极应对人口变动,我国及各地虽然出台了一些相应的教育

---

[1] 吴玲、刘玉安:《农民工子女义务教育问题中的政府责任》,《山东社会科学》2013年第2期。

[2] 范先佐、郭清扬:《农村留守儿童教育问题的回顾与反思》,《中国农业大学学报》(社会科学版)2015年第1期。

[3] 吴支奎:《制度突破:农村留守儿童教育问题的出路》,《教育导刊》2010年第6期。

政策，既有宏观整体层面的，也包括针对某一突出问题，如流动儿童教育的具体政策。但是，总体来看，我国应对人口变动的专门性教育政策很少，各级各类政策之间也缺乏系统性和协调性。同时，某些政策的具体规定上也很模糊，且缺乏执行的操作措施，甚至各项政策在具体的内容条款及政策精神方面存在相互矛盾的地方。

1. 政策出台普遍滞后

针对人口变动所产生的教育问题，在出台相关政策法规时，存在一定的滞后性。如应对学龄人口数量变动，由于缺乏通过科学预测人口规模，提前进行合理规划，造成政府在设定各级教育规模上，教育政策的调整相对于适龄人口的刚性需求存在时间上的滞后，导致每次学龄人口的大幅度波动都会造成教育资源的不足或者浪费。又如，我国留守儿童问题自20世纪80年代中期就产生了，但作为一个社会问题引起足够关注是在21世纪初。这样，从留守儿童这一社会问题出现到问题在教育领域被关注、再到问题具体化为教育政策问题被提上政府议程，其间经历了大约20年的时间。[①] 而正是由于一些问题在刚出现时没有引起足够的重视，随着时间的积累而逐渐严重，既不利于针对留守儿童问题制定有效的教育政策，也不利于问题的及时解决。此外，还有一些应对人口变动的教育政策都是作为其他社会政策的补充或以解决当时当地的突出问题的应对措施出台的，并没有形成教育政策自身健全、系统化发展的长效机制和体系，这种结构性缺陷也制约了政策效用的充分发挥。

2. 政策针对单一问题

长期以来我国教育政策存在的一个突出问题就是头痛医头、脚痛医脚，割裂政策之间的联系。回顾我国农村基础教育政策的演变可以发现，一些大的体制调整往往是因为其他方面的改革而作为配套措施出现的，或是问题积累到非彻底解决不可的地步而不得不推出的，其

---

① 郝良玉、胡俊生：《公共政策视野下的留守儿童教育问题探析》，《延安大学学报》（社会科学版）2008年第6期。

直接的政策目标更多地具有"补课"的性质。① 如为遏制教育乱收费现象而出台的《关于在全国义务教育阶段学校推行"一费制"收费办法的意见》和《教育收费公示制度》，为解决"分税"导致的乡级财政税源短缺、乡镇无钱办教育的问题而出台的《关于统一地方教育附加政策有关问题的通知》（财综〔2010〕98号），都是一种"问题推动型"的政策形成方式。虽然这些政策的制定也是为应对当时的教育发展形势需要而做出的适时调整，但是教育发展有其自身的特性和规律，而教育政策的制定如果总是停留在解决某个单一问题的层面，总是缺少足够的理论前瞻性和预测性，那么这样的政策效果无疑是要打折扣的。

3. 政策内容概念含糊

有些宏观教育政策只是提出原则性的要求和规定，在具体的落地过程中，还需要各地方政府部门在准确领会国家政策精神实质基础上，结合本地的实际情况，对国家政策进行"阐释"和"转译"，最终将宏观政策原则转化为具体可操作的地方性教育政策。然而，国家政策对一些概念并无明确的界定，非常含糊，也导致不同的地方政府对政策概念的理解与把握差异很大。如《关于做好进城务工人员随迁子女接受义务教育后在当地参加升学考试工作意见的通知》中，"随迁子女""主要责任""义务后教育升学考试"三个概念在政策文本和实施过程中都存在着模糊性，这种模糊性导致了各地对政策的不同理解和实践中的不同对策。正是对国家政策核心概念的不同解读，才导致各地政府政策的制定和现实的实施存在或此或彼的种种差异。

4. 政策执行容易偏颇

政策执行是影响一项教育政策实施效果的关键环节。在政策设计既定的情形下，政策执行者能否按照政策设计者的意图执行政策，最终决定了教育政策的成效。对于国家以文本方式发布的教育政策，各地在贯彻执行的过程中，通常是按照政策文本的字面意思来"执行"，

---

① 柯春辉：《城乡统筹发展中的教育政策取向和政策制定》，《教育研究》2011年第4期。

并对模糊的政策概念进行不同的阐释与争辩。如随迁子女义务教育"两为主"政策,只明确流入地政府负主要责任,但在义务教育中央—地方分权的治理结构中,政府责任又被区分为中央、省级、地市和区县这样几级政府的不同责任。在现行的义务教育管理制度中,宏观管理和资源筹集主要为省级政府的责任,教育管理和实施则以县为主。但"两为主"政策并没有规定应由哪一层级的流入地政府负责随迁子女义务教育经费,导致执行过程中不同层级政府间相互推诿的现象。省市级流入地政府以义务教育经费应由县区政府负责为由,要求县区政府承担大部分经费,而县区政府则会以财力有限为由要求上级政府加大转移支付力度,导致国家政策落地变形。

5. 政策主体存在缺失

教育政策作为一项公共政策,从本质上讲就是对教育活动中各利益主体矛盾的协调和处理。从教育政策主体的哲学及社会学属性出发,教育政策主体包括决策主体、辅助决策主体、执行主体和对象主体。不同主体所处地位不同,所持立场、观点有异,因此在利益诉求上存在较大差异。[1] 这就要求教育政策的制定需要基于社会共识,充分体现各利益主体的价值诉求,最大限度地实现各主体利益最大化。因此,国家和各地政府在制定出台教育政策时必须基于民主的程序,尽可能地让各政策主体能够广泛参与其中,共同寻求主体间的利益契合点,提高主体素质和政策认同感。但是,我国现行教育政策制定过程中,政策主体往往存在缺失,尤其是政策主体中的对象主体。如长期以来,我国没有建立有效的农民工制度表达渠道。受户籍身份的限制,农民工无法参与城市公共事务的管理。无论是关于农村教育的讨论,还是在农村教育改革方案的设计中,农民往往都是缺席的,很少听到他们的声音。[2] 这种情况下,农民工话语权严重缺失。事实上现行的很多以进城农民工随迁子女为对象主体的教育政策,政策决策主

---

[1] 姚永强:《教育政策主体的利益冲突与整合》,《中国教育学刊》2012 年第 2 期。
[2] 柯春辉:《城乡统筹发展中的教育政策取向和政策制定》,《教育研究》2011 年第 4 期。

体、辅助决策主体及执行主体都是站在各自的立场及利益角度出发。这种单向度的政策模式，不仅导致部分政策主体没有表达利益诉求和影响决策生成的能力和渠道，也使得一些教育政策在出台之后，政策对象主体对政策内容的理解与执行都很被动，从而大大降低了对教育政策的认同。

6. 教育基本政策有待充实

应对人口变动的教育政策，从其纵向结构上，主要分为三个层次：一是总政策；二是基本政策；三是具体政策。当前，我国在积极应对人口变动带来的各种教育问题时，国家政策、部门规章、具体执行的纵向政策体系已经初步形成。但应对人口变动问题的具体政策中，依然有相关政策没有涉及。如教师队伍建设与学龄人口变动密切相关，各级各类学龄人口的变动及教育质量的提高，都要求教师队伍及时做出相应的调整和提高。但是，我国现有的教师政策体系中，尚存在一些基本政策的空缺，如教师职称政策、教师待遇、教师退出机制等。而且，当教师政策内部框架的每个要素与各级各类教育相交集时，都会发现相关教师政策的缺失，如教师培训中没有民办学校教师培训政策，教师编制中缺少职业学校教师编制标准、高等学校教师编制标准，教师专业标准中缺少特殊教育学校教师专业标准、民办学校教师专业标准、高等职业学校教师专业标准。这些缺失的基本政策，势必影响到具体政策的制定和实施。因此，未来五年应在补充完善教师政策框架内部要素相关政策上下功夫。[①]

二 应对人口变动的教育政策取向探讨

近年来，伴随着人口变动对教育带来的影响，我国中央及各级地方政府都做出了重大的政策调整，对于应对人口变动的挑战起到了积

---

① 高慧斌：《教师政策评价分析》，《河北师范大学学报》（教育科学版）2015 年第 6 期。

极的作用。但是，由于人口变动所带来的教育问题本身具有复杂性和不可预见性，应对人口变动的教育政策不可避免地会存在一些不足，在具体的执行过程中也会存在一些障碍。对这些不足的解答和障碍的克服本身就是教育政策及时做出调整、不断完善的过程。其中，明确基于学龄人口变动教育政策应有的价值取向，对政策的调整和未来走向具有关键性、根本性的意义。

教育政策活动作为教育活动的重要组成部分，其主体在制定政策时必然会表现出一定的价值取向，即选择什么样的价值标准、确立什么样的价值目标来实现一定时期的教育任务。[①] 由此可见，价值取向是教育政策最本质的规定性，是教育政策的灵魂，直接影响政策的内容和结果。所谓教育政策的价值取向，指的是政策制定者基于自己的价值判断，在处理各种矛盾冲突时所持的基本立场、态度以及做出选择时所表现出来的基本价值倾向，它蕴含着政策制定者对于政策的期望，体现了教育政策追求的目标。可以说，有什么样的价值取向就有什么样的教育政策。因为，教育政策的制定和执行都是具有一定价值观念的主体的活动，教育政策主体在制定和执行教育政策时会面对各种教育发展要素之间的关系，面对各种利益相关者不同的利益追求及所要处理的各种事物之间的价值差序，都需要他们做出一定的选择。教育政策主体做出选择的依据就是其价值取向，即在他们的观念中何种价值处于优先地位。[②]

任何时期的教育都有一定的价值取向。纵观我国不同历史时期的教育政策取向，依据当时政府的首要任务和社会价值取向而明显不同。因此，重新定位应对当前我国人口变动新形势、新变化的教育政策取向是积极回应社会发展需求、进行政策调整的首要任务。

（一）坚持教育公平的核心价值取向

进入 21 世纪以来，我国从全面建设小康社会、开创中国特色社

[①] 刘复兴：《教育政策的价值分析》，教育科学出版社 2003 年版，第 13 页。
[②] 魏峰、张乐天：《新时期我国教育政策的价值取向》，《教育理论与实践》2010 年第 5 期。

会主义事业新局面的全局出发，明确提出构建社会主义和谐社会的战略任务。教育公平是人生公平的起点，是社会公平价值在教育领域的延伸和体现。作为社会利益的"均衡器"或"显示器"，教育政策理当把"教育公平"这个具有普遍意义的社会发展目标作为首要的价值追求。①

《国家中长期教育改革和发展规划纲要（2010—2020 年）》作为指导我国教育中长期改革和发展的纲领性文件，把促进公平作为国家基本教育政策，指出："教育公平的基本要求是保障公民依法享有受教育的权利，关键是机会公平，重点是促进义务教育均衡发展和扶持困难群体，根本措施是合理配置教育资源，向农村地区、边远贫困地区和民族地区倾斜，加快缩小教育差距。教育公平的主要责任在政府，全社会要共同促进教育公平。"促进教育公平，是办好人民满意教育的需要，也是对我国教育改革和发展进程中诸多现实问题的关照和回应。

教育公平一般包括教育权利平等和教育机会均等两个基本点，还可以进一步区分为进入机会公平、过程公平、结果公平、拥有或享受质量的公平、选择公平等，将深刻地影响着公共教育政策的价值取向。② 在应对人口变动所产生的教育问题时，我国颁布了一系列应对教育人口变动的政策法规，以完善国家的教育治理。这些政策法规代表了国家的意志，反映了国家主导形态的教育价值取向。坚持教育公平的政策取向，即各级政府要高度重视当前人口变动的形势、积极应对，作为教育公共政策的制定者和执行者，对维护教育的公平有不可推卸的义务和责任。针对当前教育领域仍存在的不公平，各级政府在制定与人口变动相关的教育政策时，应充分优先考虑城乡差距、地区差距、民族差距、性别差距、阶层差距等重要因素，为所有适龄儿童提供教育公共服务，保证所有儿童依法享有受教育的权利，尤其是保

---

① 祁型雨：《教育政策价值取向的几个基本理论问题探讨》，《沈阳师范大学学报》（社会科学版）2006 年第 3 期。

② 张力：《促进教育公平是建设和谐社会基本政策取向》，《中国教育报》2006 年 11 月 24 日第 1 版。

障流动儿童、农村留守儿童等弱势群体能够公平接受教育。通过教育政策导向，为弱势群体的教育提供一定补偿。

（二）教育优质均衡的基本价值取向

如果把最大限度地满足最广大人民群众日益增长的教育需求作为当前教育应对人口数量、质量、结构变动的迫切任务的话，那么优质均衡就是教育政策的基本价值取向。

首先，应对我国人口质量变动的新形势，教育政策的制定应聚焦教育质量的提升。随着我国人口老龄化速度的不断加快，我国劳动力人口自 2012 年出现拐点后，总量持续下降。国家统计局数据显示：2014 年，16—60 岁（不含 60 岁）的劳动年龄人口 9.16 亿人，比上年末减少 371 万人，这已是第三年连续下降。这意味着中国初级生产要素驱动型增长阶段的结束，但另外一组数据显示，中国的"人口质量红利"大体在同一历史时点开启了，这将意味着中国经济将在"新人口红利"的推动下进入知识驱动、创新驱动、产业升级驱动的增长阶段。[1] 当前，我国初步开启新的"人口红利"时期，"人口质量红利"初现端倪。在新的人口质量红利周期，或者说"人才红利"周期，经济转型升级、产业提升在国际价值分工中的地位、技术体系向知识和技术密集方向跃迁，将带来新的战略机遇期。"中高速度、更优质量"应该是中国经济的方向。[2]

人口质量与教育质量存在着密切联系。根据学龄人口预测，尽管各学段总学龄人口数量不断减少，但人口质量将不断提高。依据规划，我国到 2020 年时新增劳动力的平均受教育年限将提高至 13.5 年，而劳动年龄人口平均受教育年限将提高至 11.2 年。中国劳动力质量将继续提高，"人才红利"将逐步取代"人口红利"成为经济增长的重要推动力量。人口质量是教育发展的基础，人口质量提高，不仅能够给予教育较高的发展起点，还会对教育提出较高的质量要求。

---

[1] 许元荣：《从人口数量红利到人口质量红利 中国开启新"人口红利"时期》，《第一财经日报》2014 年 10 月 27 日第 B5 版。

[2] 同上。

伴随着人口质量的提高，必然要求教育实现内涵发展，不断提升教育质量。

其次，教育均衡化是教育政策的必然选择。当前我国教育发展进程中诸多问题和深层次矛盾的"引发点"和"集合点"都集中于教育的非均衡发展上。或者说，正是教育的非均衡发展才导致了教育这一公益性事业公平、公正性在一定程度上的"失落"或"缺位"。在现代社会，受教育正日益成为人类生存的基本需要，成为现代社会公民的基本权利，成为改善人的生存状态、促进社会公平的有效手段。因此在世界各国的现代化进程中，无不把教育均衡化作为教育现代化的基本价值，作为现代教育的基本出发点。[①] 在积极应对人口变动的过程中，政府及其教育行政部门必须坚持公平和公正性原则，对其掌握的教育资源进行均衡化的合理配置。在社会主义市场经济条件下，政府作为教育投入和教育事业发展监管的主体，应积极而有效地推动不同区域、城乡及教育内部各组成部分的均衡发展，以教育的均衡发展来实现教育公平，并以教育公平来促进社会公平。[②]

此外，以促进教育均衡作为教育政策的基本价值，还要求政府部门积极处理好各级各类教育发展之间的均衡。在义务教育优先发展的基础上，高中阶段教育还要有大的发展。其中，处理好中等职业教育与普通高中教育的关系至关重要。当前，要把加快发展中等职业教育作为教育规模发展的重点，这是高中阶段教育协调发展直至整个中等教育与高等教育协调发展的关键所在。还要正确处理基础教育和高等教育发展的关系。基础教育是国民教育的基石，也是高等教育发展的基础；高等教育是整个教育的火车头，它与基础教育的协调发展，对巩固提高基础教育也是至关重要的。[③]

（三）公共利益普惠的终极价值取向

公共政策的本质是社会利益的集中反映，这一本质决定了公共政

[①] 尹后庆：《均衡化：教育政策的必然取向》，《上海教育》2002 年第 5 期。
[②] 蔡国英：《论教育均衡发展的公共政策战略取向》，《宁夏教育科研》2006 年第 1 期。
[③] 张秋立：《中国教育政策调整的未来取向分析》，《学术论坛》2008 年第 1 期。

策必须反映大多数人的利益。政治家戴维·伊斯顿认为："公共政策是对全社会的价值做有权威的分配……一项政策的实质在于通过那项政策不让一部分人享有某些东西而允许另一部分人占有它们。"① 同样，教育政策也具有十分重要的公共利益调节功能，并且教育政策应充分满足社会公众的公共利益，即教育的普惠性。"在对国家教育事业进行管理过程中，政府的基本任务就是运用政策工具正确处理个人与国家、集团、阶层之间的关系，在多元矛盾与冲突中寻求共同基点——公共利益。可以说，对公共利益的追求，使教育政策获得了存在合法性与合理性的基石，公共利益是教育政策的根本特性，是教育政策的首要价值诉求和归宿。"②

作为公共政策中的教育政策必然应保持其公共利益取向。应对人口变动的教育政策的制定与实施必须基于满足各种利益主体的教育利益要求，并对不同利益主体之间的教育利益矛盾和冲突进行协调和平衡，最终实现公共教育利益。政府在维护大多数人利益、均衡分配教育资源的同时，应该优先关注弱势群体利益。如果为了实现所谓的公共利益，而不惜牺牲少数弱势群体的利益，那以此取向而制定的教育政策从形成之日就有失公正性。但是政策内涵的模糊性和不确定性、教育需求的多样性和作为教育政策主体的政府的自利性，容易导致教育政策中公共利益的异化。③ 因此，政府在制定教育政策、执行教育政策以及行政管理实践中，必须"尊重和关怀"每一个人的利益，在代表大多数人的利益时更要关注教育弱势群体的利益，特别是更多地关注老少边穷地区、贫困家庭的子女，进城务工子女，女童，即让"最少受惠者的利益"最大化。④ 具体而言，在出台相应的教育政策时，必须不断完善涉及公共利益的法律条款，疏通各利益群体的利益

---

① ［美］戴维·伊斯顿：《政治体系——政治学状况研究》，马清槐译，商务印书馆1993年版，第23页。
② 彭金生：《教育政策的公共利益取向刍议》，《文教资料》2012年第23期。
③ 李军良：《论教育政策的公共利益取向》，《社会科学家》2012年第12期。
④ 蒲蕊：《教育政策选择与制度创新的公平价值取向》，《教育研究与实验》2008年第4期。

表达渠道，健全教育利益补偿救济机制等。

（四）积极应对和调整取向

教育政策调整是指教育政策执行过程中，通过监测和评估，发现教育政策环境发生变化、教育政策措施偏离教育问题或政策实施效果偏离政策预期目标，从而对原有政策方案与执行措施进行局部修正、调适、补充、完善和发展。[①] 教育政策调整是既定教育政策实施一个时期后的"再制定"与"再执行"过程。[②] 这种调整是对原有教育政策进行优化、修正的过程，对于提升教育政策目标的适合性、增加政策方案的适应性、提高政策措施的针对性具有不可替代的作用。

当前，人口变动已成为影响我国教育政策制定的重要因素。随着我国人口的持续变动，一些新的教育问题可能还在不断产生，尤其是在原有教育政策执行过程中又引发的新问题。如城镇化的进一步影响。随着城镇化的推进，农民及其子女如何尽快转变化为市民，如何形成城市意识，如何获得城市生存与发展技能，等等，都对教育提出了挑战，使得教育资源配置标准、教育结构、教育投入、教育规划等方面的政策都需要进行相应的调整。

1. 由"被动应付"到"主动调整"

应对人口变动的教育政策调整，应当加快教育政策制定的主动性和敏感性。对国家出台的一些社会发展重要政策在教育领域可能产生的连锁反应，应当主动考虑人口因素的制约作用，并提前做好准备。深入研究，加以应对。首先，各级地方政府在执行国家政策过程中，要充分发挥主观能动性，结合自身人口变动因素实际，主动创造政策执行所需要的环境、条件、时机，积极寻求政策执行的有效途径和措施，而不是盲目照搬、照抄或照转国家政策，机械被动地执行国家教育政策。其次，教育政策决策主体在设计政策方案时，要充分考虑到方案所要解决问题的动态发展变化，要预测到问题在未来可能发生的

[①] 范国睿等：《教育政策的理论与实践》，上海教育出版社 2011 版，第 209 页。
[②] 张斌、杨润勇：《教育政策调整的必要性与实施途径分析》，《河北师范大学学报》（教育科学版）2006 年第 4 期。

变化，在此基础上设计基于未来的、具有前瞻性的教育政策方案。特别是针对一些具有时效性的教育政策问题，教育政策方案的设计更要求具有前瞻性。① 如 2013 年 11 月 15 日，党的十八届三中全会通过的《中共中央关于全面深化改革若干重大问题的决定》中提到"坚持计划生育的基本国策，启动实施一方是独生子女的夫妇可生育两个孩子的政策"，这标志着"单独二孩"政策正式实施。从 2014 年开始，部分省份开放"单独二孩"政策。2015 年 10 月 29 日，党的十八届五中全会允许普遍二孩政策，提出全面实施一对夫妇可生育两个孩子政策。这是继 2013 年党的十八届三中全会决定启动实施"单独二孩"政策之后的又一次人口政策调整。二孩生育政策的出台及变化，必然引发人口变动的新态势，最直接的就是对我国学前教育规模和结构的影响。应对这一人口政策对教育可能产生的影响，我国及各地政府教育行政部门应提前应对，通过及早预测学前教育学龄人口数量变动，及早调整学前教育发展规划，而不是被动地应对在三年后由于二孩政策全面放开后出生的学龄人口出现"入园难"的难题。

此外，现有应对人口变动的教育政策调整，还应涉及教育问题的重新界定。随着教育政策执行的推进与深入，对教育政策问题的理解也日益深刻，有可能发现原来对教育政策问题的理解存在对问题性质的认识有失偏颇、认识维度不全、问题边界界定不清、对加深问题发展变化的判断不准等失误。同时，在政策执行过程中也会遇到各种始料未及的问题，为了适应变化了的情况或特例，需要各级政府结合现实情况对教育政策执行方式进行及时的适度调整。对此，无论对于国家教育政策还是地方出台的教育政策，都有必要主动根据所掌握的新信息和新情况，重新界定教育政策问题，对相关的政策内容及方向做出积极调整。同时，由于教育政策问题具有动态发展变化性，即使是针对同一类、同一主题的教育政策问题，随着时代的发展、问题情境的变化，也需要政策决策主体积极主动地加以变革创新，设计具有创新性的教育政策方案，而不是听之任之，被动应付。

---

① 范国睿等：《教育政策的理论与实践》，上海教育出版社 2011 版，第 111 页。

2. 由"消极控制"到"积极引导"

对于人口变动对教育发展造成的影响，各地政府因为新的教育政策问题的出现可能会打乱旧有的教育管理体制，甚至对政策执行者所在地区或部门的局部利益或执行者的个人利益与政策所要调整的利益之间存在严重的矛盾和冲突，而在政策执行的某阶段、某环节"应为而不为"，以消极应付的态度来抵制教育政策。如改革开放以来，流动人口的数量越来越多，但是，各地对流动人口管理的重点是维护社会治安和保持社会稳定，大多数城市是管制多于服务，防范多于保护，没有给予流动人口与当地户籍人口同等的权利。自20世纪90年代以来，随着我国社会主义市场经济的发展，工业化、城镇化的加速，2000年前后，我国流动人口开始快速增长。这时，各地对流动人口权利的管控明显不利于对流动人口的有效管理，反而使流动人口管理工作面临诸多困境。在流动人口数量不断增加并成为一个地区很重要的社会群体组成的一部分的情况下，各地政府逐渐转变对流动人口的不合理控制和限制，改为对人口流动进行积极引导，尽可能保障流动人口的迁徙自由权和其他权利，以适应经济发展和社会进步的要求。

从2001年起，国家为解决进城务工农民工随迁子女的义务教育问题，明确提出实行"以流入地为主、以公办学校为主"的"两为主"政策。这一教育公共政策的实施，在各地大致都经历了从消极控制、逐渐改善和扩大公共服务直到通过制度创新加以积极引导的过程。到2006年以后，随着国家确定教育公平的基本价值，实行城乡免费义务教育等，国家城市化的战略更为清晰，各地解决流动儿童义务教育问题也相应得到提速，各地政府逐渐转变政策执行态度，由"消极控制"流动儿童的进入和在本地接受义务教育，到能够比较主动和创造性地改善和扩大公共服务，解决流动儿童接受义务教育这一问题。

3. 由"片面关注"到"全面统筹"

应对人口变动所产生的教育问题，通常具有复杂性和内隐性的特点。对于这些问题的解决，不能停留于表面，或是只关注问题的某一个单一方面。在教育政策方案设计的整个过程中，应对人口变动引发的突发性教育问题，不仅要关注那些暂时的、直接的政策目标，同时还要注意符合这些目标背后的或超越这些目标的一些长期的、间接的或更重要的目标。例如，在设计有关流动儿童入学接受教育的政策方案时，不能只关注那些暂时性的、直接的政策目标——解决流动儿童的入学问题，还应在此基础上着重关注如何更好地实现教育公平——如何让流动儿童与其他城市儿童一样接受相同质量的教育，以及如何更好地实现区域之间、城乡之间的教育资源配置均衡等教育政策目标。[1] 国家及各地政府在设计教育政策方案时，要力求全方位地对教育政策问题进行更加全面的立体剖析，尽一切可能考虑到针对某一教育政策问题尽可能多的解决方案。这样，在教育政策方案设计时关注这些更为长远的、更重要的教育政策目标，应对人口变动带来的无法预期的教育问题的政策方案设计才有可能更加科学、更加有效，也才能更好地解决真正需要解决的教育问题。同时，任何教育问题的产生都不是孤立的，必然有其深刻的社会背景及根源。因此，在制定应对人口变动的教育政策时，不能仅仅片面关注教育领域的相关政策，还应加强与其他社会宏观政策的协调性与一致性，通过与其他部门及社会政策取得价值取向上的一致，与其他社会系统及部门达成共识，才能获得解决教育问题的广泛支持，保证教育问题的真正解决。

此外，从当前我国教育政策方案设计的现实来看，教育政策方案设计的主体呈现单一化主导趋势，即政府或教育行政机关往往作为教育政策方案设计的单一主体。[2] 由于政府及教育行政组织对相关的教育政策问题有比较详细的了解，能从全局把握问题，因此在教育政策方案设计中占绝对优势。但是，过度单一化的教育政策设计主体容易出现一些弊端，在设计政策方案内容时，由于设计主体的单一，极易导致所制定的教育政策只涉及单一主体关注的教育问题、只代表单一主体的教育利益。因此，教育政策的制定要克服这种只关注单一主体利益的片面性，通过健全社会公众听证制度等，全面代表社会公共利

---

[1] 范国睿等：《教育政策的理论与实践》，上海教育出版社 2011 版，第 109 页。
[2] 同上书，第 108 页。

益，统筹解决各方主体的教育诉求。

4. 由"整齐划一"到"注重差异"

教育政策的调整必须基于不同地区的差异，在教育政策方案设计过程中，要充分考虑到不同区域、不同政策方案对象、不同类型教育问题的可行性条件，切实制定有区别、有针对性的教育政策方案。一般来说，国家教育政策往往侧重于制定战略性决策，而国家教育政策的执行需要经历一个由战略性决策向战术性决策转化的政策地方化的再决策过程。任何一项国家政策的执行，最终都得通过各级政府行政部门将其转化落地。各级教育行政部门在执行教育政策时，绝不能简单地直接转达或传递上级行政部门下达的政策原文。对地方的政策执行机构来说，需要在认真领会和理解国家教育政策的实质、精神以及政策的目标、方向、原则、要求与手段的基础上，结合本地区或部门实际情况，对总体目标和工作任务进行分解，进而提出本地区具有可行性的政策实施方案。这一教育政策分解的过程是教育政策的地方化过程，是教育政策的再决策过程，也是地方教育政策实施方案的制定过程。[①] 如就流动儿童教育而言，中央从国家层面提供了"两为主"的政策框架，国家只是提出原则性的方针政策，并不要求各地在落实过程中要"整齐划一"。我国的城镇化存在显著的地区差异，所以作为流入地政府与流出地政府，在应对流动儿童教育问题时，各自所面临的教育挑战也各不相同。这就需要各地政府，探索地方教育制度的改革创新。国家教育政策只有注重各地差异，经过地方政府的实践加以具体化和操作化，才能够真正落地。

三　应对人口变动的教育政策调整建议

（一）教育结构调整政策建议

教育结构是指整个教育体系中的各个部分的比例关系及组合方

[①] 范国睿等：《教育政策的理论与实践》，上海教育出版社2011版，第139页。

式。教育结构可分为纵向结构与横向结构，纵向结构即把教育分成初等、中等和高等三个层次；横向结构即指各级各类学校之间的比例构成，主要指普通教育和专（职）业教育之间的比例关系。教育结构从宏观上反映了一个国家的教育政策、教育倾向及教育价值观，既是国家和政府调控教育发展的重要途径，也是人们理解、评价一个国家教育发展水平的重要标准。① 学龄人口变动与教育结构调整紧密相连，人口结构的变化，已经并将持续对我国的教育发展产生显著影响。尤其是新的计划生育政策的实施、城镇化加快推进、现代教育体系构建等，需要我国教育结构在纵向子系统的级与级之间、横向子系统的类与类之间的比例关系和相互联系上，都能主动适应人口变动的新要求。通过教育结构调整、合理优化，实现从"外延式"发展向"内涵式"发展转变，提升教育质量，为推动新常态下的地方经济社会发展提供强有力的人才和智力支撑。

1. 教育类别结构的调整

教育类别结构是指各大类教育在校学生人数占全部教育系统在校总人数的比例，以及各大类教育在校学生人数之间的比例关系，主要是协调发展学术型、应用型和复合型等各类人才培养的规模和比例。② 教育类别结构直接决定了教育培养的人才结构，在此背景下，调整教育类别结构显得尤为重要。应对各类学龄人口数量、质量与结构变动，要求在教育类别结构方面，最应该关注普通教育与职业教育、正规教育与非正规教育的合理配比问题。

（1）普通教育与职业教育相互衔接贯通。"十三五"时期，我国应当把发展现代职业教育放到更加突出的位置上。应对人口变动趋势，普通教育与专业教育的结构矛盾，在中等教育阶段主要表现为普通高中教育和中等职业教育之间的合理配比问题，在高等教育阶段则表现为专业性教育和学术性教育的合理配比关系上。一方面，目前我

---

① 高莉、杨家福：《从规模扩张到结构优化：教育结构的战略性调整》，《教育发展研究》2012 年第 5 期。

② 靳希斌：《教育经济学》，人民教育出版社 2001 年版，第 149 页。

国仍处在工业化、城市化的过程中,急需大量实用型人才和高技能型人才;另一方面,我国学龄人口数不断减少,给职业教育招生造成很大压力。尽管我国国民人均受教育年限和新增劳动力的平均受教育年限均在不断延长,但技能劳动者尤其是高技能人才仍然严重匮乏,许多地区和行业甚至出现"技工荒"的现象。首先,在普通教育与职业教育的结构比例上,大力发展职业教育,加大职业教育和专业性教育的比重,增加专业硕士与专业博士学位授予总量;对普通教育与职业教育必须宏观调控,保证普职比的平衡,避免出现普职比的严重失衡。其次,要不断完善普通教育与职业教育的相互沟通渠道,学生在九年义务教育后分流进入普通高中、中等职业学校,中等职业学校的学生毕业后不仅可以进入高职院校学习,还可以进入普通大学本科学习。最后,要完善中、高等职业教育相互衔接的体系,使接受中等职业教育的学生有深造的机会,并使其职业技术教育有连续性。

(2) 正规教育与非正规教育开放互补。我国已构建起完整的从学前教育到研究生教育的全日制正规教育体系,非正规教育体系相对健全,如继续教育、成人教育等终身教育体系正在逐步完善,但是非正规教育中的业余教育、短期培训、广播函授、卫星电视教育等尚显薄弱。目前,我国技能型人才尤其是高水平技能型人才严重短缺,人才结构与就业结构、产业结构不相匹配,严重制约我国的产业升级和经济发展方式的转变。就我国数以亿计的劳动力大军来看,岗位培训和进修培训是获取知识和技能的主要途径,但现有非正规教育中,职业培训等教育形式没有受到重视,缺乏相应的制度安排。非正规教育的规模还远远不能适应、满足劳动力的知识需求和社会发展。因此,在正规教育与非正规教育的结构比例上,要进一步加大非正规教育即继续教育的比重,尤其是在新城镇化加快推进过程中,加强对进城农民工的转移培训与职业培训。

应对人口老龄化的出现,不同年龄阶段的劳动力在生理机能、生产经验和学习能力等方面各具优势或不足,劳动力年龄结构的"老化",可能会对人力资本积累和劳动生产率产生影响。应改变传统的人力资源开发和利用模式,为不同年龄层次的人口提供针对性的教育机会，特别是加强对年长劳动力的培训，应加快其知识更新，提升其就业竞争力、提高社会劳动生产率。这就需要打通正规教育与非正规教育间的壁垒，健全在职人员的职后回炉培训制度，不断提高职业培训的层级，开放正规教育与非正规教育的资源，发挥各自的优势。此外，在老龄社会中，应充分重视提高老年人口的生产性，加大老年人力资源开发力度，为老年人口提供多样化的教育机会，改善老年人重新就业的社会环境和制度环境。①

2. 教育层次结构的调整

教育层次结构居于教育结构的中枢地位，是从纵向角度出发，按照受教育者接受教育的时间长短或程度的高低来决定的。应对人口质量变动，要求教育层次结构要做好不同层级教育的结构优化，根据经济、人口的变化进行相应的规模调整和质量提升，不断提升各层级教育水平，提高人才培养质量。

（1）不断完善教育层次结构。我国现有的教育结构由学前教育、初等教育、中等教育和高等教育各层次与普通教育、职业技术教育和成人教育各类别组成。劳动力是经济发展的核心因素，掌握科学技术和专业技能的高素质劳动者，对经济发展方式的选择与转变起着关键性作用。因此，应根据国家产业结构和经济发展水平，进一步提高劳动者整体素质，提高主要劳动力平均受教育年限。在初等教育层次中，应逐步取消初等职业教育，大力发展中等职业教育，促进高中教育和中等职业教育协调发展。在此基础上，进一步明确不同类型职业教育的定位，限"低"提"高"，提高职业教育的层次结构，满足社会对高技能人才的需求。就高等教育层次而言，以实现高等教育内涵发展为中心，结合社会发展需要确立不同层次高等教育的规模、培养目标和相应的人才培养模式，不断提高人才培养层次与质量。参照国际高等教育层次结构变化趋势，考虑我国经济社会发展对各级人才的需求，未来层次结构调整的基本思路是：适当压缩专科生规模、稳步

---

① 张本波：《教育结构调整须更多面向新型需求》，《中国经济导报》2012年2月4日第B05版。

提升本科生规模和大力发展研究生教育。① 首先，研究生教育是培养高层次人才的主要途径，是国家创新体系的重要组成部分，应加大研究生层次的教育培养力度，提升高水平人才的创新能力。其次，目前我国高等教育研究生培养仍以学术性、研究性的居多，今后应更加注重培养高层次的应用型、复合型的研究生培养。应当在高等职业教育院校中，增设研究生培养方向与专业，提高实用型高技能人才的素质层次。

（2）加快构建现代教育体系。应对人口变动，尽快完善现代终身教育体系，应增强教育体系内部的纵向衔接和横向沟通，使不同层级教育之间纵向衔接。随着人口年龄结构的转变，应尽快建立和完善适应不同人群需求的教育和培训体系，以保持社会劳动生产率提高、增强经济社会可持续发展的活力。特别是根据人口变动的前瞻性判断，及时对各层级教育公共服务资源配置进行动态调整。同时，依据不同教育段学龄人口发展需求的特征，明确不同层级教育结构的发展重点与核心任务，形成完整的受教育体系，使教育既能造就世界一流科学家和科技领军人才，又能培养具有专业知识和技术专长的高素质劳动者。首先，要加快完善现代教育体系，统筹规划学前教育、初等教育、中等教育与高等教育发展规划上的延续和政策上的衔接，促进各级教育的协调发展。其次，必须进一步通畅人才成长的立交桥，建立学历教育与非学历教育、普通教育与职业教育的学分互认机制，统筹安排中等职业教育与高等职业教育的招生考试制度和转学制度，增加高等职业教育专科毕业生接受本科教育的比例，增强教育体系内部的纵向衔接和横向沟通，使得不同层级教育之间纵向衔接，同一层级教育中普通教育与职业教育横向沟通。② 使人才的多种选择得到充分的满足，实现各级教育的健康、可持续发展。最后，加快调整高等教育结构。推进高等教育体系多元化，尽快把高等学校分成综合型大学、

---

① 傅征：《高等教育结构与经济发展的协调性分析》，《武汉大学学报》（哲学社会科学版）2008 年第 2 期。
② 董晓宏、郭爱英：《河北省产业结构调整与教育结构优化关系研究》，《石家庄经济学院学报》2011 年第 5 期。

研究型大学、应用型技术大学,确立不同类型高等学院的发展定位、人才培养目标和培养模式。要以提高技术应用型高校占比为重点调整高等教育结构,"十三五"加快推动一批高校转型为应用技术型高校,选择一批高等职业学校升级为应用技术型高校,不断提高技术应用型高校在校生的占比。①

3. 教育专业结构的调整

教育专业结构问题是指中等专业学校和大专学校系科专业的比例结构是否合理,专业设置是否与劳动力的需求相符合,不同层级同一专业的纵贯结构是否合理。② 应对人口结构变化,满足工业化、城镇化、经济产业结构调整对人才培养的需求,应加快优化各级教育学科专业结构的一体化设置,协调发展文、理、工、农、医等各门类人才培养的规模和比例,协调发展学术型、应用型和复合型等各类型人才培养的规模和比例。首先,加大政府对职业教育专业设置的宏观调控力度,按照国民经济发展的需要,科学合理设计专业数量、种类,并保持专业结构均衡。其次,按照教育部《中等职业学校专业设置管理办法(试行)》《中等职业学校专业目录(2010 年修订)》《全日制普通高校本科专业设置目录》等规定,加强对高校本科、高职教育、中职教育的培养目标和专业设置做出清晰、明确的定位指导和专业设置规定,特别是突出职业教育的"职业型""应用型"特点。在学校层面,各职业学校应建立起市场导向、就业导向的人才培养模式,加强与企业的合作办学,开展定向培养和"订单式"培养,积极与对口行业协会合作,借力行业协会的中介和桥梁作用,提高人才培养的质量和针对性。③ 最后,合理完善高等学校学科专业结构,各高校要主动结合社会需求特别是当前产业结构调整的方向,调整科类和专业结构,培养"适销对路"人才。另外,政府要加强宏观调控力度,使高

---

① 迟福林:《教育需要第二次改革》,《中国井冈山干部学院学报》2015 年第 5 期。
② 高莉、杨家福:《从规模扩张到结构优化:教育结构的战略性调整》,《教育发展研究》2012 年第 5 期。
③ 张本波:《教育结构调整须更多面向新型需求》,《中国经济导报》2012 年 2 月 4 日第 B5 版。

校的类型、科类和专业结构与经济社会发展需求相协调。

（二）教育资源配置调整政策建议

教育公平是社会公平的重要基础，而教育资源配置均衡是实现教育公平的关键。教育人口数量、结构、质量的变动及人口流动，必然会对教育资源优化配置提出新的要求。特别是当前我国的新型城镇化进程，既给城乡义务教育资源优化配置带来挑战，同时又带给城乡教育资源均衡化以机遇。应对人口变动带来的教育资源配置主要关涉基础教育，尤其是义务教育的发展。党的十八届三中全会决议《中共中央关于全面深化改革若干重大问题的决定》把"统筹城乡义务教育资源均衡配置"作为深化教育领域综合改革的重要内容之一。但是，城乡教育一体化的资源配置，并不是教育资源往农村倾斜得越多越好，更不是盲目增加教育资源，而是要强调城乡教育资源配置的结构合理和比例协调，实现公共教育资源对城乡学生的普惠。[①] 我国县域义务教育已进入了大规模学校与小规模学校并存的时代，城乡学校办学规模已呈现出"城镇大班化、乡村空校化"的两极分化的态势。面对这样一种态势，促进县域义务教育的发展就必须正确处理城镇大规模学校与农村小规模学校的关系。

1. 统筹城乡教师编制，优化教师资源配置

教师资源的均衡配置是实现教育公平的决定性因素。根据各级各类教育学龄人口数量的变化，教师队伍建设也亟须做出相应调整。一方面，从数量上回应学龄人口变动引起的生师比变化；另一方面，从教师质量上，加强教师队伍建设，提升教师专业发展水平；此外，在教师结构上，不断完善教师队伍的年龄结构、学科结构及城乡分布结构。

教师编制是我国统一管理、分配和调节教师资源的重要手段。新中国成立后我国最早的教师编制政策是1984年12月出台的《关于中等师范学校和全日制中小学教职工编制标准的意见》，一直沿用至

[①] 于月萍、徐文娜：《论城乡教育一体化制度体系的构建》，《教育科学》2011年第5期。

2001年。2001年10月教育部联合中编办、财政部发布了《关于制定中小学教职工编制标准的意见》，对之前的编制标准进行了修改。随着农村学龄人口减少、大量生源流向城市，原有按"师生比"配备教师的办法显现出诸多弊端，农村超编与缺人的矛盾、城乡倒挂和城市缺编等问题越来越严重。同时，城乡师资水平的差距也导致城乡教育差距越拉越大，而提升教育质量的关键在于师资条件的改善和提升。因此，重新统筹核定城乡教师编制、改革编制管理制度是当前应对人口变动的迫切之需。

（1）统一城乡教师编制标准。受城乡二元结构影响，我国中小学教师编制设定也实行城乡两套编制标准，并把县镇从城市中分化出来。针对城乡教师编制失衡问题，《国家中长期教育改革和发展规划纲要（2010—2020年）》在加强教师队伍建设部分中明确提出："逐步实行城乡统一的中小学编制标准，对农村边远地区实行倾斜政策。"2012年《关于加强教师队伍建设的意见》（国发〔2012〕41号）、《关于大力推进农村义务教育教师队伍建设的意见》（教师〔2012〕9号）、《关于深入推进义务教育均衡发展的意见》（国发〔2012〕48号）等文件都提出"逐步实行城乡统一的中小学编制标准"。各地结合自身教育规模实情，尝试不断规范教师编制管理制度，按照总量控制、城乡统筹、结构调整、有增有减的原则，调整使用城乡中小学教职工编制。如山东省政府在2011年发布的《关于调整中小学教职工编制标准的意见的通知》中，要求中小学教职工实行城乡统一的编制标准。具体标准为：初中教职工与学生比为1∶13.5，小学教职工与学生比为1∶19。同时规定："同一县域内中小学教职工编制可以互补余缺，中小学教职工编制核定后，纳入实名制管理。"[①] 2014年11月13日，中央编办、教育部、财政部联合下发《关于统一城乡中小学教职工编制标准的通知》，将县镇、农村中小学教职工编制标准统一到城市标准，即高中教职工与学生比为1∶12.5、初中为1∶13.5、小

---

① 山东省机构编制委员会办公室、山东省教育厅、山东省财政厅：《关于调整中小学教职工编制标准的意见》（鲁政办发〔2011〕44号）。

学为 1∶19。

（2）统筹教师编制结构。《国务院关于加强教师队伍建设的意见》中，提出加强教师队伍建设的总体目标是"到 2020 年，形成一支师德高尚、业务精湛、结构合理、充满活力的高素质专业化教师队伍"。其中，结构合理具体要求"教师队伍的年龄、学历、职务（职称）、学科结构以及学段、城乡分布结构与教育事业发展相协调"[①]。然而，我国现行的"中小学教职工编制主要根据高中、初中、小学等不同教育层次和城市、县镇、农村等不同地域""采取在校学生人数、标准班额、班级数、每班教师定员等指标，计算并分配中小学校编制数额"。[②] 也就是说，教师编制主要考虑纵向的小学段、中学段及横向的农村、乡镇、城市的分布结构，而这些只关乎教师数量及城乡分布，真正对城乡教育、教师队伍及教学质量发生实质影响的教师队伍学科结构、学历结构及年龄结构在已有的政策文件中却未体现。

教师的数量虽然是支撑教育的基础，但教师的结构是决定教育质量的关键。"目前教师在城乡间的配置，并不是简单的'城优农差'的问题，更重要的是教师结构性的差异"。[③] 其中，不同学科的教师数如何配比，是学校各学科正常教学的根本保障。处理好学科结构的问题，对实现素质教育的发展目标具有重要作用。我国很多农村地区都存在教师严重的结构性缺编问题，包括一些镇区学校教师总编制数够，甚至超编，但有些学科却紧缺教师，很多教师都是同时兼任多学科的教学任务，无法保证正常教学。此外，教师的年龄、性别结构对学生的身心健康发展也有重要影响，年轻教师更能够在教学中鼓励学生创新，而年长教师有很丰富的教学经验。一般情况下，学校教师的年龄结构应以中青年教师为主，辅之以年轻、年长教师，这样既可以利用年长教师的教学经验，又可以利用年轻教师的工作积极性增加整个教师队伍的活力，提供给教师队伍的主力军中青年教师以更好的成

[①] 国务院：《关于加强教师队伍建设的意见》（国发〔2012〕41 号）。
[②] 中央编办、教育部、财政部：《关于制定中小学教职工编制标准的意见》（国办发〔2001〕74 号）。
[③] 周彬：《中国城乡教师均衡配置的实证分析》，《教育理论与实践》2009 年第 7 期。

长空间，稳定教师队伍，提高教学水平，更有利于学生的学习成绩提高和全面发展。从性别结构来看，男性教师与女性教师的比例对学生全面发展有潜在影响。然而，近几年，中小学教师队伍一直朝着更为女性化的方向发展。中小学教师队伍性别比例失衡，并且失衡现象越来越严重。从城乡分布来看，城市教师性别比例失衡最严重，县镇次之，农村又次之。[①] 因此，教师编制不能仅考虑数量上的配比，更应关注深层次的教师结构比例，将学科结构、年龄结构、性别结构等维度结合起来，以全面的分配视角实现城乡学校教师编制的实质均衡，优化整个教师队伍结构。

（3）下放编制管理权力，动态调整教师编制。《关于制定中小学教职工编制标准的意见》规定"要根据生源变化和学校布局调整的情况，合理调剂学校之间编制余缺"。对于教师编制，无论中央和地方，通常主要涉及三个部门：机构编制部门、教育主管部门和财政主管部门。这种人权、事权、财权三权制衡的制度可以防止编制的滥用，但也造成了灵活性缺乏、效率低下等问题。如山东省规定中小学教职工编制以县（市、区）为单位核定，具体程序为"县级教育行政部门根据教育事业发展规划，提出本县（市、区）中小学教职工编制方案，县级机构编制部门按照编制标准会同财政部门核定本县（市、区）中小学教职工编制，由县（市、区）人民政府报市政府核准；核准后的方案由市政府下达到各县（市、区），并报省政府备案，同时抄送省编办、省教育厅、省财政厅。在县级机构编制部门控制编制总量和人员结构的前提下，由教育行政部门在核定的编制总额内，按照班额、生源等情况具体分配到各学校。各级财政部门依据机构编制部门核定的人员编制，按编内实有人数核拨中小学人员经费"。同样，在我国其他各省份，制定教师编制的基本程序基本上都是如此。"以县为主"的教育管理体制下，对于教师编制管理，县级政府只有管理编制分配的职能，对宏观管理层确定的编制数额进行分配，却没有决

[①] 胡振京：《中小学教师性别比例失衡的现状、影响与对策》，《人民教育》2013年第Z1期。

定编制总额增减的权力；在各管理层内部教育部门有向各级各类学校分配编制的职能，而没有增减编制总额的权力。即使各地明确提出中小学教职工编制每2—3年核定一次，但基层教育主管部门对于教师编制的动态管理权及统筹使用权却难以落实。因此，教师编制的管理方式应明确各级管理层的具体责任，把编制具体管理权力充分下放。

县级政府作为具体负责管理教师编制分配的部门，应对农村学校实施差别对待，切实做好各乡镇间教师资源的分配工作，做到定期核编、及时调整，确保教师编制的高利用率。此外，县级政府还应充分听取学校对教师编制分配的合理意见，最大限度满足学校对各种教育资源的合理要求。

（4）保证农村学校教师统筹使用。2009年，中央编办印发《关于进一步落实〈国务院办公厅转发中央编办、教育部、财政部关于制定中小学教职工编制标准意见的通知〉有关问题的通知》，重申保障编制紧张的农村教学点对于教师的需求，提出要切实加强中小学教职工编制的总量调控与统筹使用。针对城镇学校大量接收进城务工人员子女和不同学段学生规模变化等情况，省级机构编制部门要结合本地实际，加强统筹协调，按照总量控制、城乡统筹、结构调整、有增有减的原则，调整和使用本地区中小学教职工编制。合理配置教师资源，同一县域内中小学教职工编制可以互补余缺，要注意保证基层特别是农村中小学教师力量的配备。《关于深入推进义务教育均衡发展的意见》提出"职称晋升和绩效工资分配向村小学和教学点专任教师倾斜，鼓励各地采取在绩效工资中设立岗位津贴等有效政策措施支持优秀教师到村小学和教学点工作"，同时还提及"村小学和教学点应合理配置各学科教师，配齐体育、音乐、美术等课程教师"。但是，国家和各地教师编制政策都没有出台明确的农村教学点教师编制标准，农村小学和教学点教师数量补充以及质量提升更是难点。在政策文本中，仅提出对村小学和教学点"予以倾斜"的原则。同时，教师补充和待遇是并在一起被表述的，希望通过提高农村教师的待遇吸引更多教师愿意前来农村任教。截至2014年上半年，22个省份中已有20个省份实施乡村教师生活补助，但其中只有14个省份的实施县基本实现了乡村学校全覆盖；从各地出台的政策来看，已实施县平均补助标准每人每月352元。① 这样微薄的补助标准，对于激励和稳定教师队伍的作用还不够大，而且有些地区教师生活补助覆盖面窄，补助政策仅覆盖到集中连片地区，其他地区大部分教学点教师的补助尚无着落。

（5）城乡教师合理流动。我国城乡义务教育基本实现硬件均衡的目标后，师资均衡成为当前义务教育均衡发展的重要任务，因此，国家明确提出"实行县（区）域内教师、校长交流制度"。《中共中央关于全面深化改革若干重大问题的决定》中提出"实行公办学校校长、教师交流轮岗"，2014年8月，教育部出台了《关于推进县（区）域内义务教育学校校长教师交流轮岗的意见》，成为第一个国家层面的指导县域内校长教师交流政策实施的专门文件。通过政策规范引导城镇教师尤其是骨干教师向农村学校流动并推动其在交流学校任职任教、发挥示范带动作用，同时也为农村教师提供机会到城镇学校尤其是优质学校交流锻炼，以达到促进城乡师资均衡的目的。这样的政策实施，对于打破教师管理体制障碍、在县（区）域范围内实现教师资源的优化配置起到积极的促进作用。但是，在实践中，城乡地区间的交流轮岗依然存在诸多障碍。

首先，教师交流轮岗政策本身存在不足。目前，各省份促动校长、教师参与交流轮岗时，更侧重从行政驱动的角度，硬性划定交流教师选拔条件、交流教师比例，而对于交流时间与交流程序设定缺乏科学性；将城市教师职级评定与农村学校教育教学经历强制挂钩，导致交流目的的功利性。其次，现有政策的实施在某种程度上只是促进了外在"流动"，而实质上的城乡教育、城乡教师的内在"交流"非常缺乏、浮于表面。所以，尽管各地均出台了关于城乡教师流动的强制性制度或政策，但很多校长、教师都是为流动而流动。由于缺乏真正意义上的合作，这种流动实质上并未起到均衡师资配置的作用，也

---

① 教育部：《20个省份已实施乡村教师生活补助》，http://www.chinanews.com/edu/2014/09-02/6553760.shtml，2014年9月2日。

无法促进教师的专业发展和师资水平的整体优化。①

因此,完善校长、教师交流轮岗政策需从"量"的均衡向"质"的内涵转变,从促进城乡教育均实现优质提升、教师共同提升专业发展水平的视角进行整体政策设计,更加重视"交流"的质量。在交流教师的选拔上不再片面强调"优秀""骨干",而是结合教师自身所处专业发展阶段、专业发展意识、专业服务能力等择定交流对象;在交流时间上适当延长直至最有利于教师效用发挥的时间节点;在交流程序设计上给予教师更自主的表达和选择空间;对职级评定与农村教育教学经历的相关性给予专业解释,必要时可纳入教师专业发展标准之中;重视教师交流过程管理与交流效用评价;统合人事、编制等教师管理制度改革,解决教师后顾之忧。②

此外,教师流动后,最终能否基于专业行动开展深层次的交流,关键在于学校层面的制度如何完善。参与教师流动的学校,应当相应改革教师教研制度,形成开放、接纳、合作与对话的教学研制度,真正发挥城市优质师资的辐射带动作用,而农村教师也能真切地融入流入校的教研语境,实现城乡师资的深层对话与交流。

2. 重点做好城镇学校资源布局调整

学校布局就是在哪里设立学校的问题,但学校设在何处又是涉及学生、教师、教育管理者以及社区居民利益的大事,因此对学校布点进行调整,本质上是利益调整,不仅是学校地理位置的变更,更是教育资源和文化资源的再分配。布局调整是一个动态长期的过程,既外显为学校的分散或集中、撤并或新建,又内化为与社区的融合与隔离、学校文化的变革等。2014 年,中共中央、国务院颁发《国家新型城镇化规划(2014—2020 年)》,明确提出城镇化的发展路径、主要目标和战略任务,尤其强调新型城镇化是"以人为核心"的城镇化。其中,一个很重要的方面就是让农业转移人口真正融入城市社

---

① 高臣、叶波:《教师专业发展取向下的城乡教师流动》,《上海教育科研》2015 年第 2 期。

② 丁娟:《交流政策背景下城乡教师专业发展面临的挑战及其对策》,《现代教育科学》2015 年第 5 期。

会，让他们能够享受到义务教育、就业服务、基本养老、基本医疗卫生、保障性住房等城镇基本公共服务。在城镇化进程中，人的流动具有随机性，而学校必须事先规划和建设，为妥善应对流动人口的就学压力，最关键的是要做好学校的布局调整和改善薄弱学校的基本办学条件，整体提高学校对预期人口变化的承载能力。在新型城镇化的社会背景下，城镇地区学龄人口的密度在不断加大，分布也在不断变化，教育资源的分布与学龄人口不匹配的矛盾日益凸显。与之相应，新城镇化背景下的基础教育资源配置必然面临挑战，城镇地区教育资源的布局调整将成为格外关注的焦点。

（1）科学制订县域教育发展规划，统筹规划教育资源配置。当前，学龄人口变动是城镇义务教育资源与学龄人口教育需求不匹配的根本原因，而城镇地区学龄人口的变动主要受城镇空间结构调整、农村学龄人口流入状况和生育政策调整后生育率提升等因素的影响。[①] 农村学龄人口的涌入是当前城镇学龄人口变动最主要的影响因素，新的人口生育政策对学龄人口变动的影响也将在短期内逐渐显现，这两个因素与城镇空间结构调整交织在一起，共同改变着当前及未来城镇学龄人口的地理分布和空间密度。因此，各地在制定教育发展规划时，相关管理部门应客观评估城镇地区义务教育资源的承载力，健全义务教育资源的配置方式。尽可能准确科学地把握区域性人口信息并提供准确的预测，并以此制定科学的教育发展计划和统筹规划教育设施布局。

（2）建立人口变动动态数据采集系统，科学预测学龄人口变动趋势。各地应当科学预测本地区各学段的学龄人口数，提前合理规划各级教育的布局规模，为新增学龄人口预留足额的学位。如随着全面二胎的放开，学前教育适龄儿童在未来几年可能出现猛增，各地应提前做好幼儿园布局规划，提前应对。此外，城市学龄人口变化的另一个影响因素是外来随迁子女的迁入状况。流入地政府应加强与流出地政府开展合作，利用学龄人口监测系统对随迁子女学籍变动状况实行实时登记，跟踪随迁子女的流向，利用科学的统计模型预测其分布形态

---

① 刘善槐：《我国城镇义务教育学校布局调整研究》，《教育研究》2015年第11期。

的变化趋势。同时，针对学龄人口的流动，流入地政府应以学龄人口覆盖率与学校服务半径为标准，确定义务教育学校实现区域内常住学龄人口的全覆盖。同时，人口的变动始终处于一个动态的变化过程。因此，各地应对学龄人口进行实时监测、预测城镇地区学龄人口总量与分布形态，把不可控性因素降到最低。

（3）学校建设标准与城镇建设配套同步，保证学校现代化建设底线标准。同一城镇区域内，要制定统一的学校现代化建设标准，依据布局调整的底线标准对城镇学校布局进行规划，保证学校配套同步于城镇化发展的需求，而不能滞后。在城区，学龄人口变化的背后是城市居民分布的变化。在新建小区和改造老城区时，应依据布局调整的底线标准对城镇学校布局进行规划，保证学校配套同步于城镇住宅建设。在城镇新建小区和改造老城区时，应优先配足教学用地，科学制定学校布点方案，在合理服务半径内实现学龄人口的全覆盖，控制学校和班级规模，配足教师并配齐教育教学硬件设施。在镇区，新增的学龄人口主要为农村远距离生源，因此，应让城镇化与学校建设同步，避免教育城镇化过快；同时，控制学校和班级规模，均衡区域内的教育资源配置。在城乡结合区和镇乡结合区，生源包括大量外来务工人员随迁子女，他们的流动性较强。为了保证这些流动的生源也能够接受高质量的免费义务教育，在合理布局公办学校的同时，应当支持并逐渐规范学校的招生，保证流动儿童享受到公平普惠的教育。

3. 做好农村小规模学校与教学点的布局调整

在做好城镇地区学校教育资源配置的同时，不断优化农村学校布局，加快缩小城乡差距，提高农村学校办学水平，是我国农村教育长期坚持的重点。新中国成立以来农村义务教育学校格局发生过多次变化，从"乡办高中、村办初中、小学就在家门口"逐渐演变为"县办高中、乡办初中、村办小学"，近年来则表现为"初中向县城集中、小学向乡镇集中"。[①] 随着城镇化的快速推进，农村人口大量流向城

[①] 雷万鹏：《义务教育学校布局：影响因素与政策选择》，《华中师范大学学报》（人文社会科学版）2010 年第 5 期。

镇。大批寄宿制学校在城镇兴建，而分布在相对偏远地带的村级学校，生源越来越少，学校越来越小。完全小学逐渐变成不完全小学、教学点，越来越多的学校在消失。

（1）适当保留农村教学点。教学点是我国义务教育公共服务体系延伸到偏远乡村的微型教学机构，国外也叫小规模学校。从当前及今后一段时间来看，我国在边远农村地区，小规模学校仍然是一种有效的教学组织形式。从教育教学方面讲，小规模学校主要特点是学校和班级规模小，教师在教学中容易根据学生的特点因材施教，对学生的辅导时间会相应增多，有利于教学活动的顺利开展。从学生生活方面讲，小规模学校有助于解决学生上学难的问题。边远农村学生大多家庭贫困，他们首先关心的是上学成本问题，就近入学能节省相当数量的交通费和食宿费。农村小规模学校不仅为社会弱势群体提供了就近入学的机会，同时，农村小规模学校也是信息的集散地，为乡土文化传承和社区能力建设提供了重要支撑。[1] 从城乡一体化发展视野看，农村小规模学校不仅要保留和恢复，更要高质量地发展。因此，在城镇化过程中，对待农村小规模学校的撤留问题上，不能根据单一的标准来判定其去留，如很多地方根据服务半径、服务人口、学校规模等数量标准来决定什么样的小规模学校要撤销。所以，判定农村小规模学校的撤留，主要应考虑这样几个条件：学校撤并后，边远地区、山区的学生转到城镇学校上学方不方便，如果不方便就不能撤；城镇中小学能不能解决学生的寄宿问题，如果不能解决寄宿问题，其所辖的农村小规模学校就不能撤；对于学校的撤并村民及家长同不同意，如果村民及家长都不同意，应该遵从群众的意愿，不能强行撤并。

（2）对边远地区采取相应的财政补偿政策。要确实让城镇化造福于民，就不能让边远贫困地区的孩子做出政策性的牺牲。解决这个问题的根本办法就是国家在推行城镇化的过程中，必须制定相应的教育财政补偿政策，资助因城镇化的推行而在教育上受到损失的边远贫困地区的孩子，让他们不因城镇化而加重家庭的经济负担并公平接受教

---

[1] 雷万鹏：《城镇化进程中农村小规模学校发展》，《全球教育展望》2014年第2期。

育。如应进一步加大对农村贫困寄宿生资助的力度,从实行全免学杂费和教科书费过渡到"义务教育全免费",即不仅应当完全免收学杂费和教科书费,而且还应免费提供伙食、校服、交通补助等,确保农村贫困家庭子女上得起学。

(3) 统筹县域优质教育资源实现共享。在县域范围内,可以依托一所或几所办学质量较高的学校,联合乡镇的若干所农村薄弱学校建立联合学区。在学区内统筹教育资源的配置与使用,学校之间实现教师、图书、实验仪器、局域网的建设等优质资源共享,最大限度地发挥优质资源的作用,使有限的教育投入发挥最大的效益。还可以利用现代教育网络建设庞大丰富的教育资源信息库,借助现代化的信息教育平台,努力实现县域内教育信息共享、教改成果共享和名师名校资源共享,让所有的孩子都能通过网络接受高质量的教育,缩短城乡之间、城镇学校与农村学校之间的办学差距,实现真正意义上的县域城乡义务教育均衡发展。[①]

(三) 义务教育财政管理体制调整政策建议

我国对进城务工人员随迁子女的各项政策在涉及经费投入时,往往只对地方政府提出了相关的要求,而国家在随迁子女的教育投入上却缺乏必要的财政支持。这直接增加了流入地政府的财政负担,甚至导致流入地政府行政积极性的下降。因此,在现行义务教育财政管理体制下,应在保证随迁子女教育权益的前提下,建立各层级政府间的公共财政资源分配新机制。

1. 建立事权与财权相匹配的政府间财政专业支付制度

通过流出地政府统筹,对流动儿童进行信息采集,凡属流出地户籍人员,需跨省就读的统一纳入义务教育范畴,且经费列入公共财政,按流动学生人数把学生流出地有关义务教育生均经费转移拨付到学生流入地政府,实现义务教经费补贴的省级统筹流动;也可推行"义务教育消费券"试点,将流动适龄儿童的义务教育经费在其流出

---

① 范先佐:《城镇化背景下县域义务教育发展问题与策略》,《华中师范大学学报》(人文社会科学版) 2014 年第 4 期。

地政府和流入地政府间合理分担。其主要目标既是保证公共服务的均等化，让所有适龄儿童、少年真正受惠，分享到免费义务教育的成果，也能适当减轻流入地政府的经济压力，在一定程度上对流入地政府起到财政激励作用。

2. 加大教育财政投入力度，建立合理的义务教育经费分担体制

农村义务教育问题，说到底最为显著的还是经费不足，这是引起其他一系列问题的根源。无论是三级管理、以县为主还是将来可能的其他政策，如果没有充足的经费，农村义务教育问题的解决也只是治标不治本。在实行"以县为主"的义务教育管理体制之前，我国农村义务教育经费其实很大一部分是由农民承担的。"两为主"政策，强调进城务工随迁子女教育以流入地政府为主，绝不意味着推卸中央和省级政府的责任，中央、流出地政府与流入地政府应建立义务教育共同分担的机制，加大对农村义务教育的财政性投入力度。

3. 改革义务教育财政拨款，建立教育财政补偿制度

中央和省级政府应根据经济社会发展的实际情况，将进城务工人员随迁子女的教育经费纳入国家义务教育经费的预算，通过设立转移支付、专项资金等方式，根据进城农民工子女的数量，建立农民工子女义务教育财政补偿制度，对流入地的义务教育进行扶持。

在现有的城乡二元管理体制下，由于进城务工人员随迁子女的教育经费在他们的户口所在地，而流入地政府负责随迁子女接受教育要承担额外的负担，因此积极性不高。故可以将一部分教育资金收回中央或省级政府，设立教育基金，教育资金以教育凭证的形式由中央或省级政府统一发行，专门用于随迁子女接受义务教育。所谓"教育凭证"就是政府根据生均教育经费，将其以一定数额的证券形式发给学生家长，作为专门帮助学生家长为其子女选择学校的费用，学生家长不能直接向政府兑换现金，学校收取教育凭证后再向政府兑换成现金。教育凭证不再以户籍人口的适龄儿童少年为基数来划拨义务教育经费，而以实际在校学生数为基数划拨义务教育经费，有利于实现教育机会的均等，有利于解决当前因人口流动而无法准确分配教育投入的问题，有利于调动公办学校接收随迁子女的积极性，并提高财政投

入的效益。

（四）学籍管理属地化政策建议

学籍是指某个儿童、少年作为某所学校学生的身份，也是学生在该校学习的资格。[①] 学籍作为一种就读资格，存在"取得或建立、变动、完结"三个阶段。正常情况下，每个中小学生都应拥有一个学籍，对应着其就读的某所学校。学籍管理的一个重要作用就是全面、全程记录学生的成长经历。而教育行政部门的学籍管理职能主要体现在对这三个阶段的审核管理上。

1. 取消"户籍"与"学籍"的捆绑

长期以来，我国义务教育一直实行属地化管理体制，以户籍制度为条件，实施户籍管学籍政策，为满足本地户籍的适龄儿童接受义务教育的需要提供重要的体制保障。这种属地化的学籍管理制度适合人口低度流动社会的管理特点，但在人口高度流动的社会中，给义务教育公共资源配置等造成诸多困境。因此，为了保证随迁子女在流入地能够平等、顺利接受义务教育，应当积极实行学籍管理去属地化的管理制度。将户籍改革与全国统一标准的电子学籍管理系统动态结合起来，逐步实现户籍与社会福利体系的脱钩。改革义务教育入学制度，打破现行的以户籍为依据的义务教育入学政策，打破义务教育的地域限制，实行适龄儿童按居住地原则接受义务教育的制度，允许适龄儿童在居住地（不一定限定户籍所在地）入学接受义务教育。

2. 完善全国联网的电子学籍管理

电子学籍是以计算机和网络为基础的信息化方式全程管理的学生学籍。2013 年 7 月，教育部印发《中小学生学籍管理办法》，开始施行有史以来第一个全国统一的中小学生学籍制度。在此之前，我国基础教育主要强调地方主管，相应的学籍管理也是由各地自行制定并开展相应管理。由于不同省份学生的学籍信息具有不同的数据内容和数据标准，且跨省转学籍更是困难。此外，由于学籍管理缺乏有效的统

---

① 杜柯伟：《做好中小学生学籍管理工作 提高基础教育治理水平》，《中小学学校管理》2014 年第 12 期。

计数据支持，教育主管部门也难以根据学生学籍信息制定更准确的教育决策。全国中小学电子学籍管理系统的启动，从制度和平台上确保了全国基础教育实行统一规范的电子学籍管理，实现了中小学学籍管理方式的变革。通过建立全国统一的电子学籍卡系统，制定统一的义务教育学籍卡作为学生实际接受教育状况的记录，做到卡随人走、人走卡走，为学生转学提供及时的生源信息保障。这一学籍管理制度可以满足随迁子女由于四处"流动"、频繁转学，但是学籍的属地管理导致随迁子女在流入地入学时，由于转学籍的不畅而耽误其顺利就学的问题。建立全国统一的电子学籍后，随迁子女转学只需学校之间通过网络联系，转移学籍档案即可。这样，既可以保证随迁子女学习情况记录的连续性、完整性，也能简化学生转学的手续，减轻学校管理的负担。

3. 充分利用学籍系统数据本身的综合功能

电子学籍管理不仅有利于促进基础教育公平、合理配置教育资源和优化教育决策，而且能够推动基础教育管理方式的变革。2014 年 7 月 22 日，教育部印发《关于做好全国中小学生学籍信息管理系统全面应用工作的通知》，列举了九个方面的应用：应用全国学籍系统监测学生上学考勤情况，做好义务教育"控辍保学"工作；监测随迁子女流动情况，提高平等接受义务教育水平，推动高中阶段教育公平；完善学生营养改善计划管理工作，提高项目实施效果；做好学生资助工作，提高资金使用效益；加强留守儿童管理，建立动态登记监测制度，提高关爱和服务水平；为招生入学提供支撑，控制义务教育学生无序流动，遏制超大规模高中学校，规范招生入学秩序和办学行为；认真将全国学籍系统有关数据与教育事业统计数据进行比对分析，积极推进实名制学籍系统与教育事业统计数据的衔接；逐步在教育经费管理中运用全国学籍系统有关数据，健全经费管理机制，提高财政资金分配和使用的准确性；逐步在教育事业发展规划和各项建设中运用全国学籍系统有关数据，提高科学决策水平。

（五）入学、升学招生制度改革调整政策建议

随着我国经济与社会的发展、城市化进程加快，流动人口的数量

越来越多,规模越来越大,范围越来越广。根据全国中小学生学籍信息管理系统 2014 年 7 月 31 日提供的最新数据,义务教育阶段随迁子女人数已达 1061.68 万。① 人口的流动不可避免地带来随迁子女的教育入学和升学问题。随迁子女在流入地完成义务教育后,就陷入升学难的困境,主要体现在完成义务教育阶段后和完成高中教育后这两个升学环节上。尤其是在"异地高考"政策实施后,解除了随迁子女原来因在流入地接受完普通高中教育后仍需返回原籍参加高考的顾虑,很多随迁子女家庭更愿意在流入地接受高中教育。这就使得异地中考与异地高考这两个环节紧密联系起来。如何满足数量日益庞大的随迁子女的"升学权"与"考试权",成为当前急需解决的问题。

进城务工人员随迁子女继续升学的问题,是我国城镇化发展中的社会问题在教育上的反映,因此仅由教育部门来解决此类问题是不现实的,需要从中央和国家层面统筹,以省级政府为主体,协调包括教育行政部门在内的政府各个部门共同参与配合。②

1. 加快推进考试招生制度改革

考试招生是现代教育体系的重要节点,考试招生制度改革是当前深化教育领域综合改革的突破口。2014 年,国务院发布的《国务院关于深化考试招生制度改革的实施意见》为推进考试招生制度改革指出了明确方向,主要内容包括:改进高中阶段学校考试招生方式;实行优质普通高中和优质中等职业学校招生名额合理分配到区域内初中的办法。同时,提出要进一步落实和完善进城务工人员随迁子女就学和升学考试的政策措施。

(1) 改进高中阶段学校考试招生方式。2014 年 12 月,教育部发布了《关于加强和改进普通高中学生综合素质评价的意见》,将学生综合素质评价内容分为思想品德、学业水平、身心健康、艺术素养、社会实践五个方面,并明确了每个方面的考察重点。在此基础上,各

---

① 吕慈仙:《异地升学政策如何影响随迁子女的身份认同与社会融合》,《教育发展研究》2015 年第 10 期。

② 吴霓:《进城务工人员随迁子女在流入地参加中高考的现实困境及政策取向》,《清华大学教育研究》2012 年第 2 期。

地要逐步加大综合素质评价在高中招生录取中的作用，切实改变单纯以学生学科考试分数简单相加作为招生录取唯一依据的做法，积极探索建立体现科学的教育质量观，符合素质教育要求。以初中学业水平考试结果和综合素质评价情况为依据，采取综合评价、多元录取的考试招生方式。

（2）改革高校分省份分配招生名额的录取制度。我国的高考制度中招生计划与录取名额一直是严格按照户籍制度来分配的。各省份根据国家政策并结合本地的实际情况，自行制定招生政策与录取标准，尤其是高水平大学在属地与全国的招生指标仍然延续自上而下的计划方式，分省份分配招生名额，因此随迁子女的异地高考会占流入地考生的录取名额。这样，"异地高考"必然会引发以户籍为标志的"内外"两个群体利益的冲突。国家层面的高校招生比例是根据以户籍为根据的人口、财政等因素来计划分配的，而进城务工人员随迁子女异地高考的要求恰恰是要打破户籍限制、不考虑高校财政支持的地方属性与属地户籍生源的招生比例的。[①] 加之我国各地高等教育资源分布本来就不均衡，不同地区之间的录取标准与录取比例存在很大差别，就更加重了高等教育入学机会在地区间的巨大差异。

因此，为确保异地高考政策的顺利实施，可以依类分步骤推动高校招生与录取制度改革，改以考生户籍地分配招生名额为以高考报名人数为基本依据分配招生名额。首先要在教育部直属"985"高校实施，因为这部分高校是优质高等教育资源，而造成异地高考投机性需求的重要原因就是众多考生对这部分高校的追逐。同时，这部分高校的举办主体是教育部，其经费主要来源于中央财政，其按地区不公平地分配招生名额的做法本身既不合理也不合法。其次在教育部直属"211"高校实施，以此类推逐步在省属重点高校、省属一般院校以及高职高专院校实施，形成一个全新的高考招生体系，全国各高校均按各地区实际报名人数分配招生名额。例如，山东、河南等高考大省相应地就应该获得更多的招生资格，而北京、上海等地由于高考报名人

[①] 温正胞：《"异地高考"的合法性与现实困境》，《教育发展研究》2013年第4期。

数少，相应地其招生人数也应该相对较少。这一做法不仅能从根本上解决高校入学机会分配不公平现象，还能在最大程度上为高校选拔其所需的各类高素质人才，增强高校的活力和竞争力。①

在此基础上，完善高校自主招生制度。《国家中长期教育改革和发展规划纲要（2010—2020年）》提出了高考制度改革的方向："探索招生与考试相对分离的办法，政府宏观管理，专业机构组织实施，学校依法自主招生，学生多次选择，逐步形成分类考试、综合评价、多元录取的考试招生制度。"这种基于高校与考生之间相互选择基础上的高校自主招生体制，自然将打破现行分省份按计划集中录取的制度。重点院校的自主招生和对本地生源的优先名额也要控制在一定比例之内，对于高等教育优质资源较丰富的地区可以适当减少名额，增加其他地区学生进入重点高校的机会。通过国家的总体调控与高校自身的调整，来逐步使招录名额配置更加科学化。② 高校在录取中，可以采取多元评价标准，实现过程性评价与终结性评价相结合，结合考生统一考试成绩、中学学业成绩、大学面试考查和地区教育因素进行综合评价录取，尤其是可以通过地区教育因素，校正各地的教育质量差异，实现地区间的高考录取的实质公平。

2. 确立随迁子女"学籍地升学"的法律原则

进城务工人员随迁子女在流入地的升学问题给实行了若干年的"省管高考、县管中考"的考试管理体制带来了挑战，进而给政府公共服务、资源配置模式、外力干预机制等提出了变革要求。从表面上看，随迁子女在义务教育后的异地升学似乎是在读书、考试问题上遇到了麻烦，实际上也暴露出我国实施户籍制度以来，特别是改革开放后在经济社会发展中因既定的政策制度设计，处于经济发展水平较低地区和农村户籍人口的经济社会角色和公民权利、国民福利被剥离的后遗症。我国从1958年正式实施《中华人民共和国户口登

---

① 伍宸、洪成文：《我国异地高考问题、原因及解决对策》，《中国教育学科》2012年第11期。
② 李超君：《浅析我国"异地高考"实施困境及对策建议》，《教育与考试》2014年第6期。

记条例》。户籍制度的核心内容是把全国人口划分为城镇人口和农村人口，并在此基础上实行有差别的社会福利政策，包括教育福利的城乡与地区差异，并最终形成了以户籍为标准的中考与高考制度。而以户籍登记地为标志组织中考报名直接将随迁子女排除在城市的高中阶段教育系统之外，影响随迁子女在城市平等享有高中阶段受教育的权利。

同样，异地高考问题的根源也是户籍地高考制度与经济社会发展特别是城市化进程之间产生的矛盾。户籍地高考制度要求考生必须在户籍所在地参加高考。随着城市化进程的加快，人口流动规模不断扩大，随迁子女在流入地完成义务教育乃至高中教育的人数不断增多，于是出现随迁子女在流入地即学籍所在地就地高考的诉求。2008年，全国人大代表提出解决外来务工人员随迁子女就地高考问题时，首次提出"异地高考"一词。异地高考，即考生不在流出地（户籍所在地）参加高考，而是在流入地（非户籍所在地）参加高考。① 事实上，"异地高考"更准确的提法应为"随迁子女就地高考"，特指进城务工人员随迁子女在当地接受义务教育后在当地参加高考。②

实际上，异地升学考试本质上是城镇化进程中现有城市管理体制对非户籍人口权益保障不能包容所造成的问题。应以中小城市户籍改革为契机，配套改革与户籍制度直接相关的制度，淡化包括劳动就业、子女入学、住房分配、社会保障等政策规定中对户口的特殊要求，逐步剥离附着于其上的其他各种功能，实现农业人口和非农业人口的主体平等，打破农民工随迁子女异地中考并继续升学的体制障碍。③ 破解随迁子女异地升学的难题，应该通过立法形式构建以学籍为基本依据的升学制度，推动升学过程的报名、考试、招生、录取等所有环节从以"户籍中心"向以"学籍中心"转换，将进城务工人

---

① 刘尧：《异地高考的困境与路径》，《河南教育》2012年第9期。
② 欧颖、郑若玲：《异地高考：理想与现实的两难问题》，《中国考试》2013年第1期。
③ 吴霓：《农民工随迁子女异地中考政策研究》，《教育研究》2011年第11期。

员随迁子女升学的服务管理明确为学籍地政府的法定职责。①

3. 将职业教育作为推进异地升学考试的突破口

为了缓解流入地普通高中教育在接收随迁子女义务后教育的压力，结合当前我国各阶段学龄人口下降及中职教育招生困难等现实问题，可以将职业教育作为推进异地升学考试政策的突破口，为进城务工人员随迁子女在流入地升学提供一条暂行通道，同时也可以更好地实现教育分流。在异地中考政策中，向农民工随迁子女全面开放免费中等职业教育和困难学生资助，这样既可以较好地解决农民工随迁子女的继续升学和就业问题，也有利于城市职业教育的发展。另外，要加快构建中、高等职业教育相互衔接、协调发展的现代职业教育体系，为中职毕业生顺利升入高职院校深造提供保障。

（六）促进课程与教育教学活动公平的政策建议

人是教育活动的对象。人口的变动对我国当下各级各类教育的教学理念、教学内容、教学环境氛围等都带来了巨大影响。特别是随着城镇化的加快推进，流动儿童与留守儿童的规模都有所扩大，城市及农村公办中小学校的教育对象群体都发生了很大变化，相应的无论对教育内容还是学校、教师的教育教学都提出了新的挑战。尤其是"两为主"政策实施以后，大量随迁子女得以进入公办义务教育学校就学，造成公办学校生源多样性的现状，改变了原来公办学校主要接收本地单一生源的教学管理方式及教师教育教学模式。城市公办学校生源的多样性已经超越了个体学生之间的差异，拓宽为由来自不同流出地带来的学生文化差异，以及由于流出地课程教材多样而带来的教育基础差异等。与此同时，大量留守儿童的存在，农村教学点生源的流失、城镇学校大班额的出现等，各地中小学校都面临着"生源状况巨大转变"的考验。因此，各地无论在制定教育政策、推进课程改革方案深入实施，以及学校和教师及时转变教育教学管理理念和管理方式时，都要积极采取相应的应对措施，为日益多样化的教育对象提供平

---

① 韩世强：《进城务工人员子女的升学困境与法律保障机制研究》，《华中师范大学学报》（人文社会科学版）2013年第4期。

等且高质量的教育服务。

1. 加强教师队伍建设，提升各级师资水平

应对人口变动对教师队伍提出了新的挑战，提升各级各类教育质量，必须加强教师队伍建设。2012年，教育部印发了《幼儿园教师专业标准（试行）》《小学教师专业标准（试行）》和《中学教师专业标准（试行）》，并联合多部门颁布了大力推进农村义务教育教师队伍建设、加强高等学校青年教师队伍建设、加强幼儿园教师队伍建设、加强特殊教育教师队伍建设、深化教师教育改革、职业学校兼职教师管理办法等6个意见，对全面加强教师队伍建设做出了明确规定和具体部署。

（1）健全教师专业标准评估指标，切实提升教师专业水平。2012年，教育部出台《幼儿园教师专业标准（试行）》《小学教师专业标准（试行）》和《中学教师专业标准（试行）》，涵盖了基础教育中幼儿园、义务教育、普通高中各个阶段。2013年，《中等职业学校教师专业标准（试行）》出台。2014年，教育部发布《高等学校辅导员职业能力标准（暂行）》。这些"教师专业标准"是国家对合格教师专业素质的基本要求，是教师实施教育教学行为的基本规范，是引领教师专业发展的基本准则，是教师培养、准入、培训、考核等工作的重要依据。与此同时，各级"校长专业标准"也相继发布。2013年，教育部发布《义务教育学校校长专业标准》，2015年发布《幼儿园园长专业标准》《普通高中校长专业标准》《中等职业学校校长专业标准》。这些"校长（园长）专业标准"明确了校长（园长）专业发展的基本要求和准则，也成为提高校长（园长）管理水平、实现教育家办学的重要依据。教师专业标准从专业理念与师德、专业知识、专业能力，校长专业标准从专业理解与认识、专业知识与方法和专业行为与能力各三个维度阐述了对教师、校长的专业要求。但对于教师、校长是否达到国家标准，目前尚缺乏明确的评估标准和具体的绩效标准。因此，需要对标准的评估与绩效标准进行进一步的完善，为教师、校长行为绩效的改进提供有证据的判断，以确保教师、校长切实达到国家规定的专业标准。

（2）加强农村教师培训，缩小城乡教师差距。就基础教育而言，农村教育长期发展滞后、城乡教师队伍素质差距显著。农村教师的专业素养和实际能力存在诸多不足，如实际教学组织能力不足、教学反思能力差、缺乏创新能力、职业规划不明确、教育理念落后等，很多农村教师尚不能达到专业标准的要求。为此，应该把农村教师课程建设作为教师培训的核心工作，加大农村中小学教师培训力度。在保证农村教师专业培训经费的同时，更加注重培训课程的整体性、系统性和科学性。以往中小学教师继续教育政策一般都是以城市教师为蓝本，忽略农村偏远地区教师的专业发展现状与培训需求。同时，农村教师所处的环境、面临的学生、国家对他们的要求等都与城市不同，如果仅仅是照搬城市教师培训的课程，肯定不利于农村教师的专业发展。因此，必须结合教师专业标准建构适合农村中小学教师培训需求的课程体系，提高农村教师培训有效性。

2. 推进城乡课程公平，共享课程管理权力

课程是实现教育目的的重要途径，不同时期课程内容的设置蕴含着不同的教育权利和教育机会。"教育机会寓于某种特定课程的接触之中。机会的多少视儿童学习的课程的水平高低而定。对某些儿童来说，所达到的课程水平越高，所获得的机会就越多。"[1] 学生是否就学，反映的只是形式上的、外在的教育权利和教育机会问题，而课程的科学设置、内容的合理选择则直接关系到课程服务对象内在的教育权利和教育机会。对每个学生来说，尽管学习的课程是相同的，但学生所获得的知识体验是不同的，每个学生对课程内容都有自己特定的理解。因而，他们从课程中获得的实际发展机会和发展程度是不同的。[2] 从课程实施的角度来看，课程价值实现的程度，在一定程度上体现了学生发展的程度。因此，人口变动引起的教育对象变化，对于课程改革也提出了新的要求。

---

[1] 张人杰：《国外教育社会学基本文选》，华东师范大学出版社2009年版，第180页。
[2] 廖艳群：《关于课程与教学公平的几点思考》，《河北师范大学学报》（教育科学版）2008年第4期。

（1）课程权力主体上，突出农村应有的课程管理权力。我国基础教育课程的编制与设计，表面看是关于教育知识的选择、分类、分配、传递和评价，其实也内隐着一定的权力分配和权力控制。课程设计实质上并不是全体利益和普遍价值的客观表达，而是特定阶级和特殊利益的承载体。准确地说，它是官方知识的载体。① 正因如此，我国基础教育的教材在内容设置上本来就是有课程管理权力城市化的体现。课程管理权力的倾斜势必引起课程内容的倾斜，根本的解决办法就是对课程管理权进行重新配置，实现城乡课程管理权的共享。只有城乡拥有了课程内容的选择权与资源开发的参与权，才能最大化地有效与实用。

课程管理权的共享是课程资源共享的重要前提。伴随着城镇化的推进，必须让城乡共同参与到课程管理的过程中来，实现课程内容的丰富化与多样化。只有通过权力的保证，城乡各自的特色文化精髓才能在课程中得以延续与传递，才能实现城乡学生群体间的相互学习与文化共享。但是，就目前的课程管理体制来看，城乡教育统筹管理的理念虽然逐渐被社会所认同，但依然停留在文献研究或口号的层面。从现有课程计划、课程设置、教科书编制、课程开发等相关课程政策来看，依然是由城市化背景的各方专家、校长、学者包揽课程政策制定权，农村群体依然只是"城市课程政策"的执行者。虽然三级课程管理模式已经将管理权下放到地方层面，以县为主实施地方课程管理，但很少涉及如何保障农村地区发挥课程管理权力的具体举措。

因此，一方面，地方政府与相关部门应充分发挥自身应承担的课程管理权，公平配置城乡学校参与当地课程决策、课程开发、教材选择、课程评价等的权力，并对参与办法给予详细说明。另一方面，针对学校层面的课程管理，要将课程管理权力充分赋予城乡学校，保障城乡校长、教师、学生等的权利，调动其关注自身课程体系建设、提高课程总体水平的积极性与主动性。

---

① 罗生全、周庆双：《城乡统筹视野下课程管理权力的向度及其表达》，《教学与管理》2013年第7期。

（2）课程结构设置上，突出城乡差异，实现课程多样化。课程公平是考察教育公平程度的一个重要观测点。应该承认，新课程方案从宏观上注重了一定的公平性，但在实施过程中，各地区各阶层以及不同群体学生的要求不可能完全得到满足，从而造成了课程的不公现象，尤其对农村基础教育而言，情形尤为严重。[①] 首先，课程内容上应充分考虑学生的差异性与发展性。中小学课程设置必须满足学生的不同发展需求，即要求课程多样化，尽可能让学生尝试在不同方面发展，使其在不同的方面脱颖而出。课程多样化要求在课程结构的设计上具有足够的弹性，以适应其差异性。[②] 理想的课程应能在学生的已知和未知之间架起一座桥梁，帮助学生逐步获取未知的经验。然而，我国新课程开发的前期试验主要是以城市学生的学力为根据，课程内容以反映城市儿童的经验为主，与农村学生的生活经验相距甚远，这样的课程内容本身就是不公平的。因此，在课程内容上必须去除统一课程的城市中心倾向，彰显城乡不同课程资源的优势。其次，丰富农村课程资源建设，开发符合农村实际的地方课程和校本课程是克服当前农村基础教育课程内容脱离农村生活倾向的重要措施。农村基础教育现有的多媒体教室等现代化教学设施相比城市而言依然存在严重不足的问题。对农村学校而言，由于受条件性课程资源的制约，依然存在无法按照新课改的要求开齐、开足所有课程的现象。从素材性课程资源来看，农村教师自身课程资源意识的淡薄，课程资源开发能力不足，由此导致农村乡土文化等本土资源在农村学校地方课程及校本课程开发中，未能得到充分的挖掘与开发。这就需要大力加强农村地区的课程建设能力，特别要注重提升校长的课程领导能力、教师课程驾驭能力和开发运用乡土课程资源的能力。此外，充分借助现代教育信息化手段为农村地区的课程资源开发提供便利。可以通过加强网络课堂、云课堂、微课、MOOC等数字资源的共享性投入，让优质的课程资源辐射到农村学校。

---

① 皮武：《农村基础教育的课程公平》，《现代教育管理》2011年第3期。
② 吴康宁等：《课堂教学社会学》，南京师范大学出版社2009年版，第223页。

3. 流动儿童融入教育，真正享受"同城待遇"

当前，对于流动人口随迁子女的教育，通过实施"两为主"政策、政府委托办学、购买服务等多种方式，已在起点上较好地解决了随迁子女的入学问题。教育的公平性、普惠性得以较好落实。但是，"进入"距离"融入"尚有距离，实践中出现的随迁子女在学习、心理、生活等方面的城市融入问题也迫切呼吁相关政策和措施的调整与完善。

随迁子女融入教育，包括起点融入、过程融入和结果融入，其宗旨在于促进社会融入。起点融入主要体现为接受教育的机会，过程融入体现在学习、生活和心理等方面与本地相融入，结果融入则是为社会融入所做的教育准备。[①] 城镇教育现代化过程中，应对越来越多的随迁子女进入城市就学，对学校及教师转变原有的管理与教学习惯提出了新的挑战。如何提高随迁子女就读比例高的学校的教育教学水平，如何对随迁子女实施在学习、生活和心理等方面与城市相融合的融入教育，是确保教育公平和促进全体学生全面和谐发展的关键。

随迁子女学校融入教育的本质，并不是流入儿童单方面的融入，而是本地学生与流入儿童双方的共同提升，不论农村的文化还是城市的文化都不是确定的标准，不论城市儿童还是随迁子女都有其学习以及生活上的优点与缺点，双方都需要开放自己，向对方学习，克服自身的局限性和不足之处，不断对话，从而向更高的层面提升。"这样一种自身置入，既不是一个个性移入另一个个性中，也不是使另一个人受制于我们自己的标准，而是意味着向一个更高的普遍性的提升，这种普遍性不仅克服了我们自己的个别性，而且也克服了他人的个别性。"[②] 同时，随迁子女的融入教育是一个系统工程，不是单纯依靠某一方面的力量就能解决的，既需要学生自身及其家庭的积极努力，更需要政府、学校、社区等社会力量形成一种教育合力，构建家庭、学

[①] 方中雄等：《北京市随迁子女融入教育状况调查及行动计划》，《教育科学研究》2013年第11期。

[②] ［德］伽达默尔：《真理与方法》，洪汉鼎译，上海译文出版社2004年版，第394页。

校、社会全方位的教育体系。

（1）学校积极发挥融入教育主体作用。随着公办学校对随迁子女的吸纳，公办学校的生源更加多样化，学生之间的差异性则进一步扩大化。针对随迁子女带来的生源多样性，流入地学校要充分认识并尊重随迁子女在文化、学习基础、社会经济地位等方面的不同，并基于此积极采取应对措施，针对学生群体日益多样的特点，采取有针对性的教育干预措施，使流动儿童在入学及学习过程方面，都享受到真正的"同城待遇"。由于随迁子女普遍存在知识断层、学习基础较差、学习适应不足等学习障碍，学校要对本校随迁子女的基本学业情况及发展水平进行全面的掌握，并根据随迁子女的不同情况采取形式多样的辅导帮扶措施。如开展专门针对学力水平较低学生的补偿教育，制定专门的教学计划，帮助其尽量弥补原有的学业不足，在此基础上帮助他们顺利衔接不同区域教育过程的差异，尽早适应新的教育环境。此外，学校及师生应当正向、健康地对待随迁子女。学校应积极营建和谐融洽、公平包容的文化氛围，鼓励师生与随迁儿童平等交往、良好沟通，引导师生真诚关心随迁儿童的学习生活，帮助其克服学业上的困难，树立其学习自信心，提高其自尊感。

（2）开办家长学校，加强家校合作。家庭教育是儿童全面发展和健康成长过程中不可或缺的重要方面，外来务工人员普遍自身文化素质较低，且进入城市的工作多属于高强度的服务行业，工作负担重，压力大、工作时间也较长，使得大多数家长在教育孩子方面既缺乏科学的理念，也缺乏合适的方法，造成随迁子女家庭教育的缺失。因此，流入地城市学校要充分利用学校资源开办家长学校，通过家访、家长信等多种方式，加强与随迁子女家长的沟通联系。家长学校通过定期或不定期开展家庭教育培训，宣传正确的家庭教育理念，并为随迁子女家长提供专门的咨询服务，包括教育咨询、心理咨询，以及兴趣、能力和价值观测验等各种服务，以解决学生在教育过程中所产生的各种问题。针对本校随迁子女身上普遍存在的共性问题，对家长采取科学教育方法提供指导和帮助，切实改变家长在家庭教育上的随意性、盲目性，提高家长思想文化素养，为务工人员家庭教育提供良好的客观环境。

（3）充分利用社区资源促进文化融合。流入地城市社区应当充分利用社会资源、社区资源，积极开展社区教育，发挥社区的教育功能。学校可以联合所在社区，积极组织学生在课余时间、双休日及寒暑假积极参加社区各类活动，如定期开办各种技能培训班、讲座，开放社区内的图书馆、体育馆、博物馆等场馆资源。通过形式多样的社区教育和活动，一方面加强随迁子女与本地学生、社区居民的相互交流沟通；另一方面，也可以通过开展活动，增强其组织能力、交往能力、协作能力和生存能力，鼓励他们积极主动融入新的城市生活，培养他们的社会责任感和社会归属感。

主要参考文献

一 中文文献

(一) 著作

[美] 安德森:《公共决策》,唐亮译,华夏出版社1990年版。

蔡昉:《中国人口与劳动问题报告No.5(2004)——人口转变与教育发展》,社会科学文献出版社2004年版。

蔡昉:《中国人口与劳动问题报告》,社会科学文献出版社2010年版。

蔡昉:《人口与劳动绿皮书(2012)》,社会科学文献出版社2012年版。

查瑞川等:《中国第四次全国人口普查资料分析(上)》,高等教育出版社1996年版。

陈振明:《政策科学——公共政策分析导论》,中国人民大学出版社2003年版。

褚宏启:《教育政策学》,北京师范大学出版社2011年版。

[美] 戴维·伊斯顿:《政治体系——政治学状况研究》,马清槐译,商务印书馆1993年版。

董泽芳:《教育社会学》,华中师范大学出版社2009年版。

范国睿等:《教育政策的理论与实践》,上海教育出版社2011版。

[美] 弗朗西斯·C.福勒:《教育政策学导论》,许庆豫译,江苏教育出版社2007年版。

高书国、杨晓明:《中国人口文化素质报告》,社会科学文献出版社2004年版。

高文兵:《中国高等教育资源分布与协调发展研究》,高等教育出版社2008年版。

国家统计局:《中国发展报告(2013)》,中国统计出版社2013年版。

国务院人口普查办公室、国家统计局人口统计司：《中国第三次人口普查的主要数字》，中国统计出版社 1982 年版。

国务院人口普查办公室：《中国第四次人口普查的主要数据》，中国统计出版社 1991 年版。

国务院人口普查办公室、国家统计局人口和就业统计局：《中国 2010 年人口普查资料》，中国统计出版社 2011 年版。

教育部：《国家教育事业发展第十二个五年规划》，教育科学出版社 2012 年版。

金一鸣：《教育社会学》，江苏教育出版社 2000 年版。

靳希斌：《教育经济学》，人民教育出版社 2001 年版。

刘复兴：《教育政策的价值分析》，教育科学出版社 2003 年版。

刘铮：《人口学辞典》，人民出版社 1986 年版。

[美] 罗尔斯：《正义论》，何怀宏等译，中国社会科学出版社 1988 年版。

马凤岐：《教育政治学》，人民教育出版社 2002 年版。

毛寿龙：《西方政府的治道变革》，中国人民大学出版社 1998 年版。

潘懋元、王伟廉：《高等教育学》，福建教育出版社 2013 年版。

庞丽娟：《中国教育改革三十年：学前教育卷》，北京师范大学出版社 2009 年版。

全国妇联办公厅：《妇女儿童工作文选 2007.1—2007.12》，中国妇女出版社 2009 年版。

沙吉才、曹景椿：《改革开放中的人口问题研究》，北京大学出版社 1994 年版。

石人炳：《人口变动对教育的影响》，中国经济出版社 2005 年版。

田家盛：《教育人口学》，人民教育出版社 2000 年版。

温勇：《人口统计学》，东南大学出版社 2006 年版。

吴志宏等：《教育政策与教育法规》，华东师范大学出版社 2003 年版。

吴遵民：《教育政策学入门》，上海教育出版社 2010 年版。

杨东平：《中国教育发展报告（2012）》，社会科学文献出版社 2012 年版。

杨东平：《教育蓝皮书：中国教育发展报告》，社会科学文献出版社 2014 年版。

杨会良：《当代中国教育时政发展史论纲》，人民教育出版社 2006 年版。

叶澜：《教育概论》，人民教育出版社 1999 年版。

叶澜：《"新基础教育"论——关于当代中国学校变革的探究与认识》，教育科学出版社 2006 年版。

尹豪：《人口学导论》，中国人口出版社 2006 版。

袁贵仁：《中国教育》，北京师范大学出版社 2013 年版。

袁振国：《中国教育政策评论》，教育科学出版社 2000 年版。

袁振国：《教育政策学》，江苏教育出版社 2001 年版。

袁振国：《中国进城务工农民随迁子女教育研究》，教育科学出版社 2010 年版。

袁振国等：《农民工子女教育问题研究》，经济科学出版社 2012 年版。

袁准：《科学发展观简明教程》，中共中央党校出版社 2006 版。

曾晓东：《中国教育改革 30 年：关键数据及国际比较》，北京师范大学出版社 2009 年版。

张人杰：《国外教育社会学基本文选》，华东师范大学出版社 2009 年版。

钟水映：《人口流动与社会经济发展》，武汉大学出版社 2000 年版。

（二）论文

艾洪德等：《人口约束下的高等教育：生源拐点与发展转型》，《财经问题研究》2013 年第 9 期。

陈丙欣、叶裕民：《中国流动人口的主要特征及对中国城市化的影响》，《城市问题》2013 年第 3 期。

陈成鲜等：《我国城市人口合理规模的系统预测研究》，《中国管理科学》2002 年第 4 期。

陈国权：《论责任政府及其实现过程中的监督作用》，《浙江大学学报》2001 年第 3 期。

陈厚丰：《我国高校追求"大而全"和"生格热"的外部原因及应对策略》，《现代教育科学》2004 年第 3 期。

陈启光：《论区域教育政策》，《教育决策与管理》2003 年第 3 期。

程灵：《论高等教育政策的国际迁移》，《福建师范大学学报》（哲学社会科学版）2008年第5期。

程晓明：《对中央政府有关幼儿教育政策文件的分析与建议》，《学前教育研究》2014年第1期。

程瑶、章冬斌：《2020年前适龄人口变化与高等教育规模发展研究》，《开放教育研究》2008年第4期。

崔发周：《我国职业教育结构优化的基本目标与调整策略》，《职教论坛》2014年第1期。

邓大松、孟颖颖：《中国农村剩余劳动力转移的历史变迁：政策回顾和阶段评述》，《贵州社会科学》2008年第7期。

丁煌：《政策执行》，《中国行政管理》1991年第11期。

丁娟：《交流政策背景下城乡教师专业发展面临的挑战及其对策》，《现代教育科学》2015年第5期。

董辉：《国外择校研究的前沿图景：现象与政策》，《比较教育研究》2010年第12期。

董辉：《给择校热"降温"：从"内部治理"到"社会治理"》，《全球教育展望》2014年第2期。

杜柯伟：《做好中小学生学籍管理工作 提高基础教育治理水平》，《中小学学校管理》2014年第12期。

杜旻：《我国流动人口的变化趋势、社会融合及其管理体制创新》，《改革》2013年第8期。

段成荣、周福林：《留守儿童研究综述》，《人口学刊》2006年第3期。

段成荣、杨舸：《我国流动人口的流入地分布变动趋势研究》，《人口研究》2009年第6期。

段成荣、吕利丹、邹湘江：《当前我国流动人口面临的主要问题和对策——基于2010年第六次全国人口普查数据的分析》，《人口研究》2013年第2期。

段成荣、吕利丹、郭静、王宗萍：《我国农村留守儿童生存和发展基本状况——基于第六次人口普查数据的分析》，《人口学刊》2013年第3期。

段成荣、吕利丹、王宗萍、郭静：《我国流动儿童生存和发展：问题与对策——基于 2010 年第六次全国人口普查数据的分析》，《南方人口》2013 年第 4 期。

段成荣、袁艳、郭静：《我国流动人口的最新状况》，《西北人口》2013 年第 6 期。

段如虹：《我国学前教育事业财政投入现状分析及对策研》，《河南教育学院学报》2013 年第 5 期。

凡勇昆：《论我国农村人口发展趋势与农村教育布局调整》，《教育与经济》2012 年第 4 期。

范先佐：《城镇化背景下县域义务教育发展问题与策略》，《华中师范大学学报》（人文社会科学版）2014 年第 4 期。

范先佐、郭清扬：《农村留守儿童教育问题的回顾与反思》，《中国农业大学学报》（社会科学版）2015 年第 1 期。

方中雄等：《北京市随迁子女融入教育状况调查及行动计划》，《教育科学研究》2013 年第 11 期。

冯晓英：《城市人口规模调控政策的回顾与反思——以北京市为例》，《人口研究》2005 年第 5 期。

傅征：《高等教育结构与经济发展的协调性分析》，《武汉大学学报》（哲学社会科学版）2008 年第 2 期。

高臣、叶波：《教师专业发展取向下的城乡教师流动》，《上海教育科研》2015 年第 2 期。

高慧斌：《教师政策评价分析》，《河北师范大学学报》（教育科学版）2015 年第 6 期。

高莉、杨家福：《从规模扩张到结构优化：教育结构的战略性调整》，《教育发展研究》2012 年第 5 期。

耿修林：《经济发展对人口素质的影响分析》，《管理世界》2008 年第 11 期。

顾宝昌：《中国人口：从现在走向未来》，《国际经济评论》2010 年第 6 期。

郭清扬、王远伟：《我国农村中小学布局调整的总体评价》，《河北师范大学学报》(教育科学版) 2008 年第 3 期。

郭秀云：《上海市人口时空演化与公共资源配置的区域差异研究》，《西北人口》2013 年第 6 期。

郭忠玲：《农村留守儿童教育困境与法律对策研究》，《黑龙江教育学院学报》2013 年第 4 期。

国家教育督导团：《国家教育督导报告 2008（摘要）——关注义务教育教师》，《教育发展研究》2009 年第 1 期。

国务院发展研究中心社会发展研究部课题组：《上海市城市人口总量控制与结构优化研究》，《科学发展》2014 年第 5 期。

韩世强：《进城务工人员子女的升学困境与法律保障机制研究》，《华中师范大学学报》（人文社会科学版）2013 年第 4 期。

郝良玉、胡俊生：《公共政策视野下的留守儿童教育问题探析》，《延安大学学报》（社会科学版）2008 年第 6 期。

和震：《我国职业教育政策三十年回顾》，《教育发展研究》2009 年第 3 期。

胡善平、潘春宇：《安徽农村留守儿童教育问题研究》，《山东农业大学学报》（社会科学版）2012 年第 3 期。

胡耀宗：《省域高等教育空间布局变化与规模分化》，《现代大学教育》2013 年第 5 期。

胡振京：《中小学教师性别比例失衡的现状、影响与对策》，《人民教育》2013 年第 Z1 期。

霍力岩、余海军等：《美、英学前教育财政投入的主要方式初探》，《外国教育研究》2012 年第 6 期。

霍益萍、黄向阳、李家成：《多样、开放、灵活：普通高中教育体系的构建》，《教育发展研究》2009 年第 18 期。

纪宝成：《高校科学发展的战略方针：发扬传统办出特色办出水平》，《中国高等教育》2008 年第 10 期。

教育部：《2010 年全国教育事业发展统计公报》，《中国教育报》2010 年 7 月 6 日第 2 版。

金东贤：《"两会"代表委员与中央教科所科研人员座谈教育热点问

题》,《教育研究》2004 年第 4 期。

荆建华:《试论教育对人口的影响》,《河南教育学院学报》(哲学社会科学版) 1994 年第 3 期。

柯春辉:《城乡统筹发展中的教育政策取向和政策制定》,《教育研究》2011 年第 4 期。

赖平耀、钟甫宁:《中国的人口变动:1978—2012》,《南京农业大学学报》(社会科学版) 2014 年第 1 期。

雷万鹏:《义务教育学校布局:影响因素与政策选择》,《华中师范大学学报》(人文社会科学版) 2010 年第 5 期。

雷万鹏、汪传艳:《农民工随迁子女"入学门槛"的合理性研究》,《教育发展研究》2012 年第 24 期。

雷万鹏:《城镇化进程中农村小规模学校发展》,《全球教育展》2014 年第 2 期。

李超君:《浅析我国"异地高考"实施困境及对策建议》,《教育与考试》2014 年第 6 期。

李红岩、刘海燕:《制度塑造政策的经验分析》,《经济问题》2014 年第 3 期。

李厚刚:《我国农村劳动力流动政策变迁探析》,《江南论坛》2012 年第 9 期。

李金刚:《人满为患何时休——中小学班额过大现象的调查与思考》,《湖南教育》2004 年第 22 期。

李军良:《论教育政策的公共利益取向》,《社会科学家》2012 年第 12 期。

李玲等:《城乡义务教育学校标准化建设优化研究——基于学龄人口变化趋势预测》,《教育研究与实验》2012 年第 4 期。

李琦、王为衡:《从我国人口决策历程和人口长期战略解读"单独两孩"政策》,《福建论坛》(人文社会科学版) 2014 年第 1 期。

李乾:《推进城乡中小学标准化建设的经验与反思》,《现代中小学教育》2014 年第 1 期。

李伟成:《对流动人口子女义务教育"两个为主"政策的反思》,《民主》2011 年第 8 期。

李祥云等：《中小学学校规模变动的决定性因素：人口变化还是政策驱动》，《北京师范大学学报》（社会科学版）2012 年第 4 期。

李延平：《职业教育公平问题研究》，博士学位论文，陕西师范大学，2008 年。

李莹等：《儿童早期照顾与教育：当前状况与我国的政策选择》，《人口学刊》2013 年第 2 期。

李玉梅：《义务教育城乡师资配置现状及对策探讨》，《广东第二师范学院学报》2011 年第 6 期。

李袁园：《中国省际人口迁移和区域经济发展研究——基于"六普"数据的分析》，博士学位论文，吉林大学，2013 年。

梁宏：《广州市非户籍常住人口的变化分析》，《南方人口》2012 年第 4 期。

梁文艳等：《人口政策调整后学前教育适龄人口变动趋势与教育需求分析》，《全球教育展望》2014 年第 9 期。

廖艳群：《关于课程与教学公平的几点思考》，《河北师范大学学报》（教育科学版）2008 年第 4 期。

林成策：《从学龄人口变动看未来山东省基础教育与师范教育的发展》，《山东教育学院学报》2001 年第 5 期。

刘善槐：《进城务工人员随迁子女公办学校入学机会问题探讨》，《教育发展研究》2009 年第 2 期。

刘善槐：《我国农村地区学校撤并的问题与对策研究：基于东中西六地的调查分析》，《湖南师范大学教育科学学报》2011 年第 5 期。

刘善槐：《我国城镇义务教育学校布局调整研究》，《教育研究》2015 年第 11 期。

刘世昕：《金猪宝宝在人生第一轮面试中品尝挫败》，《中国青年报》2010 年 8 月 13 日第 3 版。

刘旺余：《构建进城农民工子女义务教育管理体制的建议》，《教学与管理》（理论版）2014 年第 1 期。

刘晏伶、冯健：《中国人口迁移特征及其影响因素——基于第六次人口普查数据的分析》,《人文地理》2014 年第 2 期。

刘尧:《异地高考的困境与路径》,《河南教育》2012 年第 9 期。

刘占兰:《农村学前教育是未来十年发展的重点——〈规划纲要〉确定普及学前教育的重点与难点》,《学前教育研究》2010 年第 12 期。

吕慈仙:《异地升学政策如何影响随迁子女的身份认同与社会融合》,《教育发展研究》2015 年第 10 期。

罗生全、周庆双:《城乡统筹视野下课程管理权力的向度及其表达》,《教学与管理》2013 年第 7 期。

马鹏媛:《人口因素对高等教育发展的影响分析》,《经济研究导刊》2012 年第 9 期。

毛勇:《人口学视角下中国高等教育发展过程中的反思》,《江苏高教》2006 年第 3 期。

孟兆敏:《学龄人口变动与基础教育资源配置的协调性及原因探析:以上海为例》,《南方人口》2013 第 1 期。

米红、文新兰、周仲高:《人口因素与未来 20 年中国高等教育规模变化的实证分析》,《人口研究》2003 年第 6 期。

穆光宗:《适度老龄化:应对老龄危机的第一战略》,《广西民族大学学报》(哲学社会科学版)2014 年第 1 期。

牛慧娟:《我国高等教育质量政策系统及文本分析》,《江苏高教》2004 年第 6 期。

欧颖、郑若玲:《异地高考:理想与现实的两难问题》,《中国考试》2013 年第 1 期。

潘沛、胡礼和:《人口政策调适对教育发展的影响及其对策——基于对"全面实施一对夫妇可生两孩政策"的分析》,《教育研究与实验》2015 年第 6 期。

庞丽娟:《促进我国城乡幼儿园教师均衡配置的政策建议》,《教师教育研究》2013 年第 5 期。

彭金生:《教育政策的公共利益取向刍议》,《文教资料》2012 年第 23 期。

彭启彪、左晗:《人口流动对我国社会的影响》,《社会科学家》1990 年第 2 期。

皮武：《农村基础教育的课程公平》，《现代教育管理》2011 年第 3 期。

蒲蕊：《教育政策选择与制度创新的公平价值取向》，《教育研究与实验》2008 年第 4 期。

浦永灏：《经济因素对人口数量的调节作用——当前西方出生率经济分析理论述评与借鉴》，《人口与经济》1988 年第 5 期。

祁型雨：《教育政策价值取向的几个基本理论问题探讨》，《沈阳师范大学学报》（社会科学版）2006 年第 3 期。

任艳红、王振龙：《省域人口与教育发展目标预测分析》，《教育研究》2011 年第 4 期。

石人炳：《略论 21 世纪中国的人口结构问题》，《湖北大学学报》（哲学社会科学版）2000 年第 3 期。

石人炳：《我国人口变动对教育发展的影响及对策》，《人口研究》2003 年第 1 期。

石人炳：《人口变动对教育的作用》，《市场与人口分析》2004 年第 2 期。

石人炳：《国外关于学校布局调整的研究及启示》，《比较教育研究》2004 年第 12 期。

史慧中：《中华人民共和国幼儿教育 50 年大事记》，《幼儿教育》（教师版）1999 年第 9 期。

斯盛、关华：《2006，基础教育新起点——聚焦全国两会基础教育热点话题》，《校长阅刊》2006 年第 4 期。

宋福进、胡薇、刘少雪：《我国高等教育财政投入结构失衡问题分析》，《教育科学》2015 年第 6 期。

苏文：《人口变动对当今美国学校教育的影响》，《当代教育科学》2008 年第 23 期。

孙鹃娟：《成年子女外出状况及对农村家庭代际关系的影响》，《人口学刊》2010 年第 1 期。

孙美红、庞丽娟：《扩大我国学前教育资源的思考——基于"无证办园"现状及治理的分析》，《教育发展研究》2013 年第 6 期。

孙明哲：《使用六普数据对中国未来人口规模趋势的预测》，《北京社会科学》2014年第5期。

孙炜红：《中国人口10年来受教育状况的变动情况》，《人口与社会》2014年第1期。

田晶：《我国高等教育规模发展的历史进程与应对策略》，《当代教育科学》2013年第9期。

涂艳国：《促进教育公平　建设和谐社会——新世纪中国教育政策的重要转向》，《教育研究与实验》2008年第4期。

王昌善：《我国县域义务教育学校教师流动制度：现状、问题与对策》，《湖南师范大学教育科学学报》2014年第9期。

王承宽：《21世纪我国人口和计划生育管理问题研究》，博士学位论文，南京航空航天大学，2006年。

王冬琳、刘新华、王利明、蒋从根：《我国职业教育专业结构与生产力发展水平关系的实证研究》，《职业技术教育》2013年第16期。

王帆：《我国学前儿童人口预测与教育资源供给研究》，博士学位论文，首都经济贸易大学，2012年。

王光召、安和平：《低生育背景下中国人口惯性与人口增长峰值预测》，《宁夏大学学报》（人文社会科学版）2014年第3期。

王海英：《"入园难"的原因和可能对策》，《幼儿教育》（教育科学）2011年第9期。

王理：《我国流动儿童义务教育政策的回顾与评析》，《经营管理者》2013年第17期。

王平：《文化视角下的教育政策问题形成过程分析》，《现代教育管理》2014年第5期。

王钦池：《中国人口政策长期存在的必要性及其改革预期》，《宏观经济》2014年第4期。

王贤：《中等职业教育专业结构与产业就业结构的适应性问题探讨》，《现代教育管理》2009年第9期。

王新华：《美国城市化背景下人口流动的特点、启示与借鉴》，《人口与计划生育》2010年第3期。

王湛:《在全国幼儿教育工作座谈会上的讲话》,《学前教育研究》2002年第1期。

王哲先:《2008年"两会"中的教育热点》,《中国教师》2008年第7期。

王正惠、任仕君:《农村高中发展预测研究》,《教育科学》2006年第2期。

魏峰、张乐天:《新时期我国教育政策的价值取向》,《教育理论与实践》2010年第5期。

温正胞:《"异地高考"的合法性与现实困境》,《教育发展研究》2013年第4期。

闻待:《论高中教育的多样化发展》,博士学位论文,华东师范大学,2010年。

吴玲、刘玉安:《农民工子女义务教育问题中的政府责任》,《山东社会科学》2013年第2期。

吴霓:《农民工随迁子女异地中考政策研究》,《教育研究》2011年第11期。

吴霓:《进城务工人员随迁子女在流入地参加中高考的现实困境及政策取向》,《清华大学教育研究》2012年第2期。

吴霓、朱富言:《流动人口随迁子女在流入地升学考试政策分析》,《教育研究》2014年第4期。

吴支奎:《制度突破:农村留守儿童教育问题的出路》,《教育导刊》2010年第6期。

伍宸、洪成文:《我国异地高考问题、原因及解决对策》,《中国教育学科》2012年第11期。

习勇生:《进城务工人员随迁子女异地高考政策分析:政策内容的视角》,《教育发展研究》2013年第13—14期。

谢童伟、张锦华、吴方卫:《教育与人口迁移相互影响的实证分析——基于2004—2008年31个省的面板数据》,《上海财经大学学报》2011年第4期。

谢童伟、吴燕:《教育发展差异对人口迁移的影响》,《南方人口》2012

年第6期。

徐坚成：《我国不同地区未来学龄人口波动与基础教育发展》，《教育发展研究》1999年第18期。

闫闯：《我国农村中小学布局调整研究述评》，《教育科学论坛》2014年第1期。

严仲连：《我国入园难问题的政策学思考》，《教育理论与实践》2012年第2期。

严仲连、何静：《我国农村学前教育政策的实施现状与执行策略》，《东北师大学报》（哲学社会科学版）2012年第5期。

杨海燕：《超大规模学校的现实困境与规模选择》，《国家教育行政学院学报》2007年第8期。

杨雪、侯力：《我国人口老龄化对经济社会的宏观和微观影响研究》，《人口学刊》2011年第4期。

杨兆山、金金：《建设"标准化学校"搭建义务教育均衡发展的操作平台》，《东北师大学报》（哲学社会科学版）2005年第5期。

姚永强：《教育政策主体的利益冲突与整合》，《中国教育学刊》2012年第2期。

姚永强：《我国义务教育均衡发展方式转变研究》，博士学位论文，华中师范大学，2014年。

姚峥嵘：《我国高等教育经费投入的国际比较研究》，《江苏高教》2014年第4期。

叶敬忠：《农村中小学布局调整的社会宏观背景分析》，《中国农业大学学报》（社会科学版）2012年第4期。

叶宁、尹文耀：《我国人口发展趋势及对社会经济的影响》，《武汉大学学报》（哲学社会科学版）2006年第6期。

尹后庆：《均衡化：教育政策的必然取向》，《上海教育》2002年第5期。

于月萍、徐文娜：《论城乡教育一体化制度体系的构建》，《教育科学》2011年第5期。

余丽红：《实施教育宏伟蓝图更需精心"施工"——中国教育学会学习

贯彻全教会和〈教育规划纲要〉座谈会综述》,《中国教育学刊》2010 年第 10 期。

袁桂林:《中国分城乡学龄人口变动趋势分析》,《教育科学》2006 年第 1 期。

岳伟、于利晶:《"两为主"政策执行失真的原因及对策研究》,《教育理论与实践》2013 年第 17 期。

曾国华:《2012 年全国"两会"基础教育热点透视》,《中小学管理》2012 年第 4 期。

曾天山等:《义务教育均衡发展是实现教育公平的基石》,《当代教育论坛》2007 年第 1 期。

翟月玲:《异地高考的根源、理念探究与对策》,《中国高教研究》2012 年第 7 期。

战捷:《文化与生育相关性研究》,《中国人口科学》1994 年第 5 期。

张斌、杨润勇:《教育政策调整的必要性与实施途径分析》,《河北师范大学学报》(教育科学版)2006 年第 4 期。

张车伟、蔡翼飞:《中国城镇化格局变动与人口合理分布》,《中国人口科学》2012 年第 6 期。

张海波:《教育均衡视角下的"标准化学校"理论研究》,硕士学位论文,东北师范大学,2007 年。

张辉蓉等:《我国城乡学前教育发展资源需求探析——基于学龄人口预测》,《教育研究》2013 年第 5 期。

张娜娜:《学前教育投入中的政府责任研究》,硕士学位论文,西南大学,2014 年。

张启成:《城市化与城市生态环境建设》,中国城市科学研究会,2001 年 9 月。

张秋立:《中国教育政策调整的未来取向分析》,《学术论坛》2008 年第 1 期。

张学浪:《转型期农村留守儿童发展问题的困境与突破》,《兰州学刊》2014 年第 4 期。

张翼:《中国的人口转变与未来人口政策的调整》,《中国特色社会主义研究》2013 年第 3 期。

赵国君：《欠发达县域基础教育师资配置问题研究——基于河南省 S 县的个案分析》，硕士学位论文，苏州大学，2008 年。

赵杰：《农村义务教育学校布局调整政策：变迁、反思与展望》，《教育发展研究》2013 年第 8 期。

郑真真、杨舸：《中国人口流动现状及未来趋势》，《人民论坛》2013 年第 11 期。

中国人口与发展研究中心课题组：《中国人口与教育发展战略研究》，《人口研究》2009 年第 2 期。

周彬：《中国城乡教师均衡配置的实证分析》，《教育理论与实践》2009 年第 7 期。

周仲高：《中国人口转变：理论趋向与教育学诠释》，《广东社会科学》2014 年第 4 期。

朱永新：《2012 年中国教育热点问题述评（上）》，《河南教育》（基教版）2013 年第 1 期。

朱永新：《2012 年中国教育热点问题述评（下）》，《河南教育》（基教版）2013 年第 2 期。

邹小勤：《人口变动对高等教育的影响》，《江苏高教》2010 年第 1 期。

（三）网络文献

《2013"高招"凸显四大变化》，http：//www. huaxia. com/jtzq/tjxw/2013/07/3440934. html，2013 年 7 月 22 日。

《2014 年来沪人员随迁子女就读本地学校实施意见》，http：//news. xinhuanet. com/2013－12/23/c_118675426. htm，2013 年 12 月 23 日。

《关于 2013 年全国教育经费执行情况统计公告》，http：//www. jyb. cn/info/jytjk/201411/t20141106_603445. html，2014 年 11 月 6 日。

《国家教委、国家计委、民政部、建设部、国家经贸委、全国总工会、全国妇联关于企业办园的若干意见》，http：//www. moe. gov. cn/publicfiles/business/htmlfiles/moe/s3327/201001/xxgk_81，1995 年 9 月 15 日。

《国家统计局：2011 年城镇化率达 51.27%》，http：//finance. sina. com. cn/china/20120817/140012880832. shtml，2012 年 8 月 17 日。

《国家中长期教育改革和发展规划纲要实施一周年纪实》，http：//www.gov.cn/jrzg/2011-07/28/content_1915674.htm，2011年7月28日。

《河北农村学前教育师资缺额4万人》，http：//www.hebjy.com/html/45146446.htm，2012年6月16日。

《兰州新区概况》，http：//www.gs.xinhuanet.com/xinqu/2012-05/15/c_111952609.htm，2012年5月15日。

《兰州新区教育事业发展专项规划》，http：//www.doc88.com/p-706869234028.html。

《兰州新区总体规划》，http：//www.gs.xinhuanet.com/xinqu/2012-05/15/c_111952709.htm，2012年5月15日。

《全国有农村留守儿童逾6100万 占儿童总数约两成》，http：//www.kaixian.tv/gd/2014/0516/522 4247.html，2014年5月16日。

《天津义务教育学校教师将交流轮岗》，http：//news.enorth.com.cn/system/2015/03/16/030089526.shtml，2015年3月16日。

《未来10年将是重庆市常住人口的高速增长期》，http：//www.cqrk.gov.cn/Article/ShowArticle.asp?ArticleID=14366。

《我国学前三年毛入园率提前实现"十二五"目标》，http：//www.jyb.cn/china/gnxw/201402/t20140227_571734.html，2014年2月27日。

《职业教育被中国赋予更加重要的职责与使命》，http：//news.xinhuanet.com/2014-06/22/c_1111257218.htm，2014年6月22日。

《中小学建设规模和用地指标参考标准》，http：//www.docin.com/p-20568887.html，2009年5月25日。

北京市统计局：《常住人口增长趋缓 人口分布向新区集聚——北京市2015年全国1%人口抽样调查系列分析之一》，http：//www.bjstats.gov.cn/zt/rkjd/sdjd/201603/t20160322_340774.html，2016年1月28日。

财政部：《中央财政三年投400余亿元支持学前教育发展》，http：//www.gov.cn/xinwen/2014-06/06/content_2695581.htm#rd，2014年6月6日。

财政部：《中央财政支持做好农民工随迁子女就学工作》，http：//www. gov. cn/gzdt/2013-06/05/content_2419545. htm，2013年6月5日。

《德州市首创建立农村留守儿童信息数据库》，http：//www. shandong-wang. cn/news/201306/news_1281. html，2013年6月2日。

邓小波：《母爱暖童心：关爱留守儿童的湖南模式》，http：//edu. sina. com. cn/zxx/2013-05-29/1131381660. shtml，2013年5月29日。

甘丽华：《湖北农村幼儿教师师资严重不足》，http：//www. tianjin-we. com/rollnews/kj/201011/t20101122_2564888. html，2012年6月6日。

甘肃省教育厅：《落实"3341"项目工程行动计划》，http：//www. gsedu. gov. cn/Article/Article_16069. aspx，2013年4月1日。

广州市教育局：《关于进一步做好优秀外来工入户和农民工子女义务教育工作的意见（穗教办转）》，http：//www. gzedu. gov. cn/gov/GZ04/201002/t20100225_6745. html，2010年2月10日。

广州市教育局：《关于市人大代表在市十四届人大一次会议上有关具体意见和建议的回复（非户籍人员接受义务教育）》，http：//www. gzedu. gov. cn/gov/GZ04/201205/t20120504_19099. html? keywords = 流动人口，2012年4月18日。

广州市人口和计划生育局：《2010年广州市人口和计划生育形势分析与2011年预测》，http：//www. gzfb. gov. cn/sites/portal/brower. html? id = 117&name = 人口信息，2013年3月31日。

广州市统计局：《广州市2010年第六次全国人口普查主要数据公报》，ht-tp：//www. gzfb. gov. cn/sites/portal/brower. html? id = 117&name = 人口信息，2011年5月11日。

《广州统计局公布人口普查主要数据 广州人口994.3万》，http：//news. sina. com. cn/c/234465. html，2001年4月18日。

国家统计局：《2010年第六次全国人口普查主要数据公报》，http：//www. China news. com/gn/2011/04-28/3004638_shtml，2011年4月28日。

国家统计局：《关于1995年国民经济和社会发展的统计公报》，http：//www. kashi. gov. cn/Item/9537. aspx，2013 年 4 月 15 日。

国家统计局：《中国 2010 年人口普查资料》，http：//www. stats. gov. cn/tjsj/pcsj/rkpc/6rp/indexch. htm。

《中国学前教育资源仍不足 公办幼儿园占总数不足 1/3》，http：//edu. people. com. cn/n/2015/0203/c1053 - 26499482. html，2015 年 2 月 3 日。

国家统计局：《中华人民共和国 2009 年国民经济和社会发展统计公报》，http：//www. stats. gov. cn/tjgb/ndtjgb/qgndtjgb/t20100225_402622945. htm，2013 年 4 月 15 日。

国家统计局：《中华人民共和国 2012 年国民经济和社会发展统计公报》，http：//zhidao. baidu. com/link?url = QA8NaLzJ V15SBY8qnE97hMQgjLiWteJ8P8uCMHeSpEzuIFqjP1v2R2Nel4fTZWpV - muzhlkU5Ti6LuKp3QGbtK，2013 年 2 月 22 日。

国务院办公厅：《国务院办公厅转发教育部等部门（单位）关于幼儿教育改革与发展指导意见的通知》，http：//www. gov. cn/zhengce/content/2008 - 03/28/content_5812. htm，2003 年 3 月 4 日。

国务院办公厅：《国务院办公厅转发教育部等部门关于做好进城务工人员随迁子女接受义务教育后在当地参加升学考试工作意见的通知》，http：//www. gov. cn/zwgk/2012 - 08/31/content_2214566. htm，2012 年 8 月 31 日。

黄为：《我国民办教育发展转型中的困境与对策》，http：//canedu. org. cn/index. php?m = content&c = index&a = show&catid = 117&id = 578，2014 年 6 月 6 日。

教育部：《2000 年幼儿教育基本情况》，http：//www. moe. edu. cn/publicfiles/business/htmlfiles/moe/moe_591/200506/7935，2000 年 5 月 10 日。

教育部：《2006 年全国教育事业发展统计公报》，http：//www. moe. edu. cn/edoas/website18/level3. jsp?tablename = 1225698848940400&infoid = 1225844554678314，2010 年 6 月 27 日。

教育部：《2010 年全国教育事业发展统计公报》，http：//www. moe.

gov. cn/publicfiles/business/htmlfiles/moe/moe_633/201203/132634. html，2012 年 3 月 21 日。

教育部：《2011 年全国教育事业发展统计公报》，http：//www. moe. edu. cn/publicfiles/business/htmlfiles/moe/moe_633/201208/141305. html，2012 年 8 月 30 日。

教育部：《2012 年全国教育事业发展统计公报》，http：//www. moe. gov. cn/publicfiles/business/htmlfiles/moe/moe_633/201308/155798. html，2013 年 8 月 16 日。

教育部：《2013 年全国教育事业发展统计公报》，http：//www. moe. gov. cn/srcsite/A03/s180/moe_633/201407/t20140704_171144. html，2014 年 7 月 4 日。

教育部：《2014 年全国教育事业发展统计公报》，http：//www. moe. gov. cn/jyb_xwfb/gzdt_gzdt/s5987/201507/t20150730_196698. html，2015 年 7 月 30 日。

教育部：《20 个省份已实施乡村教师生活补助》，http：//www. chinanews. com/edu/2014/09-02/6553760. shtml，2014 年 9 月 2 日。

教育部：《各级学校毕业生升学率》，http：//www. moe. gov. cn/publicfiles/business/htmlfiles/moe/s7382/201305/152555. html，2013 年 5 月 29 日。

教育部：《国家中长期教育改革与发展规划纲要（2010—2020 年）》，http：//www. moe. edu. cn/publicfiles/business/htmlfiles/moe/moe_838/201008/93704. html，2010 年 7 月 29 日。

教育部：《教育统计数据》，http：//www. moe. edu. cn/publicfiles/business/htmlfiles/moe/s6200/index. html。

教育部：《我国国民人均受教育年限为 8.5 年》，http：//edu. people. com. cn/GB/xiaoyuan/8777707. html，2009 年 2 月 10 日。

教育部：《小学学龄儿童入学率》，http：//www. moe. gov. cn/publicfiles/business/htmlfiles/moe/s7382/201305/152556. html，2015 年 8 月 17 日。

教育部：《中国教育概况——2012 年全国教育事业发展情况》，http：// www. moe. gov. cn/publicfiles/business/htmlfiles/moe/s5990/201111/12

6550. html，2013 年 10 月 23 日。

李华：《南京知名幼儿园还未招生名额已满》，http：//www. xici. net/d113738807. htm，2010 年 3 月 15 日。

历年《全国教育事业发展统计公报》，http：//www. stats. edu. cn。

马晖：《"流动儿童"生根策》，http：//zhufangfang040214. blog. 163. com/blog/static/431248592009112934356312/21，2009 年 12 月 29 日。

皮泽红：《广州市人口调控突出以人为本理念》，http：//www. ceh. com. cn/shpd/2013/10/253544. shtml，2013 年 10 月 24 日。

钱志亮：《中国特殊儿童教育的现状报告》，http：//www. edu. cn/zong_he_417/20060323/t20060323_18969. shtml，2001 年 11 月 12 日。

上海市人力资源与社会保障管理局：《上海市居住证积分管理办法实施细则》，http：//www. 12333sh. gov. cn/newapp/07/201703/t20170307_1252506. shtml，2015 年 7 月 31 日。

石睿：《〈中国流动儿童数据报告——2014〉发布》，http：//www. cssn. cn/zx/zx_gjzh/zhnew/201409/t20140923_1338700. shtml。

王建设、高峰、高平、杨映池：《广州市近中期常住人口发展对策研究》，http：//www. gzfb. gov. cn/sites/portal/brower. html?id = 117 & name = 人口信息。

王圣志：《安徽打造"留守儿童之家"》，http：//www. ah. xinhuanet. com/news/2010 - 06/01/content_19938888. htm，2010 年 6 月 1 日。

王志、李俊义、张紫赟：《探访农村民办幼儿园》，http：//www. ah. xinhuanet. com/2013 - 05/30/c_115963326. htm，2013 年 5 月 30 日。

温家宝：《一定要把农村教育办得更好——抓紧研究制订农民工随迁子女在输入地升学考试办法》，http：//politics. people. com. cn/GB/1024/15624019. html，2011 年 9 月 9 日。

吴长远：《山东德州市采取四项措施关爱农村留守儿童》，http：//old. chinapop. gov. cn/rkyfz/gclsldrktl/ldrkgddt/201206/t20120614 _ 389471. html，2012 年 6 月 14 日。

周旭：《重庆市农村留守儿童教育培养情况的报告——2012 年 3 月 20 日在市三届人大常委会第三十次会议上》，http：//www. ccpc.

cq. cn/hyzt/cwhzt/201205/t20120523_49746. html，2012 年 5 月 23 日。

朱磊：《缺资源、缺投入、缺师资、缺质量，农村学前教育成宁夏难题　这里的幼儿园仍很饥渴》，http：//edu. people. com. cn/GB/226718/index. html，2012 年 12 月 7 日。

二　外文文献

Douglas Lehman, Bringing the School to the Children: Shortening the Path to EFA, http://www. worldbank. org/education/notes. asp, August, 2003.

Martin A. Trow, Problems in the Transition from Elite to Mass Higher Education, Paris: OECD, 1973.

Gunnar Fougstedt, The Effect of Demographic Variables on the Demand for Education in View of Manpower Requirements, Belgium: International Union for Scientific Study of Population, 1987.

UNICEF, Child Poverty in Perspective: An Overview of Child Well – being in Rich Countries, Florence: UNICEF Innocenti Research Centre, 2007.